教養としての「金融&ファイナンス」大全

FINANCE ENCYCLOPEDIA

Hironari Nozaki

野崎浩成

日経アナリストランキング(銀行部門)11年連続1位

日本実業出版社

図表1　本書の構成

金融のしくみ	お金の基本	通貨と貨幣とビットコイン キャッシュレス決済と銀行 暗号資産
	金融システム	お金の需要と供給 金融システムの違い 間接金融と直接金融 資金市場と資本市場 外国為替市場とデリバティブ市場
	金融機関	金融機関の機能と業態差 預金取扱金融機関 証券会社 保険会社 ノンバンク
	銀行	基本機能 構造と地銀再編 規制緩和と強化 フィンテックと異業種参入 金融危機 グローバル規制とバーゼル
	金融政策	中央銀行の役割と変化 局面で異なる政策 中央銀行発行のデジタル通貨
	金利	意味合いと政策的視点 計算方法
	為替レート	国際金融の基本 為替レートの決定理論
投資・運用の視点	金融商品と価格形成	株式 債券
	投資	投資リターンと金利 ポートフォリオ
	投資を支援する金融技術	デリバティブ 証券化
	幸福を支える制度と方法	投資を支える税制 年金制度 ３つの分散 ゴールベース
コーポレート・ファイナンスの視点	企業金融	起業家になるためのステップ 財務会計、デュポン 企業価値 プロジェクト評価
	ガバナンス	エージェンシー問題 コーポレート・ガバナンス 報酬デザイン ステークホルダー資本主義 新しい市場主義のあり方

本書の特徴

◎関心の高い分野から学べます

普通の金融関係の基本書では、制度問題から新しい技術までを淡々と書き綴られているものが多く、途中で飽きてしまうことが少なくないと思います。

また「金融」の基本を中心とした本では、コーポレート・ファイナンスやポートフォリオなどのファイナンス分野まで踏み込まないことも多く、反対にファイナンスの本では、基本的な知識を習得していることを前提としているものが少なくありません。

本書では、「金融のしくみ」「投資・運用の視点」「コーポレート・ファイナンスの視点」の三つのＰＡＲＴに分かれていて、個人として金融資産を運用したい、企業の財務部門で活躍したいなどの異なるニーズに応えられるようになっています。そのため、最初のＰＡＲＴの中でも基本部分を押さえておけば、それぞれのＰＡＲＴに直接行っていただくことも可能です。

◎観光ガイドのような各種ルートガイドで好きなコースを選べます

旅行に出かけるときに、事前にどういった経路で自分の関心があるスポットを周るかを計画されるかもしれません。オリジナル・ルートを考えるのも正しいとは思いますが、ガイドブックやネット情報ではモデルルートを紹介していることもあり、それは大変便利です。

学問においても、モデルルートが示されてもいいのではという問題意識から、読者それぞれの時間的都合や知識レベル、そして主な関心事などに応じてモデルルートを紹介しています。もちろん、全編を精読いただくことがお勧めですが、法制度や規制などの読みにくさで過去に挫折された経験のある方向けの「エクスパート制度問題スキップコース」、基礎に集中したい「金融基礎習得コース」、自分自身の資産の運用や金融機関でアドバイスや資産運用の職に就きたい方向けの「個人資産運用コース」、企業の財務やコンサルティング、プロジェクトマネジャー向けの「企業財務ビジネスコース」などを用意しました。

◎日頃の疑問から学びをスタートし、より深い理解まで導きます

日頃から、お金のことや金融のことで、疑問を持たれたことは少なくないと思います。そこで、よくありがちな疑問や質問をリストアップしました。

疑問から学びが始まるのは、幼子でも教養の高い大人でも同じです。疑問を解決しながらも、学ぶほどに新たな疑問が生まれます。これこそが理解を深める理想的なサイクルです。疑問リストには直球の回答もありますが、関連するページが示されています。

ぜひ、疑問から始める本の読み方もお楽しみください。

◎数学が嫌いな人も好きな人も楽しめます

金融と言うと、難しそうなギリシャ文字や数式をイメージされると思います。実際に私が過去に著したテキストも、そのような傾向があります。しかし、本書の目的は様々な読者の方にお楽しみいただくことです。

そこで、本文には、ほとんど数式は登場しません。そんなことで、ファイナンスが学べるかという印象をお持ちの方もいるでしょう。そんな方のために、巻末に数学や統計学的な理解ができる補足資料を用意しています。本文中で「巻末をご参照」という用語を見つけたら、ぜひ巻末の「数学的補足コーナー」をお訪ねください。

◎学術書では知る機会のない裏話に接することができます

本書では、ふんだんに「COLUMN」として、学問の世界ではなく現実の世界で起こっていることについて、私の実地の経験からの裏話をお楽しみいただけます。

はじめに

「疑問のないところに学びはない」

量子物理学分野で、朝永振一郎《ともながしんいちろう》氏とともにノーベル物理学賞を受賞したアメリカの物理学者リチャード・ファインマン氏の言葉です。[1] 理系や文系の領域を問わず、一方的に教えられる学問より、素朴な疑問から始まる学びのほうが理解の深さや満足度が格段に大きいと思います。また、疑問の答えから、さらなる疑問を持つことで学びはより掘り下げられるでしょう。

本書の執筆にあたって、この点を最も大切にしようと思いました。「さあ、金融を学んで教養を身につけよう」と思い立って、手にする入門書の数々は、お金の成り立ちから始まって、金融と経済との関係を解説されながら、金融機関の役割、株や債券などの金融商品の内容、そして金融危機などについて整然と読みこなすものが多いと思います。私がこれまで手掛けた金融の教科書も同様です。また、タイトルが「金融」ではなく「ファイナンス」へと変わったとたんに、企業財務の世界に頭から飛び込んでしまうケースも多いでしょう。金融もファイナンスも言語の違いだけで意味

1 原文は、“There is no learning without having to pose a question”。

は同じですが。

本書は、日々生活する中でお金にまつわる「素朴な疑問」に丁寧にお答えすることを念頭に置いています。ただ最近は、情報技術の進歩、ネット空間における収益獲得機会の多様化、ソーシャルメディアを通じた情報発信を行うことに自己実現の価値を見出す皆さんの献身もあり、コストをかけるまでもなく、書店に足を運ぶ必要もなく、疑問の答えを獲得することができるようになりました。その利便性は極めて高いと私自身も評価しています。

しかし、残念ながらネット等で氾濫する情報には明らかに誤ったもの、見聞の転載、法的あるいは学問的根拠の希薄なものが存在することも事実です。そのため、せっかく本書を手に取っていただいたことに報いるため、明確な答えとその根拠をしっかりした法的視点や理論的枠組みをもって補強していく形でお示ししたいと考えています。もちろん、政策の是非などに関しては絶対的に正しい解などは存在していませんので、判断が分かれる部分については個人的意見か客観的な傍証があるものなのかを明らかにします。

新型コロナ禍で経済や社会のあり方も変わりつつありますが、金融も例外ではありません。身近なところからは、キャッシュレス決済の進展があります。現金は扱うだけで衛生面のリスクを伴うので、非接触型の支払い手段は今後も重要な方法となります。また、世界的にＣＢＤＣ（Central Bank Digital Currency）というデジタル通貨を中央銀行が発行する検討も行われていますので、現金のない世の中がそう遠くない将来に実現するかもしれません。

このように、お金にかかわる話題は常に新しい言葉とともに浮上してきます。新しい話ばかりでなく、「3時にシャッターが下りた後の銀行の中」的な昔ながらの疑問も読者の方はお持ちかもしれません。そこで、本書の特色として、「素朴な疑問」から始まる構成としています。

PART0では、30の疑問をリストアップしています。なかには「Suicaにチャージした現金は払い出せるか?」といった日常生活を送る中での疑問から、「金利が上がると株価が下がる理由は?」といった株式価値の本質に迫るものもあります。読者の皆さんが普段「?」を感じながらも、多忙な生活の中で埋もれてしまった疑問を探してください。

それぞれの疑問に対しては、それを解決するためのキーワードを示しています。そのうえで、一問一答方式で疑問に答えていきます。さらに、それぞれの疑問と回答の中で興味深いものがあれば、該当するページに飛んでいただくだけで詳細な説明を得られるしくみにしています。

このようなアプローチだけではなく、より体系的に金融・ファイナンスを学んでいただくために**「金融のしくみ」「投資・運用の視点」「コーポレート・ファイナンスの視点」**という大きなくくりで多面的に金融に光を当てる形にしています。個人的な資産運用に力点を置かれる方は、金融のしくみをご一読いただいたうえでお金の出し手の視点を集中的にフォーカスされてもいいと思いますし、企業で財務戦略に携わる方は、「コーポレート・ファイナンスの視点」まで一足飛びに行かれてもいいと思います。以下、各ＰＡＲＴの概要について述べたいと思います。

ＰＡＲＴ１では、お金の基本から社会や経済を支えるインフラとしての金融の全体像を説明します。なお、このＰＡＲＴは、金融の基本概念を学ぶところですので、この「はじめに」の冒頭で述べた金融の教科書的な色彩がある点についてはご容赦ください。こうした基本をすでに身につけている方は、そのままＰＡＲＴ２に進んでいただいても結構です。

このＰＡＲＴ１では、第一に、お金の概念から経済学的な機能についての基本を学びます。ここでは、現金と電子マネーやモバイル支払いなどの電子決済、ビットコインなどの仮想通貨による支払いなどを比較しながら、何が通貨なのかを確認する機会もあります。

第二に、お金の出し手、受け手、そしてつなぎ手の3者を分けながら金融システム全般について理解を深めていただきます。間接金融・直接金融の違いばかりでなく、金融システムの国際比較をしながら、日本の金融の特徴も理解できるようにしています。

第三に、金融は法律や制度の影響をかなり大きく受けますので、制度・規制・監督について解説します。そこでは、金融危機の発生と規制との関係についても全体像がつかめるようにしています。

第四として、金融機関についてその役割や状況変化を業界ごとに鳥瞰《ちょうかん》していきます。なかでも、日本で圧倒的な存在感を有する銀行について詳しく解説します。この中では、ここ数年話題の中心となっている地銀再編についても取り上げます。

第五として、中央銀行による金融政策について、近年における異次元緩和や新型コロナウイルス対応としての国際的な緩和政策について整理します。最近は、日本銀行（日銀）が積極的な株式買い入れにより主要企業の大株主になったという報道がありますが、その真偽についても解説します。

そして、このPART1はウォーミングアップを兼ねていますので、最後に、金融とは切り離せない「金利」や「為替」について述べています。金利の話が始まると難しい計算式が出てきそうですが、計算が得意な方も嫌いな方も本質的な考え方が身につくようにしていますので、心配はいりません。

PART2では、お金を供給する主体の目線で話を進めます。社会に必要な資金を供給する源泉は、その大半が個人です。個人が銀行に預金することで資金供給すれば預金者となりますし、株式や債券、そして投資信託などの金融商品を購入すれば投資家としての資金供給者となります。このほかにも、最近ではクラウド・ファンディングを通じて事業をサポートする支援者という新しい形で資金供給源になることもありますし、将来の生活の糧となる年金を積み立てる年金受給者による、年金基金を通じた資金供給もかなりのウエイトを占めています。そこで、このPARTでは資金供給の根幹を担う「運用」について考えます。

このPART2では、第一に、主要な金融商品についての掘り下げを行います。具体的には、株式と債券の2大投資対象を取り扱ったうえで、集団投資スキームについて触れます。株式については、皆さんの関心事は「株価がどうやって決まるのか？」「売買の判断をいかに行えばよいか？」などという点ではないでしょうか。この節では、株式の価値を生み出す要素について解説しながら、株式投資の重要な着眼点について理解を深めていただきます。一方で債券は、満期まで保有すれば元本が返ってくるので単純な商品のように思われるかもしれませんが、株式同様に価格は変動するため、その価値の決まり方について学ぶと、その奥深さに魅力を感じると思います。最後に集団投資スキームですが、簡単に述べればその最もポピュラーなのは投資信託です。同スキームは資産運用型と資産流動化型の二つがあり、前者の代表は投資信託で、後者の代表はＲＥＩＴ（不動産投資信託）などの証券化商品です。

第二に、投資について網羅的に学びます。まずは、投資のリターンとリスク、お金の現在と将来の価値の関係、投資対象（アセットクラス）などの基本を学びます。そのうえで応用編として、効率的市場仮説などの伝統的理論と、脳のメカニズムに起因する、人間の不合理な投資行動まで議論を展開します。そして、投資を行ううえで重要なポートフォリオ理論までレベルアップしていきます。この節では、「分散」こそが投資の基本であるという点を強調しています。

第三に、デリバティブと証券化です。その語感からくる「難しそう」という感覚や、教科書で登場する確率関数などから本能的嫌悪感が伴いがちなものですが、数式なしに主要なデリバティブ取引を習得いただきます。その際には、デリバティブ商品を既存の商品で作る演習も「パズル感覚」で挑戦していただきます。証券化については、リーマンショックの際は、証券化商品が危機の火種となったことで悪評が立った金融スキームですが、そのしくみを理解すると有用性の高さも認識することができると思います。そして、その本質として、株式会社と同じ構造であることを理解していただきます。

そして最後に、ライフプランを考えます。金融やファイナンスの基本書で、年金について詳しく説明を受けることはあまりないと思います。しかし、皆さん一人ひとりが将来の生活基盤の安定を考えるうえで、年金制度についての理解を深めることは極めて重要です。そこで、ポートフォリオを学んだ後に年金を解説するという違和感を甘受しながら、このPARTの最後に取り上げたいと思います。

PART3では、お金の使い手として企業金融について網羅します。「コーポレート・ファイナンス」といったほうがわかりやすいかもしれません。

このPART3では、第一に、会社が事業を行う際の基本を学びます。その過程では、起業を志してスタートアップ・ビジネスを展開するために必要なチェックポイントなどにも触れていきます。そして、新旧を問わず企業が戦略展開を行っていく中で必要な視点を解説します。財務会計やその分析も重要です。しかし、コーポレート・ファイナンスは財務担当だけの仕事ではありません。リスク管理も財務リスクばかりではありませんので、経営的視点から広く捉えていきます。個別案件への戦術的対応もファイナンスが活躍する場面です。新規事業やM&Aを行う中で、プロジェクト評価例を示しながら実践的スキルを養成していただくつもりです。

第二に、企業価値です。会社の価値といった場合に、株式の価値による株式時価総額がありますが、コーポレート・ファイナンスにおける企業価値はEV（エンタープライズ・バリュー）で負債の価値が加算されます。企業価値を算定するための基本的アプローチを習得することと、企業価値を高めるための方策を検討することが本節の目的です。まさに財務担当役員が常に頭を悩ませている課題です。

第三に、最近では特に話題に上ることが多くなったコーポレート・ガバナンスです。伝統的で教科書的なアプローチとしては、株主と経営者との間の緊張関係で、「エージェンシー問題」と呼ばれるものです。会社のオーナーは株主で、経営者は誠実に好業績に貢献することを株主から託された存在であるということが前提です。

しかし、株主は経営内容などの情報を完全に知ることができないほか、経営者の真意を測りかねる立場にあります。そのために、ガバナンスを働かせて厳しく監視する必要があるのです。ガバナンスが強化されれば、企業価値も向上するはずであり、日本政府等も企業側に向けたコーポレート・ガバナンス・コード、投資家側に向けたスチュワードシップ・コードを導入しました。しかし近年、会社は株主のみのものではなく、社会に対する責任も果たすべきであるということで、「ステークホルダー資本主義」という言葉で表現されるガバナンスの重要性が認識されつつあります。この点については、ＳＤＧｓ（持続可能な開発目標）やＥＳＧ（環境・社会・ガバナンス）などのテーマとともに議論したいと思います。

最後に数式について申し添えておきます。金融を学ぶためには数学的、統計学的な素養が不可欠と思われています。しかし、本書では数学を極力使わずに説明を完結する設計となっています。気軽に肩の力を抜いて金融に親しんでいただくためです。

一方で、数学的な説明がないと欲求不満に陥る読者もいらっしゃると思います。そこで、本文中は数学を使わず、必要に応じて巻末に掲載する「数学的補足コーナー」を参照いただく方法を取っています。

そして、最後に大切なご案内です。せっかく本書を手にお取りいただいたのですから、ぜひ時間をかけて完読いただきたいと思います。とは申しましても、時間に制約があって効率よく自分の関心分野を学びたい、小難しい規制や法制度の説明は飛ばしたいなど、異なるニーズがあるかもしれません。確かに、金融において制度や法律は非常に重要なので除外することはできないのですが、正直に申し上げて退屈かもしれませんし……。

そこで、次の【本書のモデルルート・ガイド】では、観光ガイドのようなルート案内をさせていただきます。これが本書の特徴とも言えるかもしれません。

２０２２年１月

野崎　浩成

【本書のモデルルート・ガイド】

★精読エクスパートコース
全PART 全章 完読！

★エクスパート制度問題スキップコース
PART1 第1章 ➡ 第2章 ➡ 第3章 ➡ 第5章 ➡ 第6章 ➡ 第7章 ➡
PART2 第8章 ➡ 第9章 ➡ 第10章 ➡ 第11章 ➡ PART3 第13章 ➡
第14章 ➡ 第15章 ➡ 第16章 ➡ 第17章

★金融基礎習得コース
PART1 第1章 ➡ 第2章 ➡ 第3章 ➡ 第4章 ➡ 第5章 ➡ 第6章 ➡
第7章 ➡ PART2 第8章 ➡ 第9章 ➡ 第10章 ➡ PART3 第13章 ➡

第14章 ➡ 第15章 ➡ 第17章

★個人資産運用コース

PART1 第1章 ➡ 第2章 ➡ 第3章 ➡ 第4章 ➡ 第6章 ➡ 第7章 ➡

PART2 第8章 ➡ 第9章 ➡ 第10章 ➡ 第11章 ➡ 第12章 ➡ PART3

第17章

★企業財務ビジネスコース

PART1 第1章 ➡ 第2章 ➡ 第3章 ➡ 第4章 ➡ 第5章 ➡ 第6章 ➡

第7章 ➡ PART2 第8章 ➡ 第9章 ➡ 第10章 ➡ PART3 第13章 ➡

第14章 ➡ 第15章 ➡ 第16章 ➡ 第17章

各コースを適宜ご選択のうえ、本書を存分にお楽しみいただけますよう、心から祈っております。

教養としての「金融&ファイナンス」大全◉目次

第3章　金融機関の全体像 ―― 98

第4章 銀行 150

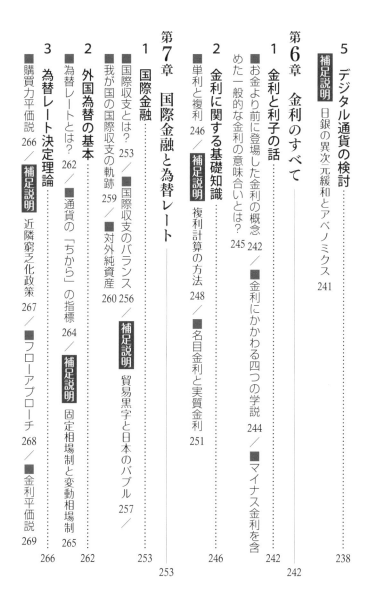

PART 2 投資・運用の視点

第11章 投資を支援する金融技術 365

PART 3　コーポレート・ファイナンスの視点

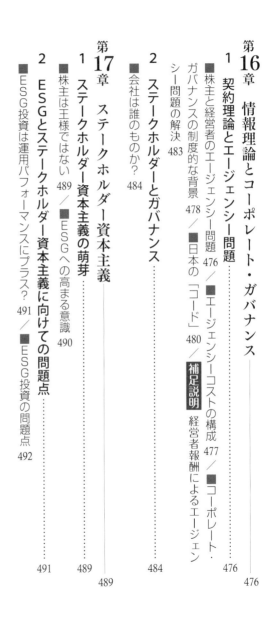

COLUMN

カバーデザイン　小口翔平＋須貝美咲（tobufune）
本文ＤＴＰ　一企画

PART 0

金融&ファイナンスに関する素朴な疑問

毎日の生活の中で「金融」と接しない日はないと思います。ステイホームしても外出しても、消費に伴う決済が必要となります。意識していなくても、銀行預金の金利計算は毎日されていき、カードローンの支払い負担は増えていきます。ニュース番組を見ていても、関心はなくても株価の動向が流れてきます。

ふと疑問を持ったとしても、日々の暮らしの中で忙殺され、折角の金融との接点からの学びの機会が失われてきたかもしれません。

本書を手にしていただいたのも何かの縁です。次の「素朴な疑問集」を眺めながら、過去に忘れ去られた「？」の記憶を呼び起こしていただき、学びの機会としていただければ幸いです。

ポイント解説	場所
	p.36
る規制はあるが、保護はされない	p.48
に前払い式支払い手段のチャージしたお金の払い戻しは原則禁止	p.44
方式により出金が可能に	p.48
（通常１千万円）の上限がない口座がある	p.193
の貨幣への信認を維持するため、偽造の助長を防ぐため」（造幣局）	p.40
で設立可能なものの、資本登録税など含めると最低20万～30万円	p.414
合の制約が多く、金融面での改善点が多数存在	p.423
上場株式の取引の障害が大きく、起業家もIPOが目的化している	p.298
的には困難、日本では可能	p.208
要になるので銀行は必要	p.103
	p.124
的に自己責任で年金が決まることが一般的	p.400
るデフレ進行が止まるため	p.232
と通貨価値は無関係で、発行した通貨が何に変わるかがポイント	p.37
出資証券を発行していて政府が55%を保有。出資証券は証券会社等で購入可能	p.231
託を受けての取引として可能	p.189
金を置く場所がないから	p.160
どの例では１台当たり平均的に２千万円程度を格納	p.207
多機能ATMは投資コストばかりでなく、メンテナンスコストも割高	p.207
はなく、預金者が保有する口座の銀行が受け取る	p.207
保有残高が多いと支店の収益評価が落ちるため、圧縮する傾向にある	p.57
必ずしも割安ではない	p.302
持を集める場合もあるが、絶対ではない	p.466
のみ。機関投資家や受託機関は換金して資産組み入れを行う	p.282
するが、参加者の「空気」に影響されることもある	p.410
価値を現在の価値に引き直すときに、割り引く金利が高くなるため	p.515
の信用力持つ債券に比べ不利な条件（利率）となるため、債券価格は下落	p.322
格付けされた証券（CDO）が価値を失う事例もあったが、投資における役割は大きい	p.317
デリバティブ契約は存在	p.365

図表2　素朴な疑問集

カテゴリー	疑問	キーワード	
Q1 生活	ビットコインは通貨？	通貨と法貨	通貨とは言えない
Q2 生活	電子マネーは安全？	資金決済法	安全性が維持でき
Q3 生活	Suicaにチャージしたお金は現金に戻せる？	資金決済法、前払い式支払い手段	交通系ICカードのよう
Q4 生活	PayPayは現金払い出しできる？	資金決済法、資金移動	銀行口座振り込み
Q5 生活	預金が100%保証される方法は？	決済用預金	預金保険の付保額
Q6 生活	お金の製造原価は？	造幣局	非公表。理由は「国民
Q7 起業	株式会社を作るために必要なお金は？	最低資本金	法改正で資本金１円
Q8 起業	日本で起業が活発に行われない理由は？	連帯保証、長期貸出	借入などを行う場
Q9 起業	日本でユニコーンが誕生しない理由は？	代表者保証、未上場株式	証券会社等を通じた非
Q10 制度	GAFAはなぜ銀行を経営しない？	銀行法	アメリカでは現実
Q11 制度	キャッシュレス決済が進むと銀行は不要となるか？	銀行機能	預金口座が必ず必
Q12 制度	日本の銀行の数は多すぎるのか？	預金取扱金融機関数・国際比較	決して多くはない
Q13 制度	日本の個人投資がアメリカより進まない理由は？	年金制度	アメリカでは実質
Q14 金融政策	日本政府がインフレを望む理由は？	実質金利	消費の先送りによ
Q15 金融政策	日本銀行は安いコストで通貨を発行して儲けている？	鋳造コスト、通貨発行益	物理的な鋳造コスト
Q16 金融政策	日本銀行の株式を買えるのか？	出資証券、店頭登録	日銀は株式会社ではなく、
Q17 銀行	銀行で株は買えない？	金融商品仲介	証券会社からの委
Q18 銀行	マイナス金利なのに銀行が国債を買う理由は？	日銀当座預金	貸出に回せない預
Q19 銀行	ATMの中にはお金がどのくらい入っている？	コンビニATM	コンビニATMな
Q20 銀行	コンビニATMではなぜ通帳も硬貨も使えない？	コンビニATM	通帳や硬貨に対応する
Q21 銀行	コンビニで支払うATM手数料は誰が受け取る？	ATM銀行モデル	コンビニバンクで
Q22 銀行	銀行の支店に多額の現金が置かれているか？	現金持ち高	銀行の各店舗では現金
Q23 株式	株価が１株当たりの純資産を下回ると割安か？	資本コスト・ROE・PBR	収益性が低ければ、
Q24 株式	高配当企業は株主思い？	バード・イン・ハンド、シグナリング	高配当が株主の支
Q25 株式	株主優待は海外投資家も受け取れるのか？	株主優待	一般的に発送は国内
Q26 株式	新型コロナ禍の中で株価が上昇する理由は？	ハーディング、金融緩和	株価は期待で変動
Q27 株式	金利が上がると株価が低下する理由は？	DCF、資本コスト（要求利回り）	株式が生み出す将来の
Q28 債券	金利が上がると債券価格が下がるのはなぜ？	デュレーション、コンベクシティ	新規に発行される同程度
Q29 債券	格付け機関の格付けって信用できるの？	格付け機関、CDO、バーゼルⅢ	リーマンショック時に最高
Q30 デリバティブ	雨続きでお金がもらえる契約がある？	ウエザーデリバティブ	天候をもとにした

出所：筆者作成

※本書の内容は基本的に2021年12月現在の法令や情勢などに基づいています。
※本書に記載されている社名、商品名、サービス名などは各社の商標または登録商標です。
本文中に©、®、TMは明記していません。

PART 1

金融のしくみ

第1章 お金の基本

1 金融と通貨

■金融とは?

あまり堅苦しい定義から入るつもりはありませんが、本書の「はじめに」の冒頭でも触れた「疑問こそ学びの源泉」ということで、「金融とは?」という問いかけから始めます。その名のとおり、お金を融通するわけですから、お金が足りている人から必要な人にお金を受け渡すことで、社会や経済の働きをよくすることが金融だと言えます。

しあわせをお金で測ることはできませんが、お金によって夢を実現するための手段を整えることができますので、お金を融通するしくみが大切であることは確かです。

■通貨とは?

では、お金とは何でしょうか?

これは、実は大変難しい質問です。それは「お金」という言葉を使う人によって意味合いが異なるからです。もし、お金をモノやサービスを買う際の対価と考えれば、ビックカメラで使えるビットコインもお金ですし、コンビニなどで支払いに使うTポイントなどもお金となります。なお、この問いかけからの学びの発展は、チャージされたお金と付与されたポイントの法的位置づけの違いまで行きつきます。奥が深いですね。

ここでは、一般的な概念である「**お金は通貨である**」という定義から出発することとしましょう。なお、お金を貨幣と呼んでも通貨と呼んでも構いません。しかし、日本銀行（日銀）は紙幣（日本銀行券）と貨幣（硬貨）を区別して定義している一方、経済学の教科書では「通貨とは流通している貨幣」という説明もあります。そのため、貨幣という言葉が登場した際に、お金全体を示すのか、あるいは硬貨を指すのか確認すべきでしょう。

貨幣（通貨）の歴史に関しては、皆さんも多くの読み物やサイトをご覧になられてご存知だと思いますので、超特急で簡単に触れておくことにします。

貨幣は、物々交換の不便を取り除くための媒体です。古くからは、自然貨幣（貝殻など）や商品貨幣（家畜や穀物）があり、その後、金属（金、銀、銅、青銅、鉄）が、秤量貨幣《ひょうりょう》（金属の重さで価値を決める貨幣）として流通するようになりました。ここまでは、貨幣そのものの価値が交換対象となるものの価値と同等と考えられます。

その後、貨幣そのものの価値とは無関係に、国や地域の統治者の支配下で発行される計数貨幣に取って代わられます。紙幣などはまさにわかりやすい例で、紙そのものに大きな価値はありませんが、統治者の権威の下で「人々がその価値を信じる」ことで、貨幣としての位置づけが成立します。ただし、紙幣の元祖は、ヨーロッパ大航海時代に安全性や流通性から発行された預かり証です。両替商が金銀などの希少金属を預かる際に発行される証券で、金銀に交換可能なため、**兌換券**《だかんけん》（**金銀との交換が可能な紙幣**）のルーツと言えるでしょう。

■通貨を発行できるのは？

近代に入ってからは、通貨の発行権限があるのは国、厳密には**中央銀行**となりました。

また、かつては兌換券として貨幣が発行される**金本位制**《きんほんいせい》が多くの国で採用されていましたが、世界恐慌の頃から兌換措置が次々に停止されました。第二次世界大戦後も兌換可能であった米ドルが1971年のニクソンショックを機に停止となり、世界の国々の貨幣は金と交換できない「紙」となりました。つまり、現在の通貨は「信用」でのみ成り立っているのです。アフリカのジンバブエ・ドルのように通貨の信用が失われた場合は、自国通貨を廃し、米ドルなどの他国の通貨を流通させることを強いられます。したがって、通貨の信用が重要であり、政府が自己の都合で通貨を乱発するような状況は避けなければなりません。

通貨を発行できるのは中央銀行と述べましたが、例外的にシンガポール金融管理局（MAS）が発行しています。ただ、MASはシンガポールは政府機関であるシンガポールの中央銀行の役割を果たしていますので、通貨発行権限は中央銀行と書いていいと思います。

そして、それぞれの国で中央銀行が発行する通貨は、法律に基づいて発行される唯一の通貨となるため「**法定通貨**」、略して「**法貨**」と言います。つまり、お金は法貨に限られ、ビットコインなどの仮想通貨などはお金とはならないのです。

通貨の「印刷」と「発行」は異なる

前で述べたとおり、通貨は紙幣（日本銀行券、以下「銀行券」）と硬貨（貨幣）の総称です。ここで、貨幣はお金全般を指すのではなく、法律で定義づけされている硬貨です。

日本では、日本銀行法第46条に基づき日銀が銀行券を発行すると定めています。ただ、実際に印刷を行うのは独立行政法人国立印刷局で、国立印刷局法第11条に基づき銀行券を製造します。ただし、これは委託生産のような形で、製造コストは日銀が負担します。紙幣を日銀が引き取って在庫として抱えますが、この時点ではまだ通貨の「発行」ではありません。一般の銀行は日銀に当座預金口座を持っていて、その口座から現金が引き出された段階で晴れて「通貨の発行」となります。

一方で、貨幣については、通貨の単位及び貨幣の発行等に関する法律（通貨法）第4条により製造・発行の機能は政府に属しています。貨幣の製造は、通貨法に基づき独立行政法人造幣局が行い、製造された貨幣は財務省を通じて日本銀行へ交付された時点で「発行」となります。つまり、銀行券の場合は日銀から外部に出た段階で発行されるのに対し、貨幣は日銀に入った段階で発行となる違いがあります。

日銀は通貨発行で儲かるか？

日銀は印刷局に製造コストを支払って、銀行券を受け取りますが、製造や運搬の手間を考えても1万円札の製造コストが1万円を上回ることは考えられません。令和2（2020）年度の日銀の決算を見ますと、銀行券製造費は539億円となっていて、財務省が発表している紙幣発行計画は30億枚（1万円札、5千円札、千円札の合計）なので、1枚当たりの発行コストは18円弱という計算になります。では、1万円を発行することで、日銀は9900円以上の利益を得られるのでしょうか？

答えはノーです。中央銀行は「通貨発行益」を得ることが知られていますが、発行された貨幣価値と発行コストの差は利益ではありません。

日銀の貸借対照表（バランスシート）では銀行券は負債になります。日銀はアベノミクス以降、大量の通貨を発行していますが、これを念頭に日銀の貸借対照表を見てみましょう。日銀が金融政策の一環として国債を購入します。その購入原資として新たに通貨を発行します。仮に、三菱ＵＦＪ銀行から1千億円分の国債を買い取るケースを考えてみましょう。プロセスは次のとおりです。なお、同銀行は国債売却後に百億円のみ現金で払い出したいものとします。

①三菱ＵＦＪ銀行から買い取った1千億円の国債を資産項目に計上
②同銀行は購入代金をひとまず日銀に設けている当座預金で受領
③（日銀の会計処理）新規発行の通貨1千億円相当を同銀行の当座預金に計上
④同銀行が現金で百億円を受け取るため当座預金から百億円払い出し
⑤（日銀の会計処理）当座預金を百億円減額、「発行銀行券」を百億円増額

図表3　日本銀行の貸借対照表（令和2年度末）（単位：兆円）

資産		負債・資本	
国債	532.2	発行銀行券	116.0
貸出	125.8	当座預金	522.6
社債	7.5	政府預金	36.9
金銭の信託（株式ETF等）	37.1	その他負債	34.6
その他	11.9	純資産	4.5
資産合計	714.6	負債・資本合計	714.6

出所：日本銀行

以上のプロセスを経て、貸借対照表が釣り合う形となります。日銀の**「異次元緩和」により通貨を大量発行**し、国債や株式ＥＴＦ等を購入しましたが、図表3をご覧のとおり、右側の負債項目にある当座預金が突出した金額となる一方で、左側の資産サイドで国債の金額が突出し、株式ＥＴＦやＲＥＩＴなどを含む「金銭の信託」の残高も目立っていることが確認できます。

このプロセスのみでは日銀が利益を計上する要因はなく、銀行券発行コストのみが損益計算書に反映されることとなります。つまり、発行された1万円札は負債という貸借対照表の項目でしかなく、多額の利益を得ることはないのです。その後の日銀の損益を考えます。

仮に、国債の利率を1％としましょう。日銀は1千億円の1％となる10億円を受け取り、収入となります。この資産を獲得するための負債は利息のない発行銀行券なので、利払いはゼロで費用は銀行券製造費のみとなります。したがって、これによる年間の通貨発行益は10億円から些少な製造費を差し引いた金額となります。

経済学のテキストで通貨発行益を学んだ方は、この説明に違和感を覚えるかもしれません。テキスト等では通貨発行益を**「シニョリッジ」**と呼び、その定義は通貨発行額から製造コストを引いたものなので、ここで最初に否定した考え方によるものです。シニョリッジは、中世封建領主が貨幣の額面より安い金属で通貨を鋳造《ちゅうぞう》し差額を財政収入として享受するという原語から由来しています。[2]

日本でも江戸時代に小判の金含有率を徐々に減らしていった経緯を学ばれたと思いますが、これが通貨発行益の原点です。しかし、先に述べた事例に基づく会計処理からも、キャッシュフローと損益の混同を避ければ、日銀の損益が通貨発行の見合いで獲得した資産から発生する利益に限られることがわかると思います。

COLUMN

お金の製造コスト

38ページで銀行券の製造コストを推定しましたが、銀行券や貨幣の製造に係る費用は秘密とされています。造幣局は、ホームページ上のQ＆Aで明確に次のように説明しています。

「貨幣の製造原価（コスト）については、国民の貨幣に対する信任を維持するためや、貨幣の偽造を助長するおそれがあると考えられることから、公表していません」（造幣局「貨幣Q＆A」より）

そこまで神経質にならなくてもと思うところですが、通貨の信用は国家の一大事なので、細心の注意を払うのも理解はできます。しかし、アメリカでは連邦準備理事会が通貨種類ごとの製造コストを開示しています。[3] ちなみに100ドル札は14セントですので、私が銀行券製造コストで推定した18円弱と比較してもさほど変わらない水準であることがわかります。

2 新しいお金の形と多様化する決済

図表４　通貨の種類

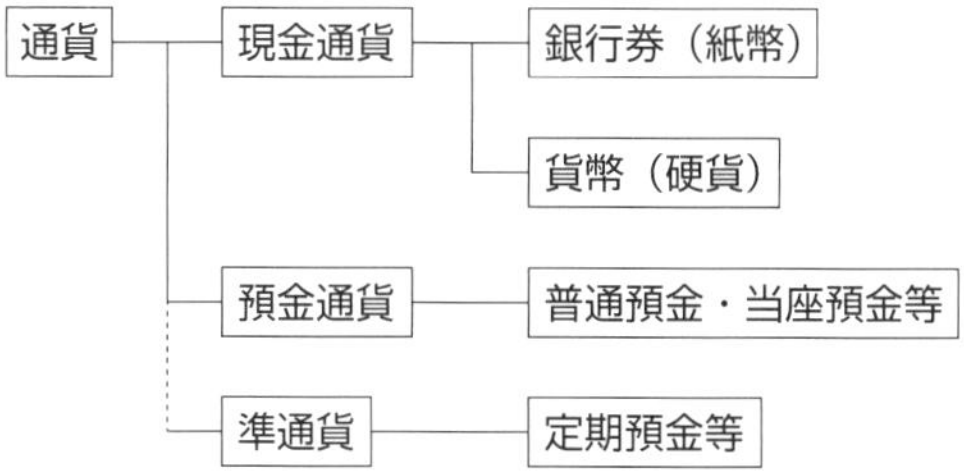

出所：筆者作成

■ 現金通貨と預金通貨

ここまで通貨について、銀行券と貨幣という現金通貨を中心に述べてきましたが、通貨の概念には普通預金や当座預金などの預金通貨も含まれます。この預金通貨について詳しく見ていきましょう。銀行の預金は常時引き出しが可能な「**要求払い預金**」あるいは「**流動性預金**」と呼ばれる預金に対して、「**定期性預金**」あるいは「**固定性預金**」という種類に大別されます。

前者の要求払い預金には普通預金、当座預金、通知預金、決済用預金などが含まれ、これらは現金のように決済に直接的に利用可能なため「**預金通貨**」とされています。

後者の定期性預金には定期預金、定期積金などが含まれ、直接的に物品の購入や振込等の決済に用いることはできませんが、解約手

2 経済学では通貨発行益について、マネタリーベース（現金通貨流通量＋日銀当座預金残高）増分とマネー増加前のマネタリーベースにインフレ率を掛けたもの（インフレ税と言われています）の合計という解説があります。しかし、ここでは会計的な説明のほうが理解しやすいと思います。

3 米ドルの製造コストの開示は、https://www.federalreserve.gov/faqs/currency_12771.htmを参照。

続きを行うことで現金化できますので「**準通貨**」と呼ばれています。

どの程度の通貨が日本で出回っているかについては、後の「貨幣の供給」で詳しく見ていきますが、市中に流通する通貨の中で現金通貨の割合は1割程度で、多くを預金通貨が占めています。

■キャッシュレス決済手段はお金か?

近年、急速に普及している**キャッシュレス決済**は、モノやサービスの購入対価として現金と何の遜色もなく使えるわけで、お金と考えてもよさそうですが、法的な位置づけはどうなっているのでしょうか?

まず、キャッシュレス決済について簡潔に整理していきましょう。44～45ページの図表5にキャッシュレス決済の全体的な分類についてまとめています。決済の媒体としては、紙や磁気カードなどの古典的なものから、Ｓｕｉｃａなどに代表されるＩＣカード、ＰａｙＰａｙなどのスマホベースの決済など様々です。

また、現金との紐づけのタイミングも「**前払い式**」「**後払い式**」「**即時払い式**」など様々です。この図表には関連する法令が示されていますが、法的な説明の前に決済手段と現金の動きについて考えていきます。

前払い式に関しては、現金あるいは銀行口座からチャージする形になります。現金通貨であれ預金通貨であれ、要は通貨が電子化された情報となってＩＣチップや決済手段提供者の電子サーバーに書き込まれたにすぎません。そのため、チャージされた情報は支払われた通貨の対価として発行された価値の裏づけではあるものの、通貨そのものではありません。

後払い式についても、クレジットカードがわかりやすい例であるように、支払い時では通貨の動きはなく、お店が決済手段提供者の信用力を信頼して販売に応じる与信取引になります。したがって、これも通貨としての決済ではないことがわかります。

即時払い式は、デビットカードがわかりやすい例ですが、決済と同時に銀行口座から支払い資金が引き落とされますので、預金通貨の取引とみなされます。

したがって、法的な位置づけを問う前の段階で、通貨とキャッシュレス決済の媒体や、そこに記録されたデータは一線を画していることが理解できると思います。

■法的な制約が異なるキャッシュレス

ＳｕｉｃａやＷａｏｎなどにチャージしたものの、現金しか使えないお店に行き、チャージした現金をどうにか払い出せないかと困った経験がある人は少なくないと思います。その一方で、セブン銀行のＡＴＭで現金を払い出せるスマホ・アプリを活用している人もいると思います。もっと細かい話をすれば、ＰａｙＰａｙでチャージしたお金についても出金できるタイプとできないタイプがあることをご存知でしょうか？

こうした出金機能の有無は法律に基づくものであるほか、出金が可能なスマホ・アプリも法的にデリケートな問題を内在しています。図表５でもご確認いただけるとおり、準拠する法律も異なれば、同じ法律であっても法的位置づけが異なります。

事例	出金（注）	根拠法令	法律上の位置づけ
Quoカード	不可	資金決済法	前払い式支払い手段
全国百貨店商品券	不可	資金決済法	前払い式支払い手段
Amazonギフト、iTunesギフト、WebMoney、ゲーム上のマネー	不可	資金決済法	前払い式支払い手段
Suica、PASMO、ICOCA、TOICA、PiTaPa、	不可	資金決済法	前払い式支払い手段
楽天Edy、nanaco、WAON	不可	資金決済法	前払い式支払い手段
PayPayマネー、au Pay、LINE Pay、楽天Pay、iD、pringなど	可（銀行口座経由、一部セブン銀行ATM可能）	資金決済法	第２種資金移動業による電子決済
各種クレジットカード	−	割賦販売法	包括信用購入あっせん業
QUICPay、iD（クレジット）〜クレジットカードと紐づけ	−	割賦販売法	包括信用購入あっせん業
銀行系	−	銀行法	−
iD（デビット）〜銀行系、Apple Payと紐づけ	−	銀行法	−

などの例外措置あり

以下、キャッシュレス決済の中でも、前払い式について解説します。

■払い出しが原則できない前払い式支払い手段発行者

ＳｕｉｃａやＰＡＳＭＯなどの交通系ＩＣカードをはじめ多くの電子マネーの事業者は、資金決済法上の「前払い式支払い手段発行者」として登録を受けています。

この場合、ユーザーへの資金払い戻しは原則として禁止されています。その理由は、出資法が銀行以外の事業者による預り金を禁止しているためです。チャージされた資金は、あくまでも商品・サービスの代価の支払いに充当されることが前提で、預り金であってはいけません。

例外としては、事業者の廃業、あるいはユーザーのやむをえない事情による少額の

図表5　キャッシュレス決済の種類と法的位置づけ

資金負担のタイミング	媒体	種類	資金の源泉
前払い式（プリペイド）	紙・磁気型	プリペイドカード	現金支払い
		商品券	現金支払い
	サーバー型	発行会社サーバー	現金ないしクレジットカードからのチャージ
	IC型	交通系ICカード、一部スマホ	現金、銀行預金ないしクレジットカードからのチャージ
		流通系ICカード	現金、銀行預金ないしクレジットカードからのチャージ
	スマホ・アプリ型	スマホ・アプリ	現金、銀行預金ないしクレジットカードからのチャージ
後払い式（ポストペイ）	IC型	クレジットカード	銀行口座引き落とし
	スマホ・アプリ型	QRコード決済・クレジットカード連動	銀行口座引き落とし
即時支払い式	IC型	デビットカード	銀行口座即時払い出し
		その他IC、スマホ	銀行口座即時払い出し

注：出金について「不可」となっている項目について、事業停止や止む無き利用者の事情による少額の引き出し
出所：日本資金決済業協会、金融庁、経済産業省資料に基づき筆者作成

払い戻しについて認められています。ただ、あくまでも原則禁止であることに変わりはありません。そのため、多くの電子マネーは現金の払い出しができないのです。

■現金払い出しが可能なものの法的にはデリケートな資金移動業

スマホ・アプリをベースとした決済サービスの多くは、**資金決済法**での資金移動業の登録を受けています。

2020年に改正（施行は2021年）された資金決済法では、資金移動業者を第1種～第3種に区分して、それぞれの事業上の制約や義務について明記することとなりました。送金上限額は、第1種が制限なし、第2種が100万円、第3種が5万円となっています。

その中で**スマホ決済を担うPayPay**

などの多くは**第2種資金移動業者**です。ここでポイントとなるのが、「**滞留資金**」の問題です。ユーザーから預かった資金は、あくまでも送金などのために一時的に引き受けたものであり、業者の手元に留め置かれる性格のものではないということが、法令上の前提となります。そうでなければ、出資法上の預り金となるためです。

ＰａｙＰａｙなどが、あえて第2種資金移動業者の登録を受けている点が肝です。

第1種資金移動業では送金上限がないため、業務の自由度が大きいように見えます。しかし、第1種については、ユーザーからの具体的な送金指図が必要であり、送金指図があったときには即座に送金を行うことが義務づけられているため、キャッシュの一時預かりができません。これを「**滞留規制**」と言います。この条件のもとでは、スマホ決済事業者が長期間資金を受けたまま、将来的な決済や現金による引き出しを待つことはできません。

そのため、滞留資金が実務的前提となっているスマホ決済の事業者としては、送金上限が１００万円に制限されていても、第1種に課されている規制に比べれば法改正前と同等の事業が行える第2種である必要があるわけです。

これによって、たとえばＰａｙＰａｙマネーは法改正前に５００万円としていた上限について、法改正を機に１００万円に変更しましたし、ＬＩＮＥ Ｍｏｎｅｙなども同様の上限額となっています。

しかし、第2種資金移動業者として１００万円の上限額を設定していても、資金の払い出しについてはデリケートな問題が残っています。滞留資金が出資法上の預り金とみなされないことが重要なのです。最後に少し立ち入った議論をします。

　金融庁は、事務ガイドライン[4]の中で出資法第2条において禁止されている預り金とみなす要件を提示しています。その要件は、次のとおりです。

①不特定かつ多数の者が相手であること
②金銭の受け入れであること
③元本の返還が約されていること
④主として預け主の便宜のために金銭の価額を保管することを目的とするものであること

　スマホ・アプリ決済をこれらの要件と照らしてみると、①と②については適合するものの、③や④については必ずしも適合しないように思えます。しかし、今後も個別事案ごとに、金融庁が情報収集のうえ、出資法上の適否は所掌する捜査当局の判断に委ねられることになります。

　ここまでの説明で、普段なにげなく利用しているスマホ・アプリによるキャッシュレス決済が法的に極めて難しい取扱いの中での対応であることがおわかりいただけたと思います。

　ちなみに、ひとくちにスマホ・アプリ決済と言っても、「ＰａｙＰａｙマネー」や「ＬＩＮＥ

4　金融庁事務ガイドライン第3分冊（預り金）2－1－1（2）。

Pay」については、事前に本人確認を経たうえで資金決済法上の「資金移動業によって発行される電子マネー」として位置づけられるため、現金による払い出し（銀行口座経由を含む）が可能です。

しかし、「PayPayマネーライト」や「LINE Cash」などは本人確認を要しない一方で、資金決済法の「前払い支払い手段」となり前記の理由で払い出しは認められません。

さらに、「PayPayボーナス」は、ユーザーが対価を支払ったうえで獲得した電子マネーではなく、企業によるポイントとなるため、これも適用外となります。

■預金のような保護のない電子マネーチャージ

電子マネーなどにチャージされたお金は、銀行預金のように保険制度がないため、万が一にも運営事業者が破たんした場合に保護されることはありません。

ただ、前払い式支払い手段発行者は、資金決済法第14条により1千万円ないしは基準日の未使用残高の2分1以上のいずれか大きい金額を発行保証金として供託しなければなりません。また、供託の代わりに財産の信託を行う方法や銀行などに発行保証金保全契約に基づく保証をしてもらう選択もあります。

結論としては、預金保険などの制度はないものの、前払いされた資金の保護を法的に前払い式支払い手段発行者に対して求めているということです。したがって、事業者が破たんした場合には、供託金ないしは保証銀行からチャージした資金の返還を受けることができます。

■スマホ・アプリへの給与振り込みも

給与の支払いは、労働基準法第24条の「**賃金支払いの五原則**」により、①通貨（現金）で、②直接労働者に、③全額を、④毎月1回以上、⑤一定期日を定めて、支払うこととされています。給与を「①通貨（現金）」ではなく、「資金移動業者」が提供する電子マネーなどで支払う「**デジタル給与払い**」を可能とする法改正の議論が進んでいます。

議論の主体である厚生労働省・労働政策審議会労働条件分科会の資料によれば、雇用主が抱える資金移動業者のアカウント（たとえば、電子マネーの法人名義口座）から従業員のアカウントへ賃金相当額が移動するパターンや、アメリカなどで活用されている「**ペイロールカード**」の導入などが示されています。

ペイロールカードとは、会社が賃金を支払う目的で従業員に与えるプリペイドカードで、ビザカードやマスターカードなどの国際ブランドが付いていることで、汎用性が確保されたものです。資金移動業者のアカウントとペイロールカードを連動させれば、最初の例と同様の効果が得られるわけです。アメリカでは、デジタル・ペイロールカードが若い世代にも強い支持を得ています。

給与については、2021年2月末現在の日本の雇用者数は6千万人弱で、人口の半分の給与の受け取り方を選択する余地が生ずる可能性があるということです。

現金文化と銀行信奉の強い日本では、法改正によりデジタル給与支払いが急速に浸透するとは思えませんが、資金決済法の今後の見直しによって資金移動業者の滞留資金の柔軟性が確保されれば、給与の銀行振込主流の現在の姿も大幅に変容するかもしれません。そのため、今後の制度の見直し次第では、金融の風景が大きく変わる可能性もあると思います。

■仮想通貨の位置づけ

ビットコインやイーサリアムなどの仮想通貨は、法改正により法令上の名称が「**暗号資産**」に変更されています。そのため、以降は暗号資産として扱っていきます。ここでは暗号資産が貨幣ではない点のみを明らかにするとして、詳細は第4章で紹介するブロックチェーンのところで説明します。資金決済法第2条で定義される暗号資産とは、ごく簡単に表現すると次のとおりです。

①電子的に記録され移転
②モノやサービスの購入対価として活用可能
③売買ができる財産的価値
④円や外国通貨などの法貨ではない

つまり、明確に法貨ではないことが法令上明記されています。また、右では省略しましたが、法貨（法定貨幣）建ての資産でもないことが付記されています。

COLUMN

貨幣は無制限に使えない

銀行券は、「日本銀行法」第46条で無制限に通用すると規定されていますので、支払いを行うにあたって大量の紙幣を持ち込むことは認められます。

一方、**貨幣は、通貨法第7条で「額面価格の20倍まで」を限度として通用する**と規定されているので、20枚を超える枚数の硬貨の支払いを、お店は拒むことができます。海外で嫌がらせで大量の硬貨を支払いに持ち込む映像を見たことがありますが、こうした営業妨害にもつながりかねない行為を通貨法が実質的に禁じているのです。

こうした点を考えても、少額であれ高額であれ取引を行う際にはキャッシュレス決済の効率性が認められます。

3　貨幣の需要と供給

■三つの目的

かなり実務的な内容が続きましたので、再び理論的な金融の基本に戻りましょう。

貨幣が物々交換より便利な媒体として存在を確立してきたことは教科書的に述べましたが、貨幣の機能的な存在意義は以下の三つです。

① **価値尺度機能**：貨幣がモノやサービスの価値を測るうえで便利であることは疑いの余地はありません。日本では古《いにしえ》の時代から、お米が価値の尺度として代用されてきました。大和朝廷による班田収授法《はんでんしゅうじゅほう》での水田の大きさから始まり、豊臣秀吉の太閤検地による石高の統一と課税標準の設定、江戸時代でも続いた扶持米《ふちまい》制度（1か月で1・5斗の給与を「一人扶持《いちにんぶち》」として評価）など、貨幣の流通が普及した時代でもお米は価値評価に用いられました。しかし、法貨の確立により貨幣が価値を測るうえでの客観性が担保されています。ただし、36ページで紹介したジンバブエ・ドルのように通貨としての信認を失うと、ハイパーインフレーションという形で、価値の尺度としても貨幣は機能しないことになります。

② **交換機能**：物々交換よりも、共通の価値尺度を有する貨幣を介在させたほうが、経済活動が円滑に行われることは自明です。りんご3個とパパイヤ1個が等価交換できるとして、りんご1個を求めるためにパパイヤを3分割する不便さを考えれば、りんご1個を１００円、パパイヤを３００円として貨幣を媒介させたほうが簡単ですよね。もちろん、貨幣の代わりに金のような希少金属やお米を媒介させてもいいのですが、金は希少すぎて少額の決済には不向きですし、お米については豊作・凶作による価値変動もあり、媒介には不適です。

③ **価値保蔵機能**：交換機能をお米やりんごを媒介として用いると、その媒介手段の劣化という避けられないデメリットがあります。りんごよりもお米のほうが保存がきくとしても、古米と

して価値が減少することは避けられないでしょう。その点、貨幣は腐りません。消費の選択を時間軸で行うことが可能となるのも、貨幣の価値保蔵機能によるものです。

COLUMN

「腐るお金」の話

貨幣は腐らないという話をしたばかりですが、なかには、あえて「腐る」お金を流通させているところもあります。

1930年代初頭、不況にあえぐオーストリアのヴェルグルという町で、その土地限定で流通する地域通貨が発行されました。実際は給与の代わりに与えられる「労働証明書」なのですが、地域内の売買の媒介として当時の法貨であったシリング以上の流通を果たしました。

その地域通貨の特徴は、価値が時間の経過とともに減少することです。1か月につき1％ずつ減価されていくお金であるため、そのお金は保有し続けるより早く使ってしまったほうがお得なわけです。その結果、人々は競ってお金を使うようになり、地域経済が活性化されたということです。

消費を先送りすることが、現在私たちが直面しているデフレの原因でもあります。腐らないはずのお金が腐るお陰で、経済が活性化し不況から脱した話は「ヴェルグルの奇跡」として知られるところとなりました。

余談ですが、西武園ゆうえんちでは「西武園通貨」でモノやサービスの購入ができます。実際、園内のほとんどの施設では、西武園通貨によってのみ販売が行われています。1通貨当たり12円（2

021年12月現在）ですが、その特徴は有効期限が交換当日という点です。つまり、西武園で使えるお金は1日で「腐って」しまうようなものなので、購入を急がざるをえません。こちらも地域通貨の概念を活用したビジネスと言えます。

■貨幣の需要

現金を手元に持っておきたいという気持ちを、ケインズ経済学の世界では「貨幣の需要動機」と言います。ここで言う「貨幣」とは、現金と考えていただくのがわかりやすいと思います。

貨幣を保有する動機としては、**取引動機**、**予備的動機**、**投機的動機**があります。ケインズを持ち出してきたのは、それ以前の経済理論（古典派経済学）では最後の投機的動機がなかったためです。

① **取引動機**：日常生活の中で消費者が買い物をする、あるいは企業が生産に必要な材料を購入するなど、経済取引を行っていくには貨幣が必要になります。貨幣の取引動機とは、こうした取引に使うために確保しなければいけない理由で貨幣を必要とするものです。そのため、マクロ経済学で登場する貨幣需要関数の中で、取引動機に基づく貨幣需要は経済活動を示すGDPの増減に応じて変化します。

② **予備的動機**：具体的な出費の予定がなくても、旅行に出かければ思わぬお土産に飛びついてしまうこともあります。また、急病により、想定しなかった入院費用が必要になることもあり

ます。このような将来の不測の出費に備えて、手元の資金を確保しておく需要を予備的動機に基づく貨幣需要と言います。予備的動機に基づく貨幣需要も、取引動機に基づく貨幣需要と同様にＧＤＰの増減に応じて変化します。

③**投機的動機**：貨幣は手元に置いていても利息を生みませんが、金利の付く預金に入れておく、あるいは国債などの債券を買っておけば、金利収入を得られます。簡単に言えば、金利が低ければ現金を手元に置いておくほうが便利だろう、あるいは金利が上がってから預金に行こうという気持ちで貨幣を保有する需要を投機的動機に基づく貨幣需要と言います。投機的動機による貨幣需要は、金利が上昇するほど少なくなり、金利が低下するほど増えると考えられます。

以上の貨幣需要の数学的説明については、巻末をご参照ください。➡ 数学的補足コーナー

■貨幣の供給

私が学生時代は貨幣供給量を「マネーサプライ」と呼んでいましたが、いまは「**マネーストック**」に改称されています。マネーストックは、日銀や金融機関から経済全体に供給されている通貨の総量で、金融機関と中央政府を除いた国内の経済主体（一般法人、個人、地方公共団体等）が保有する通貨の合計を指します。

マネーストックの中で最も基礎部分となるのが、「**マネタリーベース**」です。この用語もかつては「ハイパワードマネー」と呼ぶことが多かったのですが、近年では前者が一般的となりました。マネタリーベースとは、現金通貨と日銀の当座預金の合計です。初期のアベノミクスのもとでは、「マネタリーベース倍増」が金融政策運営における一つのターゲットとして掲げられました。

以下、マネーストックの統計における用語の説明をしておきます。

①　**M１＝現金通貨＋預金通貨**

※預金通貨は要求払預金（当座、普通、貯蓄、通知、別段、納税準備の各預金の合計）ですが、厳密には対象金融機関が抱える手形・小切手が控除調整されます

②　**M２＝現金通貨＋国内銀行等に預けられた預金**

※対象銀行は、日本銀行、国内銀行（ゆうちょ銀行を除く）、外国銀行在日支店、信金中央金庫、信用金庫、農林中央金庫、商工組合中央金庫

③　**M３＝M１＋準通貨＋CD**（**譲渡性預金**）

＝現金通貨＋全預金取扱機関に預けられた預金とCD

※準通貨：定期預金＋据置貯金＋定期積金＋外貨預金

④　**広義流動性＝M３＋金銭の信託＋投資信託＋金融債＋銀行が発行する普通社債＋金融機関が発行するコマーシャルペーパー＋国債＋外債**

図表6　マネーストックの推移（平均残高、兆円）

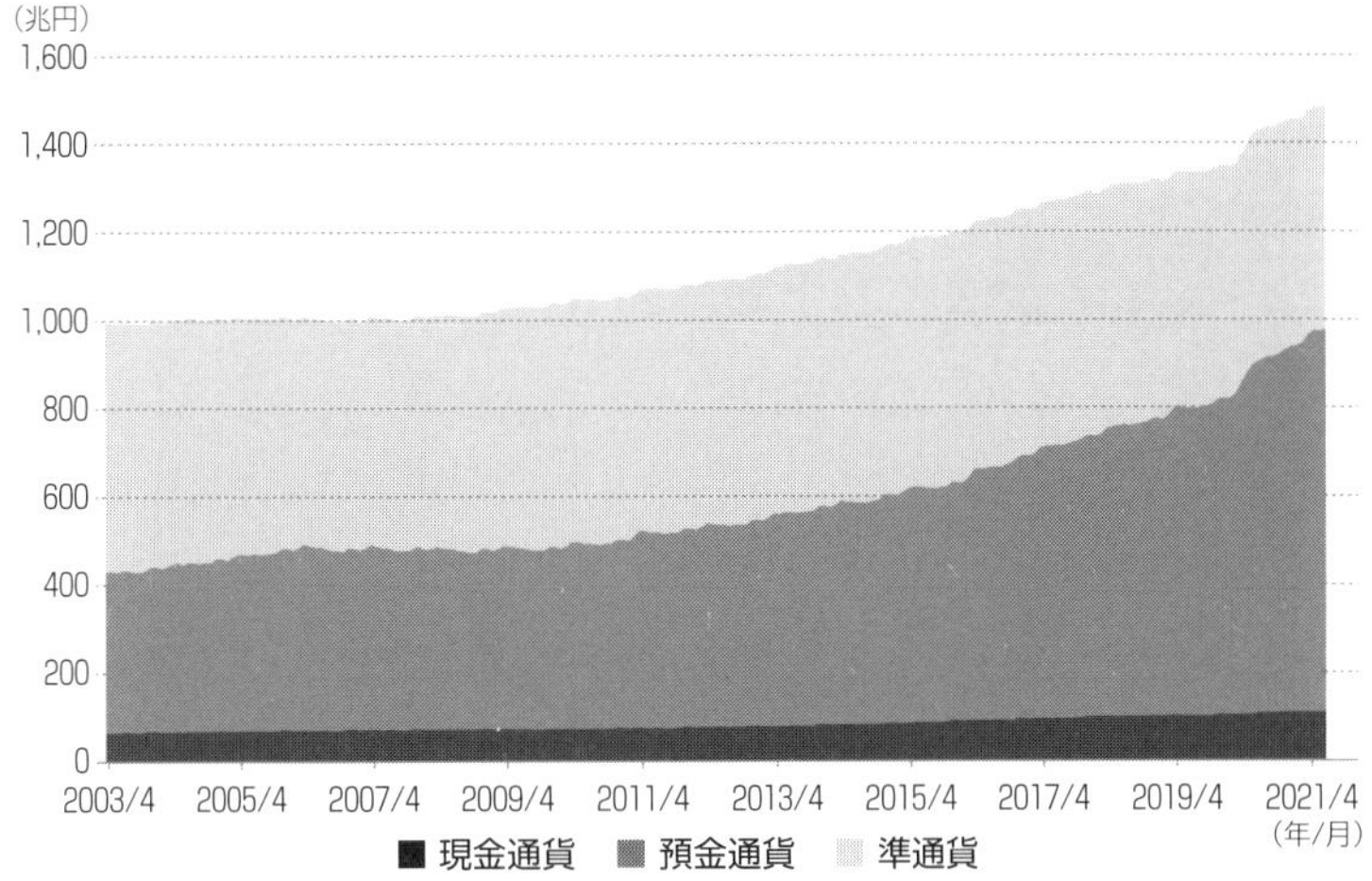

出所：日本銀行時系列統計に基づき筆者作成

上の図表6は、マネーストックのうち、現金通貨、預金通貨、準通貨の推移を示したものです。ご覧のとおり、現金通貨は全体のわずかな割合であり、多くを預金通貨と準通貨が占めていることがわかると思います。

COLUMN

銀行は現金を持ちたくない

以前、知人のご両親が取引銀行を訪れて預金の払い出しをしようとしたとき、対応した窓口の担当者に「これほど多額の現金を引き出される場合は事前に連絡してもらわないと困る」と言われて、「自分のお金も自由に引き出せないのか」と憤慨されていた話を聞きました。

どの程度の金額が「多額」かは銀行や店舗によりますが、数百万円の後半から1千万円以上が一般的な目安だと思います。

映画などのイメージからすると、銀行の金庫には圧倒される額の札束が堆《うずたか》く積み上げられている印象ですが、実は一般の銀行店舗ではさほど大量の現金を抱えているわけではないのです。

その理由は、現金持ち高がその支店の成績である「業績考課」あるいは「営業店収益」にマイナスの影響を及ぼすからです。というのも、現金を金庫に抱えていても利息が付くわけでもないので、支店内に抱えること自体が「コスト」となるのです。現金持ち高を圧縮する努力は、防犯上の理由というよりは、収益的な意味合いが強いのです。

したがって、多額の現金入金があった日などは、迅速に本店へ移送することになります。ちなみに、銀行員用語では、支店が本店や他の支店から現金を搬送してもらうことを「現受」、搬出することを「現送」と言います。支店では翌営業日における出入金（現金の引き出しや入金）を的確に予想し、金庫に置いておく現金の残高を不必要に増やさない努力が続けられています。

このような理由とは別に、多額の現金取引については犯罪防止上の理由から細心の確認措置が図られるようになりました。第一には特殊詐欺などの犯罪の防止です。第二に「犯罪による収益の移転防止に関する法律」によりマネー・ロンダリングをはじめとする犯罪関係の取引をモニタリングする観点から200万円以上の窓口取引では、本人確認が行われたり、取引理由などが詳しく聴取されます。

銀行の対応に対するお腹立ちはわかりますが、いろいろと事情を抱えた中における窓口担当者の話なので、斟酌していただけると銀行関係者もありがたいと思います。

第2章 金融システム

1 金融の主役は国で異なる

危機の発生も金融システム次第

銀行が資金の出し手と受け手の間に立つのが間接金融、資金の出し手が市場を通じて直接資金を受け手に供給するのが直接金融という整理については、ご存知の方も多いと思います。資金がどういった経路で必要なところに届くかという全体像が「**金融システム**」です。

その中には、金融機関やプロの投資家ばかりではなく、個人や一般企業を含めた様々なプレーヤーが金融システムを構成しています。そのため、金融システムに障害をきたすと、お金の流れが滞ってしまい、経済活動がマヒしてしまいます。これが「**金融危機**」です。

したがって、発生する金融危機も各国の金融システムの姿によって異なるものとなります。間接金融中心の日本では間接金融の主役である銀行が、直接金融中心のアメリカでは証券会社（投資銀行）が危機の発火点となりました。金融危機や金融システムの具体的な内容については後ほどお話ししますが、まずは国ごとの金融の全体像の違いを見ていきましょう。

図表７　資金循環（年度別資金過不足、フロー、兆円）

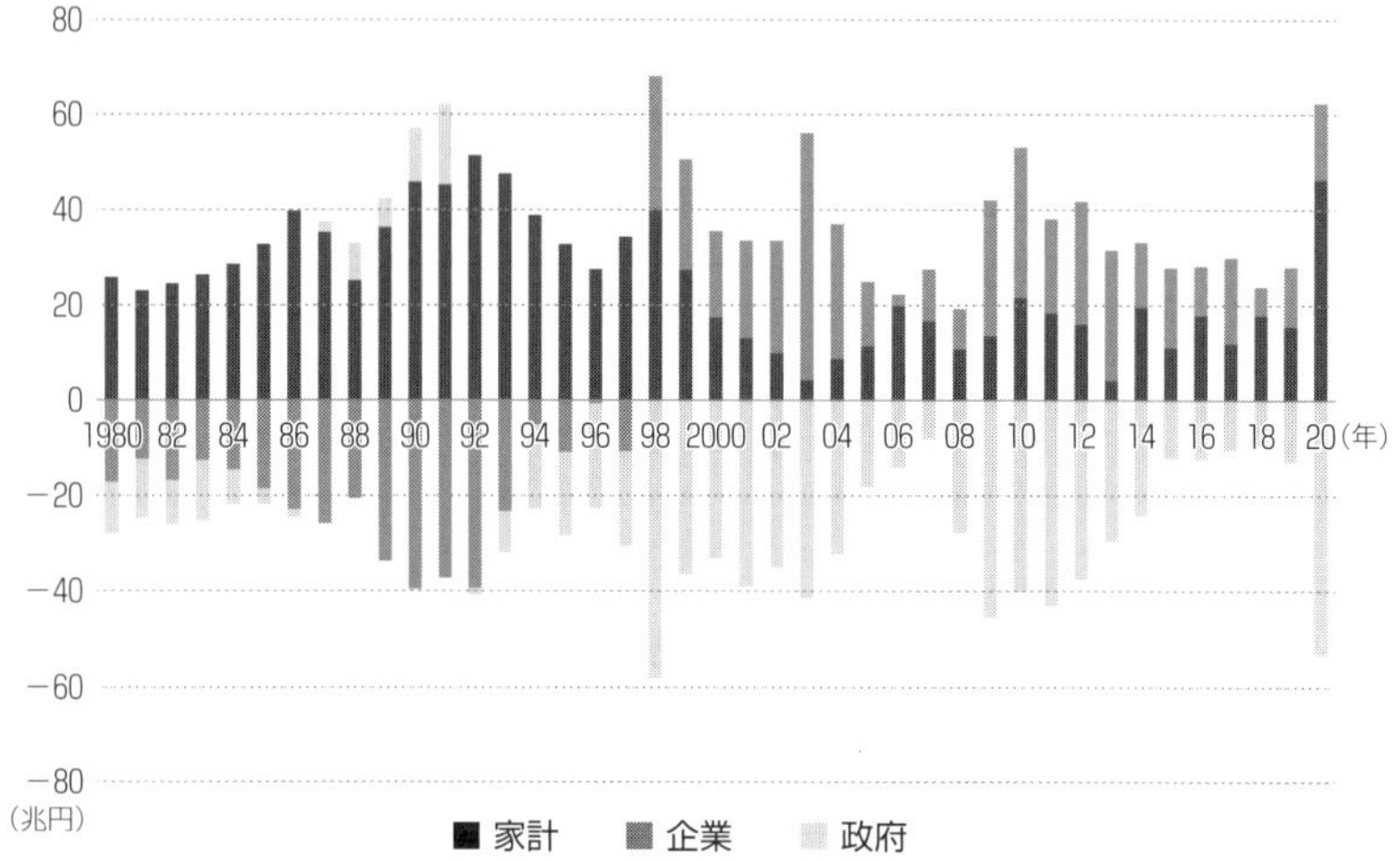

出所：日本銀行時系列統計に基づき筆者作成

個人に加えて企業も資金余剰へ

まず、日本の金融システムにおけるお金の流れを確認します。図表7は、1年間を通しての家計（個人事業主を含む）、企業（金融機関を除く）、政府（公共部門）の三つの部門における資金の過不足について、1980年から40年間でどう変わってきたかを示したものです。

この図表を見ると、マクロ的な資金の余剰と不足の部門の流れがわかります。家計は一貫して資金余剰となっていますが、2000年前後から企業が資金不足から余剰に転じて、政府の資金不足を両部門が助ける構図になってきたのがわかります。

個人金融資産を見れば金融システムがわかる

次に、経済活動への資金の主な供給源となっている、いわば金融システムを支えるエネルギー源となっている家計の金融資産の内容を確認

図表８　個人金融資産構成の日米比較（2021年３月末）

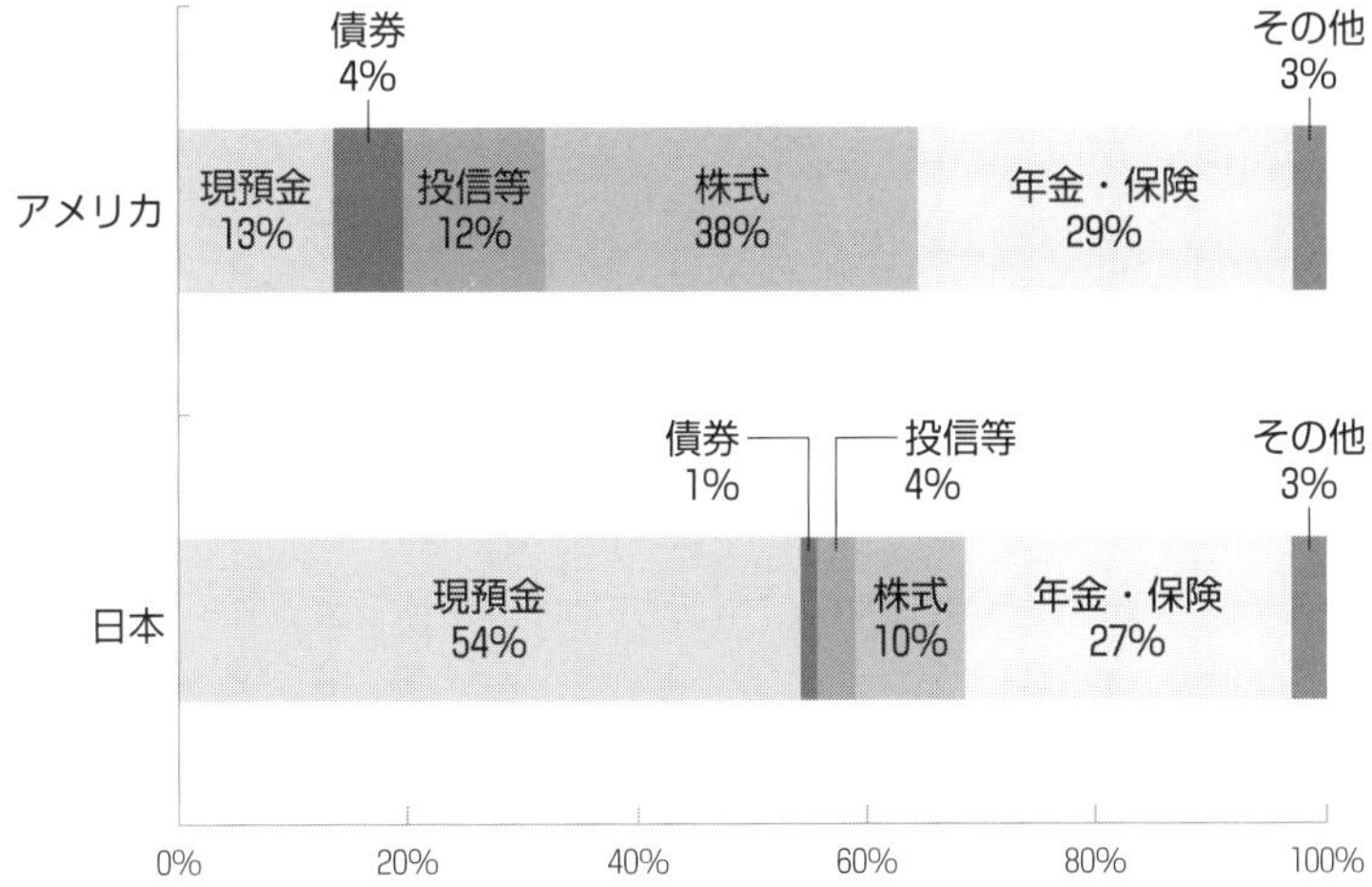

出所：日本銀行統計に基づき筆者作成

していきます。ここでは、家計ではなく「**個人金融資産**」という言葉を使います。

図表8は、日本とアメリカの個人金融資産の比較を行ったものです。日本では現金や預金の割合が高く、アメリカでは株式などの投資商品の存在感が大きいことはよく聞かれると思いますが、改めて両者を比較すると、その違いに驚かれると思います。

まず、アメリカの現預金の割合がわずかに13%であるのに対して、日本では54%を超える水準となっています。

反対に、株式、債券、投資信託などの投資シェアは、アメリカが計50%超（うち株式38%）であるのに対し、日本は15%強（うち株式は10%）に過ぎません。まさに、預貯金と投資の比率が両者で概ね真逆であるところが面白いと思います。これは、それぞれの金融システムの特徴を映す鏡です。

図表9　金融機関業態ごとの資産シェア（2021年3月末）

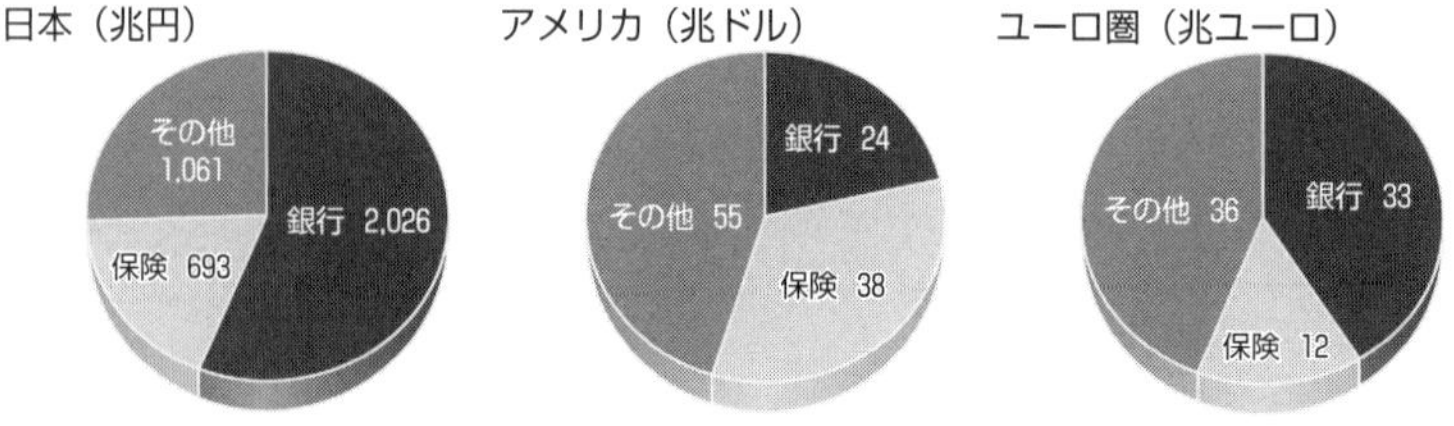

出所：日本銀行統計をもとに筆者作成

つまり、日本では間接金融の象徴である現預金が個人金融資産の中心であり、アメリカでは直接金融の象徴である投資商品が中核であることから、日本は間接金融中心の金融システムで、アメリカは直接金融中心の金融システムであるということです。

ちなみに、ヨーロッパ（ユーロ圏）の計数は、現預金が約35％、投資商品が約28％（うち株式18％）となっていて、まさにアメリカと日本の中間的な金融システムであることが示唆されています（計数は、いずれも2021年3月末）。

■金融システムの差が「主役」に表れる

先ほどは、個人金融資産の内容から金融システムの違いをのぞいてみましたが、ここでは、金融機関の存在感を比較していきましょう。図表9は、日本とアメリカの金融機関の総資産をそれぞれ合計し、金融機関のタイプ別にシェアを算定したものです。

日本では、銀行（信用金庫などのその他の預金取扱金融機関を含む）が絶対的なシェアを誇っている点は、ご想像のとおりです。

これに対してアメリカは、銀行が2割程度に過ぎない一方で、「その他金融仲介機関」がトップシェアを誇っています。

では「その他」とは何でしょう？

その他に分類される金融仲介機関とは、投資信託などを通じて資産運用を行う資産運用会社などです。つまり、個人のお金が、資産運用会社などを通じて証券市場に入っているということです。まさに、日本では間接金融の担い手である銀行が、アメリカでは直接金融のプレーヤーが金融システムの主役となっているのがわかります。

では、先ほどから何度も出てきている間接金融と直接金融について、次節でざっと解説していきましょう。

COLUMN

銀行を見る目は国によって異なる

私がアメリカ留学中に最も驚いたのは、銀行のあまりにいい加減な対応です。アメリカでも日本同様に簡単な処理内容を取り扱うハイカウンターと、相談に対応するカウンターがありましたが、ハイカウンターの窓口係（「テラー」と言います）はチューインガムをかみながらの対応でした。そこまでならいいのですが、次のような日本では信じられない銀行の対応があったのです。

10ドル札を25セント硬貨（通称「クォーター」）に両替すると、日本と同じような硬貨巻きが手渡されます。しかし、私の経験上、かなりの確率でカナダの25セント硬貨が混ざっていたのです。銀行の新入行員時代に、両替に関連する資金係を担当していた私にとっては、かなりの衝撃でした。

こうした経験もあり、アメリカ人の友人があまりにも銀行を信用していないことに納得できました。アメリカで銀行口座からの公共料金等の自動引き落としのサービスが普及しなかった背景として、銀行のミスで余計な金額を引き落とされるリスクを利用者が感じたという説を聞きましたが、こちらもアメリカと日本の銀行の位置づけの違いをよく表していると思います。

アメリカで生活を始めるときの基本は、いまも昔も同じです。日本で当座預金に当たる「チェッキング・アカウント」と、金利の付く「セービング・アカウント」を銀行で口座開設する必要があります。前者は、日本の個人では、馴染《なじ》みのない小切手を使用できる口座です。アメリカでは、私が留学していた時代と違って、デビットカードやクレジットカード、そして電子小切手とも言われているACH（Automated Clearing House）の利用もありますが、家賃や公共料金の支払いに小切手が使われているのが現状です。直接金融と間接金融の依存度の違いは、こうした利用者の肌感覚からくることも否定はできないと思います。

2　間接金融と直接金融

■ 間接金融の特徴

資金を調達して活用する方法が、間接金融と直接金融に分かれることは、これまで説明してきたとおりです。

間接金融とは、銀行などの金融仲介機関が預金など資金を調達し、その資金を第三者に融通（融資）することを言います。

間接金融の中心をなす銀行の機能については第4章で詳しく解説しますが、間接金融の重要な特性は、「**リスクの遮断**」と「**流動性の切り離し**」です。

リスクの遮断とは、資金の供給源である預金者と融通された資金を活用している主体（貸出先）の間でリスクが伝わらないことで、具体的には貸出先が倒産して融資が焦げついても、預金者が被害を受けることはありません。その防波堤が金融仲介機関である銀行です。

流動性の切り離しとは、預金者は資金が必要となったときに、いつでも預金を引き出すことができるのに対し、銀行は借り手に満期日以前に返済を求めることができない（借り手が契約を守らなかったような特殊な状況を除く）ということです。これは民法第136条で規定される期限の利益により債務者が守られるためですが、銀行にとっては預金流出時にリスクに直面することになります。

補足説明　貯金と預金は何が違う？

結論として「貯金」も「預金」も同じです。ただ、みずほ銀行にお金を預ければ預金、ゆうちょ銀行なら貯金となるだけです。

貯金という用語は、ゆうちょ銀行（および代理店としての郵便局）にお金を預けるときに使いますが、農協や漁協にお金を預けることも貯金と言います。それぞれ「郵便貯金法」「農業協同組合法」「水産業協同組合法」などの元来の法律に基づく表現です。

銀行や信用金庫、信用組合などにお金を預ける場合に使われる預金は、「銀行法」「信用金庫法」、

（信用組合の）「中小企業等協同組合法」に基づいて預金という表現となります。

なお、少し込み入った話をすると、郵政民営化に伴い、民営化以前に預入された定額貯金と定期貯金は「郵便貯金」の名称が満期まで使われますが、民営化以前に預入された通常貯金・通常貯蓄貯金ならびに、民営化以降にゆうちょ銀行で受け入れた貯金は、もはや「郵便貯金」ではなく、「ゆうちょ銀行の貯金」となりました。

では、日常会話で預金ではなく、貯金というフレーズが使われる傾向がある理由はなんでしょうか？

明治政府は国家としての発展に不可欠な金融的資源を確保するため、民間の資金を吸い上げて産業振興などの政策に活かす方針をとりました。この一環として明治5（1872）年に国立銀行条例が制定され、順次、国立銀行（国立といっても国営ではなく民間銀行です）が設立されました。しかし、貯蓄預金が認可されたのは、その6年後の明治11（1878）年です。

一方で、明治7（1874）年には郵便貯金が制定され、国民への貯蓄の浸透がなかなか進まない状況で、全国的に貯蓄奨励の組織化の対応が郵便局に委ねられたのです。そればかりではありませんが、貯蓄のことを預金ではなく貯金と呼ぶ傾向が強まった一因と考えられます。

■ 間接金融の担い手

間接金融の主役は、銀行をはじめとする預金取扱金融機関です。預金取扱金融機関は、預金で資金を吸い上げて、個人、法人あるいは政府ならびに地方公共団体等に貸出として供給する主体です。

銀行でない金融業者は、その名のとおり「**ノンバンク**」と呼ばれます。ノンバンクには、クレジットカード会社、割賦《かっぷ》販売業者、消費者金融会社などがありますが、広義のノンバンクには、これらのほかに証券会社や資産運用会社などの金融仲介業者が含まれます。ノンバンクは預金を取り扱えないため、銀行から借入《かりいれ》をするか、社債発行などにより資金調達をするしかありません。そして、資金調達源が預金でないことを除けば、貸出を含む手段で資金を個人や法人へ貸し付ける点は、銀行と何ら変わりません。

したがって、間接金融の主たる担い手は、銀行をはじめとする預金取扱金融機関であり、その周辺をノンバンクが担うしくみとなっています。

■間接金融の主たる資金供給は貸出

間接金融の、資金受け入れ側の主な手段は**預金**です。そして、資金供給側の主な手段は**融資**です。融資は銀行などの貸し手の視点から言えば、「**貸出**」や「**貸付**」あるいは「**与信**」という表現が使われ、借り手からは「**借入**」や「**借金**」あるいは「**債務**」などが使われます。

以下、表現を貸出に統一して話を進めます。

5 民営化前の定額および定期貯金は、政府保証を継続しながら（ゆうちょ銀行ではなく）独立行政法人郵便貯金簡易生命保険管理・郵便局ネットワーク支援機構に承継されました。

① 短期と長期で大きく異なる条件

貸出を期間で分けると、「短期」貸出と「長期」貸出に区分されます。この境界線は1年です。単純なように思われるでしょうが、実は、この境界線は非常に重要な意味を持ちます。

第一に、**返済方法の違い**があります。短期貸出は、1年以内の一括返済が一般的です。これに対し、1年超の貸出では、分割返済が求められ、期日一括返済が認められません。

住宅ローンを借りた経験のある方はご存知だと思いますが、分割返済の方法は「**元金均等**《がんきんきんとう》」と「**元利均等**《がんりきんとう》」に大別されます。なお、ここではわかりやすくするために、ボーナス返済は考えないこととします。前者は借り入れた金額（元本）を分割回数で単純に割ったもので、これに金利負担が加わるので、返済負担は初期段階ほど大きくなります。後者は金利負担も含めた返済額を毎回同額としたものなので、完済まで毎回の支払い負担は変わりません。個人的には前者をお勧めします。なぜなら、後者のほうが元本の減り方が緩慢になり、金利負担の重さが相対的に長く続くためです。

第二に、**審査の難易度の差**があります。長期のほうが、貸し手のリスクが長期化するので、借り手の返済能力が長期的な環境変化の中でも耐えられる水準かどうかを判断する必要があります。企業向け貸出であっても個人向けローンであっても、返済を支えるキャッシュフローが十分に得られるかどうか確信が持てなければ、審査でＯＫを出すことはできません。

第三に、**担保の必要性**です。銀行の貸出で無担保・無保証のものは、残念ながら大きな割合ではありません。特に長期の貸出であれば、担保や保証あるいはその両方を求められます。企業の場合であれば、不動産や工場財団[6]などが一般的ですし、住宅ローンであれば、購入する住居が担保となります。個人向けローンでは住宅ローン以外にも教育ローンなど、借入により獲得する住居や自動車などの物理的価値を有するものがない場合もありますが、その場合は銀行のグループ会社のノンバンクなどが保証料を徴求しながら保証をするのが通常です。

なお、返済時期の決められていない貸出もあります。「**当座貸越**《とうざかしこし》」です。極度額と呼ばれる限度の範囲内では、企業も個人も自由に資金を借り入れ、返済を繰り返すことができる柔軟性があります。金利負担は一定期間の平均残高に応じて、この当座貸越口座から引き落とされます。個人向けの場合は、カードローンがこの形態となります。

② 与信は貸出だけではない

融資という言葉の説明で「与信」という表現を使いましたが、これはその名のとおり信用を与えることで、この文脈で使われる信用というのは「返済などの約束を守ってくれることを信用して取引を行う」ことです。英語ではクレジットなので、英語のほうがわかりやすいかもしれません。

短期や長期での貸出を行う以外に、借り手の資金繰りを助ける与信はほかにもあります。昔ながらの取引としては「**手形割引**」があります。企業が売上の一部を現金ではなく約束手形などで受け取る場合があり、資金が手元に入るまでに手形の期日まで待たなければなりません。期日を待たず

6 企業の工場の敷地や工場の建物だけではなく、生産活動を支える機械・器具と工場所有権までも一体とみなして「財団登記」するものです。工場財団が必要な理由は、敷地や建物だけでは十分な担保価値とはならなくても、生産を行うのに必要なすべてのものを対象とすることで、工場が生み出す経済的価値までを高く評価できるためです。

に銀行が資金化してくれるのが手形割引です。なぜ割引かというと、手形の記載金額から金利分を差し引いてお金を渡すからです。この場合、銀行は手形を振り出した先が支払い不能となる「**不渡り**」リスクと、不渡り手形を借り手が買い戻せない「**不履行**」リスクの二つのリスクをベースとする与信を行うことになります。

企業が売上の対価として約束手形などを受け取ることは、現金が未払いの「**売掛債権**」を持つことになります。手形取引は減少しており、経済産業省は**２０２６年に紙の手形を廃止する方針を発表済みですので、今後は電子債権化が進む**でしょう。こうした売掛債権を現金化することも「**ファクタリング**」という与信です。銀行は主にグループ会社を通じて債権の買い取りを行っています。また、売掛債権を担保とした貸出も可能です。

与信は現金（キャッシュ）が関係する場合が多いのですが、そうでない場合もあります。それが保証です。保証は「**支払い承諾**」とも呼ばれ、「将来の支払いを承諾してあげる」という意味を持っています。貿易取引では海外の取引先へ「**信用状**」を発行して支払いの履行を保証しますし、前節で登場したキャッシュレス決済事業者が法律上求められている「**供託金**」の代わりに事業者が支払い不能となった場合の弁済を負担することを約すことも与信です。また、直接金融の世界で、企業が発行する社債に銀行が保証を付けることで社債の信用力を向上させることも与信行為となります。これらのケースにおいて、実際に現金は動いていないのですが、万が一その企業が支払い不能となった場合に、はじめて銀行が資金負担をして現金が動きます。

■市場型間接金融

直接金融的な性質を持つ間接金融も、かなり一般的となってきました。**シンジケートローン**や**プロジェクト・ファイナンス**などの「**市場型間接金融**」です。

1990年代後半から、比較的に規模の大きい資金調達をサポートする貸出の方法として急速に浸透していきました。この形態は、企業などが借入を行う際に幹事役の銀行（アレンジャー）を中心とした銀行団（シンジケート）が協力して資金を貸し出すもので、「**協調融資**」とも呼ばれています。

企業が大きなスケールの新規ビジネスを行うケースやM&Aを実施する場合、多額の資金が必要となるケースが少なくありません。こうした大規模な資金調達を行うケースでは、リスク管理上の問題としてメインバンク単独で貸出を行うことが困難であるほか、経常的な取引がある複数の銀行総出でも対応が難しいこともあります。また、エネルギー開発や国家的なインフラ事業なども巨額の資金が必要となります。

こうした少数の銀行では支えきれない大規模な資金調達を必要とする際に、国内外の金融機関への呼びかけによって行う市場型間接金融は、リスクの分散化と調達の間口拡大の両面で有用性の高い手法と言えます。

次節で解説する直接金融と非常に類似性が高く、資金供給手段が貸出か債券かの違いのみで、アレンジャーが市場での債券発行の主幹事に当たり、シンジケートは債券引き受け幹事団に対応する形です。

実は近年では、日本の銀行が取引先の中小企業などにも、こうした貸出形態を用いるケースがあります。ただし、中小企業へのシンジケートローンは、銀行の手数料を増やすメリットがあるものの、借り手にとって、どのような便益が提供されるのか、疑問に思うケースもあります。

COLUMN

「単名転がし」を知らない今日の銀行員

貸出をめぐっては様々な「銀行員用語」があるので、いくつか紹介しましょう。

まず、個人・法人を問わず事業者が継続的な与信取引を始める前に、「**銀行取引約定書**」、通称「**銀取**《ぎんとり》」が徴求されます。貸出等の取引の共通のルールが記載されたもので2000年までは全国銀行協会制定のフォームがありましたが、現在は銀行独自のものとなっています。

現在、貸出形態の9割程度が「**証書貸出**」です。証書というのは、金銭消費貸借契約証書という契約書で通称「**金貸**《きんたい》」です。長期の証書貸出は分割返済が必要で、これを「**約定弁済**」と言います。通称「**約弁**《やくべん》」です。

かつては、短期貸出のほとんどが約束手形を用いた「**手形貸付**」でした。ここまでのルールからすると通称は「**手貸**《てがし》」と推測がつくと思いますし、この言葉も使われることがあります。しかし、圧倒的に多い表現は「**単名**《たんめい》」です。手形貸付では、借入人が銀行に対して振り出し、手形の裏書による譲渡がない「**単名手形**」の形式であるため、この用語となりました。

しかし、昔は頻繁に使われていたのに消えた用語もあります。「**単名転がし**《たんめいころ》」あるいは「**経常単名**」

で、銀行によって呼び方に多少の差があります。短期貸出は期日一括返済で、長期は分割返済という説明をしましたが、1990年代までは1年満期の手形貸出を実行して、期日がくると同額の手形貸出を実行することで「決済・新規」を繰り返し、実質的に長期の貸出となる取引が横行していました。単名手形の貸出がずっと続くので「単名転がし」のような言葉が使われたのです。分割返済の負担がないため、借り手にとっては使い勝手のいい調達方法です。

長期貸出が分割返済を求める理由に戻りましょう。根本的には、返済原資の確保に長期間を要するということは、定期的なキャッシュフロー（＝収入）に比べて借入額が大きいということなので、コツコツと返済することが借り手にとっても都合がいいということです。しかし、単名転がしについては、ともすると永久に元本の返済をしなくてもいいという見方もできます。これは負債というよりは資本です。そのため、2000年に制定された「**金融検査マニュアル**」などで、決済・新規を繰り返す貸出は「元本支払い猶予」を行った問題債権であるということが明確に示されました。

これを境として、ここ20年間で銀行員になった人たちには、この「死語」が理解できないと思います。

私は、単名転がしのような貸出形態は、ある意味で健全ではないと思いますが、短期と長期の貸出の返済方法があまりに硬直的であるため、借り手の事業の状況に応じた資金供給となっていないのではないかと考えています。

たとえば、事業を立ち上げたばかりの起業家にとって、キャッシュが先に出て行って、しばらくして軌道に乗ってからキャッシュが帰ってくる場合が多いと思いますので、一定期間は分割返済を行わない形態があってもいいと思います。

■直接金融の特徴

まず、よくある間違いです。**「直接金融＝市場金融」ではありません。**もっと単純に考えて、資金の出し手と受け手が「経済的に」直接結びつくのが直接金融です。

なぜ、経済的という言葉をわざわざ入れてややこしくしているかと言うと、資金の出し手と受け手の間に、リスクを取らない存在が入ることが多いからです。株式や債券などの有価証券が媒体となる場合は、証券会社などが間に入ります。最近ではクラウド・ファンディングが普及していますが、この場合もインターネット上で資金の出し手と受け手の出合いの場であるプラットフォームを提供する存在があります。経済的な結びつきというのは、この仲介役が経済的リスクを取ることなく、資金の出し手が受け手のリスクを直接取る関係にある点を示しています。

それだけではありません。直接金融の中には、市場を通過せずに当事者間がやりとりする**相対取引**《あいたい》もあるからです。クラウド・ファンディングのプラットフォームは市場とは言えないので相対取引となりますし、非上場有価証券の多くが相対で取引されます。それらをすべて含めて「直接金融」です。

いま一度、間接金融と直接金融の金融仲介機関の違いを明らかにすることで、直接金融の特徴を確認していきましょう。

最大の相違点は、**リスクの所在**です。直接金融では、有価証券などを介して資金の出し手と受け手が結ばれますが、多くの場合は証券会社が仲介します。有価証券のリスクは、基本的に買い手である投資家が背負います。ただし、通常は証券会社が有価証券を発行会社から「引受」して投資家に販売するため、売れ残ったものを証券会社が抱え込んでしまう「引受リスク」を負っている部分は補足しておくべきでしょう。いずれにしても、有価証券の発行者のリスクを投資家などの保有者が背負う点は直接金融の特徴です。間接金融の場合は、銀行が預金者の代わりに貸出先のリスクを背負っているので、「リスクの遮断機能」があるかどうかが両者の明確な違いとなります。

もう一つの違いは、**流動性の問題**です。流動性というのは、資金が必要となったときに資金の出し手が簡単に現金を取り戻せるかどうかです。間接金融の場合、普通預金などの要求払い預金であればいつでも、定期預金などの固定性預金については中途解約を行うことで資金化できます。一方で直接金融の場合は、保有している有価証券などの媒体を処分する必要があります。取引の頻度が高い株式や国債などの流動性が高い債券であれば、あまり困らずに換金できます。しかし、取引があまりない銘柄になると、買い手が見つかるまでは資金を手にすることができません。また、売却できたとしても、投資した金額を取り戻せるかどうかは相場次第となります。クラウド・ファンディングの場合は、さらに換金の困難さがあるでしょう。

■直接金融の担い手

ここでも、よくある間違いから始めます。**「証券会社＝直接金融、銀行＝間接金融」は誤りです。**それぞれの金融の主要なプレーヤーとしては正しいのですが、たとえば銀行も直接金融の一翼を担っています。

企業が株式や社債を発行する場合、有価証券を引き受けて販売するのは証券会社です。国債や地方公共団体が発行する地方債については、銀行も引受を行うことができます。そのため、銀行は有価証券に係る直接金融にまったく関与していないというのは誤りです。なお、規制緩和の結果として、銀行のグループ会社である証券会社も、他の証券会社と同様に株式や社債の引受が認められています。

こうした有価証券を証券会社等が販売する対象には、個人や一般企業のほか、機関投資家が含まれます。なかでも機関投資家は多額の資金を背景に、非常に重要な存在となります。機関投資家には、銀行、保険会社、資産運用会社などが含まれます。このほかにも政府や国際機関が直接・間接的に運用を行うところもあり、機関投資家の一部に含まれます。

■直接金融の手段

直接金融のツールは、有価証券であると考えていいと思います。しかし、一口に有価証券といってもその性格により多くの種類があるほか、募集や取引の方法によっても異なる区分があります。以下、異なる切り口から、その多彩さをご確認ください。

①会計上および法務的区分

最も初歩的な有価証券の区分は、**債券**と**株式**という分け方です。会計的には負債に区分されるのが債券で、資本に区分されるのが株式であることはご承知のとおりです。改めてクイズです。次の説明は正しいでしょうか？

「債券は負債なのでお金を返さなければならないが、株式は資本なので返す必要がない」

基本的に債券は元本や利息の支払いが求められますが、資本である株式は返済義務を負わず、利息に類似した配当金も払わない選択もできます。しかし、例外もあるため、右の説明は実は正しくはありません。

債券には元本返済（正確には「**償還**」と言います）の期限の定めのない**永久債**があります。この場合、そもそも「返す」という概念がありません。このほか、一定の条件[7]に該当する場合は利払いが繰延べないしは免除される**劣後債**などの債券もあります。そもそも、ゼロクーポン債のように利息のない債券もあります。

株式についても、皆さんが馴染んでいる普通株式以外に様々な性質を持った株式があります。なお、普通株式とは別の種類の株式を発行した場合の株式は「**種類株式**」と言います。このうち「**取得条項付株式**」は一定の条件のもと、会社側ないしは株主側の請求により会社側が株主から株式を

7 劣後債券により条件は異なりますが、任意利払い免除（会社が裁量的に支払いを見送る）や利払い可能限度額超過（配当可能利益をベースに算定）などの規定があります。

強制的に取得するもので、現金を会社側が株主に支払うことで実質的な償還を行う株式については旧商法で「償還株式」と言われていました。株主からの請求であれば、あたかも負債を返済するような性格のものです。

②財務評価による区分

会計のテキストには、自己資本比率が高い企業は財務的に健全である、という説明があります。それは事実なのですが、実務的にはそれほどラフなものではありません。

企業の健全性や安全性の基本的な考え方は、**倒産の可能性**です。ここで廃業と倒産の違いを理解する必要があります。廃業は事業をやめるわけですから、債務がなくても自主的に可能ですが、倒産は債務の支払い不能が前提です。再建型の法的整理である会社更生法にしても民事再生法にしても、債務の整理による再生が目的ですし、特別清算や破産などの清算型についても資産売却による財産の債権者への分配が目的です。

つまり、債務を抱えていて返済が困難な見通しで倒産の可能性を判断するので、返済を迫られる債務の全体（負債＋資本）における割合や、キャッシュフローに対する比率が重要になります。もっと簡単に述べれば、一般債権者から見て、自分たちの債権は無事返済されるかが、財務上の健全性を見るうえで最も重要なのです。

前置きが長くなりましたが、負債の中には「資本性」のあるものが存在しています。資本性というのは、借金ではあるものの資本に近いということです。すでに述べた償還期限のない永久債や永久ローンなどもそうですし、他のすべての債務の利払いや返済が済んだ後でないと元利金の支払いが行われない劣後債や劣後ローンなどの「**劣後債務**」がそうです。

2020年以降の新型コロナ禍で、日本政策金融公庫が貸し手となる「新型コロナ対策資本性劣後ローン」が注目されました。飲食・宿泊業などを中心に多くの事業者において営業赤字が累積し資本を毀損する中で、銀行から借入を行うには相応の財務評価を整える必要があります。資本性ローンは負債ではありますが、ほかの債務が完済した後でないと返済不要なので擬制資本となります。そのため、財務評価の中では単純な自己資本比率ではなく、実質的な返済義務を評価する必要があるのです。

なお、補足ですが、劣後債や劣後ローンは、償還までの期間が5年未満になると、1年ごとに2割ずつ資本とみなせる部分が削減されます（この会計処理を「アモチゼーション」と言います）。

このほかにも、銀行自身が財務的な安全性を確保するために、資本性のある負債を発行する、あるいは負債性の強い資本を発行するなどの方策がとられてきました。

以上の説明には一部、間接金融であるローンも入りましたが、強調したいことは株式と債券という直接金融の主力商品については、それらの商品性により資本性や負債性の度合いが異なる点にご注意いただきたいという点です。

③ 新規と既存、公募と私募の違い

金融市場とは、その名のとおり金融取引が行われる場のことを網羅的に表現したものです。金融

図表10　間接金融と直接金融による資金調達

		間接金融		直接金融	
担い手		銀行等	ノンバンク	金融機関	投資家
個人	短期資金	・カードローン ・当座貸越（定期預金担保など）	・クレジットカードキャッシング ・消費者ローン	なし	・ソーシャルレンディング
	長期資金	・住宅ローン ・不動産担保ローン（アパートローンを含む） ・教育ローンなどの目的型ローン	・住宅ローン ・不動産担保ローン	なし	・ソーシャルレンディング
法人	短期資金	・証書貸付 ・手形貸付 ・手形割引 ・当座貸越	・手形割引、ファクタリング ・不動産担保ローン ・無担保ローン	・コマーシャルペーパー	・クラウド・ファンディング
	長期資金	・証書貸付 ・シンジケートローン ・ノンリコースローン	・不動産担保ローン ・無担保ローン	・株式 ・社債（私募債、公募債）	・クラウド・ファンディング

出所：筆者作成

市場は短期と長期に分かれ、それぞれについては次節で説明しますが、長期金融市場のことを一般的に「**資本市場（キャピタル・マーケット）**」と呼びます。

資本市場は物理的な取引の場ではなく、情報ネットワークを通じた取引全体をカバーするものです。そのため、東京証券取引所などのような証券取引所に上場している有価証券にしても、それ以外の非上場有価証券についても、取引のある限り、すべて資本市場で行われたものとみなします。

資本市場は**発行市場**と**流通市場**に分かれるという解説をよく耳にしますが、あまり、この二つを区別する必要はないと思います。**新規に発行された有価証券**が取引されれば、「発行市場（**プライマリー・マーケット**）」ということになりますし、**既存の有価証券**が取引されれば、それは「流通市場（**セカンダリー・マーケット**）」と便宜上呼んでいるに過ぎません。結局のところ、プライマリーもセカンダリーも参加者は変わりませんし、取引の場が変わるわけでもありません。これは、株式であろうが債券であろうが同じです。

もう一つの区分は、**募集形態の違い**です。株式の場合は、**ＩＰＯ**（Initial Public Offering：**新規株式公開**）の名前が示すとおり公募です。非上場株式に関しては、わざわざ私募という表現は使いません。そのため、**公募と私募の区分は主に債券が対象**となります。

公募と私募の違いは、不特定多数の投資家を対象とするかどうかで決まります。簡単に説明すれば、私募以外はすべて公募に該当し、私募とするための要件は、①50人未満の投資家が対象か、②銀行などの一定の要件を満たすプロの投資家に限定した募集かのいずれかに該当することです。

プロの概念については、金融商品取引法と関連する内閣府令で定められた「**適格機関投資家**」であることが要件です。

金融知識のない個人を含む不特定多数を相手にするには、詳細な情報開示や適切な勧誘手続きが必要であり、公募・私募の区分は投資家保護の観点から決められています。

COLUMN

私募債の世界

メインバンクなどが中小企業に私募債発行を勧誘することは、いまも昔も変わりません。私募債という金融商品は、銀行にとってメリットがあるからです。

比較的規模の大きな中堅・中小企業が発行して、銀行や生命保険会社など複数の適格機関投資家が買い取る場合もありますが、多くの場合は実質的に貸出の代替手段となっています。というのも、中小企業が発行する社債は銀行が買い取ることがほとんどだからです。

過去においては、私募債の発行には画一的な適債基準という財務指標の基準をクリアしたうえで、担保を付けることが求められていました。現在は無担保が前提で、その代わりに銀行ないしは信用保証協会が保証を付けることが一般的となっています。無担保とは言うものの、銀行が保証をする際に銀行に担保を要求される場合もあります。そのうえで、ほとんど、その私募債は保証を付けた銀行が買い取ります。

形式的には直接金融の態《てい》を取っていますが、結局のところ信用リスクを取っているのは銀行なので、経済効果としては貸出と何ら変わらないように思えます。また、銀行ではなく信用保証協会による保証を付けた私募債であっても銀行が買い取るので、貸出に信用保証を付けたものと変わりません。

銀行が貸出ではなく、あえて私募債を推進する理由は、貸出と同様に金利収入が得られるばかりでなく、手数料[8]も得られるためです。特に、収入のうち金利収益の依存度が9割前後の状況にある地域銀行にとっては、手数料収入強化は重要な経営目標です。また、取扱件数で他行と競う、あるいは私募債の取扱いを行うことが「メインバンク」としての証しのような雰囲気すらあります。

一方で、中小企業にとってのメリットはあるのでしょうか?

第一に、分割返済の不要な長期資金調達が可能となります。前節で長期貸出には約定弁済が求められる点を述べました。**私募債の場合は満期での一括償還となります。**期間は2~7年程度の設計が一般的です。同時に、金利が固定されている点もメリットに数えられます。

第二に、対外的なPR効果です。私募債の発行には各銀行が定めた適債基準、そして信用保証協会の適債基準がそれぞれあります。私募債の発行が可能な会社ということで、社員募集や新規取引開拓の際のアピール材料に活用している会社もあります。

第三に、本格的な直接金融デビューの準備という位置づけの会社もあります。私募債における情報開示などの煩雑な手続きは不要ですが、有価証券発行のプロセスに慣れるという意味合いもあるわけです。

個人的な感想ですが、銀行と中小企業のメリットの大きさを比較すると、やはり銀行サイドのほうが大きいような気がします。

8 財務代理人手数料、登録手数料、保証料などが含まれます。

3 金融市場

■金融市場の構造

金融市場は期間で分けられます。概ね1年以内の取引は「**短期金融市場**」と言い、別名「**マネー・マーケット**」です。それより長い期間の取引は「**長期金融市場**」で、一般的に「**キャピタル・マーケット**」と呼ばれています。

マネー・マーケットについては、銀行などの金融機関同士の取引のみを行う**インターバンク市場**と金融機関以外も参加する**オープン市場**から構成されます。キャピタル・マーケットは、参加者ではなく金融商品による分け方が一般的で、株式市場と債券市場に分かれます。

なお、投資銀行や証券会社でECMやDCMという略称で部署名を呼んだりしますが、それぞれエクイティ・キャピタル・マーケットとデット・キャピタル・マーケットの略称であり、それぞれ株式と債券を担当するものです。

このほかに、日本円とアメリカ・ドルやユーロなどの外国通貨を取引する外国為替市場や、後で出てくるスワップやオプションなどのデリバティブ商品を取引するデリバティブ市場があります。87ページの図表11をご覧いただければ、全体像を俯瞰できます。

■短期金融市場　～マネー・マーケット

①インターバンク市場

銀行、証券会社、保険会社などで取引されるインターバンク市場は、1年以内の資金の過不足を金融機関間で貸し借りする場です。

コール取引が代表的で、資金を他の銀行から調達した場合がコールローン、他行に貸し付けた場合はコールマネーと呼びます。この取引においては、国債等を担保とする有担保取引も存在はしますが、実態的にほとんどが無担保です。さらに、無担保コール1日物が半数以上を占めていて、その金利は日銀が金融政策を行う場合の指標の役割を果たしてきました。

図表11の中で「手形」という言葉が出てきますが、これは銀行が貸出等で引き受けた手形です。銀行が自身の資金繰りの都合で資金調達が必要な場合は、これを他の金融機関に売却して資金調達を行うことがありました。

しかし、すでに述べましたが、手形の存在感は急速に縮小してきており、インターバンク市場でもコールが取引の大半を占めています。

② オープン市場

銀行などの金融機関だけでなく、一般企業、機関投資家、地方公共団体など大口の資金を運用するプレーヤーが参加するのがオープン市場です。

取引の対象は、銀行が発行する**CD（譲渡性預金）**、後日買い戻すことを約束して国債などを売却し一時的な資金調達を行う**債券現先《げんさき》**、一般企業が発行する短期的な資金調達のための**コマーシャルペーパー**、そして政府が短期的な資金調節のために発行する**国庫短期証券**などが対象となります。

なお、国庫短期証券は、かつて「割引短期国債（ＴＢ）」と「政府短期証券（ＦＢ）」という呼称で親しまれましたが、２００９年に統合のうえ、改称されました。一部のテキストでは旧称のまま掲載されているので気をつけてください。

インターバンク市場と種類は異なりますが、いずれも短期的な余剰資金の運用と調達のための場ですので、オープン市場の金利水準はインターバンク市場に連動します。

■長期金融市場　～資本市場、キャピタル・マーケット

①債券市場

直接金融の説明の中で発行市場と流通市場について説明しました。市場参加者を含め、市場が区分されているわけではないのですが、新規か既存かの区別をするための表現です。新規で発行される債券を「**新発債**」、すでに発行されている債券を「**既発債**」と言います。

また、即座に債券の売り渡し、あるいは買入れと代金の決済が行われることを「**現物取引**」と言い、将来の定められた期日に債券の受け渡しと代金の決済を行うことを「**先物取引**」と言います。先物取引についてはデリバティブの説明の中で詳しく解説しますので、ここでは現物取引をベースに話を進めましょう。

取引が活発に行われる有価証券のことを、流動性が高いという表現を用いますが、流動性の高い有価証券ほど不利な取引を迫られることなく換金を容易に行うことができます。一般的には、流動性の高い債券に比べ、流動性の低い債券の価格は値動きが大きくなります。なぜならば、取引に参

図表11　金融市場の俯瞰

	市場の分類	取引対象、内容
短期金融市場（マネー・マーケット）	インターバンク市場	コール、手形
	オープン市場	CD、CP、国庫短期証券、債券現先
長期金融市場（キャピタル・マーケット）	株式市場	普通株式、出資証券
	債券市場	国債、地方債、社債、財投機関債
外国為替市場	インターバンク市場	円貨と外国通貨の銀行間取引
	対顧客市場	上記以外の外国為替取引
デリバティブ市場	取引所取引	標準化されたデリバティブの取引
	OTC	個別性の高いデリバティブの相対取引

注：CD＝譲渡性預金、CP＝コマーシャルペーパー、OTC＝店頭取引（Over-The-Counter）
出所：筆者作成

加する人が少ないために、ひとたび多く買いたい、あるいは多く売りたいという投資家が出てくると、その債券の値段が暴騰あるいは暴落しやすいからです。**債券市場で最も流動性の高い債券は、政府が発行する国債**です。

債券市場と株式市場の最も大きな違いは、債券は上場されないことが多いことです。流動性が高い国債も一部の銘柄を除いては、店頭取引で行われています。実際のところ、9割以上の債券売買は店頭取引で行われているのです。店頭取引は、証券会社等が売りたい人や買いたい人の取引の相手方になります。証券会社等は、こうした売買動向を瞬時に日本証券業協会（証券会社を含む証券業による自主規制団体です）に電子的につなぎ、需要と供給のバランスから「店頭基準気配」が決まり、これをもとに店頭での売買価格が決まります。

債券の価格形成についてはPART2で詳しく解説しますので、ここでは大まかに価格の影響要因についてお話ししておきます。債券価格に最も大きく影響するのは、市場金利と発行体（発行会社や発行政府など）の信用力の二つの要素です。発行体の財務・財政状況が芳しくなく元利金の返済リスクが高まれば、その債券価格は下落します。

市場金利が上昇すれば債券価格は下落し、市場金利が低下すれば債券価格は上昇します。期間10年、利率5％の国債を100億円保有していたとして、市場金利が5％から10％へ上昇したとしましょう。新発債を買えば10％の金利を享受できるのに、保有している国債は5％しかもらえません。10年間を通して考えると、保有している国債から受け取る利息は50億円（100億円×5％×10年）であるのに対し、新発債を買えば100億円（100億円×10％×10年）もらえます。したがって、簡略化して考えれば、保有している国債を他の人に買ってもらうには、差額の50億円値引きをする必要があるという計算になります。

信用力の低下も同様です。100億円の社債を保有していて、倒産確率が0％から50％へと上昇すれば、その社債の価格は少なくとも半減するでしょう。

②株式市場

株式市場で円滑に株式を流通させるためには、証券取引所の適格基準（上場基準等）をクリアしたうえで上場審査をパスしなければなりません。日本には、「東京証券取引所」「名古屋証券取引所」「札幌証券取引所」「福岡証券取引所」の四つの証券取引所が存在しており、それぞれの取引所では企業の財務状況や業歴により株式市場が区分されています。

日本を代表する東京証券取引所（東証）では、上場区分の大改革に注目が集まっています。これまで東証には市場第一部、市場第二部、マザーズ、JASDAQ（スタンダード・グロース）の四つの市場区分がありましたが、2022年4月より、「**プライム市場**」「**スタンダード市場**」「**グロース市場**」への大幅な再編となりました。

「東証一部上場企業」というのは、伝統的に一流企業の代名詞のような位置づけで使われてきました。プロサッカーリーグにたとえれば、市場第一部というのはJリーグ ディビジョン1、通称J1のようなものです。しかし、右のような区分発表で、多くの大企業には激震が走りました。

日本企業はかつて「株式持ち合い大国」と揶揄されていました。株式会社にとって「株主総会」は会社の重要事項を決定するための最高機関であり、年1回開催される定時総会や必要に応じて開催される臨時総会における議決権行使や議案提案など株主が経営陣に対して監視機能を発揮する場です。また、株主は一定期間（6か月）以上3％以上の議決権を保有すれば総会の招集も請求することが可能なほどの権限を有します。しかし、親密な会社間や取引銀行との株式相互保有、取引生命保険やサプライチェーンにおける株式政策保有を通じて、経営陣の思惑どおりに総会で議決権を行使する「安定株主」の確保を行う慣行が続きました。いわゆる「**物言わぬ株主**」です。

2000年4月からの時価会計（正式には「金融商品会計」）導入や銀行に対する自己資本比率規制強化などにより、株式保有自体が経営リスクを招くことになってからは、こうした持ち合い株式や政策保有株式は激減しましたが、いまだに安定株主は存在しています。

こうした慣行を排除することを目的の一つとしたのが東証の改革です。詳しくは92～94ページの「補足説明」をご参照ください。

さて、株式市場に話を戻しましょう。株式が取引されるのは証券取引所ばかりではありません。1998年以前は「取引所集中義務」という規則があり、顧客からの注文は必ず証券取引所を通す必要がありましたが、国内外の改革の流れにより取引所外での取引が可能になりました。

これにより、取引所が開いている時間以外でも株式を売買できるようになり、個人投資家にとっては仕事で多忙な昼間の時間ではなく、夜間に株式売買を行うことができるようになりましたし、機関投資家にとっては取引所が閉じている時間中に出た大きなニュースに対応して取引ができるようになったのです。

取引所外取引の有力なシステムとしては、**PTSとダークプール**があります。いずれも証券会社が複数の顧客からの売り買いの注文をベースに、取引を成立させるシステムです。

PTSは、Proprietary Trading System の頭文字をとったもので私設取引システムを指します。主に、利用者は個人となります。証券会社によっては、**SOR**（Smart Order Routing）を提供しているところもあります。SORとは、個別銘柄の売買注文を行う際に、証券取引所やPTSの中で最も有利な気配《けはいね》値を提示しているところで発注するしくみです。気配値とは「この値段で売りたい（買いたい）」という他の顧客が希望する値段と考えていただいて結構です。

ダークプールも証券会社で取り扱う顧客注文ベースの取引であることは変わりませんが、PTSとは異なり気配値が公表されません。ダークプールという名称は「Dark Pool of Liquidity」から来ていて、取引参加者の匿名性が確保されているほか、気配値や数量などの取引情報が見えないことを意味しています。そのため、透明性が低いという指摘もありますが、低廉な手数料が魅力であるほか、取引所に発注することによって、市場価格に大きな影響を及ぼしかねない多額の売買を市場価格への影響なく成立させるメリットもあるため、機関投資家に広く利用されています。なお、売り買いの注文の大きさや、新規の株式発行や自社株買いなどにより市場価格に影響を及ぼすことを「マーケット・インパクト」と言います。

最後に、伝統的な取引所取引における価格決定のしくみを説明しておきましょう。「**オークション方式**」と「**マーケットメイク方式**」がありますが、日本では基本的に前者のみなので、後段のマーケットメイク方式の部分は読み飛ばしていただいても結構です。

オークション方式は「競争売買方式」とも呼ばれていて、「**価格優先**」「**時間優先**」「**成行《なりゆき》優先**」の三つの原則に従って売買されます。価格優先とは、買い注文の場合はより高い値段が、売り注文の場合はより低い値段が優先されることです。時間優先とは、同じ注文価格の場合は時間の早い注文が優先されるということです。そして、成行優先とは、具体的な売買の希望価格を示す**指値《さしね》注文**に対して、価格の希望なく売買注文する成行注文を優先させるということです。

マーケットメイク方式とは、マーケットメイカー（証券会社）が「売り気配」と「買い気配」を提示して、投資家が有利な気配値を出しているマーケットメイカーと相対取引を行うしくみです。完全な需要と供給から価格と数量が決定されるオークション方式とは異なり、わかりにくさはありますが、流動性の低い銘柄などの取引を成立させるうえでの優位性があります。

アメリカのナスダック（ＮＡＳＤＡＱ）では現状もマーケットメイク方式を採用していますが、かつてマーケットメイク方式を導入していたＪＡＳＤＡＱでは、売り買いの値幅（スプレッド）が大きく、投資家にとっての取引コストが課題となるなどの批判もあり、廃止されました。

補足説明　東証のガバナンス改革

東証の区分変更が上場企業にとって大きな衝撃であったことはお話ししましたが、この改革に至った背景と狙いについて、ここで解説します。

東証が区分変更の発表を行った際の説明として、「市場第二部、マザーズ、JASDAQの位置づけが重複しているほか、市場第一部についてもそのコンセプトが不明確」であることと、「上場会社の持続的な企業価値向上の動機づけが十分にできていない」ことの二つの課題が示されています。

コンセプトの問題はともかくとして、経営改善への動機づけの弱さは問題でした。第一に、新規上場基準よりも上場維持の要件が楽なことがあります。また、直接第一部へ上場する基準よりも、下位の区分からの移行が緩い基準であることも野心的に第一部を狙う挑戦を挫《くじ》いてしまいます。

それ以上に重要な点は「流通株式」に関する条件の厳格化による、ガバナンス強化の意図です。図表12に新たな区分で要請される内容をまとめています。その中で流通株式数について詳しく説明しておきます。

流通株式数は、発行済普通株式数から、①主要株主所有株式（10%以上保有）、②自己株式数、③役員等所有株式、④国内の普通銀行、保険会社、事業法人等が所有する株式（純投資を除く）、⑤そ

図表12　東京証券取引所の新上場区分

		プライム市場	スタンダード市場	グロース市場
コンセプト		多くの機関投資家の投資対象になりうる規模の時価総額（流動性）を持ち、より高いガバナンス水準を備え、投資者との建設的な対話を中心に据えて持続的な成長と中長期的な企業価値の向上にコミットする企業向けの市場	公開された市場における投資対象として一定の時価総額（流動性）を持ち、上場企業としての基本的なガバナンス水準を備えつつ、持続的な成長と中長期的な企業価値の向上にコミットする企業向けの市場	高い成長可能性を実現するための事業計画およびその進捗の適時・適切な開示が行われ、一定の市場評価が得られる一方、事業実績の観点から相対的にリスクが高い企業向けの市場
上場基準	流動性	①株主数：800人以上 ②流通株式数： ２万単位以上 ③流通株式時価総額： 100億円以上 ④売買代金： （新規上場時） 時価総額≧250億円 （維持基準） 平均売買代金≧0.2億円	①株主数：400人以上 ②流通株式数： ２千単位以上 ③流通株式時価総額： 10億円以上 ④売買高： （新規上場時）なし （維持基準） 月平均10単位以上	①株主数：150人以上 ②流通株式数： １千単位以上 ③流通株式時価総額： ５億円以上 ④売買代金： （新規上場時）なし （維持基準） 月平均10単位以上
上場基準	ガバナンス	投資家との建設的な対話の促進の観点から、いわゆる安定株主が株主総会における特別決議可決のために必要な水準（３分の２）を占めることのない公開性を求める ➡　流通株式比率≧35%	上場会社として最低限の公開性を求める（海外主要取引所と同程度の基準採用） ➡　流通株式比率≧25%	上場会社として最低限の公開性を求める（海外主要取引所と同程度の基準採用） ➡　流通株式比率≧25% ※ベンチャー企業による議決権種類株式を利用した新規上場は現行基準通り
上場基準	経営成績・財政状態	①収益基盤（新規上場基準のみ） １）最近２年間の 利益合計≧25億円 ２）売上高≧100億円 かつ 時価総額≧１,000億円 ②財政状態 （新規上場時） 純資産≧50億円 （維持基準） 純資産≧０	①収益基盤 （新規上場基準のみ） 最近１年間の利益合計 ≧１億円 ②財政状態 （新規上場時）純資産≧０ （維持基準）純資産≧０	【事業計画】 次の要件のいずれにも該当していること ①事業計画が合理的に策定されていること ②高い成長可能性を有しているとの判断根拠に関する主幹事証券の見解が提出されていること ③事業計画および成長可能性に関する事項（ビジネスモデルなど）が適切に開示され、上場後も継続的に進捗状況が開示される見込みであること ※上場後10年経過後の時価総額が40億円以上であることを上場維持の基準とする

注：断りがなければ、新規上場基準と上場維持基準は同様
出所：日本取引所の各種資料に基づき筆者作成

図表13　東京外国為替市場におけるドル円取引（インターバンク市場）の推移

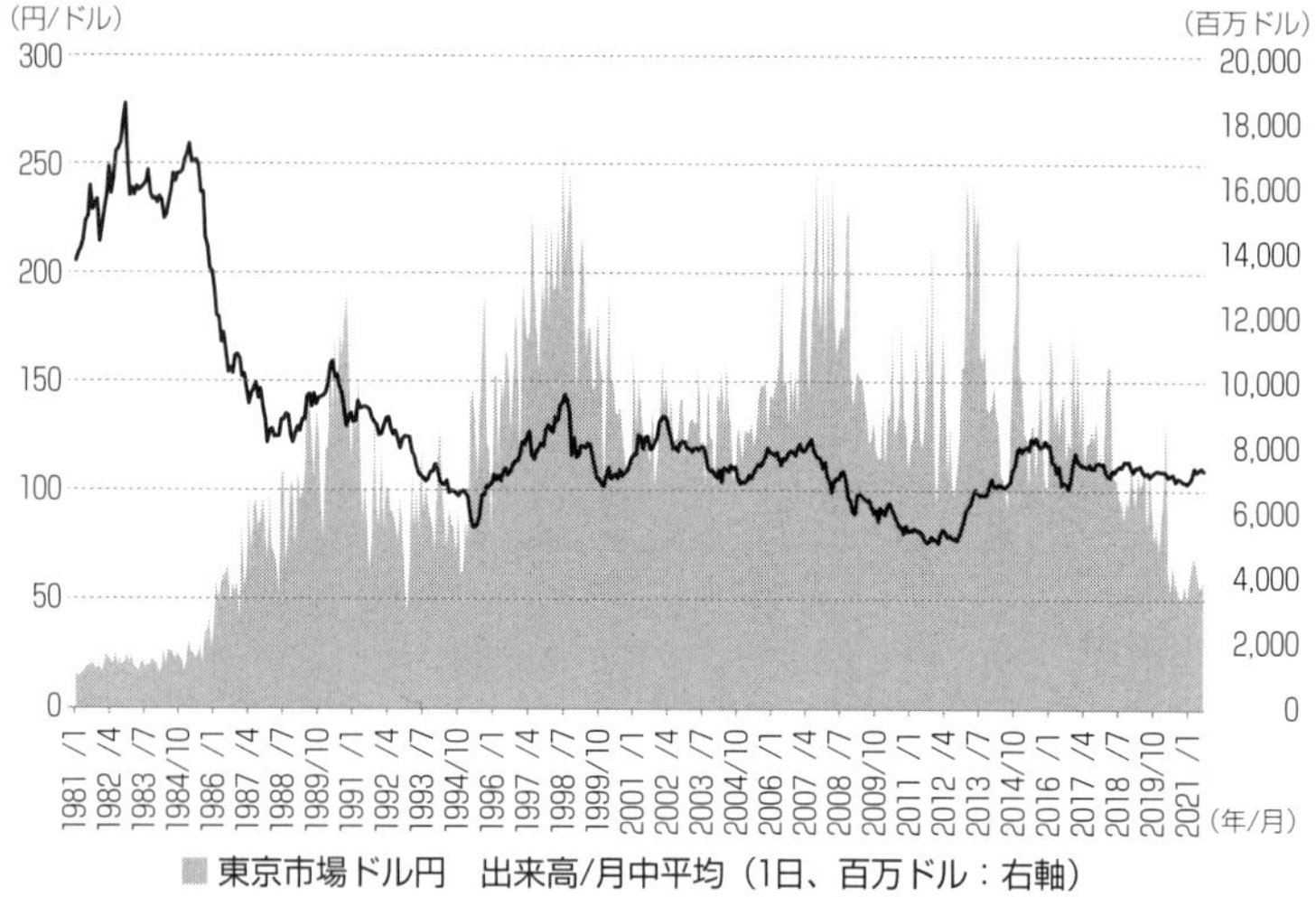

出所：日本銀行時系列統計データに基づき筆者作成

の他取引所が固定的と認める株式を控除したものです。①～③は従来基準とほぼ同様（役員に利害関係者が加わりました）ですが、政策保有株式とみなされる④や⑤が追加されたのです。安定株主がガバナンスを弱体化させるという観点からの東証の本気度がわかります。

■外国為替市場

日本円とアメリカ・ドルなどの異なる通貨間の交換を行う場が、**外国為替市場（外為市場）**です。外為市場は、株式を扱う東証のような取引所ではありません。為替取引を行うこと自体が外為市場での取引となります。

外為市場は、銀行同士のインターバンク取引と対顧客取引の2種類がありますが、インターバンク取引は短資会社という仲介業者を通じた取引が中心となっていて、その取引状況は日銀が取りまとめています。図表13は、最も取引が活発なドル円の相場と1日当たりの取引量の推移を示しています。

変動為替体制に移行してから、長期的な趨勢としては対ドルで円高方向に進んできました。1990年代に入ってからも円高傾向は続き、1995年には1ドル79円台を付けました。背景には貿易不均衡や、機関投資家による海外資産売却がありました。

その後は、金融危機に向かっていく過程での円安などがありましたが、概ね1ドル100円から120円を中心としたレンジで取引されてきました。2011年10月には1ドル75円の円高になり輸出産業を震撼させましたが、2013年以降は100円台で安定的に推移しています。

1980年代半ばまでは、為替取引は貿易などの製造業を中心とした「実需」に基づく取引が主でしたが、1980年代後半からは国内投資家による海外投資や、海外投資家による日本株投資などの資本取引が活発となり、グラフで確認いただけるように取引ボリュームは増加を遂げています。

さらに近年は、個人による**FX取引**の増加により為替相場を形成するプレーヤーの層も多彩になっています。為替レートや国際収支に関する詳細は第7章をご参照ください。

■デリバティブ市場

デリバティブの内容についてはPART2で詳しく解説しますので、ここではデリバティブ取引が行われる市場について簡単にお話ししておきます。デリバティブ取引が行われる市場は、相対取引が基本の**店頭取引**（**OTC**）と**取引所取引**があります。

デリバティブには当事者によって微妙に異なる事情を背景としたニーズがあるので、株式などのように画一的な商品の市場取引が困難な特徴があります。そのため、図表14からわかるように、圧倒的にＯＴＣが多いのです。なお、想定元本とは、取引の額面金額のようなものです。

一方で、取引所に上場しているデリバティブ商品は期日を含めた条件が定型化されているため、デリバティブ取引の当事者にとっては使い勝手の悪さはありますが、多数の参加者が同一の規格の商品を取引できるための透明性のメリットや、相対取引に伴う取引の相手方のリスクを負担しなければならないＯＴＣ取引のデメリットを克服できる点が指摘できます。

取引の相手方のリスクを、**「カウンターパーティ・リスク」**と呼びますが、このリスクが注目を集めたのが**リーマンショック**です。破たんしたリーマン・ブラザーズがＯＴＣデリバティブの取引を履行できない事態が発生しました。そのため、取引の相手方が被る損失が大きい場合は、その当事者も破たんに陥る可能性があり、契約不履行（デフォルト）が相対取引を通じて次々に他の取引相手に連鎖していく危険性が浮上したのです。これが取引所取引であれば、一部の参加者によるデフォルトは取引所で吸収できるため、連鎖は防げます。

こうした経験により、世界の金融当局はＯＴＣデリバティブ取引を取引所に集中させる方針を打ち出しました。しかし、グラフからも明らかなように、ＯＴＣの役割の大きさは現在でも変わっていません。なお、図表15は、デリバティブ取引の商品構成を示しています。金利関連のデリバティブ取引が大半を占めていることがわかります。

図表14　日本のデリバティブ取引の推移（想定元本、兆ドル）

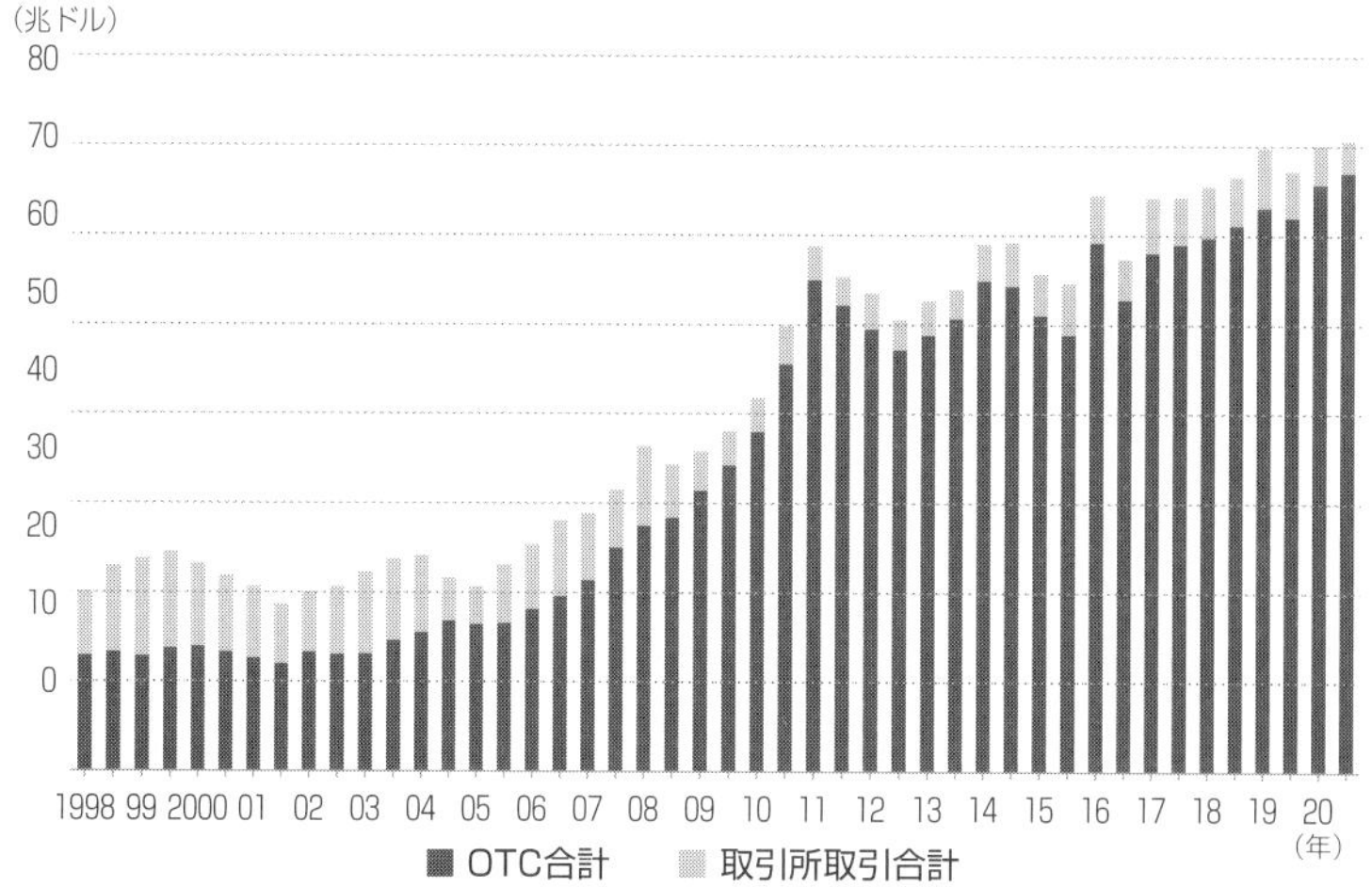

出所：日本銀行「デリバティブ取引に関する定例市場報告」に基づき筆者作成

図表15　日本のデリバティブ取引の構成（OTC取引、2020年末）

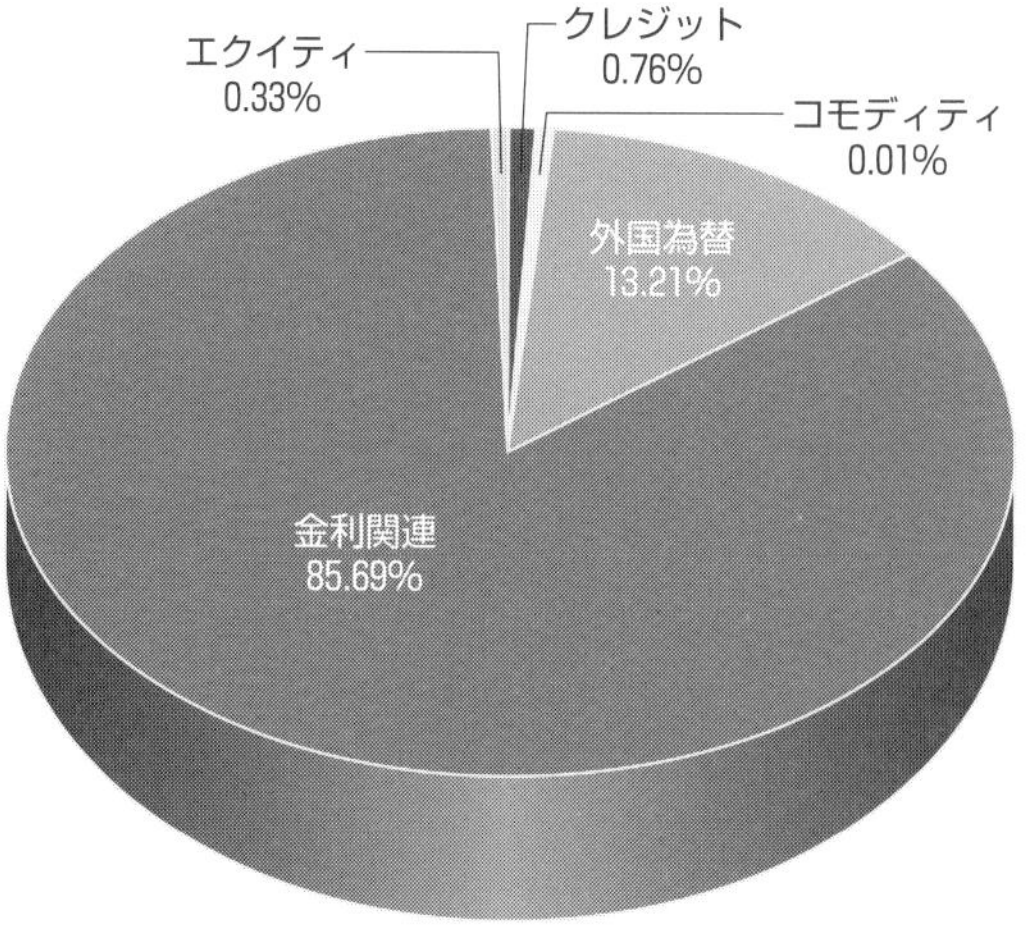

出所：日本銀行「デリバティブ取引に関する定例市場報告」に基づき筆者作成

第3章 金融機関の全体像

1 金融機関の基本

■金融機関と非金融機関の金融事業

金融機関とは「金融に携わる機関」という定義でいいのでしょうか？

実は金融機関以外の企業も、何らかの形で業務として金融取引にかかわっています。製造業のサプライチェーンにしても、非製造業のサービス提供にしても、商品やサービスの授受と代金の支払いの間に時間的ギャップがあれば、売掛債権や未収金のような形で支払い相手に金融債権を有する形になります。このように、一方の企業が他方の企業を信用して支払いを待つことを「企業間信用」と言います。取引がはじめてのようなケースであれば、即時支払いを要求された会社が銀行から短期的な資金を「運転資金」として借り受けることになり、金融機関の出番となります。

企業間信用は会社と会社の直接取引ですが、金融機関でもないのに金融の仲介を行う企業も存在します。それは商社です。商社が行う金融仲介取引を「**商社金融**」と言います。そのため、商社は金融機関と競合することが少なくありません。商社の伝統的な仕事は、商品やサービスの仲介ですが、取引の仲立ちを行う過程で生じる買い手と売り手の資金の過不足について商社が面倒を見ることで、商社による金融仲介が発生するのです。また、近年では商社が行う金融機能が拡大し、海外における大型プロジェクトに対して投融資を行う事業が総合商社の収益源の柱になっています。さらには、国内外の企業の株式への投資を行い、事業再編やM&Aなどの組織再編などによる付加価値創出による金融収益の機会を増やしています。

このように、金融業を業務の主体としていないプレーヤーも金融に携わることもあるのですが、本業として金融を専門とする事業を行うのが金融機関です。ここでいう金融業務とは、資金の運用および調達、送金や決済、信用の保証、金融商品の仲介、経済的損失リスクの負担などを指しています。

■金融機関の業態別

タイプ別に金融機関を分類すると、101ページ上の図表16のように、預金取扱金融機関、証券会社等、保険会社、消費者金融会社、資産運用会社、ならびにその他金融会社という形に分けることができます。一般的に、消費者金融会社やリース会社などのその他金融会社はノンバンクと呼ばれますが、最近の世界の潮流では、預金取扱金融機関や保険会社を除く、すべての金融機関をノンバンクと総称することが増えています。

皆さんに最も馴染みがあるのが預金取扱金融機関だと思います。預金の取扱いができるのが「バンク」で、できないのが「ノンバンク」です。預金取扱金融機関には銀行と信用金庫といった協同組織などがありますが、たとえば、信用金庫も「信金バンク」と呼ばれています。

一方で消費者から遠い存在なのが、資産運用会社だと思います。なぜならば、資産運用会社は個人などが購入する投資信託を設定および運用しているのですが、消費者との接点は投資信託を販売する銀行や証券会社であるためです。

貸出に関しては、ほとんどの業態で可能となっていることに驚かれる方もいると思います。ただ、証券会社であれば限られた資金で多額の株式などを購入、あるいは保有していない有価証券を「空《から》売《う》り」する信用取引を経験された方は、それが証券会社による貸出等の与信行為であることを理解しているはずです。保険会社についても、生命保険契約を担保にした借入が可能です。

なお、預金取扱金融機関の事業内容の末尾のほうに信託業務に関する項目があり、「△」が付いています。これは信託業としての認可を得ている機関のみ可能ということです。最近では、相続などのニーズもあるため、遺言信託などの業務が行えるように地域銀行などでも信託業の免許を得ているところも増えています。しかしながら、信託銀行の多くが事業の柱の一つとして行っている不動産仲介などの事業は信託銀行以外の銀行には認められていません。

■金融機関の機能と特性

少し学術的な話になります。金融機関による社会的機能について経済学的な観点から見たものが図表17です。ただし、こうした機能のほとんどの部分について銀行機能として考えることができるので、次の第4章で詳しくお話しします。

図表16　金融機関の業態別の主な業務の違い

	預金取扱金融機関	証券会社等	保険会社	消費者金融	資産運用	その他
種類	銀行、信用金庫、信用組合、労働金庫、農業協同組合等	証券会社、証券金融会社	生命保険、損害保険	消費者金融専業、割賦販売、クレジットカード	投資信託、投資顧問、その他運用委託	リース、ファクタリング、信用保証専業、短資会社
預金	○	×	×	×	×	×
貸出	○	○	○	○	×	○
決済	○	△	×	△	×	△
外国為替	○	×	×	×	×	×
信用保証	○	△	△	○	×	△
投資信託販売	○	○	○	×	○	×
保険販売	○	○	○	×	×	×
クレジットカード	○	×	×	○	×	×
運用委託・管理	△（信託銀行）	×	×	×	○	×
その他信託業務	△（信託銀行）	×	×	×	×	×

注：○は主要業務、△は業務範囲が限られる
出所：筆者作成

図表17　金融機関の主な社会的機能

		機能の内容	銀行	銀行以外
金融仲介機能	情報生産機能	リスク分析・モニタリング	審査と監視、回収	保険・証券の引受審査
	リスク負担機能	リスクを吸収、遮断	貸倒れ損失を負担	保険契約による補償
	資産転換機能	流動性転換など	預金の即時払出し	運用受託
信用創造機能		信用乗数効果	預金と貸出の連鎖	−
決済機能		支払い手段の提供	口座振替や送金	クレジットカードなど

出所：筆者作成

金融機関の重要な役割の一つが、**金融仲介機能**です。図表17で示している金融仲介機能は、**情報生産機能**、**リスク負担機能**、**資産転換機能**の三つに分かれます。

情報生産機能とは、リスクを分析しリスクに応じた収益水準を推定し、これを付加価値とするもので、平たく言えば、銀行が貸出先をしっかりと審査し、リスクに応じた貸出金利でお金を貸すことです。少し広い意味で、この機能を説明すれば、銀行や証券会社が投資信託等のリスクのある金融商品を販売する際に、本当にその商品を対象顧客に勧めることが適切と考えられるかを検討したうえで、商品の特性について顧客に説明を行うことも、この機能に含まれます。このほか、保険会社が自動車事故や火災等の発生可能性などを分析し、保険料に反映する業務もここに含まれます。

リスク負担機能には、銀行、保険会社、消費者金融会社などが該当します。銀行は貸出リスクを負担することで預金者を貸し倒れのリスクから守りますし、保険会社は経済活動上や自然災害などによる損失リスクを負担し、保険契約者を損失から実質的に守ります。これに対して、投資信託や株式の投資に関するリスクはあくまでも自己責任となるため、こうした商品の売買の仲介を行う金融機関のリスク負担機能は存在しません。

資産転換機能については、「資産変換機能」と「流動性転換機能」に分かれます。ごく簡単に資産変換機能を説明すると、小口の預金などの資金を集めて、大口の資金調達ニーズにつなげる機能です。保険も資産変換機能を備えていて、たとえば、一度に多くの自動車事故が発生しないという前提で、個々の保険契約を結ぶことで、契約者の安心を確保するものです。これは「**大数《たいすう》の法則**」というもので、133ページで詳しく説明します。ちなみに、銀行と大口資金需要者である企業との間で交わされる貸出契約は**本源的証券**、銀行と預金者の間で結ばれる預金契約は**間接証券**と呼ばれています。

他方で流動性転換機能は、銀行が預金者に対しては預金の即時支払いを、貸出先には期日まで資金返済を迫らないことを約束することによって、借り入れた人には安心を、預金した人には資金をいつでも払い出せる利便性を提供します。

信用創造機能は、銀行が預金と貸出の業務を繰り返し行うことにより、世の中にお金を流通させる役割です。そのしくみについては、次の第4章で詳しく説明しますが、ポイントとしては、銀行が最初に預かった預金の何倍もの資金が経済に供給されることです。貸し出されたお金は経済活動を通じて再び銀行預金となって返ってくるわけで、その反復を様々な銀行で行うことで、効率的に経済を支える資金供給が可能となるのです。

そして、最後の**決済機能**は、銀行振り込み、公共料金の預金口座からの自動振替、クレジットカードの決済と銀行口座からの引き落とし、デビットカードの使用による銀行口座からの直接の物品の購入、海外への送金など様々です。第1章で多様化する決済手段についてお話ししましたが、資金移動業者のアカウント間の資金移動を除けば、ほぼ必ず銀行口座を通過するしくみとなっています。なお、資金の移動を銀行では「為替」と言います。国内における送金などの資金移動は内国為替、海外とのやりとりは外国為替です。

それでは、次節以降で金融機関の各業態について解説しましょう。特に、最近注目されている銀行の動向を中心に説明していきたいと思います。

なお、銀行は金融システムにとって特別な存在であるため、ここでは大まかな説明に留め、第4章において詳解したいと思います。

COLUMN

銀行と証券会社のメンタリティの違い

個人や企業のお金に携わる共通点はあるものの、銀行と証券会社は社員の思考方法やメンタリティが異なる傾向があると思います。私も銀行と証券会社でそれぞれ14年間働きましたが、企業文化や考え方の違いは歴然としていました。

批判を恐れずに言えば、銀行は農耕民族で証券会社は狩猟民族、あるい銀行はバックワード・ルッキング傾向が強く、証券会社はフォワード・ルッキング的な性格が強いと思います。

農耕か狩猟かというたとえについては、銀行は預かった預金で畑を作り、貸出で種をまき、利息を収穫するサイクルの繰り返しであり、貸借対照表（バランスシート）の両側に預金と貸出を維持する「ストックビジネス」です。一方で、証券会社は金融商品を左から右へ仲介する「フロービジネス」なのですが、経済活動や市場という森の中で、他の人々が気づいていない魅力的な投資対象をハンティングする狩猟的な色彩が濃いと思います。ハンティングというのは、何も株式の個別銘柄に限った話ではなく、有価証券の売買につながりそうなトピックス（「材料」と言います）を狩りに行くことも含みます。

バックワードとフォワード・ルッキングの傾向については、銀行にネガティブで証券会社にポジティブな印象につながりかねない言い方ですが、そうではありません。銀行の主力商品は貸出です。お金を貸すときに最も重要な視点は、「ちゃんと返済されるか?」ということです。この際に、将来的な借り手の状況を考える視点はあるものの、やはりこれまでの業績とそれに基づく財務状況は大きな判断材料となります。これに対して、証券会社の主力商品である株式については、過去の実績はすでに株価に織り込まれているはずであり、将来的に会社の業績を左右する要因のほうに関心が高まるのは当然の話です。少し極端な話をすれば、銀行貸出にとって企業が成長しなくとも返済能力が維持されればいいわけで、成長がなければ投資対象としては不満を抱えるだけの株式とは様相が異なります。

しかし、今後の銀行が紡ぎ出す付加価値を考えるうえで、私は銀行にもっとフォワード・ルッキングな発想が必要だと思います。過去のことは経済学で言うところの「**サンクコスト**」、つまり、すでに損失を負担して将来的にそれを回復できないコストの認識をすべきという思いがあります。具体的な事例としては「不良債権」です。銀行がメインバンクとして支えてきた取引先が破たんし、貸出が回収困難となったとします。会計的には損失が計上され、経営的には取引先ではなく不良債権となります。こうなると銀行は、いかにその会社の技術が素晴らしいものであっても、ビジネスの対象とは見なくなります。しかし今後、銀行が、その会社の再建を手助けすることで再生が果たせれば新たなビジネス源となるでしょう。過去の損失をサンクコストとして認識し、過去を振り返らず、ゼロベースで将来を考える姿勢は、今後とても大切になるでしょう。

2 預金取扱金融機関

図表18　預金取扱金融機関の構成（2021年末現在）

組織形態	業態	種別	機関数	準拠法	保険制度
株式会社	銀行	都市銀行	4	銀行法	預金保険（預金保険機構）
		地方銀行	62		
		第二地方銀行	37		
		信託銀行	13		
		その他銀行	17		
		ゆうちょ銀行	1	銀行法・郵政民営化法	
	特殊会社	商工組合中央金庫	1	株式会社商工組合中央金庫法	
協同組織	信用金庫	信用金庫	254	信用金庫法	
		（中央機関）信金中央金庫	1		
	信用組合	信用組合	145	中小企業等協同組合法、協同組合による金融事業に関する法律	
		（中央機関）全国信用協同組合連合会	1		
	労働金庫	労働金庫	13	労働金庫法	
		（中央機関）労働金庫連合会	1		
	系統金融機関	信用農業協同組合連合会	32	農業協同組合法等	農水産業協同組合貯金保険制度（農水産業協同組合貯金保険機構）
		信用漁業協同組合連合会	12	水産業協同組合法	
		（中央機関）農林中央金庫	1	農林中央金庫法	
合計　595					

出所：金融庁、預金保険機構、農林水産業協同組合貯金保険機構に基づき筆者作成

■預金取扱金融機関の全体像

預金取扱金融機関は、金融庁の認可を得て預金（ゆうちょ銀行や農業協同組合などの場合は「貯金」と言います）を受け入れることが許されている金融機関を指します。しかし、預金取扱金融機関は組織形態、根拠法令、預貯金の保険制度に加え、加盟する業界団体などにより種類が細かく分かれていくので、全体像を把握するのは簡単ではありません。そこで、預金取扱金融機関の構成をわかりやすくまとめたのが図表18です。なお、外国銀行の支店は除外しています。

組織形態で大別すれば、営利組織である**株式会社**と非営利組織である**協同組織金融機関**から構成されます。株式会社のほとんどは「**銀行**」ですが、政府系金融機関であり「半官半民」と表現される特殊会社「**商工組合中央金庫**（**商工中金**）」があります。つまり、134の銀行と商工中金の合計135の株式会社から構成さ

図表19　預金取扱金融機関数推移（各年度末時点）

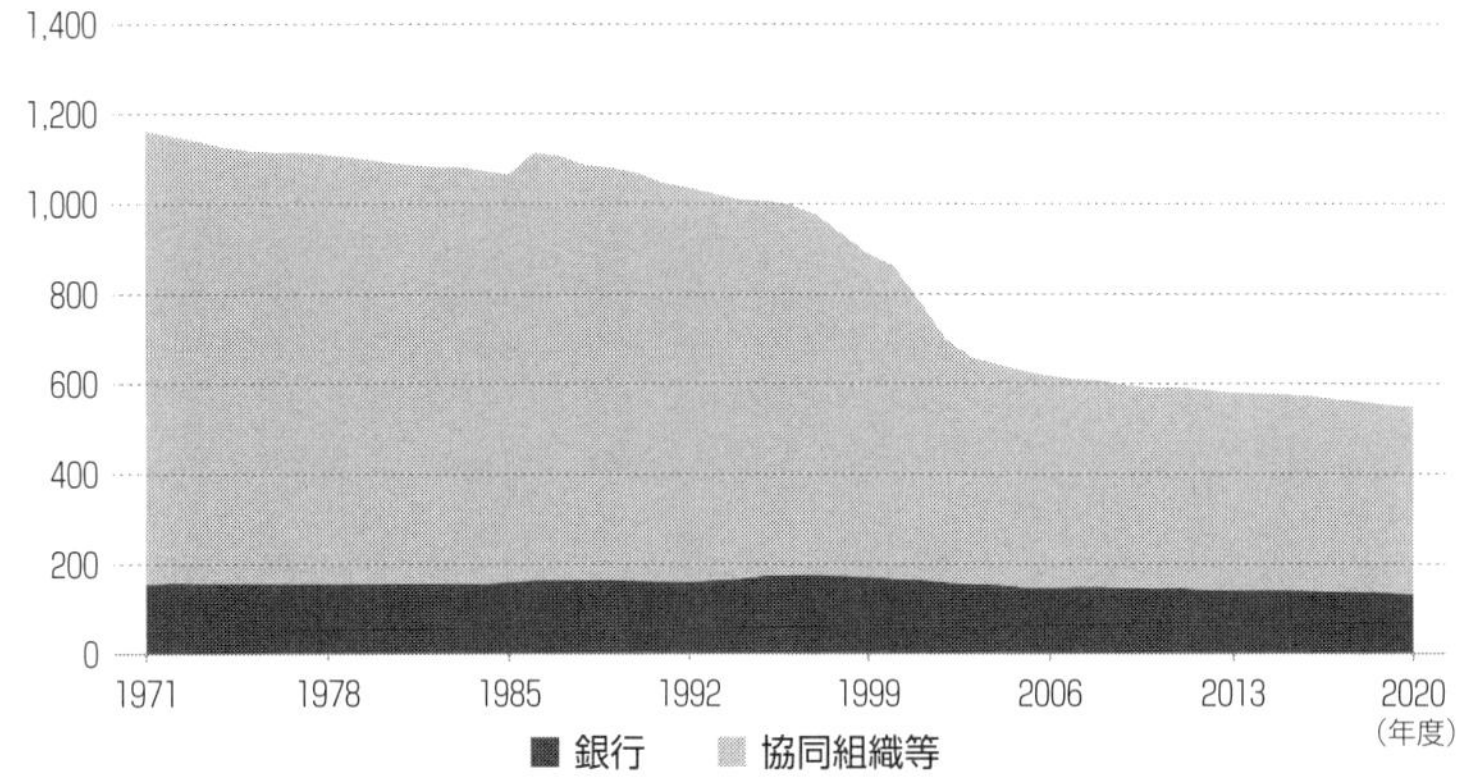

出所：預金保険機構統計に基づき筆者作成

れています。

協同組織は、かなり細分化されます。業態としては、２５４の**信用金庫**、１４５の**信用組合**、13の**労働金庫**、44の**系統金融機関**と、各類型の上部組織である四つの**中央機関**からなります。

また、こうした金融機関が破たんしたときの預貯金者の保護をするための保険制度がありますが、系統金融機関とそれ以外で異なる制度対応がなされていることは、あまり認識されていないかもしれません。

いわゆる「ＪＡバンク」や「ＪＦマリンバンク」の呼称で親しまれている系統金融機関（併せて「信連」と略称されます）は農水産業協同組合貯金保険機構による貯金保険制度によりカバーされるのに対し、その他多くの金融機関の預貯金は預金保険機構による預金保険制度により対応されています。

次に、機関数について時の流れを見ていきましょう。図表19は、銀行と協同組織（信連を除く）の機関数の推移をグラフ化したものです。協同組織は、この50年で59％減少しました。他方で銀行は15％しか減っていません。その原因は、地方銀行がほとんど減っていないことと、後で述べる新しい銀行が次々に登場してきたことが背景です。

たとえば、ＰａｙＰａｙ銀行、ａｕじぶん銀行、みんなの銀行などの名前を挙げれば、大手行や第二地方銀行などで再編が進む一方で、新規参入者が入ってきていることがわかると思います。

補足説明　信金と信組

実は、**信用金庫の先祖は信用組合**でした。皆さんは意外に思うかもしれませんが、その歴史は古く明治33（1900）年の産業組合法制定にさかのぼります。その後、様々な根拠法令の改正を経て1951年に信用金庫法が制定され、信用組合の中でも規模の大きい機関が信用金庫となりました。

信用金庫の経営にとって極めて重要な役割を果たしているのが、「**信金中央金庫**（**信金中金**）」という上部組織です。信金中金は各信金の出資による信金全体の心臓部にあたり、系統中央機関、あるいは「信金のセントラルバンク」という呼ばれ方をしています。この組織は、各地域に展開する信金の余剰資金の運用サポートを行うほか、集中決済機関としての役割を担っています。

特に最近、重要度が増しているのが、ＩＴシステム開発、サイバーセキュリティ、マネー・ロンダリングなどに関連したコンプライアンスの体制整備などの要請に対し、各信金の代わりに組織的対応の支援を行っている点です。これにより、信金は各地域における営業活動や課題解決に集中できるわけです。なお、信金中金の前身である全国信用金庫連合会は、法改正のあった1951年に発足し、2000年に現在の信金中央金庫に名称変更されました。

同じことが、ほかの三つの業態にも当てはまり、信用組合には「**全国信用協同組合連合会**（全信組連）」が、労働金庫には「**労働金庫連合会**（労金連）」、そして信連には「農林中央金庫（農中）」が中央系統機関として大きな役割を果たしています。この中央機関の役割があるかないかは重要で、地域銀行には中央組織がないため、様々な制度対応も自前で行う必要があります。

最後に、協同組織としての経営が銀行等と異なる点を述べておきます。銀行は株式会社であるため、株主の利益に資する経営を行うことが求められます。そのため、公共性を帯びながらも利益追求を行わなければなりません。しかし、協同組織は出資者が金融機関のユーザーを兼ねている互助会的色彩の濃い組織なので、利益追求は二の次で、地域や会員の利益に資する経営を行うことが使命づけられています。

出資者については信金も信組も取引先（信金の場合は「会員」、信組は「組合員」）などが主体ですが、会員・組合員以外への貸出などが限定的に認められています（預金は、信金に制限はなく、信組は2割を上限に組合員以外からの受け入れが可能）。信組には、組合員以外からの預金受け入れや貸付について厳しい制限が課せられています。このほか、労働金庫では労働組合や生活協同組合、そして、その構成員が出資者となり、信連も農協・漁協の組合員による協同組織となっています。

■銀行等の業務

銀行などの預金取扱金融機関の店頭を訪れると、最もよく使われるのがATMコーナーだと思います。そして、来店客が立って対応する「**ハイカウンター**」と、座って応対される「**ローカウンター**」があります。また、銀行によっては「プレミアムサロン」のような個室を用意し、特別な取引案件や銀行にとって重要度の高い顧客への対応にあたっています。ハイカウンターは主に簡単な業務を取り扱っており、ATMで対応できない預金や振込、税金や公共料金の支払いなどが、この窓口で取り扱われます。一方、ローカウンターやプレミアムサロンでは、ローンなどの融資業務、投資信託や保険の相談や販売、外国為替その他相談業務が行われています。また、銀行の営業担当者（「外回り」や「渉外」などと呼ばれます）は、重要個人顧客への対応や法人取引に従事しています。

業務内容は、貸出、預金、金融商品販売、内国為替、外国為替、代理業務、その他業務に分けられます。このうち、聞き慣れない内国為替とは、振込などを示します。また、代理業務というのは他社から委託された業務を代理で行うもので、税金や公共料金の収納、住宅金融支援機構（旧住宅金融公庫）の代理貸付業務などが含まれます。その他業務には、貸金庫やセーフティボックス、夜間金庫などの昔からの業務もありますが、最近は法人顧客の商売を手助けする「ビジネスマッチング」なども登場しています。これは、複数の取引先の販売と購入のニーズをマッチングすることで、販路を開拓したい会社と質の高い商品を仕入れたい会社の双方にとって喜ばれる手数料ビジネスです。

一般顧客には見えない部分の業務もあります。本部には、市場部門と言われる金融市場を相手にした業務部門があります。ニュース番組で、多くのモニター画面が備えられたデスクに向かってトレーダーやディーラーと呼ばれるスタッフが電話やパソコンに向かう姿が映し出される。これが「ディーリングルーム」と言われるフロアです。ここでは、外国為替取引や国債の売買などが行われています。

以上、説明したように、銀行は人と人との間で預金・貸出などの資金融通、金融商品の販売、送金による資金の受け渡し、他の当事者のために行う代理業務など多彩な仲介的役割を果たしているほか、市場を相手にした業務も行っています。さらに、ビジネスマッチングのように情報の仲介を行うことで、銀行が抱える情報を付加価値に変える新たな役割も担っています。

補足説明

ディーリングとトレーディング

金融市場での取引を行うフロアのことを「ディーリングルーム」と述べました。細かい話ですが、証券会社の場合は「トレーディングルーム」と呼びます。また、そこで働くスタッフのことを証券会社では「トレーダー」、銀行では「ディーラー」と一般的に呼びます。

その背景は、銀行の金融市場取引の多くが「トレーディング」ではなく、「ディーリング」の定義に当てはまるからです。

銀行が市場取引を行う場合は、自己勘定で短期的な売買を繰り返すトレーディング勘定（特定取引勘定）と、それ以外の取引を行う場合は、バンキング勘定（銀行勘定）で行われます。預金や貸出はもちろん、国債売買の多くもバンキング勘定で行われるのが通常です。トレーディング勘定が主体であればトレーディングでもよいのでしょうが、銀行では実態的にバンキング勘定での取引が多く、あえてディーリングという言葉が用いられています。

■銀行の種類

銀行については、地銀やメガバンク、大手行など日常的に聞かれる用語がありますが、銀行をグルーピングするような法的あるいは制度的な根拠はあるのでしょうか？

実は、法的な根拠に基づき区分を行う必要性が規制緩和の流れの中で失われてしまったため、法的あるいは制度的に気を使うべきグルーピングなどないのです。ただし、金融庁が行政的な立場から異なるレベルの監督的取扱いを行っているので、その点を含めて、それぞれのグループを説明しておきましょう。

①メガバンク

メガバンクは、**みずほフィナンシャルグループ**（業界的には「みずほ」と略称されますが、以下、みずほ銀行と区別するため「みずほＦＧ」とします）、**三井住友フィナンシャルグループ**（同「ＳＭＦＧ」と略称されますが、三井住友銀行は「ＳＭＢＣ」です。ともに、英文名称では住友と三井の位置が逆転しているところがミソです）、**三菱ＵＦＪフィナンシャル・グループ**（同「ＭＵＦＧ」と略称されますが、外資系金融機関のトレーディングフロアでは「マフジー」などと呼ばれます）の3社としていいでしょう。

都市銀行の旧上位行が形成した金融グループで、持株会社の傘下で総合機能を備えている巨大機関であるということが、このメガバンクという慣用的呼び方の背景だと思われますが、「グローバルなシステム上重要な銀行」を表すG-SIBs（Global Systemically Important Banks）に指定されたのが日本ではこの3グループなので、制度的にもその規模感や重要性が認められるところだと思います。なお、この点については、次章の国際金融規制に関連した話題で詳解します。

② 主要銀行等

新聞紙上などでは「大手銀行」という表現が用いられるのが、金融庁が監督上の区分として使っている「主要銀行等」です。その定義では、**みずほ銀行、三井住友銀行、三菱UFJ銀行、りそな銀行、みずほ信託銀行、三井住友信託銀行、三菱UFJ信託銀行、新生銀行、あおぞら銀行**が対象となります。基本的に都市銀行や大手信託銀行の流れを汲む銀行と言っていいでしょう。

また、こうした銀行の多くは、金融グループとしての視点からの監督が必要であるため、みずほFG、SMFG、MUFGの3メガバンクに加え、**りそなホールディングス、三井住友トラスト・ホールディングス**が監督対象となります。

この中で微妙なラインにいるのが**埼玉りそな銀行**で、経営監督上はりそなホールディングスのグループ銀行としてモニタリングされる一方で、銀行単体での計数把握や地域における金融貢献などの視点からは、地域銀行の枠で捉えられています。個人的には、「大手銀行」に含めてもいいと思います。

少し詳しく補足します。監督当局としての立場からモニタリングを行ううえでのチェックポイントや法令・ルール上の解釈等をまとめたのが「監督指針」ですが、これも「主要行等向けの総合的な監督指針」と「中小・地域金融機関向けの総合的な監督指針」に分かれています。これは、経営規模によって求められる経営管理やリスク管理のポイントが異なること、主要な顧客層が異なること、地域社会との関係性の有無などが反映された結果です。金融庁の組織的所管としても、監督局監督一課が主要銀行等を、監督二課が地域金融機関を所管しています。

③ 地域銀行

私たちが普段使っている「地銀《ちぎん》」という言葉は、「地方銀行」ではなく「地域銀行」の略称として認識しておいたほうがいいでしょう。なぜならば、地域銀行は、地方銀行と第二地方銀行の総称だからです。

では、地方銀行の定義はというと、全国地方銀行協会に加盟している銀行のことを言います。わかりやすく表現すれば、各都道府県を代表する銀行です。

第二地方銀行は、第二地方銀行協会に加盟している銀行で、かつての相互銀行から普通銀行へ転換した背景を持った銀行です。もともと中小零細企業への資金供給を主目的として無尽会社が転換してできたのが相互銀行で、これが新法施行を経て普通銀行に転換したものです。

地域銀行は様々な意味で受難の時代を迎えています。経営統合や他業態による買収などの「再編」の話題にも事欠きません。この点は、あとで詳しく取り上げたいと思います。

④ 信託銀行

信託銀行は、銀行法に基づく銀行免許を受けた銀行のうち、「金融機関の信託業務の兼営等に関する法律（信託兼営法）」によって信託業務の兼営の認可を受けた銀行です。

ただ、この定義だけでは不十分です。なぜなら、「信託銀行」を商号として用いている銀行と、そうでない銀行が混在しているからです。そこで、再び金融庁に登場いただき、金融庁の許認可対象リストの中で「信託銀行」に区分された13行（2021年12月現在）を信託銀行としましょう。

少し混乱させてしまうかもしれませんが、この13行の中にも信託銀行を商号としていない銀行が2行あります。一つが**オリックス銀行**ですが、商号変更前はオリックス信託銀行でした。また、もう一つの**日本カストディ銀行**は、日本トラスティ・サービス信託銀行と資産管理サービス信託銀行が合併してできた信託業務の中でも資産管理専門の銀行です。

以上のような信託銀行の定義で絞り込まれたのは13行ですが、銀行業務と信託業務の兼営を認められた銀行は56行もあります。その多くが、主要銀行や地域銀行に名を連ねる銀行です。

信託業務の基本は、多様な財産を安全に預かる機能と価値を増やすための運用の機能です。預かる機能には、少子高齢化の加速により必要性が高まっている「**遺言信託**[9]」があります。遺言状を預かるだけでも手数料が入りますが、「執行特約」が付加されると財産処分時などにおける関与が可能なほか、相続人との関係緊密化にもつながるため、銀行としては旨味のあるビジネスです。

---

9 遺言の読み方は、「ゆいごん」ではなく、「いごん」と読むのが法的にも業界的にもプロフェッショナルです。

運用機能としては、年金基金などから資金の運用を受託する「**年金信託**」、多数の個人から資金を預かる「**金銭信託**」、株式などを預かったうえで管理ないしは運用する「**有価証券信託**」などがあります。また、これらの信託業務のほかに、株主と企業をつなぐ「**証券代行**」という業務もあります。

COLUMN

信託銀行と不動産関連業務とくすぶる火種

信託兼営を認められた、すべての銀行が行えない業務が、不動産仲介業務です。現在、みずほ信託銀行、三井住友信託銀行、三菱ＵＦＪ信託銀行の3行が不動産仲介業を認められています。また、ＳＭＢＣ信託銀行も限定的[10]に不動産仲介を行っています。

この背景には、２００１年の銀行法改正で普通銀行が信託兼営を認められた際に、信託兼営法と宅地建物取引業法が改正され、信託銀行による不動産仲介等の業務を認めないこととされた一方で、この改正以前から不動産仲介を行ってきた信託銀行への配慮から経過措置[11]が設けられたことがあります。

銀行からすると、不動産取引には大きな金額のファイナンスが付随する傾向があるため、信託兼営を行う延長線上で不動産仲介等ができるようになれば、莫大な手数料収益を期待できます。しかし、そうなると不動産業界にとって経営圧迫につながるため、この部分の規制緩和の議論が浮上するたびに、不動産業界からは大きな反発を招いてきました。

⑤ゆうちょ銀行

いまから「郵便貯金」をすることができますか？

この質問に正しく答えられたら、あなたはプロです。正解は「ＮＯ」です。一番身近で一番わかりにくい銀行の一つが、ゆうちょ銀行だと思います。

ゆうちょ銀行は２００７年に、旧日本郵政公社から郵便貯金事業等を引き継ぎ、銀行法第４条第１項の免許を受けたものとみなされている（「みなし免許」と言います）銀行です。さて、この郵便貯金ですが、主力商品だった定額貯金などの固定性預金（第1章参照）は民営化に伴う経過的な組織である「独立行政法人郵便貯金簡易生命保険管理・郵便局ネットワーク支援機構」に移管されて政府保証を受ける形となり、その10年後にあたる２０１７年にはすべての郵便貯金は満期を迎えました。この時点で郵便貯金法に基づく郵便貯金は（時効にかかわるものを除き）存在しなくなりました。そのため、郵便局などで貯金しても、それは郵便貯金ではなく、ゆうちょ銀行に預け入れたただの「貯金」となります。

もう一つありがちな誤解は、郵便局とゆうちょ銀行が同一視されがちな点です。そのため、「日

10 東京と大阪の2拠点で不動産仲介業を行っていますが、全国宅地建物取引業協会連合会との間で、拠点拡大に際しての事前相談、法人および個人富裕層の大口案件に限定した取り扱いなどについて合意がなされたとの報道があります（出所：不動産流通研究所〔２０１６年〕 https://www.re-port.net/article/news/0000046865/）。

11 「銀行法等の一部を改正する法律」附則第10条で信託併営法改正部分、同第11条で宅地建物取引業法改正部分について、すでに不動産仲介を行っている信託銀行には適用しないこととされています。

本で一番支店の多い銀行はどこ？」というクイズに「ゆうちょ銀行」と回答する方が多いと思いますが、ゆうちょ銀行の店舗は233店とトップの三菱ＵＦＪ銀行の半分以下にすぎません。にもかかわらず、全国的にアクセスしやすいのは、銀行代理店として業務を受託している郵便局が約2万4千もあるからです。しかし、郵便局を運営するのは日本郵便株式会社で、ゆうちょ銀行とは別会社です。図表20をご覧ください。

ゆうちょ銀行も日本郵便も日本郵政株式会社の子会社ですが、郵政民営化法に基づき将来的には

図表20　郵政民営化のしくみ

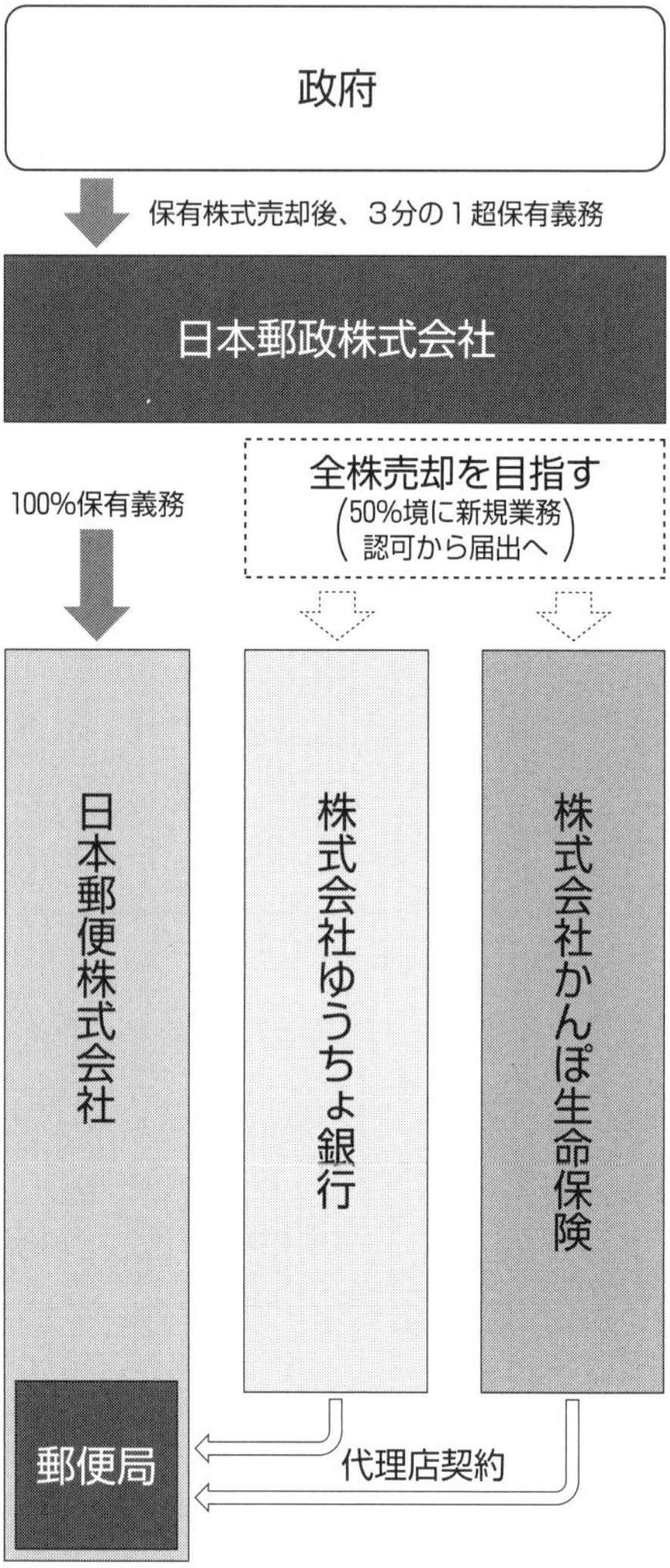

出所：郵政民営化法に基づき筆者作成

日本郵政保有のゆうちょ銀行株はすべて売却することが決まっています。そのため、日本郵便とゆうちょ銀行は、現在のような兄弟関係を失うことになります。

現在、ゆうちょ銀行は、他の銀行が認められている業務のうち限られた業務しか運営が認められていません。それは政府が間接的にゆうちょ銀行株の過半を握っていることで、実質的に政府系の機関が民業圧迫するような構図になっていると解釈されているためです。しかし、株式の売却が進捗し、日本郵政の株式保有比率が半分以下となれば、新規事業に関しても認可でなく届出事項となるため、業務範囲が拡大される見通しです。

COLUMN

自由化に散った「長信銀」と「銀行区分を明記した法律」

規制緩和によって、法令に基づいて銀行業態の種類を語る余地がなくなったことについては前で述べました。実は厳密に言うと、二つの法律で銀行の種類を区別しています。一つは「金融機関の合併及び転換に関する法律（合併転換法）」で、銀行と協同組織など異なる業態間の経営統合や業態転換などについて定めた法律です。もう一つは、「金融機関等の更生手続の特例等に関する法律（更生特例法）」で、裁判所が関与する形での金融機関の破たん処理などを扱ったものです。それぞれの法律の第2条で「銀行」の定義が出ていて、銀行法に基づく「**普通銀行**」と長期信用銀行法に基づく「**長期信用銀行（長信銀）**」という2業態から銀行が構成されることを規定しています。しかし、現実的には「普通銀行」という呼称が不要な状況となりました。それは、長信銀が姿を消したからです。
かつては、日本興業銀行（現・みずほ銀行）、日本長期信用銀行（現・新生銀行）、日本債券信用銀行（現・あおぞら銀行）の三つの長信銀が存在していました。私が学生時代に就職活動をしていた1980年代半ばを振り返ると、長信銀の金融界における存在感は大きく、また少数精鋭であったこともあり、成績優秀の学生しか採用されない羨望の的でした。私事ですが、成績不振だったこともあり、当初から私の出願リストに長信銀の名前はありませんでした。一方で、友人の中でも首席クラスが長信銀に入行を決めていました。

長信銀は、日本の高度経済成長と産業振興など経済の原動力となっていたばかりでなく、金融業界のリーダーとして市場の制度設計について政府と密接にかかわりながら寄与していました。長信銀は、普通銀行には許されていない金融債発行を許されていました[12]。銀行が長期の債券を発行し、個人や機関投資家に買ってもらうことで、固定金利の長期安定的資金を調達することができたのです。こうした長期資金を活用して、インフラ事業や設備投資等の企業側が求める資金ニーズに対応する「選ばれたプレーヤー」だったのです。当時は、長信銀が長期資金、普通銀行が短期資金の出し手として役割分担がされていました。いわゆる「長短分離政策」です。

しかし、金融自由化の波は、金融技術の進歩とともに、長信銀の牙城を侵食していきました。自由化については次章で詳しく説明しますが、社債発行が普通銀行にも認められたほか、そもそも社債や金融債を用いなくても、金利スワップなどのデリバティブ取引により、実質的に長期固定金利の調達が可能となったのです。大企業を柱とする産業金融を支えるための特権を有していたがために、長信銀の店舗数は普通銀行に比べ大幅に限られていたこと、顧客基盤が大企業中心に限られていたこと、それら大企業が直接金融へのシフトを進めたことなど様々な事情を抱えながら長信銀の存在意義は低下していきました。

限られた経営資源のもとで、都市銀行との自由競争にさらされた長信銀は不動産向けやノンバンク向けの貸出に傾注していき、バブル崩壊の傷を負うこととなります。さらに、長期的に安定した資金源であったはずの金融債が、不良債権問題などによるレピュテーション（評判）・リスクの浮上により、購入を行ってきた機関投資家や個人から敬遠されるに至り、資金繰りの危機にもさらされます。日本長期信用銀行と日本債券信用銀行は1998年に破たんし国有化（正確には「特別公的管理」と言います）されました。日本興業銀行は、富士銀行および第一勧業銀行と経営統合し、現在のみずほ銀行に至ります。

長信銀としてのステータスを残していた新生銀行やあおぞら銀行も、普通銀行転換を決め、長信銀は姿を消してしまったのです。

銀行の再編の歴史

これまで、銀行の種類について説明してきましたが、なかでも最も激しい変遷を経てきたのが主要銀行です。明治維新以降、「ナンバーバンク」と呼ばれる第○○銀行が次々に産声を上げました。

12 正確には、3行の長信銀と東京銀行（現・三菱ＵＦＪ銀行）が発行を認められていました。

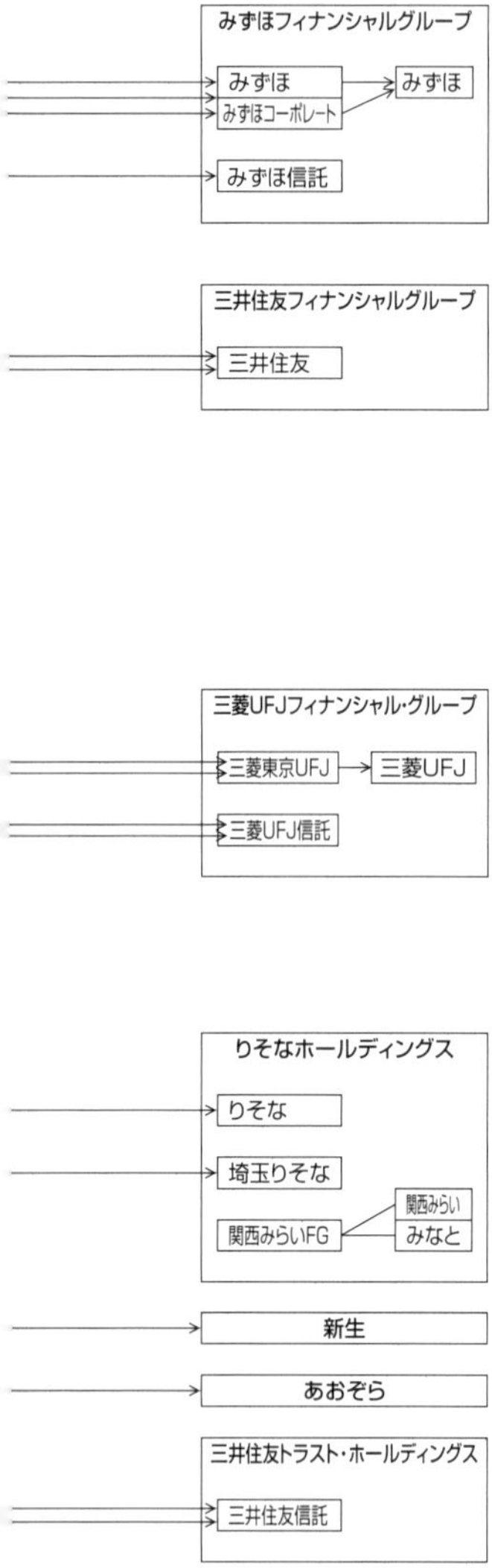

その後、産業資本などと結びつきながら、現在の銀行体制の原形を作っていきました。

戦前から戦後までにかけても、五月雨式に再編が続きましたが、なんと言っても昭和の終わりから平成にかけての時期と、平成金融危機の末期における再編が最も激動だったのではないでしょうか。図表21は、主要銀行についてのみ取り上げた主な系譜ですが、世代によっては懐かしく思う人もいるかもしれませんが、ご存知ない名前ばかりかもしれません。

いまや、再編の完了形なのかもしれませんが、予断は許されません。

銀行は、日本の金融システムの中心であるとともに、信用供給などの社会的機能を本質的に担うほか、個人のライフサイクルや企業の経済活動を支援する社会的使命を有しています。しかしながら、近年は情報技術の革新を背景としてフィンテックを武器に、伝統的な銀行を脅かす異業態も勢いを増しています。

こうした状況と銀行の重要性を踏まえ、より詳細な解説を次章で行います。

図表21　主要銀行の系譜

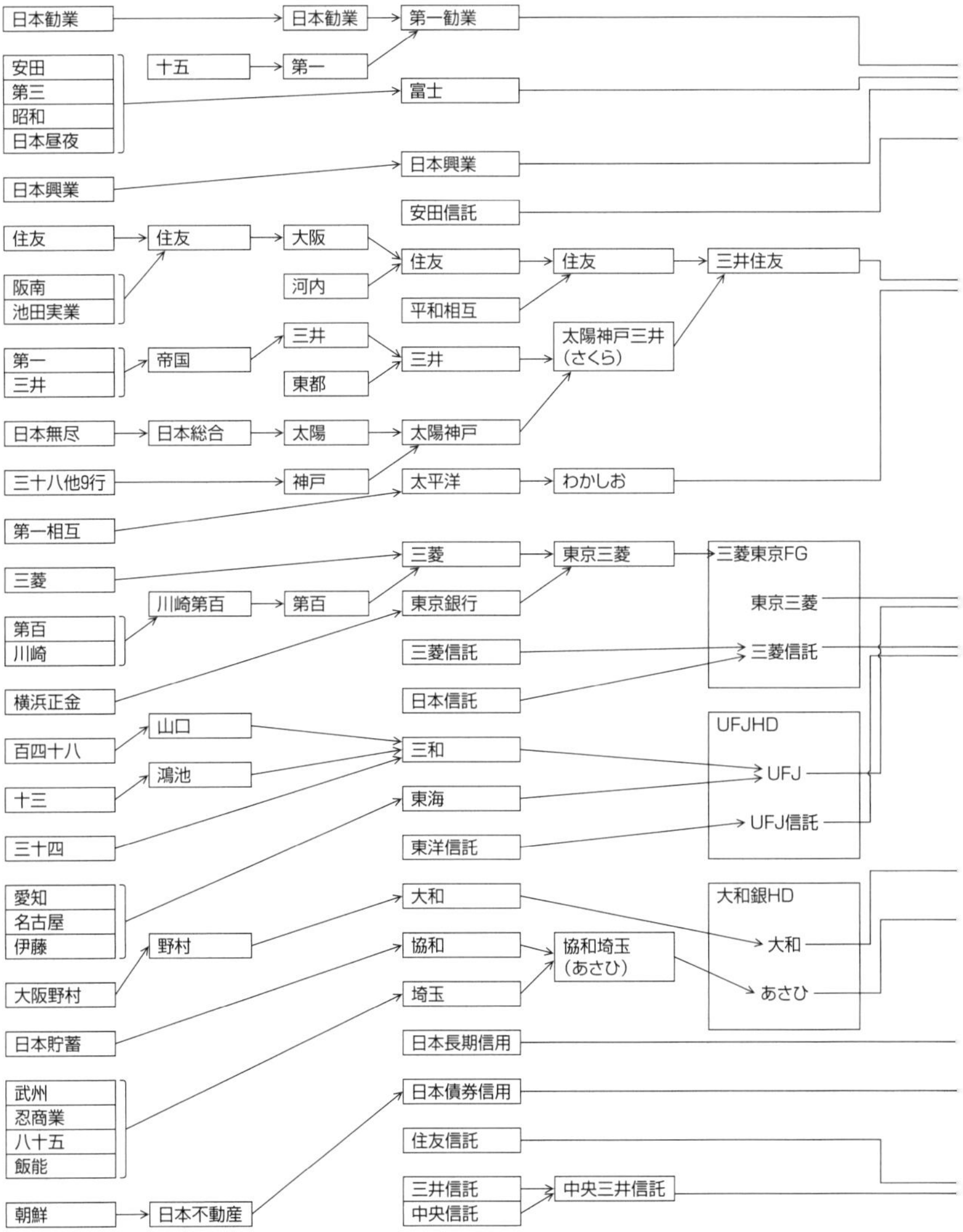

出所：各行の有価証券報告書等に基づき筆者作成

COLUMN

日本の銀行は多すぎるのか？

図表22　各国の銀行数などの比較

	日本	アメリカ	イギリス	ドイツ	インド
銀行数	136	4,357	133	152	136
預金取扱金融機関数	596	4,978	553	1,483	97,621
GDP（2020年、兆ドル）	5.1	21.4	2.8	3.9	2.9
銀行数/GDP	26.8	203.3	47.0	39.4	47.4
預金取扱金融機関数/GDP	**117.3**	**232.3**	**195.4**	**384.1**	**34,027.3**

注：金融機関数は日本が2021年末、その他は2020年末現在
出所：預金保険機構、連邦預金保険公社、ドイツ連邦銀行、イングランド銀行、インド財務省の資料に基づき筆者作成

皆さんも「日本の銀行の数は多すぎる」というコメントを聞いたことがあると思いますが、駅前の一等地に銀行が林立しているので、違和感を持たないはずです。また、日本の銀行の収益性が多くの海外有力銀行に比べて低いことも、数の多さから過当競争に陥った結果だと腹に落ちるかもしれません。

これは、実際には誤った認識です。図表22をご覧ください。国ごとの銀行数や預金取扱金融機関数などの比較です。預金取扱金融機関数では、インドが9万7千と突出しています。これは、農協的な中小機関が9万2千程度存在するためです。

次に多いのはアメリカです。日本で言えば信用金庫や信用組合などのコミュニティバンクと呼ばれる総資産で10億ドルに満たないような中小機関が3500ほど存在しています。10億ドル以上の資産規模の銀行も1700以上ありますが、これがアメリカの貸出の9割のシェアを占めています。アメリカにおいては、地方銀行の再編により規模の拡大が進んだ

側面がある一方、地域色の濃い市場においてはコミュニティバンクの存在感は引き続き大きいのです。

一方で、日本の絶対数はイギリスを若干上回るものの、目立って多いわけではありません。また、銀行数のみを単純比較する統計的な意味合いもないため、経済規模との対比が必要です。図表22の銀行数あるいは預金取扱金融機関数を名目GDPで割った比率を比較してみましょう。明らかに、日本は経済規模に比して銀行等が多くないことが確認できます。

印象のみで「オーバーバンキング」、つまり銀行が多すぎると議論することは適切ではありません。重要なのは「数」ではないことを認識したうえで、日本の銀行の収益性を圧迫する要因について冷静に考えることです。次章の銀行の詳細を分析するところで、ぜひ理解を深めていただければと思います。

3 証券会社

■証券会社の全体像

証券会社は、金融証券取引法で規定される金融商品取引業を行う金融業者の一部であり、もともとは金融商品取引法の前身となる証券取引法で「証券業」として明確に規定されていました。現在の法令に定義づけされる金融商品取引業者には、証券会社のほか投資顧問、投資信託委託業などの運用会社が含まれます。

ここで言う**金融商品**とは、株式や債券などの**有価証券**や**金融派生商品（デリバティブ）**を対象としています。証券会社は、金融商品取引法上の行為を行う登録事業者であり、有価証券の売買、取次ぎ、取引委託、清算、引受ならびに募集、売出しを行える金融機関です。銀行も証券子会社を通じてこうした業務を行えますが、銀行本体では有価証券等の取扱いは公共債の売買や投資信託の販売などに限定されています。

このように法律の定義に従って説明してもよくわからないと思うので、具体的な業務内容については次に解説します。

■証券会社の主な業務

ここでは、過去に総合証券会社と言われた大手証券の業務内容を、主要なカテゴリーに分けて解説したいと思います。

まず、証券会社の主要業務は、**リテール事業**と**ホールセール事業**に分かれます。また、資産運用会社を子会社として有します。ホールセール事業はさらに、プライマリー部門とセカンダリー部門に分けられます。

リテール事業は、証券会社の支店網を通じた個人顧客との取引です。個人顧客が株式、債券、投資信託などの有価証券の売買を行う場合の取引を担っています。株式の売買の受注が多いほど証券会社にとっては収益が増えます。勢い過去の証券営業においては、次々に推奨する株式銘柄を変えながら顧客の売買を促すようなケースも少なからず見受けられました。これは回転売買と言われ、証券会社の悪評にもつながった時期がありました。しかし近年は、証券会社のリテール戦略として預かり資産を増やすという点に軸足が置かれています。これには、長期的な視点に立った運用相談の対応を行うことで顧客の信頼を勝ち取る狙いがあります。

一方、ホールセール事業は、主に法人取引や海外におけるファイナンス業務を網羅しています。このうち、プライマリー部門は発行市場を担当し、セカンダリー部門は流通市場を担当しています。プライマリー部門は投資銀行業務と呼ばれるM&Aなどの業務や、株式や債券の発行段階における取引を総括して行います。

企業が株式や債券を発行して資金調達する際には、業務を取りまとめる主幹事証券会社が有価証券を引き受ける審査から、引受そして販売、その後のケアまでを一貫して行います。たとえば、日本の大企業が株式を発行する際には、販売する市場は日本ばかりでなくアメリカやヨーロッパ、アジアなどグローバルに及びます。

そのため、ホールセール事業はプライマリー、セカンダリーにかかわらず、国内外の国境を越えて有機的に行われています。セカンダリー部門は、すでに発行されている有価証券の売買を仲介するという点ではリテール事業と変わりませんが、取引相手は機関投資家と呼ばれる大規模な資産運用会社や事業法人、金融法人です。こういったセカンダリーにおける売買業務を「キャッシュ業務」と言い、株式の売買については「キャッシュ・エクイティ」と呼ばれます。

■証券会社のカテゴリー

証券会社は預金取扱金融機関とは違い、法令や成り立ちで種類が分かれているわけではありません。事業規模や事業特性を踏まえたカテゴリー分けでは、大手証券、準大手証券、中堅中小証券、地場証券、ネット証券に分類できます。

大手証券は規模的に大きいだけでなく、様々な機能を具備し、地域的にもグローバルなネットワークを有していて、銀行系と独立系に分かれます。銀行系は銀行を中核とするメガバンク系金融グループ傘下の、みずほ証券、三菱ＵＦＪモルガン・スタンレー証券、ＳＭＢＣ日興証券の3社です。独立系は野村證券と大和証券の2社です。合計で5社が大手証券会社と位置づけられます。

準大手証券としては、岡三証券、東海東京証券、ＳＭＢＣフレンド証券の3社、中堅中小証券としては、岩井コスモ証券、丸三証券、いちよし証券、東洋証券、極東証券、水戸証券の中核証券会社と、あかつき証券、内藤証券、アイザワ證券、日本アジア証券、明和證券、リテラクレア証券などです。

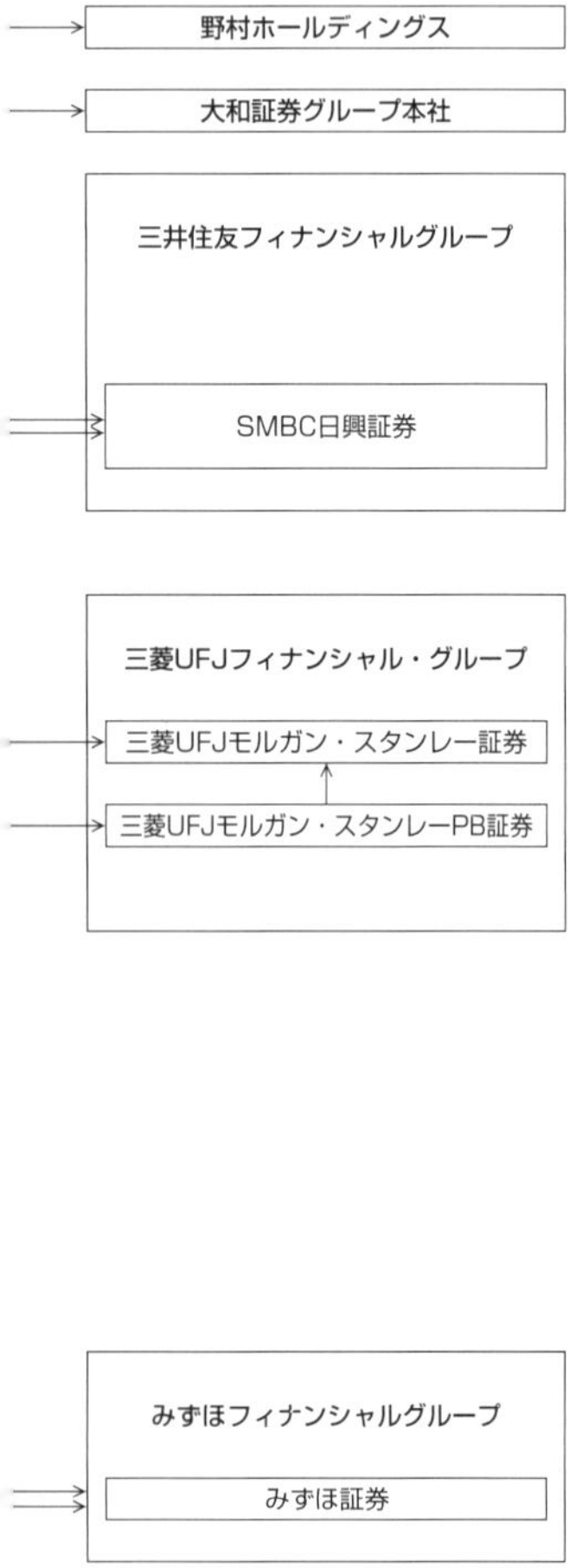

図表23　大手証券の系譜

出所：各社の有価証券報告書等に基づき筆者作成

ネット証券は、ＳＢＩ証券、楽天証券、ａｕカブドットコム証券、松井証券、マネックス証券などが主要プレーヤーです。ネット証券は店舗のコストが節約できる分、利用の利便性と低手数料率で人気を集めています。

■証券会社の構造変化

金融危機は山一證券、三洋証券の破たんなどもあり、証券会社再編のきっかけとなりました。もともとは、野村證券、大和証券、日興証券、山一證券の４大証券による盤石な体制が長らく続きましたが、山一證券が破たんし、日興証券がアメリカのシティグループと、大和証券が三井住友銀行と、そして国際証券が東京三菱銀行（当時）とアライアンスを組むこととなりました。

その後、大和証券は三井住友銀行との提携関係を解消し、日興証券は組織再編を経て三井住友フィナンシャルグループに入りました。そのため、メガバンクグループから距離を置く「独立系」の大手証券会社は、野村證券と大和証券のみとなりました。128～129ページの図表23は、その系譜です。主要銀行ほど複雑ではありませんが、再編の経緯がわかると思います。

COLUMN

ロビンフッドとレディットを通じた個人投資家の反乱

証券業界は、世界的に手数料水準の引き下げ圧力にさらされてきました。その象徴とも言えるのが、株式や暗号資産（仮想通貨）の売買を行うアプリ「ロビンフッド」を提供するアメリカのロビンフッド・マーケッツです。

同社は2013年に発足以降、急速にユーザー数を伸ばし、最近ではユーザーが2000万人規模を展望できる程度まで存在感を拡大しています。その原動力は、手数料無料です。

そのからくりは、PFOF（ペイメント・フォー・オーダー・フロー：Payment For Order Flow）による「注文回送リベート」というしくみです。ロビンフッドは手数料無料で顧客からの注文を受けますが、注文内容をHFT（高速・高頻度取引）業者などに回すことで、その対価としてリベートを受け取ります。HFT業者とは、高速コンピューターを駆使した「アルゴリズム取引」で1秒間に数千回もの売買を繰り返すことで、わずかな価格のずれが生み出す利益を追求する機関投資家などです。HFT業者には、ロビンフッドの顧客注文をビッグデータとしてAIで解析して、売買動向を予測するなどアルゴリズムの精度を高める利点があります。

このような形でロビンフッドは影響力を高めていますが、これが二つの側面で市場へのインパクトを与えています。

一つの側面はわかりやすく、株式売買仲介手数料の値下げ圧力です。これは、個人取引を中心とした「リテール」の証券会社ばかりでなく、機関投資家の取引を請け負う大手証券会社への間接的影響ともなります。

もう一つの側面は、個人投資家の影響力拡大です。**「ウォールストリートを脅かす個人投資家の反乱」**とも呼ばれています。詳しい説明に入る前に「**ミーム株**（Meme Stock）」について簡単に説明しておきます。ミームはネットスラングとして使われており、主にコラージュが施された画像を示す言葉とされていて、特に話題性のあるものは「ミーム画像」と呼ばれています。ここを語源として、オンラインコミュニティで話題性のある銘柄がミーム株と言われるようになりました。ミーム株を含む注目銘柄についての情報交換の場が、オンライン掲示板の「レディット（Reddit）」です。レディットの中でもウォールストリート・ベッツ（WSB）というフォーラムには、デイトレーダーをはじめとした個人投資家が集い、時として特定の銘柄の売買を仕掛けるような行動に出ます。

そうした中で騒動となったのが、さえないゲーム販売店を運営する「ゲームストップ」株です。この銘柄はヘッジファンドの空売り（ショート）により、株価が弱含むなか、レディット上の情報拡散などによって一気に買い注文が拡大しました。株価は高騰し、ショートによる株価下落を見込んでいたヘッジファンドは、高値での買い戻しを行わざるをえなくなりました。当然、多額の損失が発生します。

レディットのWSBでは、リーマンショック以降募っていたウォールストリートへの憎悪もあり、ヘッジファンドを攻撃するような様相を呈しています。まさに、SNSを通じた個人投資家の反乱と言えます。

アメリカの当局も看過できない状況となり、PFOFを規制することや、ネット上の監視などを強める方向です。

4 保険会社

■ 保険会社の社会的意義

保険会社は、人生や経済活動の不測の事態への備えを提供する役割を果たします。不測の事態の中でも、個人や会社が遭遇する可能性のある損害リスクに対して、経済的な損失を負担することで生活や会社運営の安定性を確保するためのサービスを提供するのが損害保険です。これに似てはいますが、病気やケガに伴う備えとして、あるいは亡くなった後の家族などの生活を支えるための備えとしての役割を果たすのが生命保険です。

このような将来の損失負担を補償する原資として、契約者である個人や会社から保険料を徴収します。

また、保険契約を通じて損害リスクを低下させる働きもあります。自動車保険は、事故を起こさなかった契約者が年間契約の更新の際に保険料率が軽減されます。

保険というビジネスが経済的に成り立つ理論的根拠となっているのが、「**大数の法則**」です。数学や統計学の授業でよく登場する数学者ヤコブ・ベルヌーイが唱えた確率論です。サイコロを振る回数が増えるほど、サイコロのそれぞれの目が出る確率は6分の1に近づきます。コインの場合は裏と表の出る確率が、数多く投げれば半分半分に近づきます。サイコロでもコインでも、前回投げたことは今回や次回投げることで出る目や表裏には影響しません。すなわち、発生する事象同士が互いに影響しません。これを「独立」と言います。独立な事象の発生確率は、試行の数を増やすと理論的な確率に近づくのです。

保険契約も大勢の人々が契約すれば、たとえば死亡確率はある程度一定の水準で安定するはずです。この発生率を基礎として保険料率を算定すれば、保険会社が儲けすぎたり損をしたりすることがなくなると思われます。

■互助の基本

保険には**「収支相等の原則」**と**「給付・反対給付相等の原則」**があります。

収支相等の原則とは、保険会社が徴収する保険料の総合計が保険会社から支払われる保険金の総額と等しくなるべきであるという原則です。そのため、保険料率は予想される保険支払額に経費を上乗せして決定されます。

給付・反対給付相等の原則とは、事故発生の確率の高い契約者ほど、それに見合う高い保険料を支払うべきという原則です。なお、保険金が支払われる事象のことを「保険事故」と言います。

日本の保険会社は、保険業法第3条により生命保険会社と損害保険会社に分かれ、それぞれ免許制となっています。ただし、保険契約を含む保険会社の業務全体については、保険業法と商法の規定が拠り所となっています。

生命保険は商法により「当事者の一方が相手方または第三者の生死に関し一定の金額を支払う」とあり、損害保険は「当事者の一方が偶然なる一定の事故によりて生ずる損害を補てんする」とあり、保険業法でもこれに則した規定がされています。つまり、生命保険は人の生死について、損害保険は事故の損害について保険金を支払うことが規定されているのです。

なお、生命保険を「第一分野」、損害保険を「第二分野」と呼びます。そして、いずれにも属さない保険は「第三分野」と呼ばれ、ここでは疾病、傷害、介護などによる損害の負担が保険対象となっています。よくＣＭで流れるアフラックの「がん保険」などは、この第三分野に入ります。

■保険会社の歴史

保険契約の最も原始的な形としては、古代ローマにおける葬儀組合や日本の頼母子講《たのもしこう》などがあります。現在の保険契約の原型となったのは、イタリア・ルネッサンス期の海上保険と言われています。

日本では１８６７年に、福澤諭吉が著書『西洋旅案内』の中で、「災難請合の事　イシュアランス」として「生涯請合」（生命保険）、「火災請合」（火災保険）、「海上請合」（海上保険）の三つを紹介しました。その後、福澤門下の阿部泰三が１８８１年に、**明治生命保険会社**（現、明治安田生命保険相互会社）を創立しました。

損害保険については、幕末から明治初期にかけて外国保険会社が中心となり、明治生命が設立された当時は70を超す外国保険会社が日本で活動していました。そうした中、日本で最初の損害保険会社となったのが、１８７９年に設立された**東京海上保険会社**（現、東京海上日動火災保険株式会社）です。

■生命保険

生命保険の業務は、年齢に応じた死亡率をもとに算出された保険会社が受け取る保険料と、保険会社によって支払われる保険金が均衡するしくみによって運営されています。保険契約者が支払う保険料は、期間全体で平準化した金額となるのが一般的です。近年では、貯蓄や老後保障といった幅広いニーズに対応し、個人の資産運用型の「個人年金保険」などの商品を取り扱っています。

生命保険商品の種類は膨大な数にのぼりますが、基本的には「死亡保険」「生存保険」「生死混合保険」の3種類で、死亡保険は保険期間中の被保険者の死亡に際し保険契約者に保険金が支払われ、生存保険は満期時に被保険者が生存していたときに保険金が支払われます。生死混合保険は、その組み合わせです。

主要な保険商品は、定期保険（いわゆる「掛け捨て」で満期生存時に保険金支払いはない）、終身保険（満期を定めないため死亡時に必ず保険金が支払われる）、個人年金保険（積立定期預金のように保険料を納め、満期で一括ないしは満期後に年金の形で一定額が支払われる貯蓄型）、養老保険（個人年金保険と同様に貯蓄型）、変額保険（貯蓄型ではあるが保険会社の運用実績に応じて受取金額が変わるリスクテイク型）などがあり、このほか会社や学校などグループ単位で加入する団体保険などがあります。

「収支相等の原則」がある中で、生命保険会社の収益源は何でしょうか？

保険会社は死亡率、運営コスト率、運用利回りなどを想定し、それぞれ予定死亡率、予定事業費率、予定利率を設定して保険料率を決定します。実際の死亡率などの想定が予定どおりとなれば、保険会社の収益はなくなります。

しかし、こうした見込みと実績に差が出れば、それが保険会社の収益ないしは損失となります。これを、生命保険の「**三利源**《さんりげん》」と言います。

歴史的には、死亡率や事業費率は実績が予定を下回って利益となる一方、低金利環境の長期化や株式市況の軟調などもあって利率は予定を下回り、「逆さや」と呼ばれる状況が続き、その後、一時的な回復はあったものの、超低金利の環境は続いています。

■生命保険の特徴的組織形態

生命保険会社の多くは「**相互会社**」という組織形態でした。相互会社とは、保険業法に基づき設立される会社で、株主の代わりに顧客である保険契約者が会社の構成員（社員）となるものです。社員同士の助け合いで保険業務を行う相互扶助の精神が背景にあります。

2000年に保険業法が改正され、相互会社から株式会社への転換（英語で「デミューチュアリゼーション：Demutualization」と言います）が円滑となる制度が整えられました。

現在も、株式会社と相互会社が併存しています。

日本の主要生命保険会社の中で、相互会社形態をとっている会社には、日本生命、明治安田生命、住友生命、朝日生命、富国生命などがあります。

株式会社としては、第一生命、かんぽ生命、大同生命、太陽生命、ソニー生命など上場済みの会社、ないしは上場した持ち株会社の子会社があります。

■生命保険の構造変化

生命保険業界においても、金融危機の影響を大きく受けたのは他の金融機関と同様です。千代田生命をはじめ、中小中堅の生命保険会社が破たんしました。そして、破たんした多くの会社は、外資系の保険会社に買収されました。

一方で、再編した生命保険会社もあります。明治生命と安田生命が合併し明治安田生命となり、太陽生命と大同生命が持ち株会社であるＴ＆Ｄホールディングスを設立し、経営統合しました。三井生命は日本生命の子会社となり、社名を大樹生命に変更しました。

外資系や損害保険系との再編も少なからずありましたが、国内系の純粋な生命保険会社の業界再編は、他の金融業態に比べれば少なかったと言えます。

最近の動きとしては、海外展開です。

第一生命のグローバル戦略は、業界内でも規模的にも世界的にも最もアクティブです。オーストラリアのＴＡＬ社、アメリカのプロテクティブ社を買収し傘下に置いています。また、インドネシアのパニンを買収し、第一生命パニンに社名変更しました。

日本生命は、１９９０年代にアメリカで米国日本生命を設立するなど、国際化の動きが最も早かったと言えます。最近では、インドのリライアンス・ニッポンライフ・アセットマネジメントへ追加出資で子会社化し、ニッポンライフ・インディア・アセットマネジメントに社名変更しました。さらに、オーストラリアのＭＬＣへの追加出資を行い８割の持ち分を所有するに至っています。

住友生命は、中国のＰＩＣＣ生命[13]、ベトナムのバオベト・ホールディング、インドネシアのバンク・ネガラ・インドネシアの子会社であるＢＮＩライフ・インシュアランスなどに出資し、アジア市場で事業展開に入る一方、アメリカのシメトラ・フィナンシャル・コーポレーションを完全子会社化して北米進出、最近ではシンガポールのシンガポールライフのグループ化を果たしています。

明治安田生命は、アメリカへの参入が早く、１９８５年にハワイのパシフィック・ガーディアン生命を完全子会社化したほか、最近では団体保険分野に強みを持つスタンコープを１００％子会社化しました。ヨーロッパではポーランドのワルタとオイロパの2社に出資しているところが特徴的です。アジアにおいては、中国の北大方正人寿保険、タイのタイ・ライフ・インシュアランス、インドネシアのアブリストへの出資を行っています。

■損害保険

損害保険会社の業務は、火災などの突発的災害、風水雪害などの自然災害、自動車などの事故、輸送中の積み荷の損害など、偶然の事故により生じた損害を補償し、その対価として保険料を徴収します。最近では、企業が経営上負担するような製造者責任（ＰＬ）リスクなどのビジネス上の損害に対応する目的も加わり、保険会社が予想する後述の損害率に応じて保険料が定められます。

損害保険は基本的には掛け捨てであり、保険期間中における保険事故に対しては保険契約に基づく保険金の支払いが行われますが、満期時の返金はありません。

13　２００５年に中国人民人寿保険股份有限公司（PICC Life Insurance Company Limited）に出資。

図表24　損害保険種目別の保険料収入シェア（2020年度）

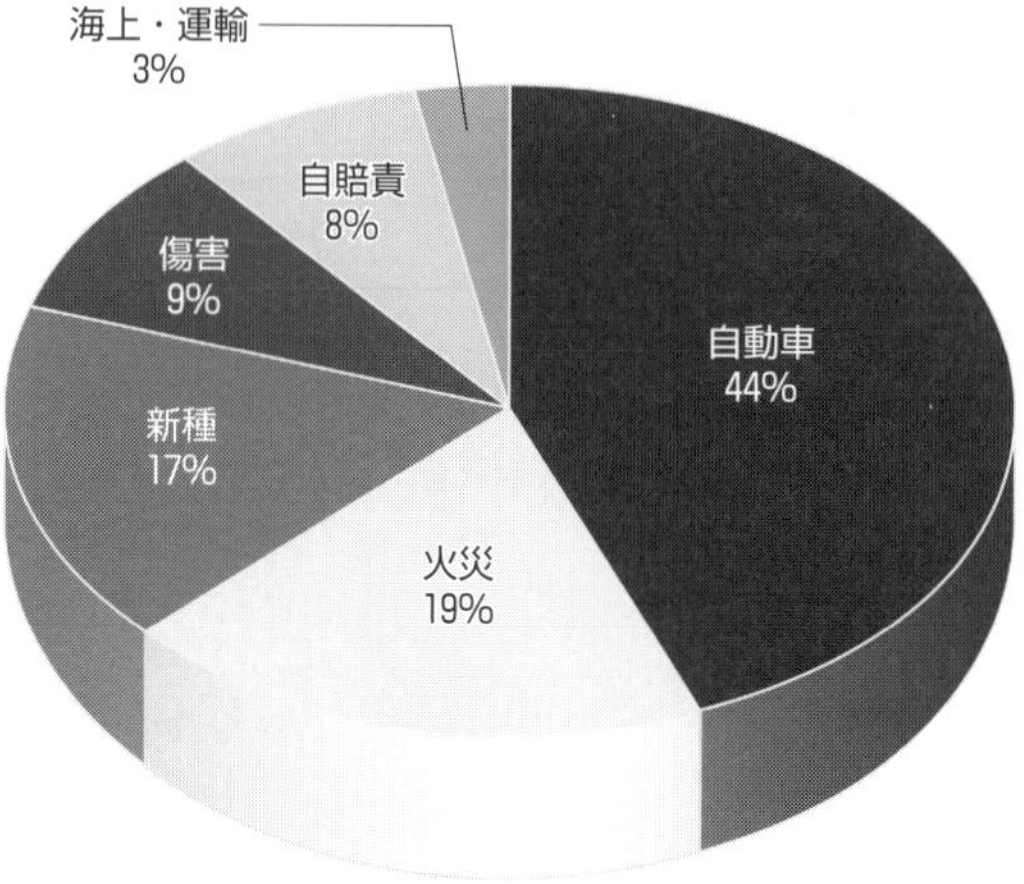

注：　元受正味保険料ベース
出所：一般社団法人日本損害保険協会統計に基づき筆者作成

図表25　損害保険種別の損害率推移

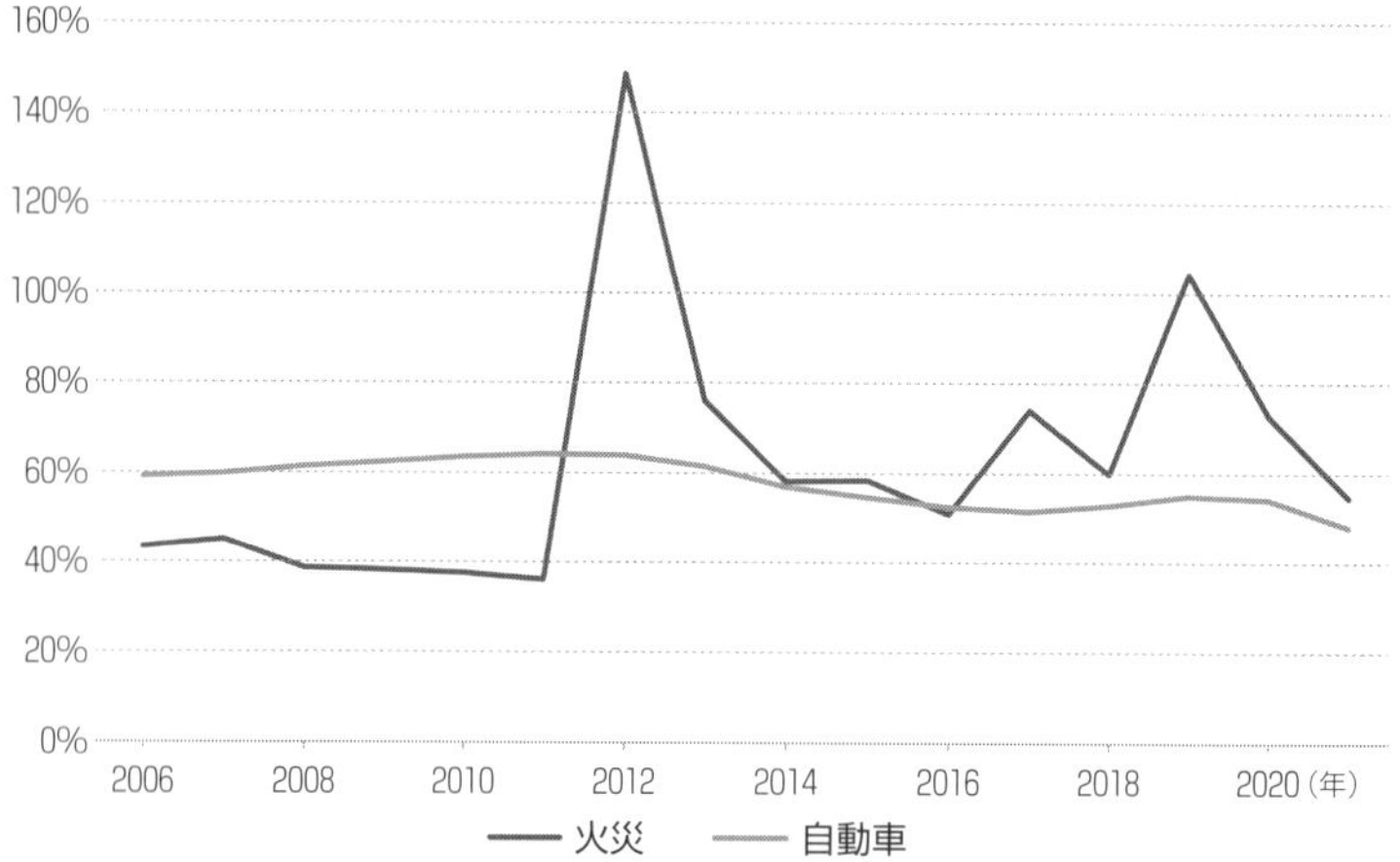

注：　損害率＝正味支払保険金÷元受正味保険料
出所：一般社団法人日本損害保険協会統計に基づき筆者作成

損害保険は、火災保険、自動車保険、傷害保険、海上保険などが主要な保険分野であり、このほかにも賠償責任保険、所得保障保険などがあります。

損害保険会社は、保険料収入を主な収益源として、これを有価証券等で運用し、保険金の支払いに備えます。図表24は国内における損害保険ビジネスの主な収入源を示したものです。なお、注記にある「元受正味保険料」というのは、個々の保険契約者との契約に基づいて保険会社が受け取る保険料のことです。自動車保険と火災保険が国内における損害保険事業の柱であることが、一目瞭然です。

■気候変動からの多大な影響

損害保険会社の業績指標として**損害率**があります。この損害率は、一定期間中の保険料収入に対する保険金支払額の割合を示す指標です。保険会社が保険契約者に安全・確実に保険金の支払いを行うためには、保険料で保険金を安定的に賄い続ける必要があります。そのため、損害率が100%を一時的に超過することがあったとしても、他の期間で回復できればいいのですが、高いレベルの損害率が継続すると、保険料率の引き上げを検討せざるをえません。

図表25は損害率の推移を示していますが、自動車保険の損害率は大きなブレもなく安定して推移しているのに対し、火災保険の損害率は激しく変動し、年度によっては100%を上回る状況に陥っています。

これは、ゲリラ豪雨や規格外の台風などによる影響が大きく、近年の異常気象の影響をまともに受けているためです。損害保険にとって、気候変動はビジネス上の脅威となっているのです。

補足説明

損害率の細かな定義

損害率は、保険契約者から受け取る保険料に対しての支払い保険金の割合を示すものですが、この分子・分母の取り方で主として二つの異なる損害率が算定されます。以下、1年間の損害率を踏まえて解説します。

第一に、最も単純なWP損害率です。WPはWritten And Paidの略で、簡単に表現すれば、キャッシュベースに近い概念です。分母には、その年度に受け取る保険料を使います。また、分子は、その年度に支払われる保険金となります。

第二に、最も重視されるEI損害率です。EIはEarned And Incurredの略で、会計上の考え方としては発生主義をとります。たとえば、年度の中間のタイミングで保険契約を結んで保険料を受け取った場合は、その保険料の半分がその年度の収入として認識されるべきで、残りは次年度に配分されるべきです。

そのため、分母は前年度末で保険契約期間対象ではなかった保険料（「未経過保険料」と言います）に、当年度の（正味）収入保険料から当年度末の未経過保険料を控除したものを加えた保険料となります。

一方で、分子の支払い保険金は、当年度支払う保険金（正味支払保険金）から前年度末の当年度に支払いが予定されていた保険金（「未払い保険金」や「支払備金」とも言います）を控除し、当年度末の来期以降に支払いを予定している未払い保険金（同じく「支払備金」と言います）を加えた数値を用います。複雑ですが、実質的な損害率をモニタリングするうえでは最も効果的な指標です。
いずれにしても、損害率は保険事業の持続可能性を考えるうえで最も重要な指標です。

■メガ損保の誕生

大手銀行と同様に損害保険業界も再編の波にのまれました。この結果、国内における最大勢力は三つのメガ損保に再編・集約されました（次ページの図表26参照）。

東京海上ホールディングスは、東京海上日動火災保険と日新火災海上保険を損害保険事業として傘下に置き、生命保険を扱う東京海上日動あんしん生命、ネット損保のイーデザイン損保など、多彩なグループ会社を抱えています。そして近年は、海外における買収戦略と、各地域における戦略再構築が積極化されています。その多くの案件が多額の買収金額であったこともあり、損保業界で最も目立っています。アメリカのフィラデルフィア、デルファイ、プリビレッジ・アンダーライターズの3社、イギリスのキルン（現社名は東京海上キルン）が、海外における収益拡大に貢献しています。

MS&ADホールディングスは、三井住友海上保険とあいおいニッセイ同和損保の損害保険事業のほか、三井住友海上あいおい生命、三井住友海上プライマリー生命の2社の生命保険事業を擁しています。また、ネット損保としては、三井ダイレクト損害保険を有しています。海外の買収戦略

図表26　大手損害保険会社の系譜

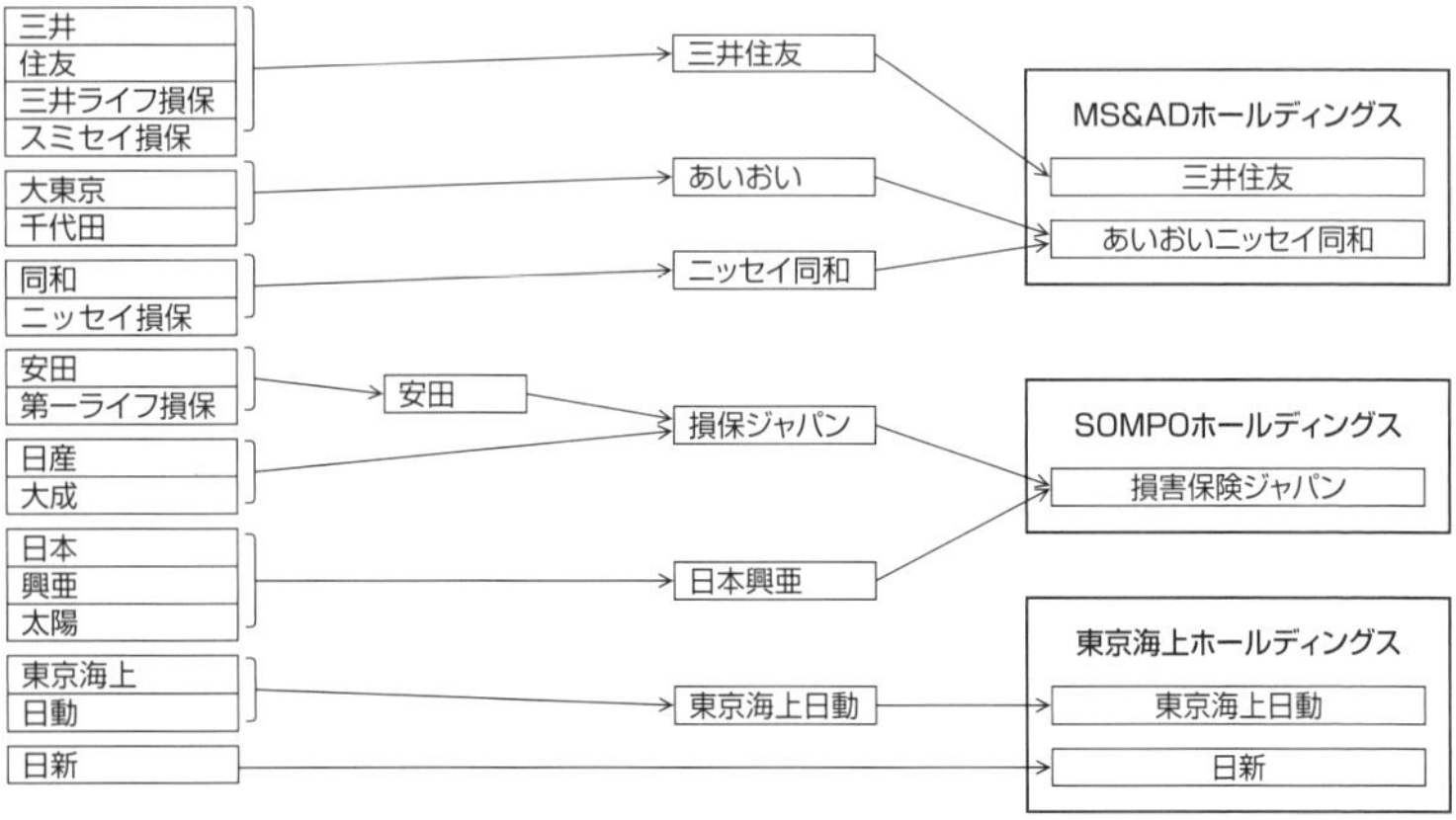

出所：各社の有価証券報告書等に基づき筆者作成

も、東京海上に負けず劣らず大型の案件を実現させています。特には、ロイズ市場を有するイギリスでの活動を活発化させ、アムリンの買収、持ち分を保有していたスイス再保険傘下のリアシュアに対するフェニックスによる買収に伴う、同社への出資などです。

SOMPOホールディングスは、傘下の損保会社の再編の結果として、損害保険ジャパン1社が損害保険事業の中核となったほか、生命保険事業としてSOMPOひまわり生命、ネットチャネルとしてセゾン自動車火災などを擁しています。また、介護・シニア事業にも力を入れています。海外戦略については、東京海上と同様に、アメリカでの戦略が活性化し、エンデュランスの買収や、レクソン・シュアティ・グループ傘下の保証保険事業および代理店の買収などが展開されています。

　こうしたメガ損保のほかは、ソニー損保をはじめとするネット系の保険会社が数多く立ち上げられているほか、海外からのダイレクト損害保険会社も業績を伸ばしています。しかし、日本のネット・ダイレクト系の比率は、自動車保険などの市場に対して低く、欧米における定着状況とは一線を画しています。

5 ノンバンク

■消費者信用の構成

消費者が何らかの形でお金を借りることを「**消費者信用**」と言います。消費者信用は、商品購入に伴う**販売信用**と直接キャッシュの貸し借りを伴う**消費者金融**に分類されます。ちなみに、クレジットカードは、カードによるキャッシングをサービスとして提供しているため、販売信用と消費者金融の両方を網羅します。

消費者金融の機能を担っているのは、クレジットカード会社のほか、消費者金融会社、銀行などがあり、クレジットカード会社や消費者金融会社の中には銀行の傘下に加わったところも少なくないのが現実です。

■消費者金融会社

消費者金融会社とは、商品購入に限定されず、無目的、無担保、無保証が原則の個人向けローンを提供する会社です。

その昔、大手の消費者金融専業会社であった武富士、プロミス、アコム、アイフルのうち、武富士は破たんし、プロミスは三井住友銀行に子会社化され、ＳＭＢＣコンシューマーファイナンスに社名変更、アコムも三菱ＵＦＪ銀行系となり、純粋な独立系はアイフルだけとなりました。また、金融危機で外資系となったレイクは、新生銀行の子会社となり、社名は新生コンシューマーファイナンスとなりました。

この背景には、消費者金融業界を揺さぶる二つの大きな環境変化がありました。

一つは、利息制限法で定められた上限貸出金利を上回る水準で行ってきた貸出が、最高裁判所の判決により違法認定されたことです。払いすぎた利息（「過払い利息」と言います）の返還請求の動きが加速し、消費者金融会社の財務を圧迫したのです。

もう一つは、銀行業界の消費者金融への意欲です。もともと消費者金融業界と銀行業界とでは貸出金利に差があり、銀行は利息制限法に基づいて15～20％（貸出金額により異なる）の上限金利の範囲内で貸出を行ってきましたが、消費者金融会社はかつて出資法を根拠として29・２％を上限として融資を行っていたため、その貸出金利に魅力を感じ、銀行が消費者金融会社の買収を進めたとも考えられます。

■銀行業界との提携

一方で、銀行は収益源の拡大を狙って、消費者金融業界との提携をテコに個人向けのローン市場への対応を積極化させました。ノウハウや情報（事故歴のない借入人の個人情報）面で劣勢にあった銀行は、消費者金融会社との提携を次々に打ち出し、初期段階では銀行が消費者金融会社との間で合弁事業を立ち上げました。

モビット（もともとはＵＦＪとプロミス）、キャッシュワン（三菱とアコム）、アットローン（三井住友とプロミス）などが、こうした合弁事業として発足しました。その後、モビットはプロミスの運営母体であるＳＭＢＣコンシューマーファイナンスの子会社となり、キャッシュワンは三菱ＵＦＪフィナンシャル・グループ傘下のアコムに吸収合併され、アットローンも三井住友フィナンシャルグループ傘下のＳＭＢＣコンシューマーファイナンスに吸収される形で業務を終了しました。

■クレジットカード

クレジットカード会社の業務は総合あっせん（クレジットカードの限度内において代金決済までの期間信用を供与するもので、ショッピングから食事・宿泊に至るクレジットカードの利用に係る一番身近な個人向け与信業務）、個品あっせん（ショッピングにあたって個別に割賦契約を結んで、商品の購入代金をカード会社が負担する業務）、そしてキャッシング（限度内においてＡＴＭなどを通じて、現金を引き出す純粋な借入）に大別されます。

トレンドとしては、個品あっせんが減少傾向にあり、総合あっせんやキャッシングが増えています。これは、銀行系や流通系を含めカード戦略が積極化し、リボルビングクレジットなど、より付加価値の高いサービスの推進を図っているほか、現金を引き出す、いわゆる「キャッシュポイント」が全国的に増加していることが背景です。

6　金融システムのひずみを修正

■日本の金融システムの弱点

金融システムの国際比較のところで説明したように、日本の金融システムは預金偏重の金融資産の構造を抱えます。そのため、預金者から見ても、資金需要者から見ても、銀行が金融システムの中心であり、それが副作用を招いた歴史があります。

たとえば、銀行は再編によって資金量の大きい大手銀行の数が半減以下となりました。借り手の数も再編などによって減った部分もありますが、銀行のプレーヤーの数の減り方が激しかったため、残った銀行で大企業など大口資金需要者の借入を賄うため、そうした銀行では特定の大企業に対する貸出を増やさざるをえず、結果的にはリスクの集中を招きました。

１９９７年以降の金融危機の背景には、「大口問題先」と言われる企業向け貸出の不良債権化がありました。信用リスクが集中すると、「大数の法則」が作用しなくなってしまいます。ダチョウの卵１個を持つより、ニワトリの卵を１００個持つほうが安全なのです。

２００２年に当時の柳沢金融担当大臣のもとで進められた「金融システムと行政の将来ビジョン」の報告の中で、こうした我が国の金融システムの問題点が指摘され、これが「貯蓄から投資へ」といった政策的スローガンにつながりました。

■金融構造の変革への銀行の役割

現状の預貯金依存型が一般的な個人の金融資産を、多様な投資性商品へシフトさせるためには、銀行の貢献は不可欠です。現に、政府は、銀行の預金者へのアクセスの良さを評価し、個人マネーを投資に向かわせる媒体として活用しようとしています。個人の金融資産の過半を現金および預貯金が占めている現状は、個人のリスク回避志向だけではなく、個人が銀行に馴染んだユーザーであることを示しているからです。事実、１９９８年に銀行での窓口販売（窓販）が解禁された投資信託ですが、証券会社の販売金額を追い越すのに10年もかかりませんでした。

今後の注目は、ファイナンシャルプランナーとしての活躍を果たしてきた銀行員のライフプランナーへのステップアップです。保険商品を銀行窓口で販売することもできますが、現在は貯蓄性のある年金商品が中心です。銀行チャネルが保険を含む「人生まるごと相談」チャネルとして一皮むければ、保険業界の従来の営業体制を抜本的に見直すきっかけともなるでしょう。

第4章 銀行

1 金融仲介機能は最大の付加価値

■銀行の使命

銀行は、「**金融仲介機能**」と「**信用創造機能**」と「**決済機能**」の三つを主要な機能として備えています。さらに、金融仲介機能は、「**情報生産機能**」と「**リスク負担機能**」と「**資産転換機能**（流動性転換機能を含む）」の三つに整理できます。

これらの機能は、経済が円滑に運営されていくために必要不可欠なものです。そのため、銀行は私企業であるとともに、社会インフラとしての性格も備えています。銀行経営者は銀行を「公器」と呼ぶことがあります。つまり、銀行は民間企業として利益を追求するばかりでなく、人間の血液を身体の隅々まで滞りなく伝える循環器のような、経済活動を支える公共性を認識した言葉です。

本章では、これらの機能を詳しく解説していきます。まず、銀行の主たる役割を紹介します。

■情報の非対称性とコスト

会社を自分で設立して社長として経営していくときに、営業上の理由から資金が必要となります。

そのときに、最も経済学的に低コストの調達は何でしょうか？

それは、社長である自分自身が会社に必要資金を貸し出すことです。コストの高い、低いを決める重要な要素は「**情報の非対称性**」がどの程度あるかです。情報の非対称性とは、取引を行う際に一方が情報を握っているのに対し、もう一方に情報がない状況です。わかりやすいケースで言えば、消費者が牛肉を買うときに、その牛肉の産地表示に「三重県松阪」とあっても、本当に正しい情報なのかは、仕入れを行った店主のみが知るところとなります。

資金の出し手と受け手の関係も同じです。金銭を貸し借りする際に、借り手がビジネス上の深刻な問題などの不都合な情報を隠匿して貸し手から資金を調達する状況と、牛肉産地のケースは似ています。

社長である自分は、会社の状況を最も熟知する立場にあるので、自分が会社に資金を貸すのであれば「情報の非対称性」は存在しません。一方、もしも第三者がこの会社にお金を貸すときに、十分かつ正しい情報がなければ、高い貸出金利を要求してもおかしくはありません。

銀行が担う金融仲介機能の中に、この問題を解消する力があります。銀行は、財務分析や業界動向を知るプロとして、盤石な審査機能を有しており、このような情報の非対称性を解消する能力を備えているからこそ、公表された情報量の少ない中小企業に対しても貸出を行えるのです。銀行がどのように情報の非対称性を解消できるのかを詳しく考えてみましょう。

■情報生産機能は銀行の生命線

情報の非対称性を解消することなどの一連の機能を、「**情報生産機能**」と呼びます。借り手の情報を収集し、貸出を実施した後も常に新しい情報を入手・管理するような銀行の活動を「**情報生産活動**」と言います。たとえば、まず、銀行が貸出を行ったことのない新規取引先に対して、貸出を行うまでのプロセスを考えます。貸出を行ううえで最も重要な手続きは審査です。貸出を行う審査を「**与信審査**」と言います。

審査を行うには、適切かつ十分な情報を集める必要があります。取引先担当は会社から決算書などの基礎的財務データをもらいます。また、帝国データバンクといった外部の信用調査機関から情報を買い取る場合もあります。

その会社と取引をしている会社がその銀行の取引先であれば、取引実態の調査のための情報を他の支店などから得ることが有用です。また、現場で支店長など取引先担当以外の責任者が経営者と面談し、その経営者の人となりを把握することも、財務分析のような定量評価以上に重要な手立てとなります。つまり、定量評価と経験と現場の勘に裏打ちされた定性評価の融合こそが銀行の情報生産機能の核心部分なのです。

審査を通過し貸出が実行された後も、情報生産活動は続きます。貸し出した金銭が無事に返済されなければ、「焦げ付き」となり、銀行は損失を被ることになるからです。したがって、常にモニタリングが必要です。モニタリングの結果、貸出先の業況に危険な兆しが見られれば、担保を差し出すように要請する交渉が必要となります。

このように、審査に伴い多くの手数をかける、これが「審査費用」です。また、モニタリングに伴うコストを「監視費用」と言います。これらの情報生産活動に伴うコスト負担が「情報生産費用」と呼ばれるものです。

情報生産費用は、過去の経験やノウハウなどから減らすことが可能です。卓越した審査能力があれば情報生産費用を削減し、銀行の収益を増やすことができます。情報の非対称性を解消するためにかかる情報生産費用は、アマチュアの会社や人よりもプロフェッショナルである銀行のほうが少額で済むのは自明です。

また、多くの貸出を手掛けることにより、二つの経済効果が生まれます。

一つの経済効果は「**規模の経済**」で、多くの取引を限られた人数で行うことにより、1件の貸出当たりのコストは安くなります。

もう一つの経済効果は、前に述べた「**大数の法則**」です。貸出の件数が多ければ、貸し倒れる確率が期待値に近づきます。貸し倒れなどのリスクを「**信用リスク**」と言いますが、信用リスクに見合う貸出金利を確保していれば、大数の法則により銀行の業績が不良債権で脅かされることは、「理論上」はなくなります。これらすべてが、情報生産機能であり、銀行の金融仲介機能の中で最も大きな付加価値の源泉です。

補足説明

銀行のエージェンシーコストへの対処

情報の非対称性に起因するコストを「**エージェンシーコスト**」と言います。このコストは、**モニタリングコスト**、**ボンディングコスト**、**レジデュアルロス**（エージェンシー問題に伴うその他のコスト）の三つの要素から構成されます。このうち、最初の二つのコストは制御可能です（この点については、PART3の第16章「情報理論とコーポレート・ガバナンス」をご参照ください）。

モニタリングコストは、貸出先から決算情報などを求めることは当然として、〝取引先担当が日常的に会社とのコミュニケーションを密にする〟〝社長と支店長などトップ同士の信頼関係を厚くする〟などによって減少させることが可能です。また、決算の計数ばかりでなく、定性的な情報（たとえば、社長が頻繁に不動産投資を行っているようだ、という情報など）を蓄積して「予兆判断」を効果的かつ効率的に行える体制を構築しておけば、しくみとしてモニタリングコストを抑制することができます。

ボンディングコストは、貸出先に約束を守らせることに伴うコストです。日本では伝統的に、社長個人に会社の借入の連帯保証人になってもらうことが多いので、会社の破たんが個人的な自己破産につながるとして問題視されています。しかし、銀行としては、社長の事業への取り組みと借入の返済へのコミットメントを確実なものにするために、こうした個人保証が必要と考えているのです。

このほか、貸出の契約書に**特約条項**（「**コベナンツ**」と言う）を付けることがあります。このコベナンツとしては、〝他の債権者に担保を提供してはいけない〟と制限する条項（**担保提供制限条項**、「ネガティブ・プレッジ」とも言う）、〝財務計数が一定水準を下回るあるいは上回ってはいけない〟と制限する条項（**財務制限条項**、抵触時には早期の返済や担保提供が求められる）などが挙げられます。こうした工夫により、エージェンシーコストを削減し、銀行の付加価値を高め、収益性を同時に向上させることができるのです。

COLUMN

「お取引先」が「債務者」に変わる瞬間

ビジネスを行っている以上、仕方がないとは思うのですが、銀行というのは身勝手なもので対象顧客の状況によって、営業推進モードから警戒・回収モードへとギアチェンジすることが少なくありません。わかりやすく表現すれば、銀行内での取引先を見る視線が「お取引先」から「債務者」に変わってしまうのです。

この変化の背景で共通するのは、業況悪化などによって貸出回収可能性の見通しが低下してしまうことです。返済能力低下は、金利や元本の延滞で明らかになりますが、特に法人であれば赤字決算が続く状況であるなどの業績の悪化や、急速な有利子負債の膨張などの財務バランスの変化などによっても貸出先の位置づけが変わります。さらに、新型コロナ禍により飲食業や観光業など一部の業種が全体として厳しい局面に入れば、個社別の位置づけの変更がない場合であっても業種としての見方に厳しさが増すことがあります。

そこで、銀行の「**資産査定**」と「**債権分類**」について解説しておきます。図表27は、貸出等の債権が無事に戻ってくるかという視点でまとめられた「債権分類」のマトリックスです。

縦の項目は、貸出先の区分で、破たん先、実質破たん先、破たん懸念先、要注意先、正常先と分かれていて「債務者区分」と呼ばれています。先ほどの「お取引先が債務者に変わる瞬間」は、この線引きで決まります。

あくまでも私の印象ですが、**多くの銀行では、破たん懸念先か要管理先あたりが、臨界点となります**。と言うのも、損失に備えるための貸倒引当金がドンと増えるのが、破たん懸念先であるからです。また、「不良債権額」を公表することが、二つの法令（銀行法、金融再生法）上で求められていますが、要管理債権から「開示債権」と呼ばれる公表対象となる点も線引きの理由となります。ただし、防衛本能が強い銀行では、要注意先になった段階で債務者呼ばわりするかもしれません。

ところで、勘の鋭い方は気づかれたかと思いますが、「要管理先」と「要管理債権」という2種類の言葉が登場しました。たとえば、3か月延滞した貸出などは「要管理債権」となります。同じ借り手であっても、延滞してしまった貸出と順調に返済されている貸出が併存することは珍しくありません。そのため、延滞してしまった貸出が1本でもあれば「要管理先」の烙印を押されてしまうのですが、あくまでも開示対象となる要管理債権は延滞した貸出のみカウントされます。そのため、要管理先債権と要管理債権は数字が異なるのが普通です。

余談ですが、このようなマトリックスはアメリカにはありません。日本の多くの貸出は、銀行が企業等の借り手に対して行っているものですが、アメリカの場合はプロジェクトや資金使途ごとに

図表27　債権分類表

債務者区分		優良担保・優良保証	一般担保（不動産担保など）		無担保
			処分可能見込額（評価額の7割）	評価額と先の差分（同3割部分）	
破たん先		Ⅰ分類	Ⅱ分類	Ⅲ分類	Ⅳ分類
実質破たん先		Ⅰ分類	Ⅱ分類	Ⅲ分類	Ⅳ分類
破たん懸念先		Ⅰ分類	Ⅱ分類	Ⅲ分類	Ⅲ分類
要注意先	要管理先	Ⅰ分類	Ⅱ分類	Ⅱ分類	Ⅱ分類
	その他要注意先	Ⅰ分類	Ⅱ分類	Ⅱ分類	Ⅱ分類
正常先		Ⅰ分類	Ⅰ分類	Ⅰ分類	Ⅰ分類

◆債務者区分の説明

破たん先	法的・形式的な経営破たんの事実が発生してい る債務者をいい、たとえば、破産、清算、会社整理、会社更生、民事再生、手形交換所の取引停止処分等の事由により経営破たんに陥っている債務者
実質破たん先	法的・形式的な経営破たんは発生していないものの、深刻な経営難の状態にあり、再建の見通しがない実質的に経営破たんに陥っている債務者
破たん懸念先	経営破たんの状況にはないものの、経営難の状態にあり、経営改善計画等の進捗状況が芳しくなく、今後、経営破たんに陥る可能性が大きいと認められる債務者。 具体的には、実質債務超過 の状態に陥っており、業況が著しく低調で、貸出金が延滞状態にあるなど回収について重大な懸念があり、損失発生の可能性が高い状況の債務者
要管理先	要注意先の債務者のうち、債権の全部または一部が要管理債権である債務者。要管理債権は、3か月以上延滞（6か月以上は破たん懸念先に該当する延滞債権）、あるいは元本支払い猶予や金利減免などの貸出条件を緩和された債権
その他要注意先	その他要注意先とは、要管理先（上記）以外の要注意先で、業況が低調ないしは不安定な債務者、または財務内容に問題がある債務者など今後の管理に注意を要する債務者
正常先	正常先とは、業況が良好であり、かつ、財務内容にも特段の問題がないと認められる債務者

◆分類債権の説明

Ⅰ分類	回収の危険性または価値の毀損の危険性について、問題のない債権
Ⅱ分類	債権確保上の諸条件が満足に充たされないため、あるいは、信用上疑義が存する等の理由により、その回収について通常の度合いを超える危険を含むと認められる債権および何らかの理由により保有する債権として好ましくないと判定される等の債権
Ⅲ分類	最終の回収または価値について重大な懸念があるため、損失の発生の可能性が高いものの、その損失額について合理的な推計が困難な債権
Ⅳ分類	回収不可能または無価値と判定される債権

出所：金融庁資料に基づき筆者作成

貸出を実行しています。そのため、アメリカの形態では、貸出の回収可能性がプロジェクトの成否にかかっていて、債務者の動向は直接関係しないのです。日本のような形態の貸出を「**リコースローン**」、アメリカのような形態の貸出を「**ノンリコースローン**」と呼びます。

■流動性転換機能

銀行預金が、他の一般企業が調達する資金と異なる点は、「**流動性の転換**」にあります。普通預金などの要求払い預金ばかりでなく、たとえ定期預金であっても、中途解約に伴う利息の減額を条件として、解約の申し出に応じるのが実際の慣行です。預金者は必要に応じて、いつでも資金を引き出すことができるのです。

銀行から資金を借り入れる側は、どうでしょうか？

銀行から、「預金の引き出しの依頼が増えているので、すぐにお金を返済してほしい」と言われても、借りた側は困ります。そのため、借り手は返済期日まで返済義務を負いません。これを法律上、「**期限の利益**」と呼びます（民法第１３６条）。

この借り手の権利は、破産などの特定事由（同法第１３７条）が生じない限り、喪失しません。簡単に言えば、×月×日を期限としてお金を借りた場合、その期限前に、「お金が必要となったので、返せ」と貸した当事者から言われても、期限がくるまで返さなくてもいいことが法律上保証されています。

これら二つの視点から考えると、銀行は預金者からの資金と借り手への資金の流れの間に立って、預金の早期引き出しのリスクを負っていることがわかります。これは、銀行以外には背負えないリスクです。この資金の仲介機能が「**流動性転換機能**」です。この機能を銀行が有しているがゆえに、経済活動がスムーズに運びます。

資金が余っている人（資金余剰部門）と、不足している人（資金不足部門）をつなぐ流動性転換機能がなければ、資金余剰部門である預金者は、必要に応じて現金を引き出すことができなくなり、現金のまま所有し続けるしかありません。そうなると、資金が必要な人にお金が回らなくなってしまいます。したがって、銀行の流動性転換機能を維持することは、経済のメカニズムとして極めて重要なのです。ちなみに、流動性転換機能は「大数の法則」を前提としています。現金を引き出す人が同時に多数現れる確率は低いという前提です。

■リスク負担機能

銀行は、預金者と借り手の間に立ち、いつでもお金を引き出したい預金者と、満期まで返済をしたくない借り手の双方のニーズを満たします。この流動性転換機能に加え、リスクを取りたくない預金者と貸し倒れのリスクのある借り手の間に立ち、リスクの移転と遮断を行っているのが、もう一つ銀行の経済的な意味合いです。この機能を「**リスク負担機能**」と言います。

さらに、小口の預金を数多く集めて、大口の資金調達ニーズを充足させている「**資産転換機能**」も、「**リスク負担機能**」に含まれています。

情報生産機能における経済効果の説明において、数多くの貸出を手掛けることで1件の貸し倒れを他の貸出取引による収益で吸収する、いわゆる「大数の法則」について触れましたが、資産転換機能の前提となるリスクの銀行への移転も、この法則が前提となっています。

2 信用創造の出来が経済を左右する

■預金から貸出を生み出す

当座預金や普通預金、決済預金など満期日のない、いわゆる要求払い預金は、銀行機能の心臓部分です。銀行は預金取引を通じて、「**資金決済**」を行うとともに、受け入れた預金を源泉として貸し付けを行います。貸出あるいは融資は、貸す相手を信用して貸すことから、「**信用供与**」あるいは「**与信**」と言います。また、預金をもとに貸出を行いながら経済に資金を供給することを「**信用創造**」と言います。この信用創造機能と決済機能が、銀行の基本的かつ主要な役割です。

銀行が預金で預かったお金は、一部を日本銀行の準備預金に積んだうえで、貸出に振り向けます。この準備預金とは、法令に基づき定められた預金準備率に応じて預金の一部を日本銀行に預けなければならないものです。これを「法定準備」と言い、銀行が預金をすべて貸出などに振り向けてしまった結果、急な預金の引き出しに対応する手元資金がなくなってしまうリスクを抑制するために設けられた制度です。

しかし、近年では、法定準備を上回る「超過準備」と呼ばれる多額の資金が、日銀の当座預金に置かれています。これは、資金需要の冷え込みで、貸し出しても、なお余ってしまうお金が増えてしまったからです。

貸出は、住宅ローンや企業の営業資金として使われますが、こうした資金は住宅ローンであれば不動産業者の手元に、法人であれば商品の仕入れ代金を受け取った供給者の手元に入ることになり、これが再び預金として銀行に預けられるというプロセスを何度も繰り返します。これが、世の中にお金が回るしくみです。

■信用乗数

銀行が預金を預かり、それを元に資金を貸し出します。そして、貸し出された資金は、様々な経済活動を通じて再び預金として銀行に預けられます。こうした循環を繰り返していく中で、資金が経済の中を駆けめぐっていくことになるのです。昔は、お金のことを「お足」と言っていましたが、まさに足が生えているわけです。

この循環を無限に繰り返していくと、最初に預かった預金（「本源的預金」と言います）の何十倍もの資金が経済に供給されることになります。これを信用創造における「**乗数効果**」と言い、信用創造のプロセスを通じて経済に行きわたった貨幣供給の本源的預金に対する倍率を「**貨幣乗数**」あるいは「**信用乗数**」と言います。163ページの図表28は、現状の預金準備率（約1％）をもとに、100万円の預金が99倍の9900万円の貨幣を供給するしくみを説明しています。

この乗数を、数式を使わずに説明すると、次のようになります。それぞれの用語の説明は、第5章「金融政策」で詳しく行います。

① 社会に出回るお金の総量は、日本銀行が直接供給する通貨量の信用乗数倍となる
② 社会に出回るお金の総量を「マネーストック」、日本銀行が直接供給する通貨量を「マネタリーベース」と言う。マネタリーベースは、流通現金と日本銀行当座預金の合計
③ 信用乗数は、「現金でなく預金で持つ割合」の逆数を、「預金準備率」と「現金預金比率（預金でなく現金で持つ部分と預金する部分の比率）」の和で割った数値

数式を使っても、使わずに言葉で説明してもわかりにくいと思いますので、重要なポイントを述べておきます。

第一に、信用乗数の分子が「現金でなく預金で持つ割合」の逆数なので、預金で持つ割合が多いほど、信用乗数は大きくなります。

第二に、預金準備率が分母にあるので、これが低いほど信用乗数が大きくなります。

この2点を踏まえて、日本の１９９７〜１９９８年の金融危機の時の信用乗数低下を考えてみましょう。

その当時は有名な銀行がバタバタと破たんしていた状況だったので、銀行の信用力低下による預金者の銀行離れが起きました。いわゆる「タンス預金」です。預金として銀行に預けるのではなく、自宅の金庫などに保管したほうが安心だということです。この当時の面白い現象としては、銀行の貸金庫の申し込みが殺到してキャンセル待ちが出たほどです。タンス預金の増加は、「現金でなく

図表28　信用創造のプロセス

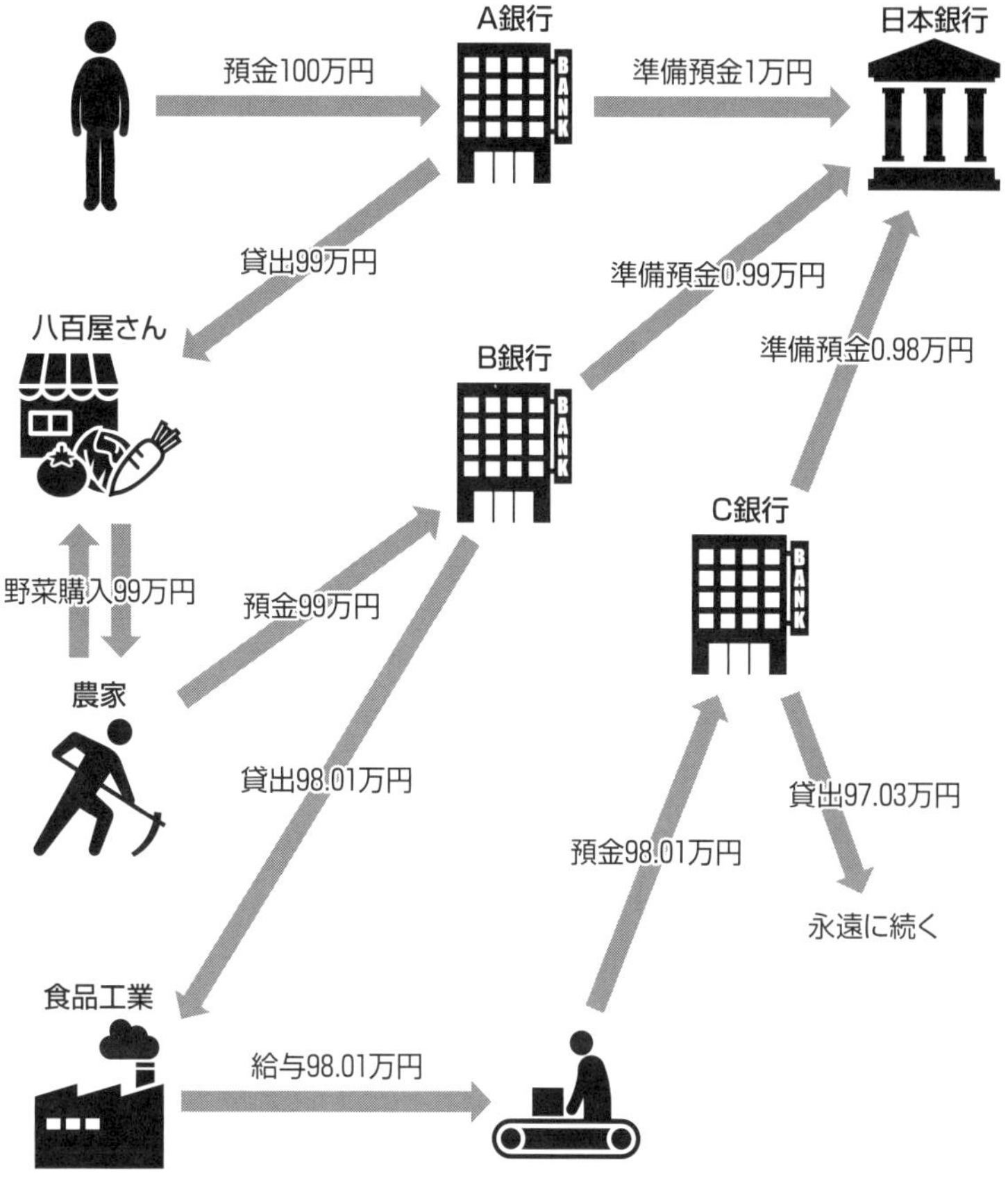

世間に出回るお金の合計　＝　99　＋　98　………　＝　9,900万円

最初に預けたお金をD、準備率をrとすると、
信用創造される量（世間に出回るお金）$=D(1-r)+D(1-r)^2+\cdots D(1-r)^\infty=\dfrac{D(1-r)}{r}$

銀行の貸し渋りや預金者のタンス預金は世間に出回るお金の総量を低下させる

出所：筆者作成

預金で持つ割合」を低下させました。

信用乗数が低下して、世の中に出回るお金が不十分となったのは、タンス預金ばかりでなく銀行サイドにも問題がありました。銀行の財務体力が低下したため、貸出を行う余力が低下したことがもう一つの要因です。預金準備率というのは「貸出に回さずに日銀に預ける」比率ですが、銀行は貸出をためらうようになったため、法律で決められた準備率を上回る比率を留保してしまったのです。いわゆる「**貸し渋り**」や「貸しはがし」といった行動です。つまり、分子と分母の両サイドから信用乗数は低下を余儀なくされたのです。

以上の信用乗数の数学的説明については、巻末をご参照ください。↓　数学的補足コーナー

3　決済機能

■アメリカでは定着しなかった口座引き落とし

三つ目の銀行機能である決済機能は、最も理解しやすいかもしれません。公共料金や定期的に送られてくるサプリメントの代金、あるいは子供の学習塾の授業料などは、銀行の自動口座振替によって銀行にわざわざ足を運ぶ必要なく代金決済が可能です。

アメリカと日本の金融システムの違いについて、アメリカでは銀行への信頼度が低いという話を前の第2章でしました。日本では当たり前の、公共料金等の口座引き落としがアメリカで定着しなかったのは、日本では銀行の事務の正確性や、そもそもの信頼の厚さが決済機能の充実につながったと考えてもいいかもしれません。

送金についても、国内にいても海外にいても遠く離れた相手に資金を送る場合に銀行間の決済機能が利便性を確保しています。

他の決済手段も元をただすと銀行に行きつく

クレジットカードのほうが便利じゃないか、という人もいるかもしれません。しかし、冷静に考えればわかるはずですが、クレジットカードで支払った代金は銀行口座から引き落とされるわけです。このように、銀行の決済機能は経済活動の利便性の一端を担っています。

第1章で取り上げたＰａｙＰａｙやＳｕｉｃａといった交通系ＩＣカードなども、現金でチャージもできますが、銀行口座からのオートチャージも便利です。

決済機能の基本である預金は儲かるのか？

預金は、現金を引き出せる利便性、決済口座として活用する利便性など預金者側のメリットは大きいのですが、銀行には預金取引を行うメリットがあるのでしょうか？

銀行は預金がなければ、短期金融市場から資金を調達して貸出を行うことも可能です。しかし、正常な金利状況においては、預金金利は市場金利より低いところで設定されます。市場調達より預金コストが低いことによる差分を「預金スプレッド収益」と言います。これが、銀行が預金を取る理由のわかりやすい付加価値であり、メリットです。

過去の事例から考えると、市場金利が変化した場合の預金金利の変化は小さく、市場金利変化分の4割程度です。そのため、市場金利が1％上がっても0・4％程度しか預金金利は上がりません。けしからんと思う人もいるかもしれませんが、市場金利が下がったときも同様で、市場金利が1％低下しても預金金利は0・4％しか下がらないのです。

したがって、**マイナス金利政策などによる金利低下は、銀行の収益を圧迫してきました。**

金融危機の1999年に、日本銀行はゼロ金利政策を取りましたが、このとき、多くのマスコミは「銀行救済だ」と騒ぎたてました。しかし、実際は銀行の収益に厳しい政策だったのです。金利がゼロ近くまで低下しても、預金金利はゼロ以下にはなりません。ゼロ金利は、借り手にとっては救済と言えますが、銀行にとって災難と言えるのです。

4　日本の銀行業態の特徴

■国内市場における貸出シェアの変化

日本における銀行の状況の遷移をたどりましょう。まずは、貸出シェアです。歴史的に一貫している特徴は、外国銀行の存在感が希薄であることです。外からのプレーヤーにとって、日本という市場で成功を果たすことの難しさを物語っています。

また、信用金庫や第二地銀に関しては、機関数ベースは多いのですが、シェアはさほど大きくな

図表29　国内貸出シェア

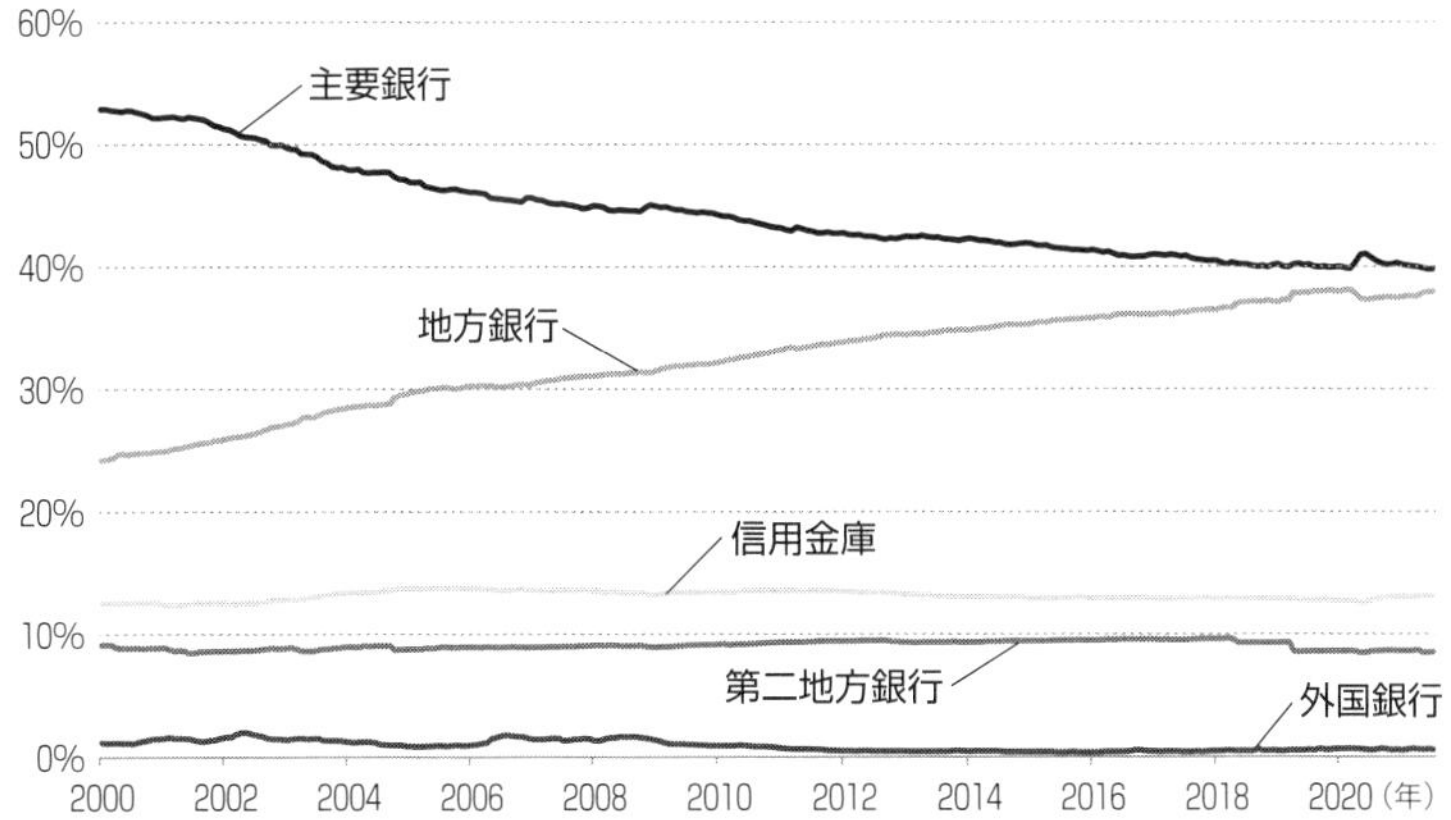

出所：日本銀行時系列統計に基づき筆者作成

く、また大きな変化もありません。

貸出シェアの変化の背景

トレンド的な変化が明らかなのは、主要銀行のシェアが趨勢的に低下する一方で、地方銀行がそのシェアを奪っている点です。

今世紀に入るまでは機関数が少ないながらも過半のシェアを占めていた主要銀行ですが、近年では4割程度まで低下し、地方銀行とトップシェアが逆転するのも時間の問題のように見えます。

この傾向を見る限りは、主要銀行より地方銀行の経営を心配する当局やメディアの見方に違和感を持たれるかもしれません。しかし、こうした貸出シェアの背景について考えていくと、グラフが示すトレンドとは異なる様相が浮かび上がります。

第一に、金融危機の反省から、主要銀行が大口貸出先への信用リスクの集中を抑制していく方向性が鮮明となったことです。シンジケートローンなどを通じて、地方銀行などに参加を求めるケースが増えました。こうした取り組みにより、信用リスク管理の適正化と手数料収益の増強を実現していきます。

第二に、メガバンクを中心に、国内における地域戦略再構築を進めたことがあります。五大都市圏を除く地方での店舗閉鎖を伴う戦略転換は、地銀によるシェア奪還につながりました。しかし、これはあくまでもメガバンク等の効率性向上の一環であることを理解するべきでしょう。

第三に、大都市圏への地方銀行の攻勢です。地元における貸出獲得機会だけに限られていたのが、まずは隣県への進出につながり、地銀間の競争が激化しました。そして、隣県では飽き足らず、東京や大阪などへ貸出機会を求め、貸出増強には貸出金利の引き下げも辞さない姿勢が現在も続いています。

他方で、主要銀行は海外にビジネス機会を求めて、経営資源の再配分を行いました。そのため、シェア逆転も視野に入ってきた状況になっても、主要銀行を慌てさせるわけではないのです。では、地銀については、どうなのでしょうか？

5　地銀の現状と今後

■なぜ地銀ばかりが……

最近は地銀の窮状を強調し、経営統合を進めるしか生き残る道はない、という議論を耳にします。マイナス金利などの超緩和的金融政策の副作用として、利ざやが縮小することで収益を圧迫していることはすでに述べました。それればかりではなく、デジタル・テクノロジーを背景とする新たな金融サービス提供者の登場など、銀行経営の先行きを曇らせる要因は、確かに多いのも事実です。

しかし、こうした収益環境は、地銀ばかりでなく、主要銀行も信金や信組も同様です。あるいは、小規模機関である信金などには、一層厳しい影響を及ぼしているはずです。

では、なぜ、地銀ばかりが負の脚光を浴びてしまうのでしょうか？

第一の理由は、**国内の法人金融が構造変化を起こしており、その影響を地銀が一番被っていること**です。次ページ上の図表30は、日本の中小零細企業から大企業を含む幅広い企業（金融機関を除く）に関して、1年間で稼いだ利益が誰に配分されているかを分析したものです。別の表現を使えば、日本企業が創り出した付加価値が誰のポケットへと分配されているかを分析したものです。

明らかに従業員等への配分、つまり労働分配が大半を占めています。「銀行等」は支払利息に対応しています。この要素には社債利息も含まれていますが、日本では銀行への支払利息が大半を占めているため、この項目は概ね、銀行の取り分と考えていいでしょう。

こうした法人付加価値の配分を実額ベースで「金融ステークホルダー」に限定したものが、次ページ下の図表31です。1990年代半ばまでは、企業のネット付加価値（労働分配後）の出口は、銀行などのデット供給者（負債性資金供給者）でしたが、その金額は急速に減少していくのがわかります。その要因としては、超低金利政策やデット性資金ニーズの減少などが考えられます。

反対のトレンドを歩んでいるのが、株主向けです。配当による株主還元は2000年以降、着実に増加してきましたが、それ以上に顕著なのは内部留保の拡大です。法的に考えれば、内部留保も

図表30　日本企業の付加価値の分配先

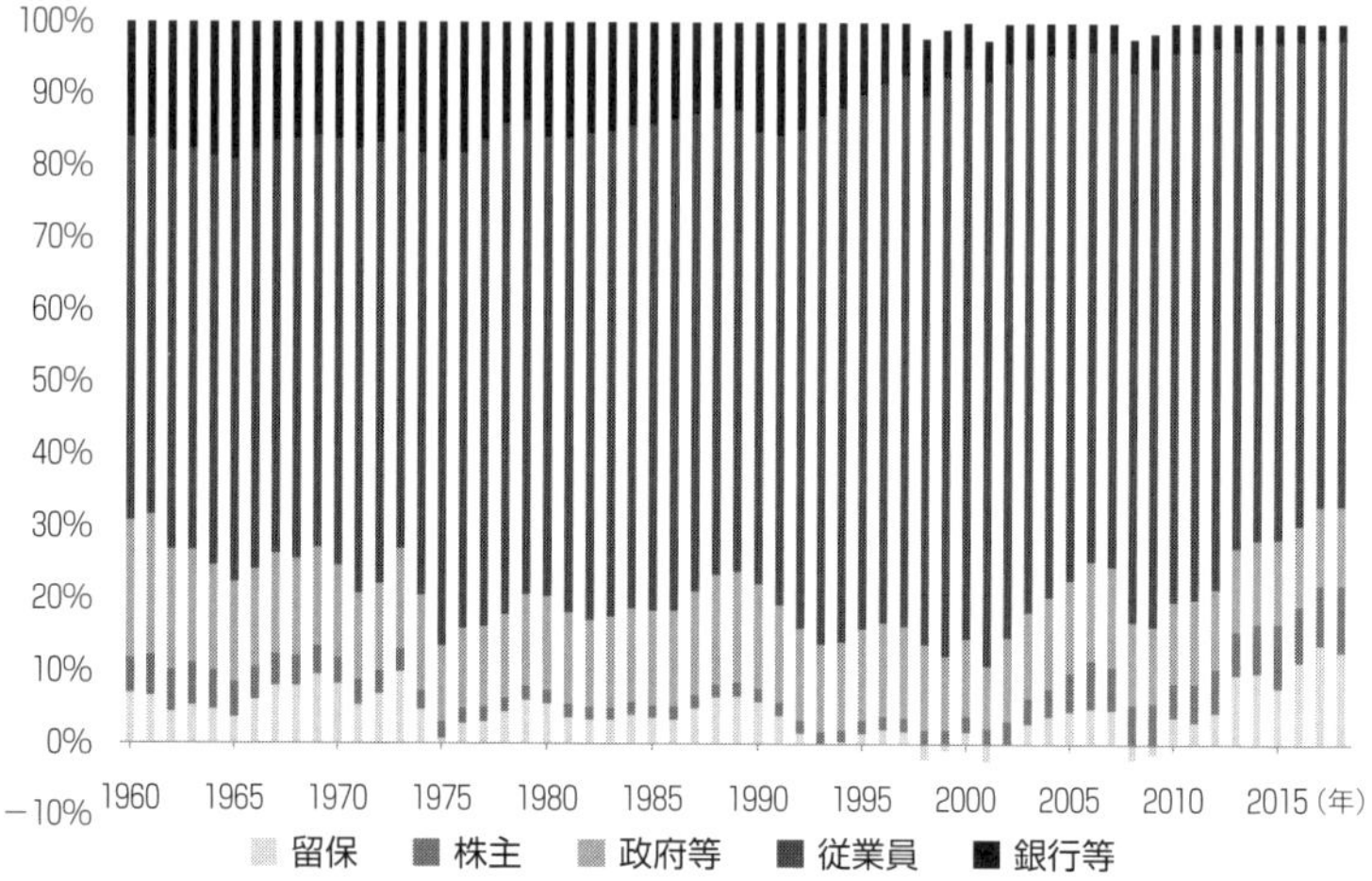

出所：法人企業統計（金融保険業を除く）に基づき筆者作成

図表31　日本企業の付加価値の分配先（金融ステークホルダー向け、兆円）

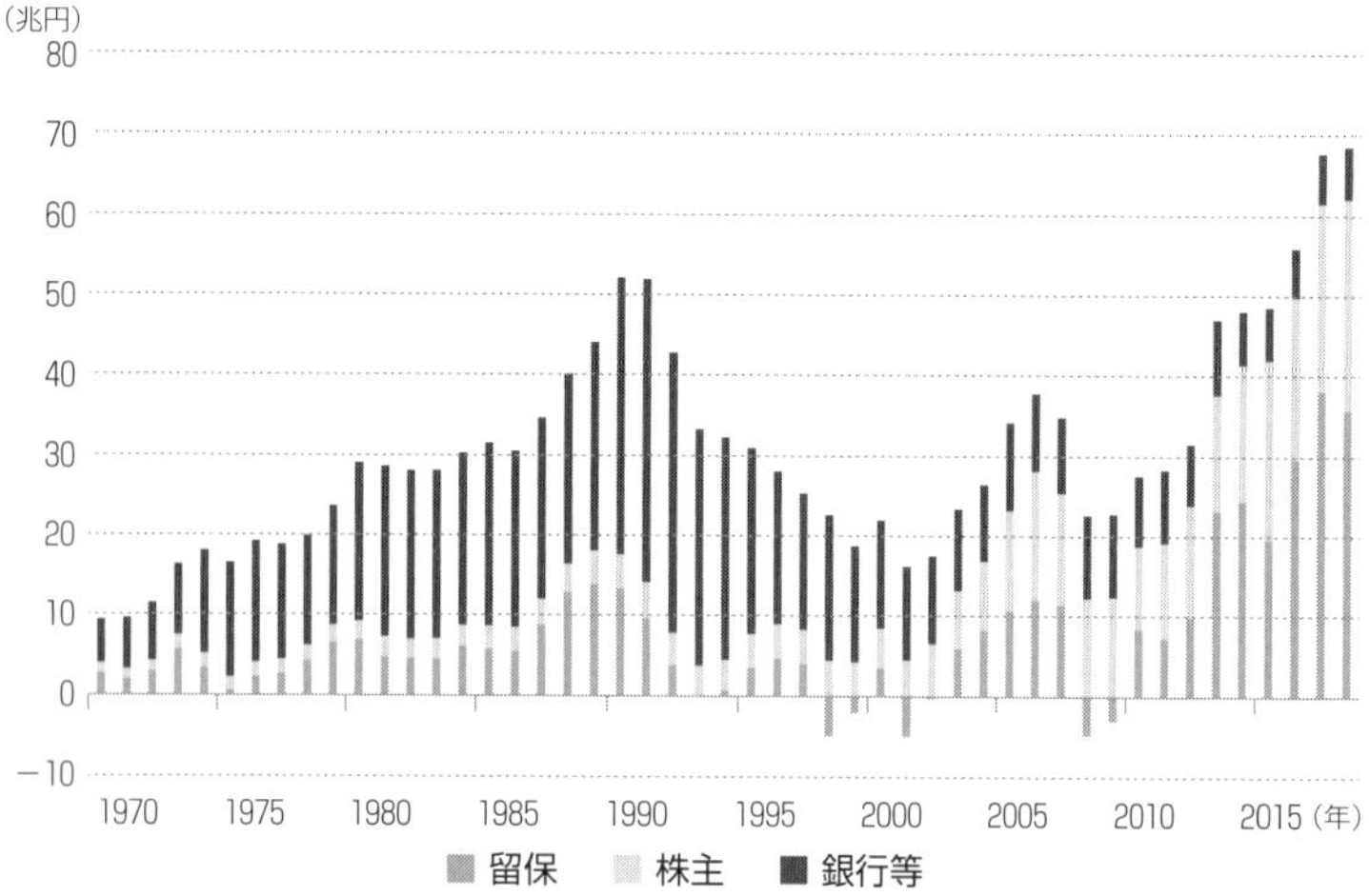

出所：法人企業統計（金融保険業を除く）に基づき筆者作成

図表32　収益依存度（業務粗利益の構成比、2021年３月期）

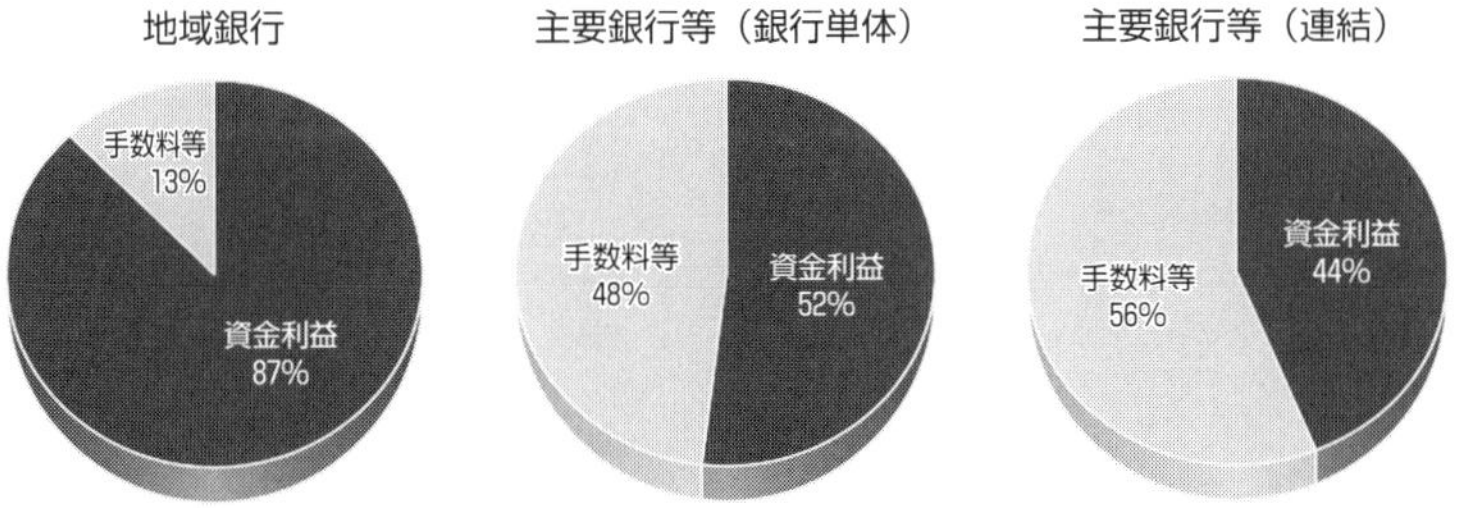

出所：全国銀行協会統計をもとに筆者作成

株主に帰属するため、株主、すなわちエクイティ・ステークホルダーへの実質的分配がデット・ステークホルダーへの分配を大幅に上回っています。

その背景としては、持ち合い株式の解消が急激に進み、外国人をはじめとする投資リターンを最優先と考える投資家へと株主構成が変わったことが挙げられます。さらに、政府や証券取引所などの問題意識を背景としたコーポレート・ガバナンス重視のメッセージなども株主利益を踏まえた分配戦略につながったものと考えられます。

こうした構造変化の影響は、どの金融業態が受けやすいのでしょうか？

図表32は、地域銀行と主要銀行について、本業収益の象徴である業務粗利益の構成を比較したものです。

主要銀行は、経営戦略の軸足が銀行単体ばかりではなく、グループ会社機能の発揮に向けられていること、そして、収益源の多様化が進み、とりわけ手数料などの非金利収益の拡大が収益構成の変化につながりました。

これに対して、地域銀行は、収益構造改革への努力も十分には功を奏せず、業務粗利益の9割近くが資金利益を占めており、資金利益に依存している状況が続いています。

以上の議論を総合すると、次の二点に整理できます。

・法人金融に起因するデット資金提供者としての銀行収益の縮小傾向が明らかであること

・地域銀行の業務粗利益におけるデット性の資金収益への依存度が圧倒的に高いこと

第二の理由は、**地銀には経営を支援する組織がない**ことです。同じ地域金融機関として、信金や信組の経営環境も同様に厳しいものがあります。しかし、信金や信組には、銀行免許を付与された系統中央機関（それぞれ信金中央金庫、全国信用組合連合会）という頑健な組織が控えていることは、第3章で説明しました。

システム更改やテクノロジー革新などの経営基盤の経営資源の負担を軽減してくれるほか、近年厳しさが増すマネー・ロンダリング対策などのコンプライアンス体制の構築、サイバーセキュリティ対策強化など、経営コストが増大する傾向が続いています。個別機関では対応に窮する、こうした対応を中央機関が前裁きしてくれることは、個別機関の経営においてかなり大きいはずです。

地銀はアライアンスを組むことが可能ですが、基本的に単独での対応に迫られます。したがって、預金取扱金融機関の中でも地銀の動向が耳目を集めるのは当然と言えます。

図表33　業態別預金取扱金融機関数の推移（年末）

	1980年	1990年	2000年	2010年	2020年	30年間減少率
大手銀行	16	15	12	8	7	－53%
地方銀行	63	64	64	64	64	0%
第二地方銀行	71	68	60	42	38	－44%
信用金庫	462	451	372	271	257	－43%
信用組合	484	408	281	158	145	－64%
合計	1,102	1,023	788	543	511	－50%

出所：金融庁、預金保険機構統計に基づき筆者作成

■地銀再編

銀行の再編は、1997年から2003年の金融危機の局面で急増しました。図表33を見ると一目瞭然ですが、1990年から2020年までの機関数減少率は5割に及んでいます。まさに半減です。例外は「地方銀行」です。

これだけの構造変化が起きているにもかかわらず、地方銀行数が不変という点が、「地銀は多すぎる」という発言にもつながったのかもしれません。

しかし、持ち株会社を活用した再編は着実に増えました。次ページの図表34で確認できるとおり、多くの経営統合が持ち株会社を活用した形で進んできました。

持ち株会社の活用が経営改善につながるようになった要因は、2016年銀行法改正です。この法改正により、持ち株会社を銀行再編ツールとしてさらに使いやすくするために、持ち株会社による共通・重複業務の執行、グループ子会社への業務委託の容易化など大きな改善が図られたのです。その結果、持ち株会社による経営統合を、業務集約や資金融通における効率化に直結させることになりました。さらに、2021年の銀行法改正で機能集約

図表34　今世紀に入ってからの地銀再編

再編年月	頂点企業	再編形態	傘下主要銀行、合併行
2001/4	札幌北洋HD	持ち株	北洋、札幌
(2012/10)	北洋銀行	銀行	*2008/10傘下銀行合併
2004/9	ほくほくFG	持ち株	北海道、北陸
2005/10	きらやかHD	持ち株	山形しあわせ、殖産
(2008/10)	きらやか銀行	銀行	山形しあわせ、殖産
2012/10	じもとHD	持ち株	きらやか、仙台
2006/2	紀陽HD	持ち株	紀陽、和歌山
(2006/10)	紀陽HD	持ち株	紀陽（和歌山銀行を吸収合併）
(2013/10)	紀陽銀行	銀行	紀陽銀行と紀陽HDが合併
2006/10	山口FG	持ち株	山口、もみじ
2011/10	山口FG	持ち株	山口、北九州、もみじ
2007/4	ふくおかFG	持ち株	福岡、熊本（熊本ファミリー）
2007/10	ふくおかFG	持ち株	福岡、親和、熊本（熊本ファミリー）
2019/4	ふくおかFG	持ち株	福岡、十八、親和、熊本
2020/10	ふくおかFG	持ち株	福岡、十八親和、熊本
2009/10	フィデアHD	持ち株	北都、荘内
2009/10	池田泉州HD	持ち株	泉州、池田
(2010/5)	池田泉州HD	持ち株	池田泉州
2010/3	筑波銀行	銀行	関東つくば、茨城
2010/4	トモニHD	持ち株	徳島、香川
2016/4	トモニHD	持ち株	大正、徳島、香川
(2020/1)	トモニHD	持ち株	徳島大正、香川
2012/9	十六銀行	銀行	十六、岐阜
2014/10	東京TYFG	持ち株	東京都民、八千代
(2018/5)	東京きらぼしFG	持ち株	きらぼし
2015/10	九州FG	持ち株	肥後、鹿児島
2016/4	コンコルディアFG	持ち株	横浜、東日本
2016/10	めぶきFG	持ち株	足利、常陽
2016/10	西日本FHD	持ち株	西日本シティ、長崎
2018/4	三十三FG	持ち株	三重、第三
2021/5	三十三FG	持ち株	三十三
2018/4	関西みらいFG	持ち株	近畿大阪、関西アーバン、みなと
2019/4	関西みらいFG	持ち株	関西みらい、みなと
2018/10	第四北越FG	持ち株	第四、北越
2021/1	第四北越FG	持ち株	第四北越

出所：金融庁資料に基づき筆者作成

に係る手続きが一部届出で済む形となりました。

合併であろうが、持ち株会社方式であろうが再編には違いありません。もっと言えば、各都道府県でブランドバリューがある銀行であれば、新しい銀行名で船出するよりも持ち株会社の傘下で価値あるブランドを残す形にしたほうがいい場合もあります。

さて、再編への世論の圧力がかかる地銀ですが、本当にそれが正しいのかについては、絶対的な答えはありません。むしろ、再編を検討する前に考え直すべき基礎的かつ重要なことがあるはずです。次の「COLUMN」で、その点について私の思いを述べたいと思います。

COLUMN

地銀再編より重要なこと　～カギは「デルタ」

地銀再編は、持続可能性を確保するための解ではありません。他行と合流するより、経営規模や戦略を大胆に見直すことにより、再編以上の効果を生むことも可能なはずです。まずは、足元から「再考して再興する対象」に目を向けるべきです。

重要なのは銀行員のマインドセットの転換です。ここで強調したいのは「**デルタ**」です。

銀行の主力商品が貸出であることに変わりはありません。貸出などのデットの提供者が陥りがちな行動経済学的バイアスは、過去の呪縛です。155ページの債務者区分の「COLUMN」でも触れましたが、取引先の業況が悪化して不良債権のカテゴリーにひとたび陥れば、多額の「引当」という損失の計上を伴う「債務者」あるいは「問題先」のレッテルが貼られます。問題先は銀行にとって、もはや収益追求の対象ではなく、貸出回収がトップ・プライオリティとなります。

果たして、こうした考え方や経営行動は合理的と言えるのでしょうか？

不良債権化による損失負担は「**サンクコスト**」に過ぎません。つまり、もう過去のことで、すでに負担した損失は（基本的には）回復が難しいものであり、その時点時点での最善策を前向きに考えるべきです。不良債権の再生には、大きな「デルタ」、つまり、プラス方向での変化率が潜んでいます。なぜなら、損失負担により銀行にとって失うものは、すでにないからです。

過去の損失は一度リセットして、事業再生、再建による利益を追求すべきチャンスなのです。しかし、こうした債権を「宝の山」と見ている銀行員はほとんどいないのが現実です。それは、体質的にサンクコストを認識できないことがあります。行動経済学からの視点を借りれば、サンクコストのほかにも、不良というレッテルにより、偏った情報に基づく印象形成に陥る「**アンカリング効果**」も当てはまります。したがって、不良化した段階で営業推進対象から外れるのは、経済学的にも非合理的な経営行動と言えます。

デット提供者が陥るその特徴は、貸出先のビジネスが大成功しても収益は金利に限られてしまう一方、失敗は元利金回収に支障をきたすという商品特性によるところが大きいと思います。そこで、再生による業績回復などのデルタに着目するエクイティ的な発想が必要です。

各地銀がコミットしている地域において、不良債権化したような事業を再生することは、取引先や地銀の利益に資するばかりでなく、地域の活性化にもつながります。これこそが、地銀と地域経済の持続可能性を高める道ではないでしょうか？

再編よりも、先に見直すべき点が多々あるのです。こうした取り組みを強化する規制緩和も2021年銀行法改正で実現しました。特に事業再生などにかかわってくるのが、出資規制の緩和です（そのほかの緩和措置は、191〜193ページの「補足説明」をご参照ください）。

銀行は業務範囲が厳しく限定されているほか、独占禁止法により一般事業会社の株式の保有が5％（持ち株会社グループ全体で15％）に制限されています。ただし、例外的な措置として保有の上限を定めずに株式を保有できるケースがあります。具体的には、ベンチャー企業への出資、事業承継目的の一時的な株式保有、事業再生目的の一時的な株式保有などです。一部の例外を除き、「投資専門会社」を設立したうえでの保有となりますが、規制緩和以前においては、投資専門会社の業務範囲が株式の保有・管理に限定されていたため、この組織を活用した事業再生などのソリューション提供は制約を受けていました。

法改正等により、銀行は、事業再生や事業承継など、すでに各地域で山積されている顧客の悩みに対して、デットとエクイティ両面から金融支援するとともに、投資専門会社に専門部隊を配置することでハンズオンによる課題解決を行う体制が組めるようになったのです。そのため、銀行本体と投資専門会社に分散していた機能を集中させることが可能となり、課題解決への実効性向上とノウハウやスキルの蓄積が期待できるようになったのです。

再生案件ばかりでなく、起業支援にも「デルタ」の追求余地があります。実績のないことが銀行によるサポートを妨げてきましたが、デルタへの意識改革と規制緩和の効果を十分に発揮することで、地域発の新規事業が地域経済に活力を与えることが大いに期待できます。

6　銀行監督・規制

■銀行はガラス細工

いつでも引き出せる利便性が預金の付加価値です。しかし、この利便性が銀行の命取りになるケースがあります。「**取り付け騒ぎ**」です。

預金者が預金の安全性に疑問を持ち、銀行に預金の解約に殺到する現象を「取り付け騒ぎ」と言います。古くはアメリカの1980～1990年代における断続的な金融危機で、銀行やS&L（貯蓄貸付組合）に預金者が押し寄せ、争って預金の引き出しをした例があります。リーマンショック直前の2007年にリーマン・ブラザーズの破たんにもつながったアメリカの「サブプライム住宅ローン」の不良債権化が市場を慌てさせた金融危機の初期局面でも、イギリスの名門銀行・ノーザンロックに預金者が押し寄せて預金流出が発生し、中央銀行であるイングランド銀行が緊急融資を実施したこともありました。英語ではこうした現象を「**バンクラン**（Bank Run）」と呼び、銀行に殺到する雰囲気がよくわかる呼称となっています。

日本でも、昭和初期に金融恐慌という状況の中で取り付け騒ぎが発生しました。1927年、衆議院予算委員会で当時の片岡直温《かたおかなおはる》大蔵大臣が「東京渡辺銀行は破たんしました」と失言して、金融不安が表面化しました。このとき、経営体質が弱いと思われる銀行を中心に預金者が引き出しに殺到する騒動が発生したのです。最近でも、ネット上の誤情報で対象となった銀行へ人々が押し寄せた例もあります。

こうした取り付け行動は、人々の非合理的な行動に見えるかもしれませんが、実は理論的に預金者の合理的行動の結果と言えるのです。そこで、取り付けのメカニズムを事例で説明しましょう。

〈取り付けの事例〉

単純化して考えます。ある銀行の預金者はわずか10人、各預金者が1億円を預金しているとします。その銀行の預金は合計10億円です。10人中7人は、10年間は資金の使い道がないため、預金を当面解約しないつもりで、これを銀行は認識しているため、安心して5億円を貸し出すことにしました。貸出期間は1年です。

平常時であれば、10年以内の期間における預金の引き出しは、3人分の3億円になる見通しです。貸し出されていないお金は5億円あるため、3億円程度の引き出しがあっても問題ありません。

ある日、別の銀行が破たんするニュースがあり、電車の中で「ほかの銀行も危ない」という噂を耳にしたとします。仮に、このニュースに6人の預金者が反応し、預金引き出しに銀行を訪れた場合、貸し出した5億円は返済されていない状況なので、払い出しに応じることができなくなります。そうなると、最初に引き出した5人まではセーフで、それ以降の預金者はお金を払い出すことができなくなります。

そのため、金融不安となった場合に、最も合理的な預金者の行動は、他の預金者より早く預金を引き出しに行くというものです。銀行に走る。つまり、バンクランです。したがって、取り付け騒ぎは、不安を感じた場合の預金者の極めて合理的行動なのです。

すべての預金者がパニックに陥ることなく冷静に行動すれば、銀行が資金繰りに窮するリスクもないのですが、少しでも銀行倒産の懸念が生ずれば他人よりも早く解約することが最も合理的行動となるのです。これが銀行の破たんに直結します。これを「**自己実現型の倒産**」と言います。

貸出の「期限の利益」については第2章で説明しましたが、これに対しての預金の「要求払い」という性格により、健全な銀行も取り付け（債権者が債務者に対し債務の返済を求めること）で命取りになるということです。預金の取り付けは銀行破たんの連鎖につながり、経済活動に不可欠な銀行機能が失われて経済も破たんしてしまいます。

こうした事態を放置すれば、多大な社会的コストを発生させてしまう危険性が高いので、これを防ぐ意味でも銀行の健全性を維持する政策が必要です。この健全性政策を「**プルーデンス政策**」と言います。

■プルーデンス政策とは?

プルーデンス政策は、図表35に示したように、**事前的措置**と**事後的措置**に大別することができます。

図表35　主なプルーデンス政策の具体的措置

	政策	根拠法令	政策当事者	目的
事前的措置	自己資本比率規制	銀行法	金融庁	財務上の観点からの銀行の健全性確保（過度なリスクテイクの抑制）
	当局検査	銀行法、日本銀行法、預金保険法	金融庁、日本銀行、預金保険機構	銀行の健全かつ適切な業務運営の確保
	免許・事業許認可	銀行法	金融庁	銀行業としての適格性を判断（預金取扱等に十分な能力と信用を具備）
	大口融資規制	銀行法	金融庁	信用リスク集中による銀行財務毀損リスクの軽減
	株式保有制限	銀行等株式保有制限法	金融庁	株式相場が銀行財務に及ぼす影響を抑制するための措置
事後的措置	預金保険	預金保険法	預金保険機構	預金者の保護を通じた金融システム安定性の確保
	LLR（Lender of Last Resort）	日本銀行法	日本銀行	銀行の資金調達に支障をきたす状況における最後の貸し手機能

出所：筆者作成

①事前的措置

事前的措置とは、銀行が健全性を失い経営危機に陥らないようにするための制度的な対応です。特に重要なものが、**自己資本比率規制**や**モニタリング**です。自己資本比率規制は日本だけでなく、ほとんどの国において銀行規制の要です。そして、モニタリングに関しては、近年の金融行政の見直しの過程で大きく変わった部分です。

これら二つのほか、貸出を同じ借り手に集中することによるリスクを抑制するための「**大口融資規制**」、時価の変動によって銀行の財務内容に影響しやすい株式の保有を制限する「**株式保有制限**」などの措置も存在しますが、ここでは最も重要な最初の二つの措置について説明します。

自己資本比率規制は、銀行が保有するリスク量に応じて確保すべき自己資本の最低水準を定めることで銀行のリスクテイクに制約を課す規制です。また、こうした規制を国際的に統一することで、各国間の規制の差異により、銀行の国際的な競争条件に有利・不利が発生しないための措置（これを「レベル・プレイング・フィールド」と言います）としても位置づけられます。

銀行の自己資本比率規制は、**国際決済銀行**（ＢＩＳ：Bank For International Settlements）内に設置されている**バーゼル銀行監督委員会**という各国の監督者から構成される組織が合意し、この合意内容に基づき各国の法令やルールに反映されるものです。この国際ルールは海外支店を有する銀行に適用される「**国際統一基準**」となり、それ以外の銀行は各国独自の基準である「**国内基準**」が適用されます。

銀行の自己資本比率の計算は複雑です。一般の企業であれば、純資産を総資産で割ったものです。しかし、銀行の自己資本比率の分母は、総資産ではなく**リスクアセット**が使われます。リスクアセットとは、その資産のリスクの大きさを判断し、リスクが大きい場合には高い掛け目（リスクウェイト）が掛け合わされます。詳しくはバーゼル規制の節で説明します。

自己資本比率規制の重要なポイントは、比率が一定水準を割り込んだときに金融庁が行政措置を発動する点です。これを「**早期是正措置**」と言います。早期是正措置は強制力が強く、銀行に増資などを命令するものです。しかし、経営が傾いてからの増資は難しく、措置発動から破たんまで至る例も少なくないのが実際のところです。

自己資本比率規制も厳しくすればいいという問題ではありません。たとえば、「**プロシクリカリティ**」と呼ばれる問題です。景気がよいほど自己資本比率が上がり、景気が悪くなると自己資本比率が低下する傾向が強いと言えます。

なぜなら、リスクウエイトは借り手の財務状況を反映するため、景気が悪くなり借り手の経営状況が悪化すれば、リスクウエイトは上がってしまうからです。

そのため、景気が悪化すると自己資本比率が下がり、銀行が貸出を増やしにくくなり、厳しい規制が敷かれていれば、なおのこと貸し渋りが発生しやすくなります。銀行からの資金供給が滞ると、経済がさらに悪化するという負のサイクルに陥ってしまうのです。

反対に景気がよいと、銀行の自己資本比率が上昇し、貸出を積極的に行い、景気が過熱しやすくなってバブルを形成してしまうおそれがあります。このような景気のサイクルの増幅効果を「プロシクリカリティ」と言います。

次に、モニタリングですが、これは行政上の監督者が「銀行が健全性を保って経済と社会に安定的に金融機能を提供できているかどうか」を確認することを目的にしています。本来であれば、政治家を見守る有権者のように預金者が銀行を監視できればいいのですが、現実的には預金者に監視するインセンティブもノウハウもありません。そのため、金融庁など監督当局が預金者に代わって「代理モニタリング」を行うという意味合いもあります。

広い意味でのモニタリングは、銀行法第25条に基づき検査権限が与えられている金融庁（地域金融機関では多くの場合、財務局）による立ち入り検査や報告要請によるオフサイト検査、預金保険機構による加盟銀行への預金者名寄せ状況等の検査、日本銀行と各個別銀行との契約による考査などがありますが、銀行業務の停止命令などの権限を有する金融庁による検査が代表的です。

モニタリングは、大きく分けると、オンサイト・モニタリングとオフサイト・モニタリングがあります。オンサイト・モニタリングは、金融検査を意味します。金融検査は、２０１３年を境に大きく姿を変えました。以前は検査官が銀行の貸出金を個別に精査して不良債権を正常と分類していないか、あるいは引当が十分かを細かくチェックしていました。

しかし、こうした重箱の隅をつつく検査から、銀行の今後の持続可能性についてのチェックや大局観のあるリスク管理のあり方についてのチェックに方向転換が図られました。この経過については、後ほど「金融検査マニュアル」のところで詳しく述べます。

オフサイト・モニタリングでは、定期的に銀行が抱えるリスクの状況や顧客対応上の問題点などを確認するほか、国内あるいはグローバルに浮上する新たなリスク源について報告を求めるなどの対応を行っています。

銀行が抱えるリスクの状況を経常的に把握し、将来的なリスクの顕在化を未然に防ぐことは重要です。なぜなら、自己資本比率規制はいくら事前的措置とは言っても、リスクに起因して損失が発生した結果、自己資本比率低下などの経営上の問題につながるため、金融庁が頻繁に用いる「フォワード・ルッキング」なモニタリングは重要なのです。

②事後的措置

事後的措置としては、**預金保険**と中央銀行による**最後の貸し手機能**の2点が挙げられます。最後の貸し手機能とは、英語の略称で「**ＬＬＲ**（Lender of Last Resort）」と言われている危機発生時の対応で、預金流出などによる銀行の資金繰りを支える措置です。ここでは、預金保険について詳しく述べます。

取り付けを抑制するための政策として、基本となるのが預金保険です。預金保険は、銀行の破たんなど（預金保険では「保険事故」と言います）の際に、預金の元利金払い戻しを行うことで、預金者を保護して決済システムの安定性を確保する制度です。

預金保険は多くの国で採用されていますが、通常、付保額《ふほがく》（保険の対象となる預金）には上限が設けられており、これを上回る預金に関しては保証の対象外です。ただし、かつての日本における金融危機であったように、緊急時には政府が預金全額保護を時限的に宣言するケースも少なくありません。

日本の預金保険制度では、政府や銀行により共同で設立された預金保険機構が制度の運営を行い、保険料はこれに加盟する銀行（厳密には預金取扱金融機関）が預金額に応じて支払いを行っています。預金保険制度が導入されることで、預金者は他人に先んじて預金引き出しに動かなければならないインセンティブが抑制されるため、取り付けリスクは軽減されることになります。

しかし、預金保険は二つの副産物をもたらします。一つは預金者による銀行を厳しく監視する意識が低下する点です。預金が保護されることを知っていれば、預金者がコストをかけてモニタリングを行うインセンティブが低下するため、ずさんな経営を行う銀行でも預金者が逃げる心配がなくなります。これが、もう一つの問題を生みます。銀行のモラルハザードの増大です。一般企業が大きなリスクのある事業を手掛ければ、銀行借入や社債発行などの資金調達のコストが上昇するので、抑止力が働きます。なぜなら、資金の出し手である銀行や投資家は、返済リスクの高まりを心配し、高い金利を要求するからです。しかし、銀行は預金保険で守られているため、大きなリスクを取っても低金利で預金による資金調達を続けられます。したがって、預金保険が銀行を守るがゆえに、銀行経営の怠慢やリスク拡大を招く危険性を伴うのです。

COLUMN

泣く子も黙る金融検査

私も銀行員時代は、金融検査が最大の恐怖でした。検査の結果が悪ければ、経営の責任が問われるとともに、現場の行員にも少なからず影響があるからです。以前の検査は、事前通告なく入るため、前回検査からある程度期間が経過すると全行的な「臨戦モード」に突入します。事務書類の見直し、過去に実行した貸出の審査に係るプロセスの精査、相対的与信額の大きい貸し手に関する情報のアップデートなど、作業が深夜まで及ぶ状況が連日続きます。

金融検査が始まる（「入検」と言います）と、実地での検査対象となった店舗は、てんやわんやになり、営業活動どころではなくなりますし、その他の店舗でも本部における資産査定（貸出等が適切に実施されたか、的確に正常債権等に分類されているか、引当金が十分かを精査する手続き）の対象となる貸出があれば、大変な作業負担を強いられました。本部ではなおさらで、検査が連日深夜に及ぶこともあれば、検査官が帰ってからも後処理に奔走します。

検査官もベテランの猛者が多く、査定の判断をめぐる折衝では、かなりの緊張を強いられました。

まさに、「泣く子も黙る」金融検査でした。
しかしながら、時代は変わりました。現在では、個別貸出のようなミクロの世界をのぞき込むモニタリングは役目を終え、銀行の健全性をより高所から判断するモニタリングへと姿を変えました。時代の変化とともに、銀行の抱えるリスクの内容も変わりますし、これに応じて監督者のミッションも変化します。現在の銀行が直面しているのは、本業収益の縮小と社会的要請に応えきれていない点だと思います。

7 金融規制の自由化、金融危機、監督強化の流れ

■自由化前の日本の銀行規制

銀行規制の源流は、大蔵大臣（当時）による許可制を定めた１８９３年の銀行条例までさかのぼります。１９２７年になると、先に述べた預金取り付け騒ぎ拡大による昭和金融恐慌などをきっかけに銀行法が制定され、最低資本金の厳格化など銀行経営の健全化を促しました。このときに制定された銀行法は、１９８２年に改正銀行法が登場するまでの期間、現在の銀行制度の礎としての役割を果たしました。

戦後になると、財閥解体を経て金融の分業主義が形成されました。１９４８年には証券取引法第65条により銀証分離政策が、１９５２年には長期信用銀行法により銀行の長短分離政策が構築されました。当時は、分業体制を厳格に運営することにより、それぞれの分野に特化したプレーヤーの

保護と、「護送船団方式」と呼ばれた弱い銀行に歩調を合わせる銀行行政が維持されました。これは、1974年の大蔵省「三局合意《みきょく》」[14]にも象徴されます。

■自由化の加速

しかし、大企業を中心とした企業金融の市場化、金利選好の多様化に、アメリカにおける預金金利自由化の流れが加わり、法人・個人を問わず金融ニーズの高度化・多様化を背景として、金融自由化を迫られました。

初期段階における自由化の対象には、預金金利、短期金融市場（無担保コール、円建てBA〔期限付き為替手形〕、CP〔短期の無担保約束手形〕導入など）、外為取引（実需原則撤廃など）、銀行による証券業務（公共債ディーリングなど）、先物取引を含めたデリバティブ業務などが含まれるほか、東京オフショア市場開設やユーロ円取引開始といった、インフラ面の整備など幅広い分野が網羅されています。

自由化がもたらすのは、一義的に、経済を支える金融システムの効率性向上です。金融システムの効率性向上には、二つの側面があります。銀行業界全体にとってプラスの側面は、金融機能の多角化による収益機会増加です。国債など公共債のディーリング解禁や外為取引の自由化は「二つのコクサイ化（国際化と国債化）」と呼ばれ、現在に至る海外戦略や証券戦略の基盤となりました。銀行のビジネスが信用リスク追求一辺倒から、金利リスクなどの市場性リスクを収益化する事業モデルを含む構造変化をもたらしました。

もう一つの側面は、分業体制の消滅による競争激化です。競争は優勝劣敗《ゆうしょうれっぱい》を促します。長短分離政策からの脱却は、高度経済成長期の産業金融を支えたエリート集団たる長期信用銀行の存在意義を希薄化させました。ユーロ円インパクトローンの登場と、デリバティブ台頭による金利スワップなどの利用が銀行の長期資金融通を可能とし、長期信用銀行の優位性は損なわれました。

預金金利も段階的に自由化され、1979年に譲渡性預金（NCD）、1985年に市場金利連動型定期預金（MMC）や大口定期預金など自由金利定期預金の裾野が広がったほか、1994年には普通預金を含め、すべての預金金利が自由化されました。

主な規制緩和の歴史を次ページの図表36にまとめましたが、この流れからうかがえるのが、銀行を中心とする金融コングロマリット化への制度的な追い風です。

金融持ち株会社の解禁により、現在のメガバンクによる巨大金融グループ形成が叶いましたし、銀行窓口でも、投資信託、保険、外国債券、仕組債（デリバティブ内蔵の債券）、株式などが銀行窓口で買えるようになりました。なお、投資信託や保険は銀行が直接、金融商品の生産者（資産運用会社や保険会社）から仕入れて販売できますが、外国債券、仕組債、株式などは証券会社からの代理として仲介する形です。

14　三局合意とは、銀行系海外現地法人のプライマリー市場における活動に制約を課した行政指導で、大蔵省銀行局、国際金融局、証券局の合意に基づくものです。1975年から1993年まで存続し、旧証券取引法第65条とともに長期にわたり銀行および証券の業際を仕切ってきました。

図表36　規制緩和と金融自由化の進展

	金融自由化の出来事
1983年	（アメリカで預金金利自由化完了）
1984年	日米円ドル委員会（金融自由化・国際化）、先物実需原則撤廃
1985年	国債等ディーリング解禁
1986年	東京オフショア市場開設（ユーロ円等による融資弾力化）
1988年	バーゼル合意
1989年	適債基準緩和（事業会社等の社債発行）
1990年	不動産融資総量規制
1991年	金融制度調査会（保険・証券・銀行の相互参入を方向づけ）
1992年	銀行・証券の子会社を通じた相互参入に係る法改正
1993年	バーゼル規制導入
1994年	預金金利自由化の完了
1995年	証券子会社設立
1996年	金融ビッグバン構想
1997年	金融持ち株会社解禁
1998年	投資信託の銀行窓口販売解禁
1999年	銀行による社債発行解禁
2001年	保険商品（住宅関連の火災保険など一部商品）の銀行窓販
2002年	保険商品の銀行窓販商品の拡大
2004年	証券仲介（外債・株式等の銀行窓口での仲介）解禁
2005年	ペイオフ全面解禁
2007年	保険商品の銀行窓販の全面解禁
2012年	住宅ローン利用者への金融商品販売など規制緩和
2016年	銀行業高度化等会社の制度導入
2017年	銀行による地域商社などへの参入
2021年	銀行グループによる広告、人材派遣、アプリ販売等の業務拡大

出所：金融庁資料に基づき筆者作成

補足説明　銀行業務の規制緩和

銀行は、銀行自身も、そのグループ会社も含めて業務範囲が厳しく限定されています。その背景としては、銀行業以外の事業リスクによって銀行経営が揺らぐような損失を被ることがあってはならないこと、そして銀行が貸し手としての「優越的地位」に乗じて多様なビジネスを借り手に押し付けるようなことがあってはならないことなどが挙げられます。

しかし、情報技術の進展や、人々の価値観やニーズの多様化もあり、銀行が手掛けられる事業の範囲も徐々に見直されてきました。

私も2020年に金融審議会・銀行制度等ワーキンググループに参加し、銀行グループが変化を遂げる環境の中で取り組む対象についての可能性を議論し、2021年の法改正につながりました。そこで、この改正に基づく規制緩和の内容について簡単に解説しておきます。

2016年の法改正で「銀行業高度化等会社」の制度が導入され、フィンテック業務や地域商社などが認可を受けてきましたが、本改正では同会社の抽象的な定義から一歩踏み込んで、次のような業務については、認可が受けやすくなりました。

フィンテック、地域商社（在庫保有、製造・加工を原則行わないもの）、自行グループ用に開発したアプリやITシステム（提供先企業用に一部をカスタマイズしたものを含む）の販売、データ分析・マーケティング・広告、登録型人材派遣、ATM保守点検、障害者雇用促進法上の特例子会社（が

営む業務）、地域と連携した成年後見

蛇足ではありますが、銀行が子会社として銀行業高度化等会社の新設を行うより、銀行持株会社が（一定の要件充足を前提として）届出による新設を行うことが可能となる点が注目されています。最近、経営統合を行わないにもかかわらず、持ち株会社へ組織改編する地銀があるのも、規制緩和の流れと、顧客ニーズの多様化を受けた動きだと思われます。具体的には、広島銀行によるひろぎんホールディングス発足を先駆けとして、十六銀行による十六フィナンシャルグループ、北國銀行による北國フィナンシャルホールディングスなどが続々と登場しています。

いずれの銀行グループも、「銀行」に視座を置くのではなく、地域への総合的サービス提供を念頭に、より高い視点からグループ戦略の展開を鳥瞰できる体制を敷く思想が感じられます。しかし、それ以上に銀行という伝統的業務の地域貢献における限界を踏まえながら、「銀行員」としての発想から一層高みに上がったうえでの視点の必要性を考えたものかもしれません。

一方、銀行本体で行う業務範囲については、引き続き、子会社や兄弟会社での業務範囲に比べて制約を課す形となっています。しかし、「高齢者の見守りサービス」「アプリやITシステムの販売」「データ分析・マーケティング・広告」「登録型人材派遣」「コンサルティング・ビジネスマッチング」については可能となります。

最後に、すでに触れた出資規制の緩和です。第一に、投資専門会社の業務範囲が投融資とそれに附帯する業務に限定されていたところが、ハンズオン支援（専門家派遣）能力を強化するため、コンサルティング業務などを業務に追加しました。第二に、早期の経営改善・事業再生支援を可能とするため、事業再生法の要件を改め、銀行グループ外の一定の第三者が関与して経営改善・再生計画が策定された会社も対象となりました。第三に、事業承継についての議決権保有可能期間が5年から10年に延長されました。そして、第四に、ベンチャービジネス会社向けの出資に関して、画一的な数値基準は撤廃したうえで、多様な新規事業をサポートするように「新たな事業分野を開拓する会社」か否かを個別に判断する枠組みを用意します。

■金融規制の近代化と金融危機

預金保険と、その関連法令の歴史は、日本の金融危機をなぞるものです。次ページの図表37に預金保険制度の歴史をまとめています。右側にある「付保額」というのは、預金者一人当たり一つの銀行にある預金口座の最高保障額です。１９７１年までは５００万円の預金は１００万円までしか預金保険でカバーされなかったため、預けた先の銀行が破たんすると４００万円が返ってこない危険性が高い状況でした。現在では、この付保額は１０００万円まで引き上げられています。

この歴史をつぶさに見ると、預金保険が果たした金融危機における役割と、その重要性を知ることができます。１９９５年6月には一部信用組合の破たんがあり、銀行に対する不安感の拡大を防ぐため「**ペイオフ凍結**」の措置が取られました。

ペイオフとは、銀行が破たんした際に銀行の資産と負債の内容を精査し、預金者に対し分配を行うものです。預金保険の付保額までは保障されますが、それを超える金額については銀行の資産が

図表37　預金保険制度の変遷

	イベント	付保額
1956年７月	金融制度調査会が発足。預金者保護制度の検討を開始	NA
1970年７月	金融制度調査会が預金保険制度の創設を決定	NA
1971年４月	預金保険法が公布、施行	NA
1971年７月	同法に基づき預金保険機構を創設	100万円
1974年６月	保険金支払限度額を引き上げ	300万円
1986年５月	預金保険制度改正、資金援助方式導入、保険金支払限度額増額、保険料率引上げ、労働金庫の預金保険制度加入	1,000万円
1995年６月	信用組合破たんなどを背景に一時的にペイオフ凍結を決定	↓
1995年12月	金融制度調査会、①2001年４月までペイオフの実施を延期、②破たん処理財源確保のための保険料率（一般・特別保険料率）決定	
	住専処理に6,850億円の公的資金投入を決定	
1996年４月	一般保険料率を引き上げ	
1996年６月	預金保険制度改正：2001年４月までペイオフ延期、ペイオフコスト超資金援助財源として特別保険料（0.036%）、整理回収銀行創設	
1997年11月	北海道拓殖銀行破たん。山一證券破たん	
1997年12月	預金保険制度を改正：経営が悪化した金融機関を合併する場合に資金を援助する制度を創設（1999年３月廃止）	
1998年２月	預金保険法改正・金融機能安定化緊急措置法成立。資本注入を審査する金融危機管理審査委員会設置、「特例業務基金」として７兆円の国債交付、整理回収銀行に一般金融機関の受け皿銀行機能	
1998年３月	金融危機管理審査委員会、大手行など21行に対して初の公的資金による資本注入（１兆8,156億円）を実施	
1998年６月	金融監督庁が発足	
1998年10月	預金保険法改正・金融機能再生法・早期健全化法成立、①特別公的管理業務追加、②金融再生勘定（18兆円）と早期健全化勘定（25兆円）設置	
1998年12月	金融再生委員会が発足	
1999年３月	大手15行に金融早期健全化勘定から７兆4,592億円の資本を注入	
1999年12月	ペイオフについて金融審議会答申。資金援助方式による金融機関の破たん処理を優先させる方針を明記	
2000年４月	信金・信組に対する検査権限を都道府県から金融監督庁へ移管	
2000年５月	預金保険法改正、02年３月まで預金全額保護（流動性預金は03年３月）	
2000年７月	金融監督庁と大蔵省金融企画局を統合した金融庁が発足	
2001年１月	金融再生委員会を金融庁に統合	
2002年４月	ペイオフ一部解禁（定期性預金のみ）	
2002年11月	金融再生プログラムを発表	
	政府与党が2005年４月までペイオフ解禁の２年延期を決定	
2003年６月	りそな銀行、預金保険法102条１号措置により公的資金投入	
2003年11月	足利銀行、預金保険法102条３号措置により国有化	
2004年８月	金融機能強化法施行。地域金融機関の資本支援	
2005年４月	ペイオフ全面解禁	
2020年５月	金融機能強化法の３回目の期限延長（～2026年）	
2021年６月	経営統合を支援する資金交付制度の創設	▼

出所：預金保険機構資料に基づき筆者作成

不足する場合にカットされることになります。ペイオフ凍結は、預金者の不安を防ぐ狙いがありました。

１９９８年と１９９９年には大手の銀行を中心に公的資金が投入されましたが、この公的資金は預金保険機構（同機構が管理運営する整理回収機構を含む）が資金供給したものです。その後も、２００３年に、りそな銀行への多額の公的資金注入が実施されました。

余談ですが、りそな銀行が取り入れた公的資金残高はピークで３兆１２８０億円という想像を絶する金額に上りましたが、２０１５年に返済が完了しました。

特に重要な転換点は、１９９９年３月における公的資金注入で、預金保険機構の「金融早期健全化勘定」から拠出されました。このイベントをきっかけに、株価は回復したのです。２００３年６月のりそな銀行の救済も同様です。

りそな銀行への大規模な公的資金注入は２００３年６月に実施されましたが、その前後から株価は急騰しました。政府による金融システム安定化の行動が、市場の安心感をもたらした証拠です。公的資金を供給する勘定は、すべて預金保険機構に存在しています。しかし、その勘定の立てつけは、基本的には預金保険料により賄われますが、銀行の経営的な負担の限界を超える部分については政府が補助する、という法令上の規定があります。

■金融危機後の監督強化

このような金融危機と並行して、銀行監督の強化が急速に進みました。銀行が自らの貸出などの資産内容について責任を持って精査し、必要な引き当てを行う「自己査定制度」が1997年度から導入されました。また同時に、自己資本比率が一定の水準を下回った場合における業務改善命令や業務停止命令が発動される「早期是正措置」が導入されました。

適正な引き当ては銀行の損失負担を増大させ、大手銀行の赤字決算にまで発展しました。さらに、1997年10月以降は大手証券会社や有力銀行の破たんなどが相次いで、金融システムは一気に不安定化し、金融機関の貸借対照表（バランスシート）への不信感が高まりました。1998年には金融不安を払しょくすべく、金融監督庁（現・金融庁）が、主要銀行を対象に「一斉検査」を実施しました。

その後、1999年には、「金融検査マニュアル」が導入されました。このマニュアルは本来、銀行の自己査定の正確性やリスク管理体制等の運営状況をチェックする目的で実施されてきた金融検査における検査官の指針となるものですが、反対に銀行が自己査定やリスク管理を行う際のバイブル的な役割を果たすことになりました。

度重なる金融検査と、マニュアルの厳格な運用は、正常先などの債務者区分の格下げを促すとともに引き当て不足の指摘につながり、銀行は多額の損失を計上しました。このトラウマが銀行員に浸透し、判断に迷うような融資の実行を留まらせるような意識を、銀行員に植え込み始めた印象があります（次の「COLUMN」参照）。

COLUMN

厳しい金融監督に慣れた日本の銀行の問題

金融検査マニュアルは、金融検査などを通じて銀行員の日々の行動や判断基準にもしっかりと定着しました。しかし、これこそが、銀行の情報生産機能を低下させたのです。このマニュアルによって、銀行の付加価値とも言える審査・モニタリング能力が事務フロー化してしまったからです。以下、この点について詳しく解説しましょう。

金融検査マニュアルの定着化は、自己査定を行ううえでの格下げリスクを伴わない貸出機会へと貸し手をいざないます。その結果、マニュアル上で安全な銀行貸出を行えるとされる借り手に、貸し手が集まることとなります。マニュアルへの盲信が、取引先を見極める「目利き力」やベテラン銀行員が育んできた現場勘の重要性を失わせてしまいました。そこに情報の非対称性を克服する付加価値は存在しなくなります。

これは「**貸出のコモディティ化**」と言えます。コモディティは誰でも取引できる商品であり、商品の相場は需要と供給で単純に決定されます。今日のように預金が100に対して貸出が60の状態では、借り手市場となるのは自明で、コモディティである貸出の金利は下落を続けます。一方で、マニュアル上、貸しにくい借り手には貸し手は貸し出さなくなります。ここで、借り手と貸し手のニーズのミスマッチが生じるのです。

2013年9月、金融庁は『平成25事務年度監督方針』を発表し、その中で「金融行政においては、規制だけで対応しようとすると規制の歪みや過剰規制を招き、実体経済にも悪影響を及ぼしかねないことも踏まえ、金融機関の自己規律の向上と監督当局の監督能力の向上を前提に、中長期的に規制コストを低減させつつより質の高い監督行政を目指していく」と記述しています。

これを機に、検査のあり方も変移し、重箱の隅をつつくような資産査定を行わず、大局的な視点から銀行のリスク管理や持続可能性への経営姿勢を問うようになりました。つまり、締め付けすぎていたため、与信行為の制約を背負った銀行がリスクテイクの意欲を減退させていった部分の軌道修正を図っているのです。

事実、金融庁も銀行の与信姿勢の変容について、「行政の失敗」という強い言葉を使って反省しています。その延長線上で金融検査マニュアルは、2019年末をもって廃止されました。

ここで必要なのは、1999年からの20年間で失われた貸出機会の発掘です。他の銀行が取れないリスクを取りに行けば、そこに競争はありません。

貸出金利の引き下げ競争の場となっている「貸しやすい顧客」ではなく、「貸しにくい顧客」にこそ、銀行の付加価値である情報生産機能の真価を問う機会が存在するのです。

8 フィンテックとBaaSの波と多様なビジネスモデル

■ GAFAやフィンテック勢力の日本戦略

2021年になってから、アメリカの有力企業による日本の決済系スタートアップ企業の買収が続いています。7月にはグーグル（Google）が送金事業を手掛けるプリン（pring）を推定100億円規模で、9月にはアメリカの決済大手ペイパル（PayPal）が後払いアプリを展開するペイディ（Paidy）をなんと3000億円でそれぞれ買収しました。

プリンは資金決済法上の資金移動業者で、同社のアカウント間の送金を手掛けるほか、ユーザーは紐づけされた銀行口座をベースに現金の出し入れが可能です。グーグルはすでにグーグルペイ（Google Pay）を展開していますが、クレジットカードの関連づけの支払いに留まっているため、プリンの買収で、より一層自由度の高い決済・送金が可能となるでしょう。

一方で、ペイディは「BNPL（Buy Now Pay Later）」というビジネスモデルで、クレジットカードを持っていなくても、電話番号とメールアドレスを登録して認証コードを入力するだけで後払いの買い物ができるオンライン決済サービスを展開しています。消費者は、原則として手数料や利息を払わずに、3回払いまでは買い物ができますが、その分、お店側から手数料を取るモデルとなっています。

これだけ多額の買収というのは驚きですが、ペイパルをはじめとする海外勢が、日本の金融分野に対してポテンシャルを感じている証拠です。

銀行ではない新しい勢力が、先鋭的なテクノロジーと厚い顧客支持を背景に金融業務に入りつつあります。伝統的な銀行という業種の機能を、新しい方法で提供することを「BaaS（バース）」と言います。BaaSとは、Banking as a Serviceの略で、銀行機能やサービスをアプリなどによって一層使いやすい形にして、金融機関・非金融機関の区別なく提供するしくみのことです。

自動車業界では、MaaS（Mobility as a Service）と表現されますが、こうしたXaaSの意味は、シェアリング・エコノミーや情報技術の進展といった「流行りもの」を示すことが一般的です。ですから、銀行（金融）サービスがデジタルに享受できる方法を総称する感覚で気軽に考えていただいていいと思います。ここ数年は、「**フィンテック**」という言葉が頻繁に使われていますので、まずはフィンテックから説明しましょう。

■フィンテックの基本

テクノロジーの進歩により金融を利便性向上という形で進化させたものが、フィンテックです。具体的にテクノロジーのどういった進歩が金融の中身を変えたかと言うと、ハードウエアとしては**スマートフォン（スマホ）**であり、ソフトウエアとしては**ＡＩ（人工知能）**であり、そして、ロジックあるいは手法としては**ブロックチェーン**です。

ＡＩ自体は新しいテクノロジーではありませんが、ディープラーニングという技術の進展により、従来のコンピューター処理では手に負えないような作業が効果的かつ効率的に行えるようになったのです。ＡＩの用語で「機械学習」という言葉がありますが、これはコンピューターに膨大なデータを反復的に学習させながら一定のパターンを見つけ出すことで将来予測につなげる技術です。ディープラーニングは機械学習の一種で、コンピューター上に人間の脳に模した神経系（ニューラルネットワーク）を作り上げて、人間の力を借りることなくパターンや解を見つけるしくみです。

わかりにくいので実際の用途を例示すると、①音声認識（Ｓｉｒｉやアレクサなど）、②画像認識（顔認証やクルマの自動運転）、③自然言語処理（ＳＮＳのテキストマイニングやコールセンターにおける質問へのＡＩ応答)、④異常検知(メールや電話などのやりとりからのマネー・ロンダリング事案の検出)などがあり、すでに皆さんもお馴染みだと思います。

資産運用や財務管理の分野では、ＡＩによるロボットアドバイザーがすでに定着しています。先行するアメリカでは、次ページの図表38に示したように、ベターメントやミントによるＰＦＭサービス(個人財務管理サービス：Personal Financial Management)が有名ですが、日本でもウェルスナビやテオ(ＴＨＥＯ)が急速にユーザーを増やしています。

貸出などの与信分野においても、銀行以外のプレーヤーが幅を利かせ始めています。アメリカでは、カバッジやゼスト・ファイナンスが、ビッグデータと呼ばれる膨大かつ複雑なデータをＡＩに処理させ、従来の銀行では行わなかったＳＮＳなどのテキストデータの解析を活用して審査を行っています。

これまでのところ、フィンテック・プレーヤーが最も目立った活躍を見せているのが決済分野です。アメリカ発のペイパルやスクエアなどが日本でも活躍の場を拡げています。決済分野はＡＩの活躍というよりは、スマホを通じたデジタル決済の便益がプレゼンス拡大の要因です。

日本で誰もが知るところとなった代表的なフィンテック企業は、マネーフォワードとｆｒｅｅｅ(フリー)でしょう。マネーフォワードは、日本におけるＰＦＭサービスの先駆けです。

マネーフォワードは「お金の見える化」をキーワードに、銀行、クレジットカード、証券口座はもちろん、ＦＸ取引などの金融取引を一元管理して、レシートなどもスマホでの写真による画像処理により簡単に家計簿や資産運用のプランニングができるアプリを提供しています。

図表38　アメリカ発世界で活躍する主なフィンテック企業

機能	会社名	創業	内容
決済	ペイパル（PayPal）	1998年	古参のオンライン決済サービス企業。立ち上げ当初はメールアドレスを通じた送金事業が特徴的であったが、近年はユーザーと事業者の間のゲートキーパーとして決済の容易性、安全性が評価されている
	ストライプ（Stripe）	2011年	多くのカードブランドに対応したクレジットカード決済サービス。ペイパルなどと競合。同一画面で決済可能な利便性。2021年にはオーストラリアのアフターペイ（後払い事業者）を約３兆円で買収
	ヴェンモー（Venmo）	2009年	割り勘や個人間送金をスマートフォンを通じて簡単に行う決済サービス提供。ペイパルに買収。P2Pで若者に人気
	スクエア（Square）	2009年	ツイッター創業者が開発。廉価なカードリーダーをスマートフォンにセットするだけでクレジット決済が可能に。日本でも拡大
	カードリティックス（Cardlytics）	2008年	モバイル・バンキングを通じてリテール顧客にアプローチ。購入履歴から広告などのマーケティング戦略のソリューションも提供
ローン	レンディング・クラブ（Lending Club）	2007年	貸し手（個人）と借り手（中小企業・個人）を結ぶソーシャルレンディングの先駆け。高利運用と低利調達のマッチング
	カバッジ（Kabbage）	2009年	AIを活用して、中小企業向け無担保・無保証のローン提供。SNSデータなどから与信判断
	ゼスト・ファイナンス（ZestFinance）	2009年	ビッグデータ活用の消費者金融。AIによる機械学習を用いた信用スコアリング
資産管理	ベターメント（Betterment）	2008年	AIによるロボアドバイザーが効率的にアドバイス。ミレニアル世代への訴求により、資産運用業界の手数料競争のきっかけにも
	ミント（Mint）	2007年	金融ソフトウェアIntuitが無料で提供するPFM（個人財務管理）サービス。銀行・証券口座、クレジットカード情報などを紐づけ履歴データを収集、財務管理を一括

出所：ロス・ヒキダ、ジェイソン・ペリー「米国におけるフィンテックの動向：家計への影響」、財務省財務総合政策研究所『フィナンシャル・レビュー』令和元年第４号（通巻第139号）、2019年９月、各社資料に基づき筆者作成

freeeは、中小企業や個人事業主が抱える経理処理の問題を解消するための会計アプリから始まり、人事労務管理、税務申告など、総務・経理の多くの負担軽減につなげています。

これらの非金融事業者が金融サービスの利便性を高める背景となったのが、**オープンAPI**（Application Programming Interface）です。オープンAPIとは、銀行とマネーフォワードなどの外部事業者との間のデータ連携を行うしくみで、銀行がシステムへの接続仕様を外部事業者に公開し、かつアクセスを認めること

で、顧客への高度な金融サービスが可能となりました。これによって、口座情報などの財務管理が、マネーフォワードというゲートキーパーのところで一括して管理できるようになったのです。

最後に、ブロックチェーンについても簡単に解説します。別名「分散型台帳」、そして、その技術は「**DLT**（Distributed Ledger Technology）」と呼ばれています。ネット上で大勢の参加者が共通の台帳を管理することで、政府などによる中央集権的管理とは真逆の民主的な管理方法と位置づけられています。全員が「いつ、誰が、どんな情報」を台帳に書き込んだかについてモニタリングできるため、改ざんのリスクが低いことが特徴とされています。

DLTには様々な用途があり、最も代表的なビットコインやイーサリアムなどの**暗号資産**から、最近脚光を浴びている**NFT**（Non-Fungible Token：非代替性トークン）によるアート作品の売買などがあります。NFTは、暗号資産同様に改ざん不能な鑑定書かつ所有権証明のようなイメージです。

DLTには、参加自由のパブリックと一部の参加者に限定されるプライベートがあり、後者に関しては国際的な送金のネットワークへの活用も研究されています。

■フィンテックは銀行にとって「ディスラプター」か？

スマホというハードとAIやDLTなどのソフトが組み合わされることで、金融ビジネスが形を変えつつあることを説明してきました。それでは、フィンテックは銀行にとって脅威となるのでしょうか？　フィンテックの世界では、新しい技術力を背景に伝統的プレーヤーが享受してきたビジネスを奪うプレーヤーを「ディスラプター（破壊的創造者）」と呼びますが、銀行は破壊されてしまうのでしょうか？

正直なところ、非銀行のフィンテック事業者は、銀行の敵ではないと思います。QR決済をはじめとする多様な決済サービスも、（事業者のポイント付与などを除けば）銀行口座が紐づけされます。銀行口座が紐づけされる代わりにクレジットカードが使われても、最終的な代金決済の舞台は銀行口座です。強いて銀行口座を通さない決済を考えると、プリン（pring）のような決済事業者のユーザーが所有するアカウント間の資金移動ぐらいでしょう。

結局のところ、決済サービスのフロント部分では、銀行にとって非銀行事業者による手数料の侵食はあるものの、限定的なのです。

与信に関しても同じです。

第一に、アメリカのレンディング・クラブのように借り手と貸し手を引き合わせるマッチング・サービスも含め、広い意味でのクラウド・ファンディングがありますが、個々の取引金額が限られるため、銀行の与信市場が荒らされていると言うには程遠い状況です。現に、ビジネスモデルのユニークさから注目と期待を集めたアマゾン・レンディング（マーケットプレイス出品者やプロダクト納入業者への与信）ですら、推定される残高は1兆円に届くかどうかというレベルです。これは、日本の信用金庫の上位にすら食い込むことはないレベルです。

第二に、フィンテック事業者は預金取扱金融機関ではないため、資金調達の低廉性や安定性に欠けるところもあります。ただ、この点に関しては、フィンテック事業者やグーグルなどのプラットフォーマーなどの新興勢力が銀行免許を取得し、UX（User Experience：ユーザーが真に求める欲求や経験）を追求するデジタルバンクとして参入した場合は、特に個人金融分野では脅威となるでしょう。この点については、本節末の「COLUMN」で可能性を論じたいと思います。

結論として、フィンテックは、銀行にとってのディスラプターというよりも、真にユーザーフレンドリーとなるための試金石と考えたほうがいいと思います。それが建設的破壊というのであれば、ディスラプターには違いありませんが――。

なぜかと言えば、まず、ＤＬＴやＡＩの活用に加え、様々な定型業務負担をロボットに置き換えるＲＰＡ（Robotic Process Automation）などが活力となり、銀行業務は格段に効率化が図れるからです。また、店舗の運営必要性も低下するため、それによるコスト削減効果を顧客へと還元できます。さらに、デジタルバンキングを通じたストレスフリーな金融機能へのアクセスが、ユーザーにとって何よりのメリットとなるでしょう。

補足説明

非伝統的銀行の台頭はすでに起きていた

自由化や規制緩和の底流には、当局によるユーザー本位の考え方があります。そのため、フィンテックの台頭以前から、新しいタイプの銀行が続々と認可を獲得しています。

新規参入銀行の特徴は、非金融事業者による銀行進出で、バーチャル型とリアル型があります。バーチャル型では、店舗や店舗に張り付く人員などの運営ベースコストが不要なこと、顧客が場所の移動なくネット上で取引を完了できる利便性があること、ネット事業とのシームレスな展開が可能なことなど、様々なメリットが存在しています。

バーチャル型は、三つに分かれます。

一つ目のタイプが、楽天銀行（楽天がすでに設立されていたイーバンク銀行を買収して商号変更しました）のモデルです。同行は、楽天市場のようなＢ２Ｃ（事業者と個人）のプラットフォームから派生する決済のニーズをテコとして運営され、その延長線上でローン事業などを展開しています。その結果、すでに地方銀行上位行をうかがうくらいの収益水準まで成長を遂げています。

二つ目のタイプが、事業会社の確立されたブランドを活かして金融業で成功するパターンです。ソニーフィナンシャルホールディングスを頂点とする銀行・生保・損保を網羅するサービス提供で成功を収めた金融グループです。ソニーの子会社として発足したソニーフィナンシャルホールディングスは、傘下にソニー銀行、ソニー生命、ソニー損保を抱え、ソニー生命が対面でのコンサルティング営業を基本とするほかは、ネットでの効率的な運営となっています。ソニー銀行は、マネーキットというウェブサイト上のツールにより、運用商品からローンに至るまで、様々な金融商品を提供し、個人向けフルバンキングを効率的に行っています。現在のデジタルバンキングの先行モデルと言えるでしょう。

三つ目のタイプは、既存の従来型の銀行により、チャネルの多角化の一環として発足したインターネット専業銀行、あるいはデジタルバンクです。

ＰａｙＰａｙ銀行は、三井住友銀行が設立し、ヤフージャパンが資本参加したジャパンネット銀行が前身で、その後資本関係の異動や商号変更を経て現在に至っています。現在は、ヤフーを運営するZホールディングス傘下であるとともに、三井住友銀行の持ち分法適用会社となっています。

このほかにも、合弁事業はいくつもあり、三井住友信託銀行とSBIホールディングスによる住信SBIネット銀行、三菱UFJ銀行とauフィナンシャルホールディングスによるauじぶん銀行などがあります。

こうした中で注目すべきなのが、地域金融機関である、ふくおかフィナンシャルグループ傘下で立ち上げられたばかりの「みんなの銀行」です。同行は、ふくおかフィナンシャルグループや福岡銀行から独立してオリジナリティを発揮し、勘定系システム基盤は銀行系では珍しくグーグル・クラウドを活用し、投資やランニングコストの抑制を図りつつも、スマホをベースとした、「ストレスフリー」のデジタルバンキングを展開しています。

次に、リアルの世界のチャネルを活用したリアル型が、流通系の銀行です。ただ、流通系の銀行と言ってもビジネスモデルがまったく異なっており、セブン銀行やローソン銀行はATMにほぼ特化した営業を展開する一方、イオン銀行はショッピングモールなどで通常の銀行と同じような業務を担うビジネスモデルを採用しています。

セブン銀行やローソン銀行は、他の銀行と競合するのではなく、共存共栄することを目的としています。そのため、ATM運営コストを削減したい他の銀行の状況を踏まえ、こうした銀行の顧客に対して利便性を向上するためのインフラとなることがビジネスの中心です。

たとえば、セブン銀行のATMを利用するときに顧客が手数料を支払う場合は、セブン銀行の収入にするのではなく、顧客の取引銀行が受け取ることになっています。そのため、取引銀行の手数料ポリシーを尊重するビジネスモデルとなっています。他方で、セブン銀行は当該銀行からほぼ定額の手数料を受け取ります。追加された海外送金の機能を含めて効率的な経営ができることが、安定的な収益を享受する背景です。

一方、イオン銀行はショッピングに訪れる顧客をターゲットに預金、住宅ローンや投信などの商品を提供しています。イオン銀行は破たんした日本振興銀行の事業を買い取るなど、フルバンキング化を追求しています。顧客が足を運びやすい立地もあって口座も預金も急速に積み上がりました。今後のポイントは、調達した預金をどういう形で運用していくのかという点です。

同じ流通系の銀行でも、まったくビジネスモデルが異なることを押さえておいてください。

COLUMN

アメリカでは叶わないアマゾン銀行の登場も日本ならありうる

アマゾンが本拠地アメリカで、本格的な銀行を設立することは、事実上不可能です。アメリカでは、銀行の議決権を25%以上保有する会社は、銀行持ち株会社法[15]により「**銀行持ち株会社**」となります。日本と同様に、アメリカも銀行が手掛けられる業務範囲を厳しく制限しているため、銀行持ち株会社となったが最後、アマゾンは既存の多くのビジネスを失うことになります。

一方、日本では、銀行の議決権の20%以上を保有する株主は、銀行法に基づき「銀行主要株主」、50%以上で「銀行支配株主」とされるものの、内閣総理大臣（実務的には金融庁長官）の認可があればよいというものです。

つまり、一般事業会社であるアマゾンが日本で銀行設立の免許を周到に獲得すれば、銀行持ち株会社に指定されることはないため、銀行業務以外の従来事業を引き続き行うことに支障はないのです。これが、セブン銀行、ソニー銀行、楽天銀行などが次々に誕生した背景です。

このように、事業会社は銀行業をグループに取り込むことができても、銀行は閉じられた業務範囲にグループ戦略が限定されるために、「参入の非対称性」が不公平であるという指摘も存在していて、金融審議会でも定例的に話題に上ります。

しかし、これが現実であり、国内外を問わず、新たな事業者が我が国で銀行を運営する機会は確実に存在しています。

（補足）アメリカの銀行免許の動向

ここで、最近のフィンテック企業と、アメリカにおける銀行免許事情の動向を述べておきます。２０１９年、アメリカの銀行監督機関である通貨監督庁（ＯＣＣ：Office of the Comptroller of the Currency）は、フィンテック企業に特別銀行免許[16]を与えることを決めましたが、貸出や送金は可能なものの預金は取扱いができません。

また、２０２ページの図表38でも登場した決済系フィンテック企業であるスクエアは、

15 Bank Holding Companies Act (12 USC 1841(a)).
16 Special Purpose National Bank Charter.

産業ローン会社（ＩＬＣ：Industrial Loan Company）という連邦預金保険公社（ＦＤＩＣ：Federal Deposit Insurance Corporation）が限定的にノンバンクに認める銀行免許を受けています。この形態の特殊銀行はユタ州に多く、スクエアもユタ州の銀行当局から承認を受けました。しかし、ＩＬＣの業務範囲は厳しく制限され、普通預金や当座預金などの要求払い預金の取扱いができないほか、総資産が1億ドル未満とされており、これらを踏まえて、このCOLUMNの冒頭に「アメリカで本格的な銀行を設立することは、事実上不可能」と表現したのです。

楽天銀行が個人向けを中心とした経営戦略を展開しているのに対し、アマゾンは非銀行としての現状においてもアマゾン・レンディングを通じて、短期運転資金の貸出を行っています。しかし、貸出原資となる安定的資金調達が難しいため、銀行免許を日本で取得し預金を取り込むことができれば、より積極的に資金供給を行うことができるようになるでしょう。

新型コロナ禍は、都市部でも地方でも、従来のリアルな流通経路を通じたプロダクト供給に限界を感じ、インターネットに新たなチャネル機会を見出す事業者を増やしました。アマゾンのプラットフォームにおける事業の延長線上で、マーケットプレイス参加者やプロダクト納入業者が運転資金をアマゾンに委ねる機会が増えてくる可能性はあります。

預金の受け入れについても、若い世代に強い支持を有するアマゾンであれば、着実な口座と預金の増加を期待できるでしょう。アマゾン銀行がユーザーのハートをつかんで離さないＵＸエンハンスメントバンクとなる潜在性は大です。より多彩な用途や期間での与信が可能となるとともに、多様な金融商品・サービスへのゲートウエイとなる可能性があると思います。

グーグルによるプリン買収や、ペイパルによるペイディ買収は序曲に過ぎません。今後は、巨大プラットフォーマーが、日本での銀行市場に切り込み、リテール金融の風景が変わる可能性も否定できません。フィンテックが日本の金融の破壊者となることはありませんが、プラットフォーマーの進出には注意が必要です。

9　金融危機の真相

■日本の金融危機

①第1次金融危機

日本の平成金融危機とアメリカが震源地の世界的金融危機には、相違点と類似点があります。相違点は、日本の危機では間接金融に発火点があったのに対し、世界的金融危機では直接金融が起点となったことです。まず、日本の金融危機についてから考察したいと思います。

1997年10月に三洋証券、同年11月に山一證券が破たんし、この連鎖は有力銀行にまで及び、都市銀行の北海道拓殖銀行が破たんしました。さらに、翌週には第二地方銀行の徳陽シティ銀行が破たんしました。この経過の中で、銀行同士の相互不信から銀行間の短期資金融通を行うインターバンク市場が機能不全に陥りました。この空気は預金者にまで広がり、「タンス預金」が増えました。

銀行は自己防衛に走り、預金確保と貸出抑制により資金繰りの安定化を図りました。また、赤字で資本が毀損する中で自己資本比率を維持するため、（自己資本比率の分母である）貸出の回収に走ったのです。悪名高き「貸し渋り」「貸しはがし」です。「**クレジット・クランチ**（**信用逼迫**）」と呼ばれる状況に日本経済は立たされました。

政府は金融不安の払しょくに向け、1998年2月に金融機能安定化緊急措置法を時限立法として成立させ、同年3月に大手銀行など計21行に公的資金1兆8156億円が注入されました。

しかし、不安は収まりません。公的資金の金額が小さく、政府の対応も遅いということで「小さすぎて、遅すぎる（Too Small Too Late）」と揶揄されました。

1998年央には金融監督庁が主要銀行への立ち入り検査を実施し、不良債権のあぶり出しと十分な引当金の計上を銀行に要請しました。銀行を恐怖のどん底に陥れた「一斉検査」です。その後、同年10月には金融再生法ならびに金融早期健全化法が成立し、前者は長期信用銀行2行の破たん処理の根拠法となりました。そして、巨額損失に見舞われた銀行に対しては、再び公的資金が注入されました。具体的には、1999年3月に大手15行に対して7兆4592億円もの公的資金が資本注入されたのです。

② 第2次金融危機

しかし、平成金融危機は、これでは終わりません。特に「ゾンビ企業」問題と、主要銀行の資本基盤強化が構造的問題として残りました。

まず、一つ目の問題のゾンビ企業とは、銀行の大口貸出先で経営不振に陥っていた企業のことです。業種的には、不動産、建設、商社、小売、ノンバンクなどが主な対象でした。こうした企業は、金融検査の中で「破たん懸念先」への格下げを迫られることが多く、ひとたび破たん懸念先に区分されると、追加的な貸出の道が実質的に閉ざされてしまいます。そのため、法的整理（会社更生法、民事再生法による再建型整理、あるいは会社法、破産法に基づく清算型整理）に陥ることを防ぐには、債務者の貸借対照表を改善することが求められます。

そこで、メインバンクなどは、債権放棄（借金を棒引き）、デットエクイティスワップ（貸出を株式に交換）などの救済措置を実施し、要注意先（正確には要管理先）への格上げを図りました。つまり、死にかけたゾンビを蘇らせるという措置です。

しかし、多くの業績不振企業は財務立て直しでは十分に経営を再生させることが難しく、一度救済を受けた企業が再び支援を仰がざるをえなくなるケースが出てきました。これが当時「ゾンビ企業」と揶揄された背景です。銀行としても、こんなことを繰り返していては、健全性が損なわれていくだけです。

もう一つの問題は、資本基盤の脆弱さです。銀行が会計上の損失処理を行う際に「税効果会計」への依存が問題視されました。１００億円の不良債権損失の処理を行う際に（税率が40％とすると）40億円が繰り延べ税金資産に計上されることで、最終的な損失を60億円に抑えられたのです。しかし、繰り延べ税金資産が会計上の資産として認められるには、将来的に多額の利益を計上し、将来的な税負担を（繰り延べ税金資産の活用により）抑制する見通しが必要です。もし、これが監査法人等によって否認されれば、資産が取り崩され、同時に資本が毀損されます。りそな銀行の2003年の経営危機は、この税効果会計の問題が引き金となりました。

2002年9月、当時の小泉純一郎首相はアメリカの盟友ブッシュ大統領と会談し、不良債権問題の終結を約束して帰国した後、信認が厚い竹中平蔵氏を金融担当大臣に起用し、「金融再生プログラム」が起動しました。このプログラムは銀行の健全性を確実に回復させ、金融機能を正常化させることが目的です。このプログラム策定のもとで、資産査定の厳格化、自己資本の充実、ガバナンスの強化の3点にフォーカスされました。

特に、大手銀行に対して実施された「特別検査」では、銀行により、ばらつきがあった大口先の債務者区分を統一した（「横串を入れる」と呼ばれました）ほか、過去に実施した「ゾンビ企業」への金融支援が適切であったかどうかも厳しくチェックされました。

また、みずほフィナンシャルグループが1兆円以上の増資を取引先からのサポートで実施したほか、多くの銀行が公的資金に頼らず自助努力で増資を行いました。しかし、一部の銀行では、財務上の課題を残しながら2002年度決算を終え、禍根《かこん》を残しました。

先ほど述べた税効果会計の問題が露呈した、りそな銀行には、2兆円近くに及ぶ公的資金が預金保険法に基づき投入されました。

こうした荒療治も実り、その後、三菱東京フィナンシャル・グループとUFJホールディングスが2005年10月に合併するなど、大銀行の再編も最終局面を迎えながら、金融システムの安定化と銀行財務の健全性の回復が無事遂げられました。

COLUMN

公的資金による銀行救済に反対ですか？

税金を使った銀行救済は、ほぼ１００％猛反発を受けます。確かに、一般企業や個人がピンチでも公的資金で救済する例はあまり多くはありません。なぜ銀行ばかり……。そのとおりです。では、経営危機に瀕している銀行をつぶしてしまえばいいのでしょうか？

次ページの図表39をご覧ください。平成金融危機においての公的資金の使われ方と、その結果を示しています。

簡単に解説しますと、「**債権買い取り**」は、破たん金融機関から債権・株式などを国（実際には、整理回収機構等の預金保険機構関連の機関）が買い取って、回収を行うものです。また、破たんしていない健全な銀行からの不良債権の買い取りも行われました。

「**瑕疵《かし》担保**」というのは専門的な話になりますが、日本債券信用銀行および日本長期信用銀行を引き継いだ、あおぞら銀行と新生銀行には、引き継ぎ後3年以内に2割以上の債権の劣化をきたした場合は、各行の請求により政府が買い戻さなければならないという権利（瑕疵担保特約）が特別に与えられました。実質的には損失補てんに近い考え方です。

「**金銭贈与**」は、破たんした金融機関の債務超過額を補てんするために、受け皿となる金融機関に向けて行う資金援助です。これは回収不能であるため、全額が回収不足額となっています。

最後に「**資本増強額**」です。これは、よく「**公的資金注入**」という形で報道される類の支援です。ほとんどの注入形態が、議決権を持たない「優先株式」という形で政府（実際の取得者は預金保険機

図表39　平成金融危機における公的資金負担

（単位：十億円）

	内容	投入額	回収額	差額
①債権買い取り		**11,729.8**	**10,927.1**	**－802.7**
破たん金融機関からの資産買取	債権買取・回収	6,537.5	7,725.0	
日債銀・長銀からの株式買取	債権買取・回収	2,939.7	1,721.3	
新生・あおぞら瑕疵担保等	承継資産の買戻し	1,799.4	672.5	
足利銀行・債権買取	債権買取・回収	99.9	117.5	
健全銀行からの資産買取	不良債権買取・回収	353.3	690.8	
②金銭贈与	破たん機関からの事業承継に伴う資金負担による支援	**18,610.8**	**0.0**	**－18,610.8**
③資本増強額		**12,380.9**	**13,561.1**	**1,180.2**
金融機能安定化法	1998年公的資金注入	1,815.6	1,652.6	
金融早期健全化法	1999年公的資金注入	8,605.3	9,686.1	
預金保険法	りそな銀行	1,960.0	2,222.4	
総合計		**42,721.5**	**24,488.2**	**－18,233.3**

出所：預金保険機構資料に基づき筆者作成

構など）が引き受けました。ただ、2003年のりそな銀行への資本注入は一部、普通株式が投入されました。

同図表の回収額と差額の欄に注目してください。結局、銀行はつぶしたほうが、公的負担は大きい（①②）ということです。つぶさずに公的資金を注入すると、黒字になって戻ってくる（③）のです。つまり、社会からの批判を受けながらも、**銀行を生かしたまま金融システムの安定化を図ったほうが国民経済的にはよい**ということです。

■世界的金融危機

①リーマンショックの1年前から危機は始まっていた

1999年にアメリカで、グラム・リーチ・ブライリー法（GLB法）が成立し、商業銀行と投資銀行業務の兼営が認められました。アメリカのメガ金融グループ形成の号砲です。

　時をほぼ同じくして、アメリカの中央銀行・ＦＲＢ（連邦準備制度理事会）が経済立て直しのため金融緩和を続け、２００１年には累計10回以上の利下げを行うなどの徹底さで、２００４年まで緩和策が続けられました。日本のバブルもそうですが、金融緩和はバブルと相性がよく、株式や不動産などの資産価格上昇の下地作りが完成しました。

　一方、低金利環境で、年金や投資信託が運用に苦労をしていました。新たな投資機会を求め、ヘッジファンドにも資金が流入しました。ヘッジファンドの運用者は、ローリスク・ローリターンよりもハイリスク・ハイリターンを好みます。なぜなら、高い運用成果には莫大なボーナスが払われるからです。いわゆる「**報酬の非対称性**」という状況です。運用者は概ね、想定を上回る運用益の2割程度を成功報酬として受け取ります。仮に運用に失敗しても、損失はその顧客がかぶるため、運用者の腹は痛みません。成功すれば報酬は青天井、失敗してもせいぜいクビです。こうした市場慣行は、投資資金をリスクへといざないました。

　そして、リスクマネーの到達先となったのが、「**サブプライム住宅ローン**」です。一般的には貧民層向けのローンという解説がされていますが、それは誤りです。実際に、この住宅ローン増加の主役は中間所得層で、彼らが住む家ではなく、住宅の値上がり益を期待した投機をローンに頼りながら行ったものです。地価上昇を前提に、自宅とは別にセカンドハウスやサードハウスを購入し、その購入資金を金利の高いサブプライム住宅ローンや、その次にリスクが高いとされるオルトＡローンという住宅ローンにより調達しました。

このローンの資金源は商業銀行ではなく、金融市場です。ヘッジファンドのようなリスク追求型の投資家は、このローンの中でリスクが凝縮された部分を好み、それ以外のMMF（マネーマーケット・ファンド）などの安全運用を志向する投資家は、リスクがない（はずの）部分に積極的に資金を投じていました。

まず、銀行はローンを貸すやいなや、証券化へのプロセスへ回送します。これを、「**OTDモデル**（Originate-To-Distribute：貸出実行してすぐ売却）」と言います。

SPC（Special Purpose Company）や**SPV**（Special Purpose Vehicle）と呼ばれる**特別目的会社**（証券化のためのペーパーカンパニー）を通じて証券化された**ABS**（Asset Backed Securities：**資産担保証券**）は、また別の金融機関に買い取られて集められて、再び証券化され、「**CDO**（Collateralized Debt Obligation：**債務担保証券**）」と言われる商品に衣替えして、最終的な投資家に販売されていました。こうした商品は、格付け機関から信用力の高い格付けを取得することで、MMFなどの安全志向が強い投資家が投資しやすい体裁を整えていました。

格付け機関が高い格付けを付与した根拠は、リスク分散化と大数の法則です。住宅ローンを借りていた個別の人たちが同時に破たんすることはない、というロジックです。しかし、フロリダやカリフォルニアなどのローンが多かったため、この地域での住宅価格が下落し始めると、地域分散が働かずに、CDOのリスクが急激に高まってしまったのです。

また、2006年後半からサブプライム住宅ローンやオルトAの焦げつきが増え始め、2007年8月にフランスの大手金融機関であるBNPパリバの子会社の資産運用会社が苦境に陥るなどして、この問題が露見しました。これが、世界的金融危機につながる序盤のサブプライム危機です。

補足説明　ノンリコースローンの功罪

ここで問題となるのが、アメリカの住宅ローンの特性です。

日本では、住宅ローンを借り入れるときは貸し手である銀行も慎重に審査を行う一方、借り手も返済能力に照らし合わせて慎重に判断する傾向があります。なぜなら、返済不能に陥った場合、購入した住宅だけでなく、その他のすべての財産も銀行の取り立ての対象となり、最悪「自己破産」に追い込まれるからです。

それに対して、アメリカでは、万が一、返済ができない状況に陥っても、そのローンで購入した住宅さえ手放せば他の財産に累が及ぶことはないのです。

日本の住宅ローンのようなローン特性を「**リコース**（**遡及性**）」と言い、アメリカのようなローンを「**ノンリコース**（**他の財産に遡及されない**）」と言います。そのため、自宅ではなく、投機目的で住宅を購入して、価格が上昇すればローンを返済しても「お釣り」がきますし、価格が下落した場合は、投資対象の住宅を銀行に引き渡せば、それで終わりです。

これが、借り手のモラルハザード（リスク回避や注意義務の阻害）を生じさせます。

②リーマンショックと危機クライマックス

２００8年には大手投資銀行のベアスターンズが資金繰りの危機を迎え、同年5月にＪＰモルガン・チェースに救済買収されました。同年9月15日にアメリカの名門投資銀行で業界第5位のリーマン・ブラザーズが破たんしました。「次はどこだ」と市場がざわついた局面です。

金融危機が発生すると、日本でもあったように銀行経営は一気に厳しさが増しますが、預金ではなく市場からの資金調達に依存している投資銀行は、あっけなく最期を迎えます。預金者は取り付け騒ぎを起こすことも、タンス預金を増やすこともありますが、一人ひとりの預金者の預金引き出しには金額的にも限度がありますし、預金保険を知っている人は落ち着いた行動を取ります。しかし、金融市場の参加者は、供給している資金が巨額であるほか、個人以上にリスクに敏感であるため、金融市場は一気に干上がってしまいます。

破たん直前のリーマン・ブラザーズの貸借対照表を見れば、その資金繰りや財務体力はいかに脆弱であったかがわかります。資産規模は83兆円で自己資本はわずか２・４兆円。資産のうち73兆円は大半が長期のＣＤＯやその他金融商品に投資され、資金調達で長期安定的なものは14兆円に過ぎず、大半が短期的な市場からの借入でした。そのため、いったん金融市場からの資金調達が滞ると、資産を処分して対応することが難しいのです。

中央銀行からの資金支援のパイプを作りたい大手投資銀行のゴールドマンサックスやモルガン・スタンレーは銀行持ち株会社へと移行し、同じく有力投資銀行のメリルリンチはバンクオブアメリカに救済買収されました。また、リーマン・ブラザーズ破たんの１週間後には三菱ＵＦＪフィナンシャル・グループがモルガン・スタンレーへの出資を発表し、国境をまたいだ救済が実現しました。

ついにアメリカ政府は、大型の金融機関救済の予算を決定するとともに、7千億ドルのTARP（Troubled Asset Relief Program：金融安定化のための不良資産買い取りプログラム）を制定し、その大半が大手金融機関への資本注入に使われました。

COLUMN

金融危機はワンパターン

日本やアメリカの金融危機を見渡してきましたが、国や市場は違えども、おおよそ同じパターンをたどります。四つのフェーズに分けてみましょう。

第1フェーズでは、政府と銀行双方が問題の過小評価に陥ります。政府は銀行救済に対する批判を嫌がり、銀行も信用問題に敏感で財務健全性に係る自己評価が過大となる傾向があります。このフェーズでは、根本的な問題解消はもとより、顕在化した問題への対応すら不十分となります。日本の場合は、1997年に相次いで大手金融機関が破たんしたにもかかわらず、各銀行からの公的資金申請は横並びの1千億円程度に留まり、市場の不信感は高まりました。アメリカは、2007年のサブプライム問題に際して、政府はほぼ無策でした。

第2フェーズでは、市場の政策対応への不信感もあり、金融市場の様々な資産価格下落を伴いながら、より深刻な危機へと進みます。そして、政府による巨額の危機対応パッケージにつながります。日本では、1998年に行われた一斉検査や翌年の多額の公的資金注入が、このフェーズに当たります。アメリカでも、2008年のリーマンショックにより、ようやくTARPのような巨額の救済案が投入されました。

第3フェーズでは、構造的問題に直面します。日本においては、2002年以降にゾンビ企業が断続的に金融支援をメインバンクに求める一方、銀行はこうした処理について税効果会計の恩恵で財務的な負担を名目上軽減できていましたが、信用リスクの集中や大口先の経営問題、銀行自身の資本の質の問題などがあぶり出されてきました。アメリカにおいては、2008年に投入された公的資金を1年足らずで返済するところが出てきて、それは歓迎すべき話なのですが、株価向上を狙って株主還元を積極的に行うなど、財務や経営戦略の反省が見られませんでした。

第4フェーズで、ようやく構造的問題への対応が実現します。2002年に始動した金融再生プログラムにより、大口先への金融支援方法まで踏み込んで当局がモニタリングしたほか、銀行も増資などにより財務改善を図りました。また、信用リスクの集中についての反省から、クレジットポリシー（貸出等の与信方針）の見直しがされました。これ以降は、ほとんどの日本の主要銀行は、リーマンショックのときも、びくともしませんでした。一方、アメリカでは、金融規制強化により、銀行の財務や経営戦略にもメスが入りました。2010年にはドッド＝フランク・ウォール街改革・消費者保護法（通称「ドッド・フランク法」あるいは「金融規制改革法」）が成立し、金融監督の枠組みが改革されたほか、銀行の財務規制（健全性を守るための数値規制）や行為規制（「ボルカールール」と呼ばれる自己勘定取引を禁止する規制など）を導入し、金融機関の自己規律には頼らず、プルーデンス政策を厳格化しました。

この最終フェーズの流れは、世界的な金融規制強化の流れと絡み合いながら進みます。次節では、グローバル金融規制を取り上げます。

10 グローバル金融規制

■国内から国際へ、国際からグローバルへ

金融規制の流れを、次ページの図表40にまとめました。金融規制の流れについて、その狙いから歴史的な位置づけについて全体像を鳥瞰したものです。

第一のポイントは、規制のグローバル化です。1980年頃までは、金融規制はあくまでも各国の国内のルールでしかありませんでした。規制の目的も、各国の金融機関の健全性を維持、監視するためのものでした。しかし、1980年代に日本の銀行が海外において積極的に貸出を増やし「オーバープレゼンス」と呼ばれたあたりから雰囲気が変わります。アメリカは厳しい自己資本比率規制のために自国の銀行が競争上不利な状況に立たされていると不満を抱え、1986年にアメリカとイギリスは国際的な自己資本比率規制の必要性を訴える共同提案を行い、これが「バーゼル」というスイスの中堅都市が世界的に有名になり始めたきっかけとなりました。国際的な金融規制を話し合う場としてバーゼル銀行規制監督委員会（現在のバーゼル銀行監督委員会）が選ばれたからです。

バーゼルに所在する**国際決済銀行**（**BIS**：Bank For International Settlement）の本部内にこの委員会が立ち上げられたのは1975年ですが、1987年に「自己資本の測定と基準に関する国際的

図表40　金融規制の俯瞰

	国内規制中心（～1980年）	国際規制へ転換（1990～2008年）	グローバル規制へ（2009年～）
背景	国内における信用創造機能の安定化	レベル・プレイング・フィールド 金融国際化への対応	リーマンショックによる国際的負の連鎖への反省
目的	個別預金取扱金融機関の健全性の確保	各国の銀行健全性規制の標準化・高度化	規制範囲の拡大・厳格化 金融システムの安定化
監督	各国当局	各国当局、 バーゼル委（BCBS）	各国当局、 BCBS, FSB, IAIS, IOSCO
手法	各国内独自の 自己資本比率規制	BIS規制 （自己資本比率規制）	BIS規制（資本・流動性） G-SIFIs規制（資本ほか）

個別金融機関の健全性確保　（ミクロプルーデンス）（1980年以前～2009年以降）

マクロプルーデンス（2009年～）

出所：筆者作成

統一化への提言」が同委員会から出され、1988年に国際的に統一された自己資本比率規制が合意されました。これが「**バーゼル合意**」で、はじめての銀行の国際規制となりました。

図中の「**レベル・プレイング・フィールド**」とは、国際的な競争条件を一致させるということであり、同一の国際ルールを設定することで銀行間の規制上の理由からくる競争力の優劣を排除する目的があったのです。

次の転換点が、リーマンショックです。単なる国際規制が、金融のグローバル化にキャッチアップするためのフェーズチェンジです。

2009年4月にロンドンで行われたG20サミットが発射台となりました。この会合で、グローバルな金融安定化を図る最高機関として**金融安定理事会**（**FSB**：Financial Stability Board）が組織されました。FSBの傘下に、銀行、保険、証券などの国際的な監督組織がつく形となっています。これがグローバル金融規制の強化に向かう大号砲となり、次節で説明する「**バーゼルⅢ**」をはじめとする規制強化の流れが作られました。

もう一つの流れが、規制目的の多様化です。図表40の下方に書かれている「ミクロプルーデンス」と「マクロプルーデンス」です。プルーデンス政策は、金融機関の健全性を維持するための政策です。このうち、ミクロプルーデンスは、従来から取り組んできた個別金融機関の健全性を維持するための施策です。しかし、リーマン・ブラザーズという個別金融機関の破たんが、世界の金融市場ばかりでなく世界経済に大きな影響をもたらした経験を踏まえ、金融システム全体の安定性を確保するマクロプルーデンス政策の必要性に焦点が当てられるようになったのです。

補足説明　グローバル規制時代のプルーデンス政策

①ミクロプルーデンス

ミクロプルーデンスは、個別金融機関に対する健全性の確保を狙いとしたものですが、グローバル規制の中では、銀行については次の節で説明する「バーゼルⅢ」、保険については業界初の国際基準となる「**国際保険資本基準**（ＩＣＳ：Insurance Capital Standard）」がミクロプルーデンスに該当します。

バーゼルⅢに至る過程は紆余曲折があり、すでに述べたバーゼル合意がバーゼルⅠ、その枠組みを高度化したものが２００４年に発表され、日本が世界に先駆けて２００７年に導入したのがバーゼルⅡ、そして世界的な金融危機を踏まえて、これまで以上に財務規制を厳格化させたのがバーゼルⅢで、2013年から段階的に導入され、2028年に完全施行されます。

保険については、**保険監督者国際機構**（**IAIS**：International Association Of Insurance Supervisors）が、国際的に活動する保険会社（**IAIG**：Internationally Active Insurance Group）に共通のガバナンスやリスク管理の枠組みを設けることを決め、2011年に最初に合意された保険監督上の原則（**ICP**：Insurance Core Principles）に基づく「**COMFRAME**（Common Framework For The Supervision of IAIG）」と呼ばれる枠組みが示されました。IAIGの選定は、定量的基準のフィルターを通したうえで、各国監督者により組成される「監督カレッジ」という国際組織により最終決定され、ICSの充足が求められます。

② マクロプルーデンス

FSBの目的は、金融システムの安定化がグローバル規模で果たされることです。その手法の一つは、「グローバルな金融システムに重要な影響を及ぼす金融機関（**G-SIFIs**）」を特定し、こうした巨大金融機関が市場に与える影響を排除するためのしくみです。

日本では、メガバンク3グループがG-SIFIsに選定されていますが、具体的には「破たんしにくくするためのしくみ」と「市場に影響を及ぼさない破たんのしくみ」の2つのしくみを構築することが、G-SIFIsに求められています。前者については、通常の銀行をはるかに上回る自己資本比率およびそれに類似した損失吸収力が求められます。後者については、FSBが公表した「金融機関の実効的な破綻処理の枠組みの主要な特性」に基づき、公的資金に依存することなく、秩序だった破たん処理が行える計画、いわゆる生前遺言書に当たる計画（RRP：Recovery and Resolution Plan）の提出が求められます。

G-SIFIsは業態別に分かれています。銀行についてはバーゼルがG-SIBs（Global Systemically Important Banks）、保険はIAISがG-SIIs（Global Systemically Important Insurers）の認定を行うための方法論を定め、個社名を列挙したリストを公表しています。また、銀行にも保険にも属さない金融機関についてもNBNI（Non-Bank Non-Insurance）G-SIFIsとして認定するための方法論が策定されています。

■バーゼルⅢ

バーゼルⅢの財務的な規制は、三つの柱を持っています。一つ目は、銀行の自己資本比率規制の質的量的な充実、二つ目は、レバレッジ比率（自己資本の総資産に対する比率）の導入、三つ目は安定的な流動性調達比率の導入です。三分野にわたる規制の中では、自己資本比率規制がやはり最も重要です。

①自己資本比率規制

バーゼルⅢにおける自己資本比率規制の狙いは、自己資本の質と量の充実であり、また自己資本比率の分母に当たる「リスク資産」の計算方法の厳格化です。

自己資本の中で最も質が高いとされているのが「普通株式等ティア1資本」です。基本的には財務上の株主資本と同様ですが、優先株式は控除されます。つまり、普通株式により調達した資本、利益の蓄積による内部留保が基本です。これに調整が加わります。株式などの保有有価証券の含み損益（「評価差額」と言います）については、プラスでもマイナスでも税率を控除したうえで資本に反映されます。一方で、貸借対照表の資産に計上されている無形資産など、銀行が破たんしたときに価値を失うような性格の資産はあらかじめ資本から控除されます。極めて厳しい規制と言えます。

自己資本比率規制は、三つの指標が最低基準をクリアする必要があります。一つは前段の「**普通株式等ティア1比率**」で、二つ目が優先株式等を算入した「**ティア1資本比率**」です。そして、三つ目は「劣後債」と言われる預金等の債務より先に損失を吸収できる補完的資本（ティア2）も含めた「**自己資本比率**」です。最初の普通株式等ティア1比率以外は、バーゼルⅠ～Ⅱでも要求されてきたものです。

バーゼルⅢにおいて要求される最低自己資本比率（最低要求水準）は、普通株式等ティア1比率は4・5％、ティア1資本比率が6％、自己資本比率全体が8％です。しかし、このミニマムの水準に加算される要素が二つあります。一つが「資本保全バッファー」と言われるもので、上記三つの必要最低限の水準に2・5％が上乗せされます。この上乗せ分が充足されないと、配当や役員賞与がフルには支払えなくなります。もう一つのバッファーは、景気が過熱するときに導入される可能性のある「カウンターシクリカル・バッファー」で、最大で2・5％の上乗せとなります。このように、景気やバブルの状況によって水準が異なります。

② レバレッジ比率規制

自己資本比率規制はバーゼルⅡまでの規制でも要求されてきましたが、「レバレッジ比率規制」と「流動性比率規制」は新たに導入されたものです。

レバレッジ比率規制では、自己資本比率の分母がリスクに応じたリスクアセットの合計額であったのに対し、レバレッジ比率の分母にはリスクには関係なく総資産を用います。リスクの評価が問われていない点では、自己資本比率より原始的な規制と言えます。

そもそも、この財務規制が導入された背景には、リスクウエイトへの不信感があります。リーマンショックの中で多額の損失を発生させたCDOなどの証券化商品は格付けが最上級（AAA格）のものが多く、リスクウエイトは20%とかなり低かったのです。そのように、リスクウエイトが不適切な水準であっても、レバレッジ比率によって縛っておけば大丈夫ということです。

レバレッジ比率規制は2018年より導入され、ティア1資本を総資産の3%以上持つべきとされています。なお、アメリカでは、2010年に成立した「金融規制改革法（ドッド・フランク法）」のもと、総資産が500億ドル以上の銀行を対象にバーゼルⅢ以上に厳しいレバレッジ比率を要求しています。

③ 流動性比率規制

流動性比率規制は、銀行の資金繰りが不調となるリスクを減らすための財務規制です。指標は二つあり、それぞれ充足することが求められます。

その指標の一つは**流動性カバレッジ比率**（ＬＣＲ：Liquidity Coverage Ratio）、もう一つの指標は**安定調達比率**（ＮＳＦＲ：Net Stable Funding Ratio）で、ともに金融市場が混乱したときの調達の安定性に備えるものです。両方とも最低基準は１００％です。

ＬＣＲは、30日間資金調達ができない状況においても十分な支払能力を得られるように、処分が容易な流動資産を保有する義務です。分子には処分によって現金化しやすい資産が含まれています。

ＮＳＦＲは、銀行が継続的に保有する貸出等の資産に対し、安定的な調達源が確保されているかどうかを測る指標です。ここで、安定的な調達とは、自己資本や長期負債です。

第5章 金融政策

1 中央銀行の役割

■中央銀行の使命

中央銀行の主な役割は、貨幣の発行、資金の決済、金融秩序の維持です。日本銀行法第1条では、「我が国の中央銀行として、銀行券を発行するとともに、通貨及び金融の調節を行うこと」、また「銀行その他の金融機関の間で行われる資金決済の円滑の確保を図り、もって信用秩序の維持に資すること」というように、中央銀行としての日本銀行（日銀）の役割が規定されています。

金融緩和的な政策は、金利引き下げや貨幣供給の増加による消費や投資への刺激、あるいは金融システムの安定化を狙いとして行われます。一方、金融引き締め的な政策は、物価上昇の抑制や過熱した景気の緩和を目的として行われます。

■金融政策の目的

①物価の安定

日銀の金融政策の目的は、物価の安定を図ることです。物価の安定は、経済が安定的かつ持続的成長を遂げていくうえで不可欠な基盤であり、日銀はこれを通じて国民経済の健全な発展に貢献するという役割を担っています（日本銀行法第2条）。

従来では、インフレーション（インフレ）の抑制が物価安定の主たる政策目的でした。しかし近年、デフレーション（デフレ）からの脱却が命題となっています。デフレは家計の名目的な所得水準が維持される限りにおいては、実質的な購買力が高まるので、よいことのように感じてしまいます。しかし、デフレは物価下落を人々に予想させることにより、消費を先送りさせる作用がありました。消費の先送りは経済活動を停滞させ、所得水準は減少します。したがって、**期待インフレ率をプラスに転じさせることが現在の我が国における「物価の安定」のための政策目標となります。**

②金融システムの安定

繰り返しますが、日銀は、決済システムの円滑かつ安定的な運行の確保を通じて、金融システムの安定（信用秩序の維持）に貢献することを求められています（日本銀行法第1条第2項）。日銀は、金融機関に対する決済サービスの提供や「最後の貸し手」機能の適切な発揮などを通じて、この目的を達成します。

金融危機などの状況では、資金繰りの悪化による金融機関の破たんを防ぐために、金融機関への資金融通を行うなどの方策がとられます。1998年までの金融危機では、銀行をはじめとする主要金融機関の資金繰りが不安定化し、貸し渋りなどの経済的な打撃を多くの企業に与えました。日銀は積極的に資金供給することで、このリスクの低減を図りました。また、平時においても、銀行と「考査約定」を結び、金融庁による金融検査とは別に銀行の健全性をモニタリングしています。

③ その他の目的

一般的に、中央銀行は、政府からの独立性を維持しながら、必要に応じて政府と政策的協調を行う立場にあるべきです。国によっては、雇用の安定と適切な経済成長の維持を中央銀行の金融政策の目的として、政府と協力することがありました。

2 伝統的金融政策手段

■預金準備率操作

法定預金準備率を引き下げれば、銀行が貸出に回せる資金が増えます。そのため、金融緩和のための手段としては、預金準備率の引き下げがありました。逆に、金融引き締めの際には預金準備率の引き上げが行われます。

■基準割引率および基準貸付利率操作

日銀が短期金利をコントロールする際には、昔は「公定歩合」と呼ばれる日銀が民間銀行に貸し出す際の金利を用いて操作し、「公定歩合操作」と呼んでいました。しかし、２００６年８月に政策手段の名称変更が行われ、「**基準割引率および基準貸付利率**」へと改称されました。この操作対象となる金利は、一般的に「**政策金利**」と呼ばれます。

公定歩合の政策金利としての意味合いが薄れたため、現在、日銀が短期金利をコントロールする際の操作対象は無担保コール翌日物金利となっています。なお、公定歩合は、ロンバート型貸出制度（補完貸付制度）適用金利であり、実質的にコールレート（金融機関相互間の貸借に適用される金利）を誘導する際の上限金利となっています。

■オープン・マーケット・オペレーション

「オープン・マーケット・オペレーション」は、日本語では「**公開市場操作**」と呼ばれ、国債の売買を日銀が行うことにより、市中に流通させる貨幣量を調節する手法です。「**買いオペ**」は、市場から国債を買い上げることによって購入代金に充てる貨幣を発行して市中に現金を流通させる操作です。一方、「**売りオペ**」は、日銀が保有する国債を市場に売却することで、市場から現金を吸い上げる操作です。前者の買いオペは金融緩和、後者の売りオペは金融引き締めを目的とします。

3　非伝統的金融政策手法

■ゼロ金利政策

政策金利をゼロに誘導することで、経済全体の実質金利を引き下げ、投資を刺激しようとするのが「**ゼロ金利政策**」です。この政策は、１９９９年2月にスタートし、２００６年に解除されました。しかし、貨幣と債券の収益率が双方ゼロのため「投機的需要」としての貨幣需要が高まり、投資が刺激されない流動性の罠にはまっています。

欧州や日本では「マイナス金利政策」も登場しています。このマイナス金利政策は、欧州中央銀行（ＥＣＢ）が２０１４年６月に導入を決定、ユーロ圏の市中銀行がＥＣＢに預入する預金金利をマイナスにするものです。この金利政策は、銀行はＥＣＢに余剰資金を預けると金利を取られる（手数料のような感覚）ため、銀行貸出に資金が回ることを目的としています。

■量的緩和政策

「**量的緩和政策**」は、その英訳であるQuantitative Easingを略して「ＱＥ」とよく呼ばれています。中央銀行が当座預金の積み上げ目標を明示し、国債の買い取りなどにより貨幣の流通量を増加させる政策です。日本では２００１年に、この政策が採用され、２００４年には積み上げ目標が35兆円まで引き上げられました。

アメリカのＦＲＢ（連邦準備制度理事会）も、２００８年から「ＱＥ１（1兆7250億ドル供給）」、２０１０年から「ＱＥ２（同6000億ドル）」と呼ばれる量的緩和を実施しました。

■質的緩和政策

中央銀行が安全債券である国債以外の「リスク資産」を購入することで、経済の活動を金融面から刺激するのが「**質的緩和政策**」です。具体的に日本では、ＲＥＩＴ（不動産投資信託証券）や株式（通常は個別の株式ではなく「ＥＴＦ」と呼ばれる株価指数に連動した証券）を日銀が購入しました。アメリカでも、抵当証券（モーゲージ）などの購入が行われました。

■インフレターゲティング

「**インフレターゲティング**」とは、物価上昇率を中央銀行の政策目標として、それを実現するように金融政策を行うことです。なお、「**インフレーション・ターゲティング**」、あるいは「**インフレターゲット**」と呼ばれることもあります。日本では、「コアコアＣＰＩ」と呼ばれるエネルギー関連を除いた消費者物価指数を２％まで引き上げる目標が２０１３年に提示されました。元来、インフレ鎮静化を目的として採用された考え方ですが、日本をはじめ、多くの国では現在のデフレ環境からの脱却を目指すために採用されています。

4　金融政策の信頼性

■時間的不整合の問題

中央銀行が金融政策を行う場合には、市場あるいは世間一般とのコミュニケーションが重要です。金融政策に取り組む過程で、時間の経過とともに当初の政策的目標設定と異なる政策的動機が生じることがありました。この場合、中央銀行の政策的信頼性（「**クレディビリティ**」と言います）が低下してしまいます。これを「**時間的不整合**」と言います。つまり、時間の経過とともに、政策の目的が変化してしまうことです。

たとえば、インフレーションが発生している中で、物価の安定と失業率低下の二つを政策目標としていたとします。ただし、物価の安定には金融引き締め気味の政策が必要であり、失業率低下には緩和気味の政策が必要です。このようなジレンマの中で、中央銀行が物価安定を金融政策の目標に掲げたとします。その場合、人々のインフレ期待は低下し、物価が安定するかもしれません。しかし、そのときに失業率を低下させるべく金融緩和を行うと、これがインフレーションを生んで、結局、金融政策に対する信頼性は低下するに違いありません。これがクレディビリティの低下です。

昔は、ルーブル合意やプラザ合意をはじめとする国際合意があったため、各国の中央銀行の金融政策は、こうした合意の制約を受けました。これを「**ノミナルアンカー**」と言います。この場合は、中央銀行の行動が客観的にわかりやすくなるため、クレディビリティの低下は避けられます。

クレディビリティを向上させる施策の一つが、インフレターゲティングです。ノミナルアンカーとは言えなくても、具体的なインフレ目標を明示することで、中央銀行の行動を期待しやすくなり、これが金融政策の有効性を高めるのです。

■テイラー・ルール

時間的不整合のマイナス効果を抑制する考え方に、「**テイラー・ルール**」があります。テイラー・ルールは、経済学者ジョン・テイラーが提唱したもので、中央銀行がコントロールする短期金利の金利運営の目処とされています。定義式は、次のとおりで簡単です。

◇短期金利目標＝長期平均実質金利＋インフレ率＋0・5×GDPギャップ＋0・5×（インフレ率－目標インフレ率）

長期平均実質金利がベースとなり、これにインフレ率が加わることで名目金利となります。需要不足によりGDPギャップがマイナス、つまりデフレギャップの場合は金利を下げる方向に作用します。定義式の最後の項はインフレ率とその目標値のギャップであり、インフレ率が目標以下なら金利を下げる方向に働きます。

5 デジタル通貨の検討

2021年9月、中米エルサルバドルでビットコインが法貨（国家として流通が認められる通貨）となり、世界が驚きました。エルサルバドルでは、自国オリジナル通貨としてコロンという法貨がありましたが、2001年に米ドルが法貨となっていました。

しかし、国民の金融サービスへのアクセスが乏しく、銀行口座保有率が7割に留まることや、国外への出稼ぎ労働者からの送金でのコスト負担がありました。そこで、スマホさえあれば銀行口座が不要で、送金コストもない暗号資産（仮想通貨）に活路を見出したのです。

ビットコインが法貨となることで、メリットを受ける国民もいますが、ビットコインの価格がかなり不安定なため、ユーザーも事業者も困り果てている部分は否めません。貨幣の3機能（尺度、交換、保蔵）に照らしても、価格変動性が大きすぎるため、いずれの安定性も欠きます。〝銀行口座のない人たちに金融手段を〟という狙いはわかります。であれば、（ドル等と価格がリンクする）ステーブルコインを暗号資産法貨として選択すべきだったのではないかと思います。

ビットコインのような政府による中央集権的な管理の及ばない暗号資産は、今後も取引されるでしょうが、中央銀行が管理するデジタル通貨が法貨として普及する可能性は十分に考えられます。中央銀行が発行するデジタル通貨を「CBDC（Central Bank Digital Currency）」と言います。CBDCは現金に取って代わる潜在性が大きいと個人的に思いますが、日銀をはじめ、多くの主要国の中央銀行は慎重なスタンスを取っています。

日銀もCBDCの研究を行っていますが、その研究の中でいくつかの課題を提起しています。第一の課題は、物価安定と金融システム安定の観点から、機能要件や設計について慎重な検討が必要であることです。第二の課題は、枠組みや規格と民間事業者の裁量の大きさについて検討が必要なことです。第三の課題は、プライバシーの確保と利用者情報の取扱いについて、そしてクロスボーダー決済への活用可能性を確保していくことです。

日銀を含め、主要国の中央銀行は、他の中央銀行と密接に連携しながら、CBDCの基本的な特性や実務面に及ぼす影響について協議を行っています。

日本で向こう数年後にCBDCが発行され、現金に取って代わる可能性は低いと思います。しかし、数十年後を展望すると、その可能性は十分に高いと思います。なぜなら、そのメリットが大きいからです。

第一に、金融取引の効率性が高まることです。決済から金融取引の手続きまですべてにわたり、デジタルに処理が可能となります。銀行店舗が不要となり、個人も企業も金融取引のために移動するコストや時間が大幅に削減できます。また、ＡＴＭも不要となり、コスト負担が削減されることで、ユーザーが直接的に、および間接的に負担しているコストがなくなります。さらには、通貨発行から運搬、保管にかかるコストもなくなり、行政的負担が軽減されます。

第二に、キャッシュレス決済が前提となるため、経済活動の円滑化が進みます。現金による支払いの制約から解放されるほか、多様なキャッシュレス決済手段が乱立する中で、ユーザーが利用している決済サービスが受けられない不都合も解消できます。同時に、送金コストの低下などによって、事業者間の決済の利便性が高まります。

第三に、ＳＤＧｓの一つである「金融包摂」が進みます。日本に住んでいると銀行は身近ですが、世界には銀行口座を持てない人が多数を占めている国も存在しています。ＣＢＤＣはすべての人が決済システムにアクセスできるようになります。

そして第四に、社会的不正の排除です。強盗や窃盗などの犯罪も減るでしょう。現金の強奪はもちろんのこと、非金銭的な事物の窃盗も換金機会の喪失により減るはずです。最も効果が期待できるのは、脱税やマネー・ロンダリングの抑止効果です。金銭の移動が追跡可能となることで、違法性の疑わしい取引が厳しい監視下に置かれます。ただし、克服すべき基本的な問題もあります。停電や自然災害時において、デジタル機能を喪失してしまった場合の対応です。ほかにも課題はありますが、通貨と金融のデジタリゼーションは時間の問題だと思います。

補足説明

日銀の異次元緩和とアベノミクス

アベノミクスは、金融政策、財政政策、成長戦略の3本の柱から構成されましたが、そのうち、日銀による金融政策が、第2次安倍政権発足後から最も注目されました。デフレ脱却を政権の重要な眼目とする中、金融政策の目標として掲げられたのが、消費者物価指数の2%上昇です。

この目標達成に向けて「**異次元緩和**」と呼ばれる金融緩和政策がとられました。内容としては、国債の積極的買入れによるマネタリーベースの大幅増加、株式（ETF）や不動産投資信託（J-REIT）などのリスク資産の買い入れ、成長融資を手掛ける銀行への低金利貸し付けなどがありました。

こうした異次元緩和の第一の狙いとしては、「**ポートフォリオ・リバランシング効果**」がありました。積極的な国債の買い入れにより、銀行が抱える安全資産である国債を吐き出させ、貸出にシフトする流れを促すことを目的としていたのです。

第二の狙いは、「**時間軸効果**」あるいは「**コミットメント効果**」と呼ばれるもので、超低金利状況が長期化するという期待を市場に抱かせることを目的としていました。

このほか、暗黙のうちに円高是正や、資産価格（株や不動産の価格）の上昇期待を経済全体に持たせることで、資産効果、ひいては景気の浮揚効果を狙うことが考えられます。資産効果とは、金融緩和による株価上昇や地価上昇によって、消費者の保有資産の価値を引き上げ、マインドを明るくすることを含め、消費を喚起することです。経営不振企業の保有不動産の含み益を増加させるような、貸借対照表を改善させる効果もあり、消費者ばかりでなく企業にもプラスに作用します。

第6章　金利のすべて

1　金利と利子の話

お金より前に登場した金利の概念

私たちが利息や利子という言葉にはじめて接する機会は、お年玉やお小遣いを預貯金として預ける際の預金利息ではないかと思います。しかし、1999年に導入されたゼロ金利政策以降、20年以上にわたって超低金利環境の中で育った世代には、馴染みのない概念となってしまったかもしれません。

ここで、金利や利子、利息などの異なる言葉を雑に使ってしまいましたが、厳密には、預けたお金から生まれるのが利子、借りたお金に対し支払われるのが利息というように整理できるのですが、日常生活では使いやすい言葉をこだわりなく使っていいと思います。

ただし、金額か率のいずれを指すのかという点では、はっきりと峻別すべきだと思います。100万円借りて、1年間で10万円の利払いを求められる場合は、この10万円が利子、利息、金利を、10%という率については利子率、利率、金利を指します。お気づきのとおり、金利は金額と率の両方に用いることができる便利な言葉です。また、金融業界においても、アカデミックな文脈でも金利という表現が最も多く用いられていると思います。

COLUMN

日本の出資法に似ているバビロニアの利子の上限

厳密に言えば、利子は「実物利子」と「貨幣利子」に分かれます。私たちに馴染みのあるのは貨幣利子、つまり金利です。なぜ、このような話を持ち出すかと言うと、金融取引の基本である利子は、本格的な貨幣の登場よりも古い時代に生まれていたという意外な事実があるからです。

ニーアル・ファーガソンが書いた『マネーの進化史』などの文献によると、利子の起源は紀元前19世紀のメソポタミア文明の時代までさかのぼります。古代バビロニアと言えば「ハムラビ法典」ですが、当時の掟では大麦や銀の貸出についての最高利子率を決めていました。

バビロニアでは銀と大麦が重さに応じて物々交換の仲介ツールとなっていたので、ある意味で秤量貨幣と考えてもよいかもしれません。

興味深いのは、貸し借りの際の上限金利です。法的に許される上限は、利子率に換算すると33・3%となります。日本の消費者金融の貸出金利は以前、29・2%（利息制限法では15~20%）だったので、たまたま同じ程度の利子が求められていたことになります。

また、この利子は複利であったので、極めて現代的な金融取引であったとも言えます。

そして、さらに興味深いのが、支払いが滞った場合の処置です。返済不能になると、借りた人ないしは借りた人が担保として約束した家族や使用人が奴隷になったようです。この処置のポイントは、この奴隷身分が3年限りとハムラビ法典で決められていたことです。ある意味では、3年すれば借財が帳消しになるしくみだったと言えます。

この3年という期限が設けられていた背景として、富の偏在によるコミュニティとしての存続性の問題や、階層的な上下関係の固定化を防ぐ狙いがあったのではないかと、私は推測しています。

■金利にかかわる四つの学説

金利の意味合いについて、主に四つの学説があるので、簡単に説明しておきます。

①忍耐の対価

まず、19世紀のイギリスの経済学者の**ナッソー・ウィリアム・シニアによる制欲説**があります。資金を消費することなく第三者に貸し付けることで貸し手はある種の我慢を強いられます。この我慢の対価として金利が与えられるというのが、制欲説です。

②時差の表現

第二に、19世紀のオーストリア学派を代表する**オイゲン・フォン・ベーム＝バヴェルクによる時差説**です。

現在所有できる財は、将来も使えるので将来入手する財よりも高く評価されるべきであるという説です。わかりやすく言えば、現在の100円を投じて手に入れた商品は、将来100円で入手する商品よりも、将来の時点において（現在からその時点まで利用可能だったことを踏まえ）高く評価されるべきだということです。その評価の差分が金利ということになります。

③動態説

第三に、**ヨーゼフ・シュンペーターによる動態説**です。

生産技術の発展に伴い、削減できるコストに見合うのが金利であるという考え方です。言い方を換えれば、成長に応じた部分が金利であるということです。

わかりにくいかもしれませんが、これは自然利子率の発想と同様です。自然利子率は、定義的には投資と貯蓄を均衡させる金利水準を指しますが、「資本の限界生産力」と換言できます。すなわち、資金を投下したことで増加する生産、つまり成長のことです。

④不便さの対価

第四に、有名な**ケインズの流動性選好説**です。

手元に現金、すなわち流動性を確保しておくことで安心できますが、第三者に渡すことによって、すぐに使えない不便さや不確実性による不安が生まれます。この不安の対価が金利ということです。

■マイナス金利を含めた一般的な金利の意味合いとは？

お金を使わないことによる我慢（制欲説）や、現在から保有することによる使用価値（時差説）については、いわんとする気持ちはわかるのですが、それらによってゼロ金利ましてやマイナス金利は説明できません。

一方で、ケインズの流動性選好説には、付録として「流動性のわな」があります。ケインズの例では2％以下の金利水準が使われていますが、異常な低金利の水準では貨幣を保有しても債券投資や貸出を行っても差がないため、貨幣の保有の需要が増えるというものです。しかし、金利はゼロ以下にはならないという前提がありました。

最も腹に落ちるのが、動態説でしょう。技術革新の不在や少子高齢化などは成長の足を引っ張ります。これは資本の限界生産力を低下させ、自然利子率を切り下げます。その延長線上では、マイナス成長により金利はマイナス水域へと入ります。

経済成長が前提の時代であれば、プラスの金利は当然でしょうし、その合理性としては上記四つの学説のいずれも当てはまると思います。しかし、経済成長がなくなれば、金融の大きな要素である金利も必ずしも必要要素とは言えなくなるでしょう。

2 金利に関する基礎知識

■ 単利と複利

金利計算には、**単利**と**複利**があります。単利は、元本を変化させずに計算して利息を決める極めて単純な計算方法ですが、現実世界では、元本に利子を加えた金額をもとに次の期間の利息を決め

図表41　単利と複利の返済額比較（年利15%）

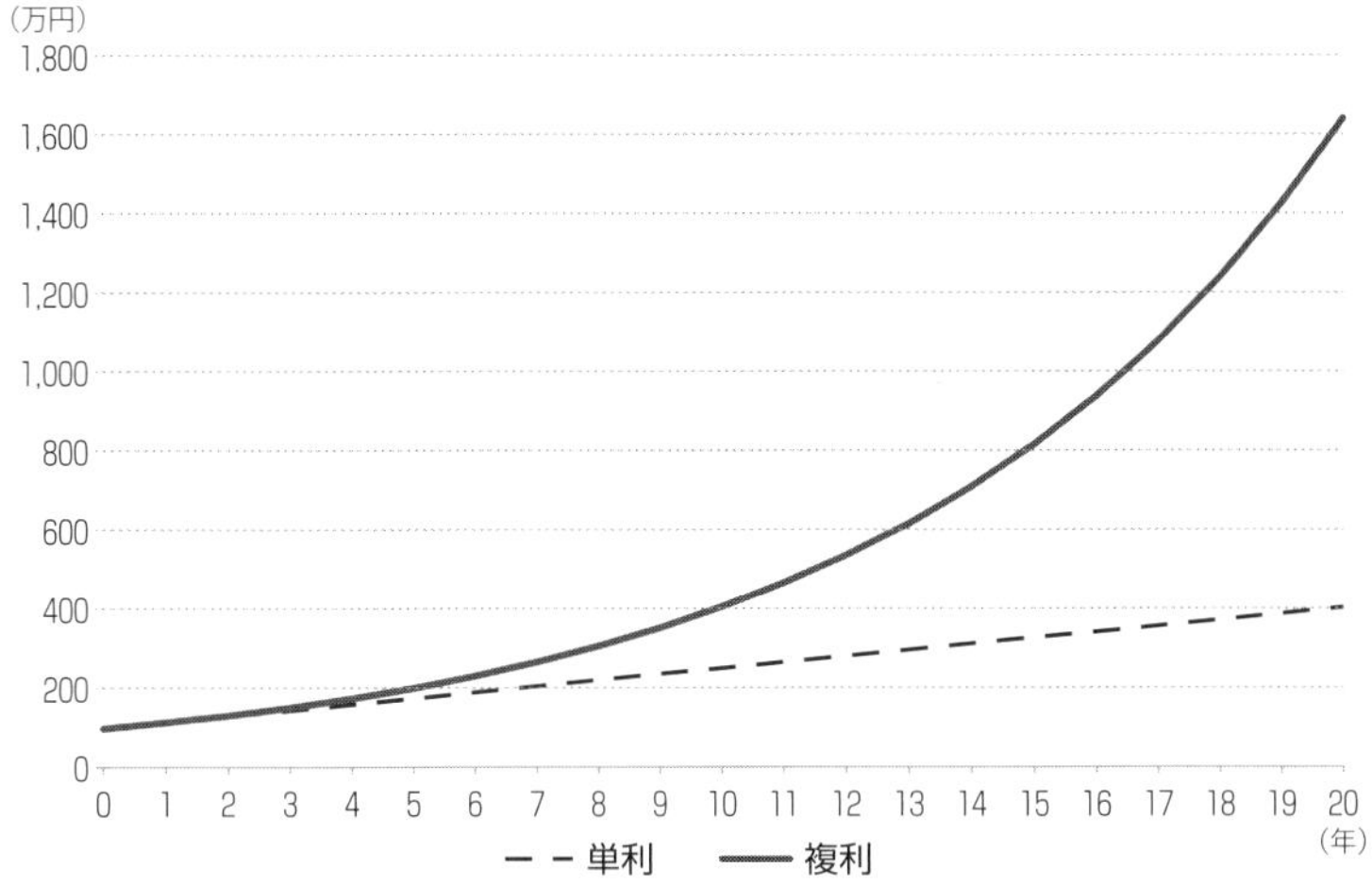

出所：筆者作成

る複利計算がほとんどです。

具体的に説明しましょう。定期預金が１００万円あり、預金金利が年10％（年１回利払い）とします。２年後に預金を解約すると仮定した場合、合計で受け取れる利息額はいくらでしょうか？

その正解は、20万円の場合もありますし、21万円の場合もあります。

銀行で定期預金を作るときは「元加《がんか》型または元加継続型」か「利払い型」かを選択します。利払い型の場合は毎年利息が支払われるため、元本は１００万円のままです。そのため、１年目に10万円（＝１００万円×10％）、２年目も10万円の利息が支払われます。

元加型の場合は、１年目の利息10万円が定期預金の元本に加えられますので、２年目の元本は１１０万円となり、利息は21万円（＝１００万円×10％×２年＋10万円×10％×１年）です。つまり、最初の元本だけではなく、利息が利息を生むことになります。

銀行カードローンや消費者金融、クレジットカードのキャッシングなど、無担保で消費者がお金を借りる方法がいろいろとありますが、こうしたローンの怖さは金利が高いというだけではなく、利息が利息を生む過程です。前ページの図表41をご覧ください。短利計算と複利計算の違いをグラフ化したものです。通常のローンは常に複利計算となるため、100万円を15%で借りたときに、10年後には返済額は400万円を超えます。私たちは複利計算の怖さを、社会人になる前に知るべきです。

補足説明　複利計算の方法

複利計算の考え方は、PART2の投資の分野においても、PART3のコーポレート・ファイナンスの分野においても必ず必要になるので、ここでは数式を用いて説明します。

基本的には元本を同じ金利で預けた後に、何年後にいくら総額として戻ってくるかという考え方を理解することが大切です。つまり、途中の金額は無視して、最初の金額（＝元本）と最後の金額（元利金）のみに着目するのがコツです。

元本Pを金利r%で預けた場合、n年後にいくら（X）で戻ってくるかと言うと、ポイントとなるのは元本の何倍が最後の金額になるかで、この倍率は（$1+r$）のn乗になるということです。その意味は1年間でr%分だけ増えて、それが年数分回転するということです。

図表42　複利計算の基本

【前提】　元本P、金利r、期間n年、受取額＝X

1年後：$X=P(1+r)$

2年後：$X=P(1+r)(1+r)=P(1+r)^2$

3年後：$X=P(1+r)(1+r)(1+r)=P(1+r)^3$

⋮　　　　　⋮

n年後：$X=P(1+r)(1+r)(1+r)\cdots=P(1+r)^n$

出所：筆者作成

1年後に元本Pと増分r×Pが戻ってくるので、1年後の姿をP（1＋r）という書き方にできます。その次の年はP（1＋r）にさらに（1＋r）を掛ければいいので、P（1＋r）（1＋r）となり、Pに（1＋r）の2乗を掛けたものとなります。これを3年後、4年後、n年後と続けていくと、最初の元本Pはn年後に、Pに（1＋r）のn乗を掛けた金額となって戻ってくることが想像できると思います。

これを一般化した数式を上に示していますので、ご活用ください。重要なのは、最初の元本がどんな金額であっても、将来受け取る金額は年数と金利さえわかれば簡単に算定できるということです。

COLUMN

細かく見ると、わずかに銀行が得する計算の方法

利息を計算する際に、ちょうど1年になるような場合はそれほど多くはないため、「日割り計算」が必要になります。そのときに、日数をカウントする方法が取り決めによって微妙に異なります。銀行員は知っていて当然ですが、ユーザーとしては気に留めたこともないでしょう。次の三つが、その計算方法です。

・「**両端入れ**《りょうはい》」：借入日と返済日の両方を日数として数える方法
・「**片落ち**《かたお》」：借入日から返済日のうち、借入日を計算からはずして数える方法
・「**両落ち**《りょうお》」：借入日と返済日の両方を計算から外して数える方法

銀行は、貸出には両端入れ、預金には片落ちで利息計算を行います。この微妙な差に気づく人はほとんどいないでしょうが、銀行取引約定書という基本契約、金銭消費貸借契約証書という個別貸出の契約、預金約款《やっかん》という預金の契約の中にはしっかり明記されています。

わずか1日の差とは言え、銀行の収入になるほうは1日長く、支出になるほうは1日短く計算するというのは、銀行にとって都合のいい計算方法を選択していることになります。

現在の超低金利の水準で実感はないと思いますが、たとえば、10億円を10％で貸借したときの1日の差は27万円強と無視できない水準です。

図表43　名目金利と実質金利の関係

【前提】名目金利 i，実質金利 r，期待インフレ率 p

アービング・フィッシャー方程式：$i = r + p$

実質金利のモデル：$r = i - p$

出所：筆者作成

■名目金利と実質金利

私たちが普段接している金利は、ほぼすべてが「名目金利」です。名目というのは、表向きという意味があります。つまり、なんら加工されていない、そのままの金利です。一方で、実質金利とは、インフレ率を差し引いた金利のことです。

名目金利を上回る物価上昇が発生すると、「お金が稼ぐ」能力が相対的に低下します。

たとえば、１００万円を年利10％の金利で銀行に預金できるとします。同時に１００万円の自動車を買いたいという気持ちがあるとしましょう。予想される物価上昇率（期待インフレ率）が５％とすると、現在１００万円で買える車が1年で１０５万円になります。この場合、今日買うのと１年後に購入するのとではどちらがお得でしょうか？

いますぐ買えば、所持金が消えて車が残ります。一方、１年後に買うと、預金で所持金が１１０万円に増えますので、１０５万円で車を購入しても５万円が残る計算となります。

つまり、１年後の購買力を暗示する実質金利が名目金利10％と期待インフレ率５％の差分である５％となりますので、１年後の購買力は現在の購買力を実質金利分だけ上回ることを示しているのです。そのため、現在のデフレのように物価下落が続くと、期待インフレ率がマイナスとなります。ということは、仮に名目金利がゼロとなっても、実質金利がプラスで将来の購売力が高い状況が続くということです。こうした状況では、すぐに購買行動をするよりも貯蓄をして将来に消費を先送りする行動が合理的になってしまうのです。

デフレ脱却のために、インフレ率を高めたいという政策的狙いの根源は、ここにあります。

以上の金利の上級者編は、巻末をご参照ください。➡ 数学的補足コーナー

第7章 国際金融と為替レート

1 国際金融

■ 国際収支とは?

国際収支の「収支」というのは、国境を超えた資金の受取りと支払いのネット（差額）です。収支は損益ではなく、「お金の流れ」であるという認識が大切です。なぜなら、国際的な投融資は損益ではなく資本のフローであり、その投融資から発生する利息・配当が損益となりますが、それぞれが国際収支に貢献するからです。

国際収支の統計は2014年から大改訂が行われ、**経常収支**、**資本移転等収支**、**金融収支**、**誤差脱漏《だつろう》**の4本柱となりました。それ以前は「外貨準備増減」という大項目が独立していましたが、金融収支に吸収されました。これら4項目のうち、重要なのは経常収支と金融収支です。

経常収支は、貿易収支（輸出と輸入）、サービス収支（モノではなくサービス授受による金銭の受取りと支払い）、第一次所得収支（対外投資による利息や配当金の受取りと海外からの国内投資に伴う利息や配当金の支払い）、第二次所得収支（寄付や贈与、援助など対価を伴わない資金の授受）から構成されます。

金融収支は、居住者と非居住者の間で行われた資産・負債の授受を計上するもので、直接投資収支（海外子会社、親会社関係）、証券投資収支（株式や債券など）、金融派生商品収支（デリバティブ契約に伴う受け払い）、その他投資収支（ローンなどに関連した受け払い）と外貨準備増減から構成されます。外貨準備増減は、日銀や政府が保有する外貨の残高の増減を指し、誤差脱漏は上記合計がプラス・マイナスして国際収支が均衡しない場合の調整項目です。

①経常収支（A＋B＋C）

A　貿易・サービス収支（貿易収支およびサービス収支の合計）

貿易収支：財貨（物）の輸出入の収支を示します。国内居住者と外国人（非居住者）との間のモノ（財貨）の取引（輸出入）を計上します。

サービス収支：サービス取引の収支を示します。たとえば、輸送（国際貨物、旅客運賃の受取り・支払い）、旅行（訪日外国人旅行者・日本人海外旅行者の宿泊費、飲食費等の受取り・支払い）、金融（証券売買等に係る手数料等の受取り・支払い）、知的財産権等使用料（特許権、著作権等の使用料の受取り・支払い）が含まれます。

B　第一次所得収支（対外金融債権・債務から生じる利息・配当金等の収支）

直接投資収益：親会社・子会社の間の配当金・利子等の受取り・支払いを言います。

証券投資収益：株式配当金及び債券利子の受取り・支払いを言います。

その他投資収益：貸付・借入、預金等に係る利子の受取り・支払いを言います。

C　**第二次所得収支**（対外的対価を伴わない資産授受で寄付、贈与の受け払い等を計上）

②**資本移転等収支**（固定資産の取得・処分に伴う資金移転、債務免除、その他資産の動き）

③**金融収支**（A＋B＋C＋D＋E）

A　**直接投資収支**：経営を目的に海外の会社の株式を取得する投資、工場等の建設により事業を行う投資の収支です。経常収支の第一次所得収支に含まれる「直接投資収益」の元となる有価証券の取得や売却などが含まれます。

B　**証券投資収支**：クロスボーダーの有価証券投資で直接投資の目的である事業の実施とは異なる金融的投資の収支です。経常収支の第一次所得収支に含まれる「証券投資収益」の元となる有価証券の取得や売却などが含まれます。

C　**金融派生商品収支**：デリバティブ契約に基づくクロスボーダーの資金の受け払いの収支です。

D　**その他投資収支**：直接投資、証券投資、金融派生商品のいずれにも該当しないクロスボーダー金融取引に係る資金の授受の収支です。

E　**外貨準備増減**：外貨準備とは、日銀や政府が保有する外貨残高で、日銀の為替介入による増減や、政府が保有する外債に関連した資金移動、為替レート変動による資産価値増減などが含まれます。

図表44　日本の国際収支　　（2020年、暦年、兆円）

		金額（兆円）	国際収支の割合
経常収支		17.5	56.9%
	貿易収支　a－b	3.0	
	輸出　a	67.4	
	輸入　b	64.4	
	サービス収支	－3.7	
	第１次所得収支	20.8	
	第２次所得収支	－2.5	
資本移転等収支		－0.2	－0.6%
金融収支		15.4	50.0%
	直接投資収支	11.3	
	証券投資収支	4.2	
	金融派生商品収支	0.9	
	その他投資収支	－2.2	
	外貨準備増減	1.2	
誤差脱漏		－2.0	－6.3%

出所：財務省統計に基づき筆者作成

■国際収支のバランス

為替介入を行わず、円安や外債利息の受取りをゼロとします。その状況であれば、基本的には経常収支と金融収支は概ねバランスする形となります。

簡単な例を取り上げましょう。たとえば、経常収支が貿易収支のみで構成されている状況を考えます。輸出により稼いだ資金と、輸入で購入に費やした資金の差額が貿易収支です。もし、収入以上の支出をする場合、借金をしなければなりません。

借金は金融収支です。したがって、経常収支の黒字ないし赤字は、金融収支の黒字か赤字の金額とほぼバランスします。

２０１４年の国際収支統計の改訂前は、資金の流れの方向のみを見て、資金の流入は黒字で流出を赤字と判断していました。そのため、貿易黒字で稼いだお金で海外の株式に投資した場合は、金融収支は赤字とみなされたのです。赤字はネガティブな響きを持ちますが、実際は対外的な債権が増える状況はポジティブなので、誤解を招いてしまいます。現在は改訂により、対外的な投資による資金流出は収支として黒字とみなします。つまり、資産が増えるものは黒字で、資産が減る、あるいは負債が増えるものは赤字と評価する形へと見直されたわけです。

日本は経済成長の過程で、輸出が主導する形で経常収支の黒字が膨らみました。その一方で、海外から受け取った所得を海外に投融資することで、資金は海外に流れます。これが、昔の統計では「資本収支」の赤字となったのですが、現在は「金融収支」の黒字と認識されます。

補足説明

貿易黒字と日本のバブル

先のアメリカのトランプ政権時代、政権は中国を中心に、日本やメキシコを含む貿易赤字の相手国を激しく批判していました。貿易不均衡で国際問題になるのは、今に始まったことではありません。1980年代において、日本はアメリカにとって最大の貿易赤字の相手国となりました。このときに、アメリカ側は日本の消費や投資の不足を貿易不均衡の原因と指摘しました。

そのロジックについて、「**アブソープション・アプローチ**」を用いて説明します。

個人や企業、国が使ったお金を国内支出（内需）と言いますが、これを国内での生産量＝産出量（国内総生産）が上回ると、その差分は外需（輸出が輸入を上回る金額、「純輸出」と言います）で吸収されます。つまり、次のような関係です。

◇産出量（ＧＤＰ）＝内需（国内総支出）＋外需（純輸出）

産出量を固定させた場合に、国内の消費が十分でない場合は、外需によって「吸収」、つまりアブソーブされます。アメリカは、日本の内需が十分でないために、輸出超過による貿易不均衡をもたらしたと非難したのです。

そのため、日本政府は（当時の景気が悪くはなかったにもかかわらず）政府支出を拡大し、バブルをさらに加速させたという指摘もあります。

もう一つの説明方法は、日本の貯蓄超過です。日本人の貯蓄好きはよく知られていますが、投資を上回る貯蓄により、貿易不均衡をもたらしたという説明があります。

◇産出量（ＧＤＰ）＝消費＋貯蓄＋税金＝内需＋外需で、内需＝消費＋投資＋政府支出

⬇ 消費＋貯蓄＋税金＝消費＋投資＋政府支出＋外需、移項すると、

⬇ 貯蓄－投資＝（政府支出－税金）＋外需＝財政赤字＋外需

したがって、「外需＝貯蓄超過＋財政黒字」となります。

つまり、貿易不均衡は、民間部門の貯蓄超過と政府の財政黒字という図式になります。このアプローチからも、アメリカの対日貿易赤字は、日本の貯蓄超過と財政黒字によって説明できると、アメリカは主張したのです。この点からも、政府支出を増大させる方向に圧力が強まったことは、ご

図表45　日本の国際収支の推移

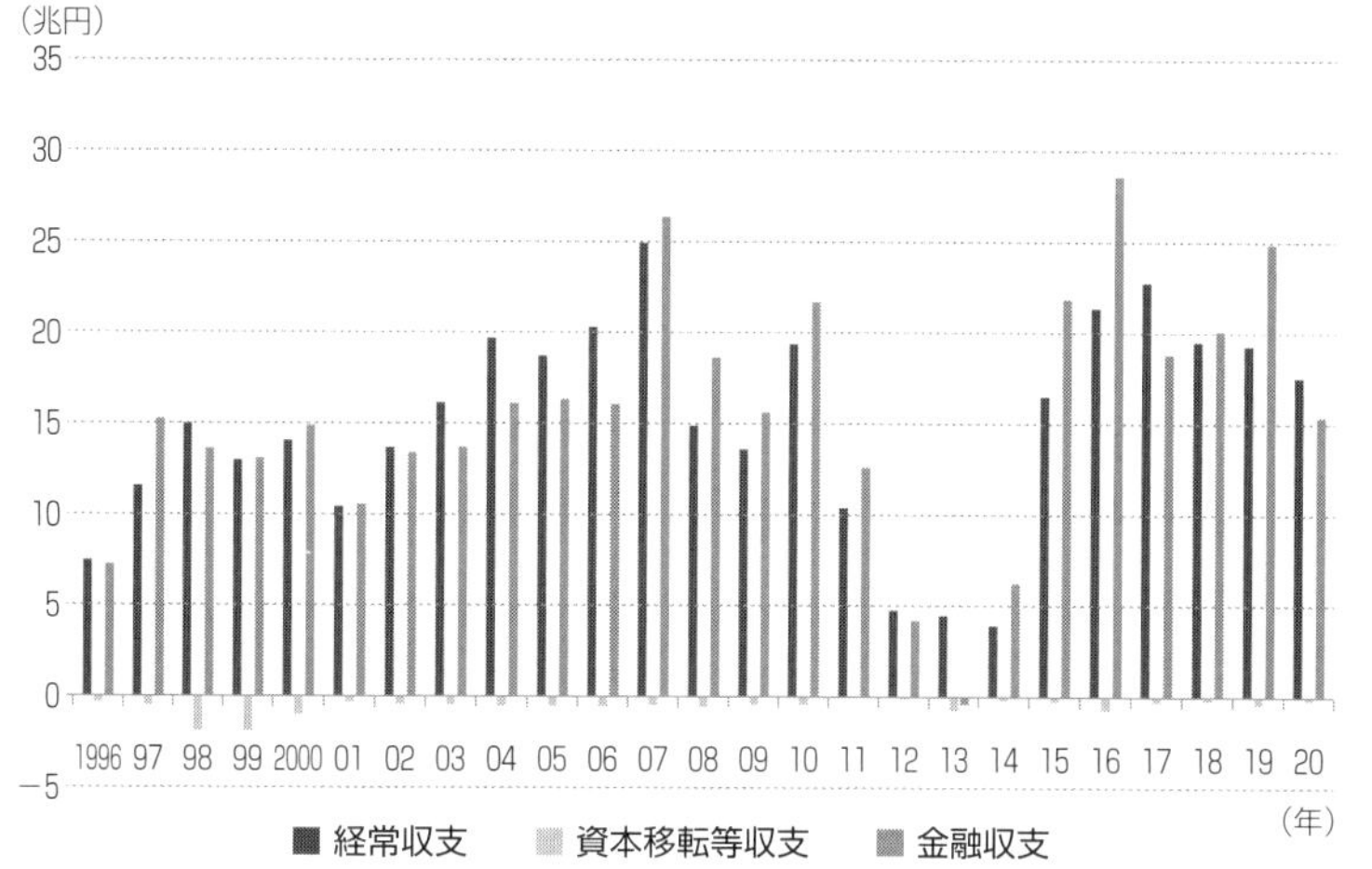

出所：財務省統計に基づき筆者作成

理解いただけると思います。

我が国の国際収支の軌跡

図表45は、日本の国際収支の推移です。日本は恒常的に経常収支の大幅な黒字が続き、これと連動して多額の金融収支の黒字が常態化していました。しかし、それら両者が、２０１２年から２０１４年にかけて縮小しているのが、同図表で確認できます。

これは、２０１１年3月の東日本大震災における原子力発電所事故をきっかけとして、日本全国の電力会社の原子力発電が操業を停止したことに起因しています。

つまり、代替電源として、火力発電が急増したことが経常収支と金融収支の黒字縮小の背景にあるのです。特に、液化天然ガス（ＬＮＧ）の調達コストが大きく、エネルギー資源の輸入が急拡大したことが理由の１つです。

図表46　日本の貿易収支の推移

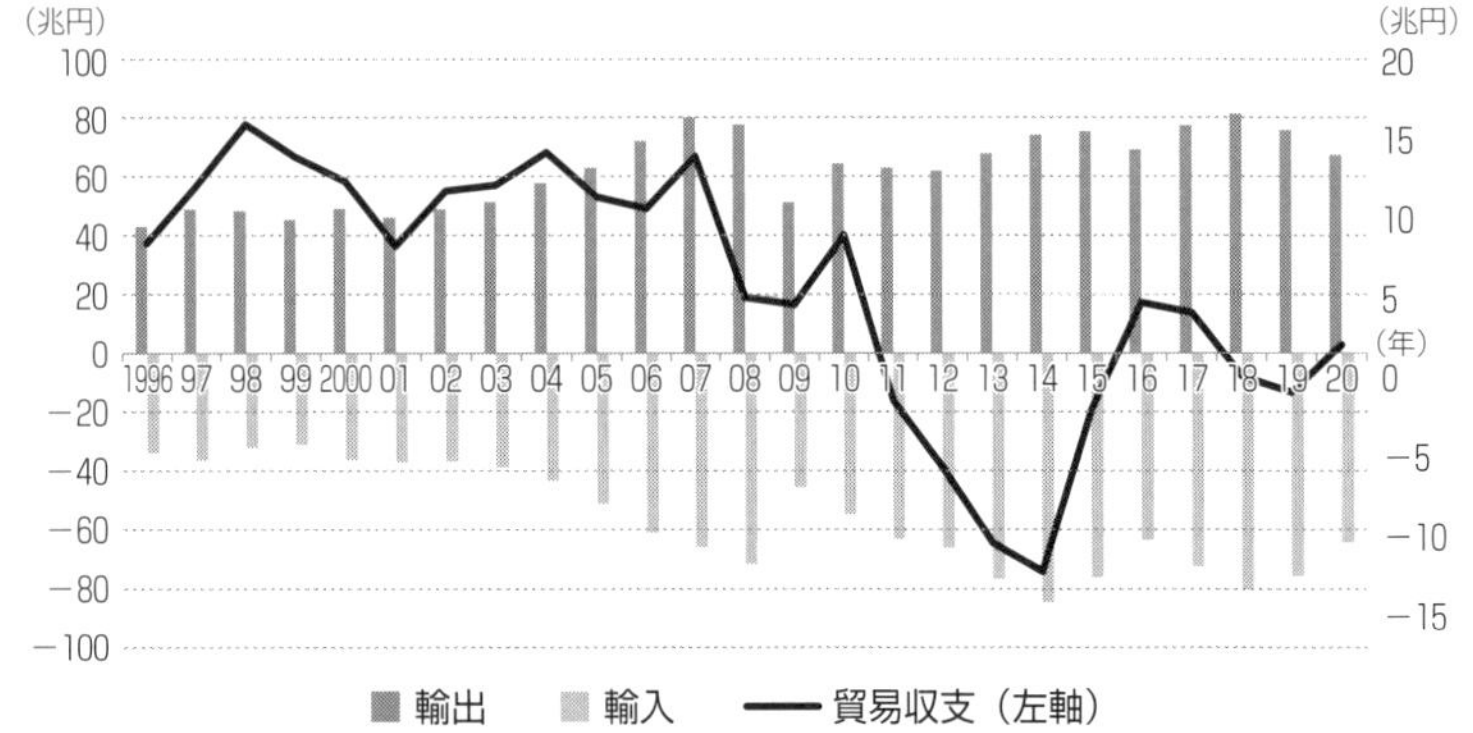

出所：財務省統計に基づき筆者作成

対外純資産

経常収支と金融収支の黒字が縮小したとはいえ、それ以前の多額の経常収支と金融収支の黒字が日本の対外的な債権を膨らませてきたことへの影響は軽微です。

したがって、対外純資産が世界的に見ても図抜けて大きな国となりました。図表47は、これまでの日本の対外純資産の推移です。２０１４年以降はやや頭打ちの傾向にありますが、極めて高い水準にあります。

国際収支というのはお金の流れで「フロー」の部分ですが、対外資産や対外負債、その差額の対外純資産は「ストック」の概念です。経常収支の黒字は、対外資産を増加させ、結果として対外的な資産と債務の差額である対外純資産を増やすことになりました。

図表48を見ればわかるように、主要国の中でも「対外純資産大国」として日本の地位は際立っています。

図表47　対外純資産の推移

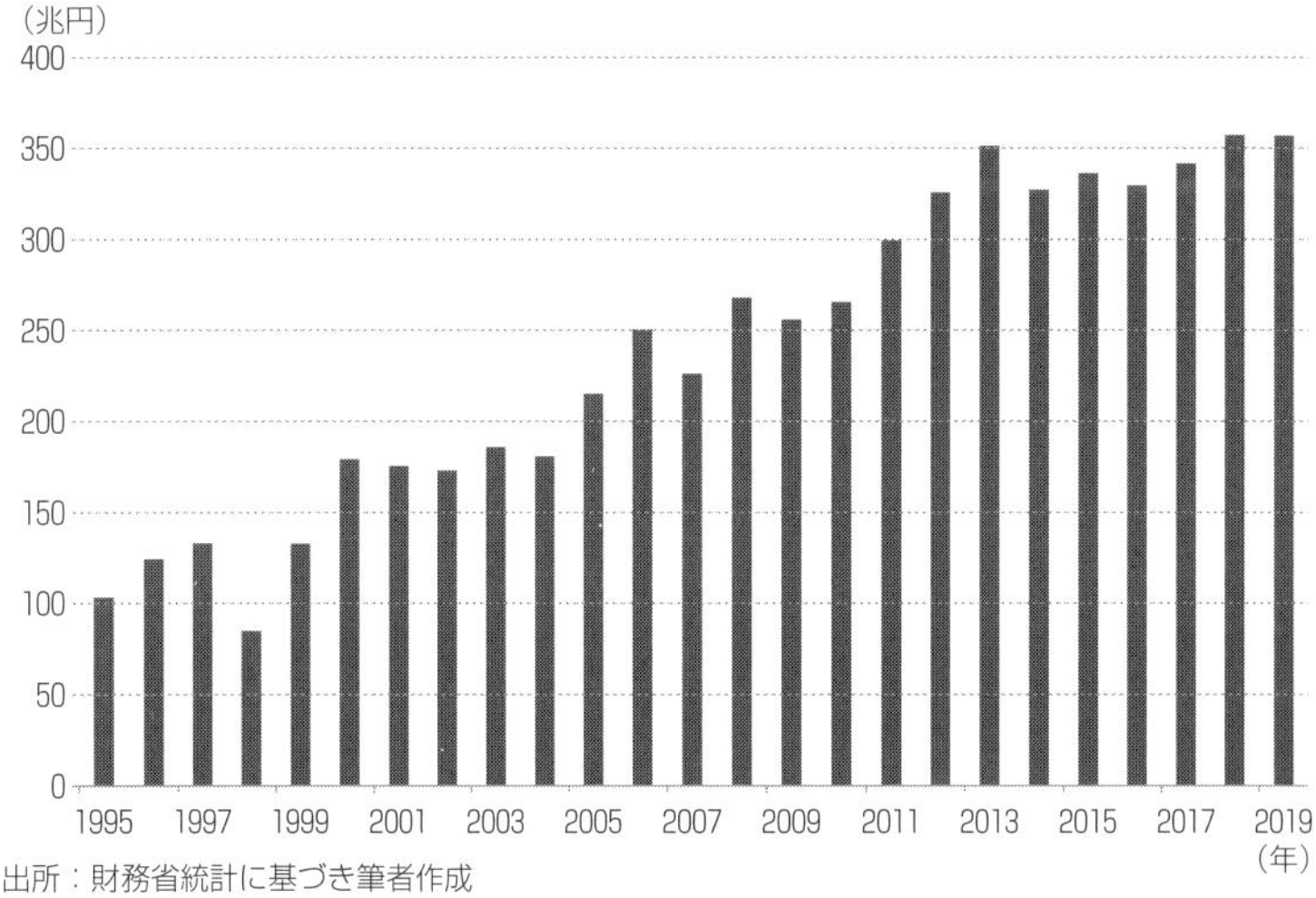

出所：財務省統計に基づき筆者作成

図表48　対外純資産（2020年末）

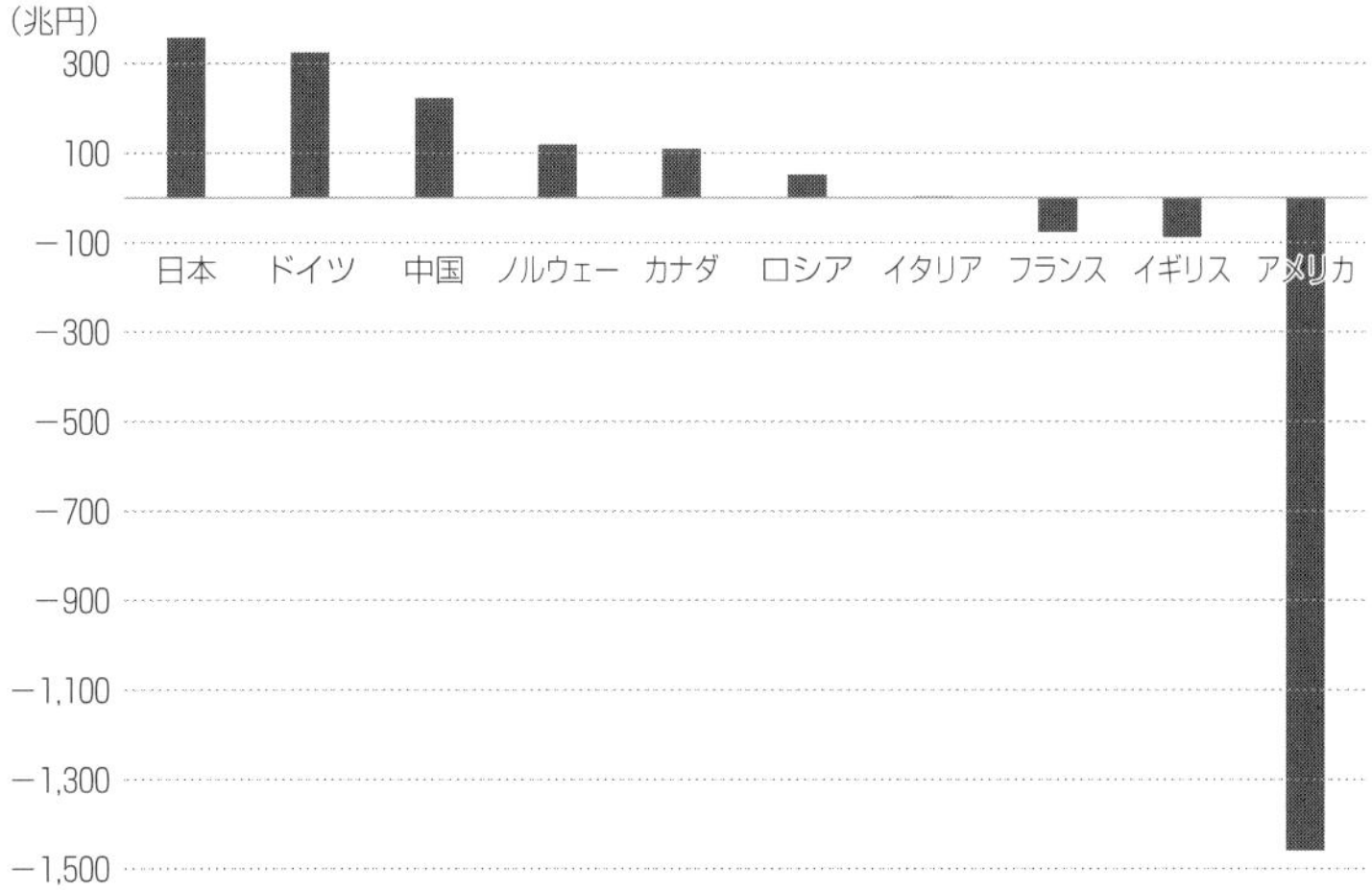

出所：財務省統計に基づき筆者作成

2　外国為替の基本

■為替レートとは？

金融自由化前は、「実需原則」に基づいて、実際に外貨を用いる必要性に応じて外国為替取引ができました。インターネットで気軽に**ＦＸ取引（外国為替証拠金取引）**を行って、為替レートの変化で利益を追求するような時代がくるとは、30年前は誰も想像しなかったでしょう。

しかし、現在は、個人が外貨預金やＦＸ取引を通じて為替リスクを取りながら、株式やビットコインと同様に、価格変化による利益を求めることは日常化しています。

たとえば、手持ち現金が１万円で１ドル１００円の場合、ドルの日本円に対する値上がりを狙って為替取引を行うとすると、１００ドル（１万円＝１００円×１００ドル）しか買えません。思惑どおり１ドル１００円から１２０円に値上がりしたときに１００ドル売却すれば、２千円の利益です（１００ドル×差分20円）。逆に、思惑と逆方向に行き１ドル90円となれば、１千円の損失となります。

ＦＸ取引では、こうした外国為替の売買による利益を少ない資金で行えます。１万円を「証拠金」としてＦＸ業者に差し出せば、現金取引の10倍から15倍の取引が可能です[17]。仮に10倍の取引が可能と仮定すれば、先ほどの事例では10倍の損益となるので、１ドル１２０円に上がった場合は２万円の利益、１ドル90円に下がった場合は１万円の損失になります。ＦＸ取引は少ない資金で大きな取引ができますが、当然その分、大きなリスクを伴うこととなります。

先ほど、「ドルの日本円に対する値上がり」という表現をしましたが、為替レートとは、ある国の通貨の価格を他の国の通貨で表したものです。別の言い方をすれば、異なる通貨間の取引価格と言えます。

1ドルを買うのに100円支払わなければならないときは、1ドル＝100円が為替レートとなります。この状況で、逆に1円を買うときに何ドル必要かと言うと、1を100で割ればいいので1円＝0・01ドルとなります。海外旅行に行くと、両替ブースで遭遇するのが、この表現方法です。私たちは日本国内で為替レートを見る機会が多いので、1ドル当たり120円とか1ユーロ当たり140円といった表記に馴染んでいますが、海外では1円当たり0・00833ドルとか、1円当たり0・00744ユーロといった表示を目にします。

非常にわかりにくいのですが、為替レートは両サイドから見ることができるので、「海外の通貨を買うには、いくらお金（自国の通貨）が必要か」という考え方をします。

そのため、ニュースで「1ドル100円から1ドル120円へ円安が進んだ」と聞けば、為替レートに馴染みのない人は、100円から120円に値上がりしたのに安くなるとはどういうことだ、と首をかしげるのも無理はないです。これは、1ドルの値段が100円から120円に値上がりしたということなので、「ドル高が進んだ」という表現に変えれば納得しやすいと思います。反対に、「1円0・01000ドルから1円0・00833ドルへ円安が進んだ」という表現を使えば同様に理解しやすいかもしれません。

17 2011年以降、規制上の倍率は25倍が上限となりました。

図表49　日本円の実質実効為替レート指数

出所：日本銀行統計に基づき筆者作成

■通貨の「ちから」の指標

為替レートは他の国の通貨で測った通貨の値段ですが、二つの通貨間の交換比率だけでは、客観的にそれぞれの通貨の価値を評価するのは難しいですよね。そこで、登場するのが「**実効為替レート**」です。

実効為替レートは、ある国の通貨と、その他のすべての通貨との通貨間為替レートとを対比して評価したものです。ただし、日本円の実効為替レートを算定する際に、アメリカのドルとマダガスカルの通貨アリアリを同じ比重で評価するのは適切ではありません。そこで、国際通貨基金などが公表する実効為替レートは、それぞれの国と他の国の貿易額をベースに加重平均しています。

なお、よく使われるのは「実効為替レート」ではなく「**実質実効為替レート**」です。「実質」と付く場合は、これまでの説明でもあったとおり、インフレ率を調整したものです。日本はデフレの状況が長く続いていますが、世界には激しいインフレに見舞われている国々もあります。そのため、通貨の実力は物価上昇を踏まえた購買力で比較したほうが適切です。したがって、実質実効為替レートでは、各国のインフレ率を反映したうえで、インフレ率の高い国の通貨の価値は低く調整されます。

図表49は、円の実質実効為替レートの40年間の推移を示しています。気をつけていただきたいのは、経済ニュースなどでは円ドルレートの表示が1ドル＝100円などとなるため、数値が小さくなると「円高」となりますが、実効為替レートの場合は数値が大きいほど円高となります。

1980年初頭の円ドルレートは1ドル＝200円程度で、2021年は110円弱ですので、かなり円高になったと言えますが、全世界の通貨をベースとした評価では、1980年代よりも円安となっていることがわかります。

通貨の実力は、ニュース等でよく見る2通貨間の評価ではわからないものです。

補足説明　固定相場制と変動相場制

為替レートの制度には**固定相場制と変動相場制**があります。為替レートを1ドル100円などに固定してしまうのが固定相場制で、市場の取引の結果として決定されるものが変動相場制です。

そもそも為替レートの歴史をさかのぼると、金や銀などの貴金属を媒介として決められていました。最も簡単な計算方法は、金貨や銀貨に含まれる金属含有量をもとに通貨間の交換比率を決めるやり方です。

江戸時代末期には、正式に日本の通貨（当時の両や分など）とアメリカのドルとの交換比率が暫定的に決められました。正式な開国のきっかけとなった日米和親条約締結（1854年）と、その後の日米通商修好条約（1858年）の経過の中で、銀の含有量をもとに1ドルと一分銀3枚を等価交換するとの日米合意に至りました。

1944年に**国際復興開発銀行**（IBRD）と**国際通貨基金**（IMF）が設立され、自由貿易や資本移動の促進を目的に金1オンス＝35ドルと定め、常にドルと金は交換可能とされました（**ブレトン・ウッズ体制**）。ここにドルを国際通貨（基軸）とするIMF体制が確立されました。しかし、ドルの大量流出に伴い、1971年に当時のアメリカ・ニクソン大統領による「金兌換停止」の発表により、1973年より世界は変動相場制へと移行しました。

3 為替レート決定理論

■購買力平価説

為替レートがどのように決定されるかを精緻に分析できれば、FX取引で大儲けができるでしょう。しかし、世の中、そううまくはいきません。とはいえ、長い期間を踏まえれば、「大体こういう形で為替レートが決まる」という理論的な枠組みはあります。

最も古典的でありながら、説得力のある理論が、**購買力平価説**です。

仮に、マクドナルドのハンバーガーが日本で1個100円、アメリカで1個1ドルとします。日本で買ったハンバーガーをアメリカで売ることを考えると、ハンバーガーの交換比率は1：100

になります。そのため、為替レートが1ドル100円であれば、アメリカでも日本でも同じ価格でハンバーガーを食べられることになります。

これは、世界的な「一物一価」、つまり一つのモノの値段が世界のどこに行っても変わらないという発想に立っています。これが、購買力平価説です。英語の Purchasing Power Parity を略して、「PPP」とも呼ばれます。

この理論はわかりやすい反面、ハンバーガーを劣化させずに東京からニューヨークへ瞬時に移動させることの非現実性の壁にぶち当たります。ドラえもんのどこでもドアがあれば、PPPは成立するのでしょうが……。

補足説明　近隣窮乏化政策

アベノミクスの隠れた狙いの一つは、「円高の是正」でした。かつて円高不況と言われる状況が続きましたが、自国通貨価値の上昇にはメリットもデメリットもあります。

本来であれば、自国通貨の価値が高くなるのはよいことです。なぜなら、円高になれば、海外の商品をより多く購入できるからです。貧しい国の通貨は安くなる傾向がありますが、こうした通貨価値が低い国の人々は購買力が低くなってしまい、物質的に豊かな生活を営むことが厳しくなるのです。

しかし、円高になると、国内で生産される製品を輸出するときに、海外の取引相手に販売する価格が上昇します。仮に、現地価格を据え置く場合も、利益が縮小します。つまり、海外での価格競争力が低下するのです。

また、円高の場合、企業が海外で稼いだ儲けも、日本に還流させる場合に日本円での価値が減少します。企業は、日本で生産拠点を海外に移して、輸出による価格競争力の低下を防ぐ行動に出ます。その結果、国内の雇用は失われ、失業率が高まります。これが円高不況の主な背景です。

かつて、輸出競争力を高めるため、自国の通貨価値を切り下げる政策に出る国々がありました。通貨価値を下げることにより、輸出を増加させ、国内の所得を増やそうとしたのです。これを「**近《きん》隣《りん》窮《きゅう》乏《ぼう》化《か》政策**」と呼びます。自国の通貨を安くすれば他国の通貨価値が上昇し、他国の貿易赤字が増大します。つまり、自国通貨を安くして輸出を増やす政策は近隣国にとってマイナスの効果をもたらすのです。

したがって、昨今では、中央銀行による為替介入による通貨価値の引き下げなどを行うと、国際的に批判を浴びることになります。

■フローアプローチ

「**フローアプローチ**」とは、貿易収支がゼロとなるように、財やサービスの輸出入の数量で為替レートが決まるという理論です。

この理論は、輸入と輸出が金額ベースで一致するという前提に立っています。つまり、ある国の輸出数量にその国での価格を掛け合わせた金額と、他国からの輸入数量に価格と為替レートを掛け合わせたものが一致するという前提に立っているのです。
しかし、現実としては貿易黒字や赤字があるわけで、金融収支などを勘案しなければならないため、この理論の前提は現実性がないと言えます。

■金利平価説

フローアプローチの対極にあるのが「**アセットアプローチ**」です。この理論は、短期的な為替レートの動きが金融資産の取引により決定されるという発想で組み立てられています。フローアプローチがモノのみに基づいているのに対し、アセットアプローチはお金のみに基づいています。

仮に、世界にアメリカと日本しか存在しない状況を想定します。お金を運用する手段が円預金かドル預金しかないとします。

円の預金の収益率は預金金利になります。一方で、円のお金をドル預金に投資した場合の収益率は、（最終的に円に戻すことになるので）ドル預金の金利とドルの値上がり率になります。

この収益率が少しでも違えば、資金がいずれかに集中して流れ込むことになるでしょう。仮に、ドル預金がお得だとなれば、資金は円預金から流出し、ドル預金に流れます。結果的に、円の預金金利は上がり、ドル預金の金利は下がり、ドルの値上がり率を加味したうえでの双方の収益率が一致するところまで資金の動きは続くでしょう。

二つの通貨で運用を行っても、収益率が変わらなくなるのが「**金利平価説**」です。この理論は、次の式で表現することができます。

◇円金利＝ドル金利＋為替レート予想変化率（ドル高率）

モノは輸送手段などの制約があるため、為替レートで値段が調整されるには時間がかかりますが、金融市場は常にリアルタイムで世界に通じているため、短期的な為替レートの動きを説明するには、このモデルの実用性が高いのです。

右の式中に、「予想変化率」とありますが、後の第11章で説明するデリバティブ取引を行えば、先物取引という形で為替変化率を確定できます。そのため、先物為替レートの決定方法は、与えられた金利水準をもとに金利平価説（右の式）が成立する形で決まるのです。

以上の為替レート決定理論の数式を用いた説明は、巻末をご参照ください。

⬇ 数学的補足コーナー

PART
2

投資・運用の視点

第8章 株式

1 株式の基本

■株価は勢いを示す

企業の価値は様々な方法で表されますが、株式市場で評価された結果の株価は、それら多様な評価方法を総合的に反映されたものと言えます。では、株価が高い会社の企業価値が大きいかと言うと、必ずしもそうではありません。なぜなら、企業ごとに発行した株式数が異なるからです。

そのため、適切な指標としては「**株式時価総額**」があります。株式数と株価を掛け合わせたもので、市場に流通する株式の価値の総体となります。

◇株式時価総額　＝　発行済み株式総数　×　株価

この株式時価総額は、企業の価値だけではなく、業種ごとの盛衰や、もっと言えば国家間の勢いの変化も表すことが可能です。図表50をご覧ください。全世界の株式時価総額のトップ10です。

図表50　株式時価総額の世界ランキング

1989年末

	会社名	時価総額(兆円)	国
1	**NTT**	**33.4**	**日本**
2	**日本興業銀行**	**14.6**	**日本**
3	**住友銀行**	**10.1**	**日本**
4	**富士銀行**	**9.5**	**日本**
5	**三菱銀行**	**8.9**	**日本**
6	IBM	8.8	アメリカ
7	**第一勧業銀行**	**8.7**	**日本**
8	エクソン	8.7	アメリカ
9	**東京電力**	**8.6**	**日本**
10	**トヨタ自動車**	**8.5**	**日本**

注：ドル円換算レート＝140円/ドル
出所：CitiResearchに基づき筆者作成

2021年７月末

	会社名	時価総額(兆円)	国
1	アップル	255.2	アメリカ
2	マイクロソフト	226.5	アメリカ
3	サウジ・アラムコ	195.0	サウジアラビア
4	アルファベット(グーグル)	190.9	アメリカ
5	アマゾン	190.6	アメリカ
6	フェイスブック	106.7	アメリカ
7	テスラ	70.4	アメリカ
8	バークシャー・ハサウェイ	67.0	アメリカ
9	TSMC	63.2	台湾
10	テンセント	62.4	中国

注：ドル円換算レート＝105円/ドル
出所：CompaniesMarketCap.comに基づき筆者作成

図表51　金融機関の株式時価総額の世界ランキング

1989年末（国際比較のため不動産業を便宜上含む）

	会社名	時価総額(兆円)	国
1	**日本興業銀行**	**14.6**	**日本**
2	**住友銀行**	**10.1**	**日本**
3	**富士銀行**	**9.5**	**日本**
4	**三菱銀行**	**8.9**	**日本**
5	**第一勧業銀行**	**8.7**	**日本**
6	**三和銀行**	**7.5**	**日本**
7	**野村證券**	**6.5**	**日本**
8	**日本長期信用銀行**	**6.1**	**日本**
9	**東海銀行**	**4.9**	**日本**
10	**三井銀行**	**4.9**	**日本**
11	**太陽神戸銀行**	**3.9**	**日本**
12	**三井信託銀行**	**3.9**	**日本**
13	**東京銀行**	**3.8**	**日本**
14	**住友信託銀行**	**3.4**	**日本**
15	**東京海上火災保険**	**3.1**	**日本**
16	**三菱地所**	**3.1**	**日本**
17	**日本債券信用銀行**	**3.1**	**日本**
18	アリアンツ	3.0	ドイツ
19	**大和証券**	**2.9**	**日本**
20	**日興證券**	**2.7**	**日本**

注：ドル円換算レート＝140円/ドル
出所：CitiResearchに基づき筆者作成

2021年７月末

	会社名	時価総額(兆円)	国
1	JPモルガン・チェース	47.6	アメリカ
2	バンク・オブ・アメリカ	33.9	アメリカ
3	中国工商銀行	24.9	中国
4	ウエルスファーゴ	19.5	アメリカ
5	中国建設銀行	19.0	中国
6	中国農業銀行	16.7	中国
7	ロイヤルバンク・オブ・カナダ	15.1	カナダ
8	シティグループ	14.5	アメリカ
9	中国銀行	13.9	中国
10	CBA	13.5	オーストラリア
11	HDFC	13.4	インド
12	ゴールドマンサックス	13.3	アメリカ
13	トロント・ドミニオン・バンク	12.7	カナダ
14	HSBC	11.9	イギリス
15	マコーリー	8.9	オーストラリア
16	**三菱UFJフィナンシャル・グループ**	**8.0**	**日本**
17	スコティアバンク	8.0	カナダ
18	BNPパリバ	7.9	フランス
19	アル・ラジ・バンク	7.7	サウジアラビア
20	中国郵政貯蓄銀行	6.9	中国

注：ドル円換算レート＝105円/ドル
出所：CompaniesMarketCap.comに基づき筆者作成

1989年は日本のバブル経済のピークだったこともあり、日本企業は世界の株式市場の主役でした。10社のうち8社を日本企業が占めています。しかし、最近のランキングは様変わりしてしまいました。日本企業は消え、「GAFA」と呼ばれるプラットフォーマーが上位を占めています。なお、図表にはありませんが、最上位の日本企業は34位にトヨタ自動車と寂しい限りです。

国家間の勢いという意味では、アメリカや中国の企業が目立っています。次に産業という視点からは、金融機関や公益企業が上位に位置した1989年に対し、2021年は（サウジ・アラムコとバークシャー・ハサウェイを除けば）IT系の企業ばかりです。テスラは自動車メーカーではないかという指摘もあるかもしれませんが、テスラが提供するのは物質としてのクルマではなく、ストレスフリーな移動と環境フレンドリーなMaaS（移動としてのサービス）です。そして、その付加価値のほとんどがITによるものです。

参考までに、金融機関のグローバルランキングを前ページの図表51に示しています。こちらも、1989年には、トップ20のうち19社が銀行を中心とする日本の金融機関です。そして、それらのほとんどが再編により名前がなくなってしまっている状況も皮肉なものです。2021年のランキングでは、三菱UFJフィナンシャル・グループ1社が入っているのみです。

■株価を形成する主な株主の権利

株式に価値が認められるのは、経済的な利益を伴う権利が付与されているからです。株主権の詳細については、279～280ページの「補足説明」をお読みいただくとして、ここでは株価に大きな影響を与える「配当」「残余財産」「議決権」の三つについて詳しく述べます。

①配当

企業が稼いだ利益を株主に配分することを「**配当**」、あるいは金銭での分配を前提に「**配当金**」と言います。個人投資家の中には、株価の値上がり益を期待するよりも預金の利息のような感覚で毎期配当を楽しみに銘柄を選択している人も少なくありません。こうした投資家は、各銘柄の年間配当を株価で割った「**配当利回り**」を比べて投資を判断する傾向があります。

配当は法的に、「**剰余金**《じょうよきん》**配当請求権**」（または「**利益配当請求権**」）として、株主に認められる基本的権利です。法改正前は、年1回の期末配当か、中間配当を加えて年2回の配当が決まっていました。しかし、現在では、株主総会や取締役会の決議により、いつでも剰余金の配当ができるようになり、「**四半期配当**」の実施も増えています。

通常、配当は、決算を踏まえて**取締役会決議**を行い、**定時株主総会**に諮《はか》り、決議を受けたうえで実施されます。ただし、たとえば、四半期配当を行うために年4回も株主総会を開催するのは実務的に大変な負担になりますので、定款《ていかん》に「取締役会に配当決定を授権する」旨を含めておく必要があります。

配当をもらえる株主は「権利確定日」に株式を保有している株主で、3月末を決算期末としている会社は、3月末を期末配当、9月末を中間配当、6月と12月末をその他四半期配当の権利確定日とするのが通常です。ただし、上場株式の売買を行う場合は、売買成立と受け渡しに2営業日を要するので、各期末日の2営業日前までに購入して配当を受け取る権利を確保する必要があります。そのため、権利確定日の前営業日は「権利《けんり》落《お》ち日《び》」と言われています。

◇**重要公式**

配当利回り＝1株当たり配当（DPS）÷株価

※DPS（Dividend Per Share）＝配当総額÷発行済株式数

② 残余財産

企業が事業の終了と解散を決めたときには、清算手続きに入ります。企業が保有している資産や貸借対照表外の権利などを処分して回収された資金は、債権者に分配され、残った部分が株主の手に渡ります。この権利を「**残余財産分配請求権**」と言います。

厳密には、分配の優先順位が決まっていて、税金や労働債権（賃金）などを優先させた後に一般債権（貸出、債券、通常取引における未払い債権等）に支払われます。[18] さらに、劣後債権（一般債権の弁済が行われた後に弁済される貸出や債券）を保有している債権者に返済され、ようやく株主に順番が回ってきます。

株主に順番が回ってきても、まず配分される先は優先株式の株主です。優先株式を発行している会社は多くはないのですが、発行されている場合は優先株式の要項に記されている残余財産優先分配額が分配されます。そして、なおも財産が余っている場合には、議決権保有割合に応じて、普通株主に分配されます。

会社の清算を考えながら株式投資をする投資家はいないと思うのですが、この点は株価評価を行ううえで重要な要素です。企業がお金を稼いで税金を支払った後に残る利益は、配当に回るか、剰余金として内部に留保されるかです。配当はわかりやすく株主のものなのですが、内部留保された利益は会計上「**株主資本**」に蓄積されていきます。これに対応する金額も資産として残ります。そのため、株主資本[19]（厳密には純資産）部分が清算時に株主に届くお金ということになります。

２０００年以前の会計基準では、資産に計上されている有価証券やその他資産が購入したときの簿価（取得原価）で表示されていたために、清算時に回収できる資金と貸借対照表上の金額が大幅に乖離《かいり》することもあったのですが、通称「**時価会計**」と呼ばれる金融商品会計の導入により、貸借対照表が時価に近い形になりました。そうなると、なおさら純資産の金額の大きさが、株主にとっては重要な情報となるのです。

こうした考え方に基づく株価の指標が「**株価純資産倍率**（ＰＢＲ：Price to Book Ratio）」です。このＰＢＲが１倍の水準であれば、「株価は清算価値で取引されている」と表現されます。

◇**重要公式**　**ＰＢＲ＝株価÷１株当たり純資産（ＢＰＳ）**

※ＢＰＳ（Book Value Per Share）＝純資産÷発行済株式数

---

18 厳密には、担保（抵当権）が付いた資産の処分対価は、優先して債権者に支払われます。

19 株主資本に少数株主持分などを含んだものが純資産です。

図表52　議決権保有比率による決議可能な項目

決議の種別	定足数	必要な議決権比率	決議対象議案	根拠条文（会社法）
普通決議	過半数	過半数	剰余金の配当	454条
			取締役・（監査役）の選任・解任	329条、421条
			自己株式の取得	156条
特別決議	過半数	3分の2以上	定款変更	466条
			資本金の減少	447条
			株式の併合	180条
			解散	471条
			合併	783条、795条

注：取締役会設置会社を前提
出所：筆者作成

③ 議決権

企業の運営を行う責任者は、社長をはじめとする経営陣ですが、代表取締役社長であろうが、経営執行最高責任者CEOであろうが、株主から経営を付託された存在に過ぎません。そのため、大株主は経営陣を解任することが可能です。そのパワーの源泉が「**議決権**」です。

ここで、大株主というあいまいな表現を使いましたが、議決権の数量によって行使できるパワーが異なります。図表52をご覧ください。

実質的に企業を支配するためには、50%超の議決権を直接的、あるいは間接的に握る必要があります。この場合、普通決議の項目にある取締役の選任や解任が可能となります。また、企業（親会社）がグループ内の子会社を連結子会社とする会計上の基準も、このハードルとなります。

しかし、何不自由なく経営権を行使するパワーを確保するには、特別決議が可能な3分の2以上の議決権を握る必要があります。この水準まで議決権を保有すれば、会社の憲法的な存在である「定款」を変更することができます。

たとえば、企業買収を行う際に、相手先が上場企業の場合は多くの株主が存在しています。そうした相手企業を100％子会社化して上場廃止させる方法として、第1段階で株式の3分の2以上を買い取ったうえで株主総会を開催し、第2段階として「**株式併合**（複数の株式を1株に統合すること）」を特別決議します。株式併合により、たとえば、1万株を1株に変換する併合を考えると、7千株持っている株主でさえ1株以下（0・7株）の「端株《はかぶ》」になり、議決権を失います。そして、第3段階で、会社が端株を現金で買い取ります（会社法第235条[20]）。この一連の手続きを、少数株主を締め出すという意味で「**スクイーズ・アウト**」と言います。

なお、第一段階における株式の買い上げを「**TOB**（Take-Over Bid）」と言います。TOBは株式公開買付けのことで、取引所外で不特定多数の株主に対して買付価格、期間を公告して、株式の売り渡しを勧誘して、買い付けることです。

補足説明　自益権と共益権

株主の権利としては、「**自益権**」と「**共益権**」があります。

20 **会社法第235条第1項**　株式会社が株式の分割又は株式の併合をすることにより株式の数に一株に満たない端数が生ずるときは、その端数の合計数（その合計数に一に満たない端数が生ずる場合にあっては、これを切り捨てるものとする。）に相当する数の株式を競売し、かつ、その端数に応じてその競売により得られた代金を株主に交付しなければならない。

図表53　株主権の一覧

区分	株主権	株数最低要件	継続保有要件	根拠条文(会社法)
自益権	剰余金配当請求権	1株	なし	105条、453条
	残余財産分配請求権	1株	なし	105条、504条
共益権	議決権	1株	なし	105条、308条
	議案提出権	1%または300個	要	303条
	株主総会招集請求権	3%	要	297条
	株主代表訴訟提起権	1株	なし	847条
	特別清算開始申立権	1株	なし	511条
	解散提起権	10%	要	833条
	役員解任請求権	3%	要	854条
	募集株式発行差止請求権	1株	なし	210条
	新株予約権発行差止請求権	1株	なし	247条
	取締役の違法行為差止請求権	1株	要	360条

注1：取締役会設置会社を前提
注2：株主権行使の6か月前から引き続き株式を保有していること（定款で短縮可）
出所：筆者作成

自益権とは、各株主の利益のために認められた権利で、配当や残余財産などの経済的対価を受け取る権利です。

共益権とは、株主が会社の経営に参加することを目的とした権利で、基本的には会社の利益のために行使される権利と位置づけられています。ただし、共益権に株主が単独で行使可能な議決権や株主総会での議案提案権などの「**単独株主権**」もあれば、一定数以上の株式を有していなければ行使できない「**少数株主権**」があります。図表53に、私たちが普段接する主な株主権を示しておきますので、ご覧ください。

2　株式投資のスタイル

■戦略投資と純投資

株式投資は、一般的に投資収益の獲得を目的としたものです。国債や預金などの価値の変動が限

図表54　日本の株式市場の参加者のイメージ

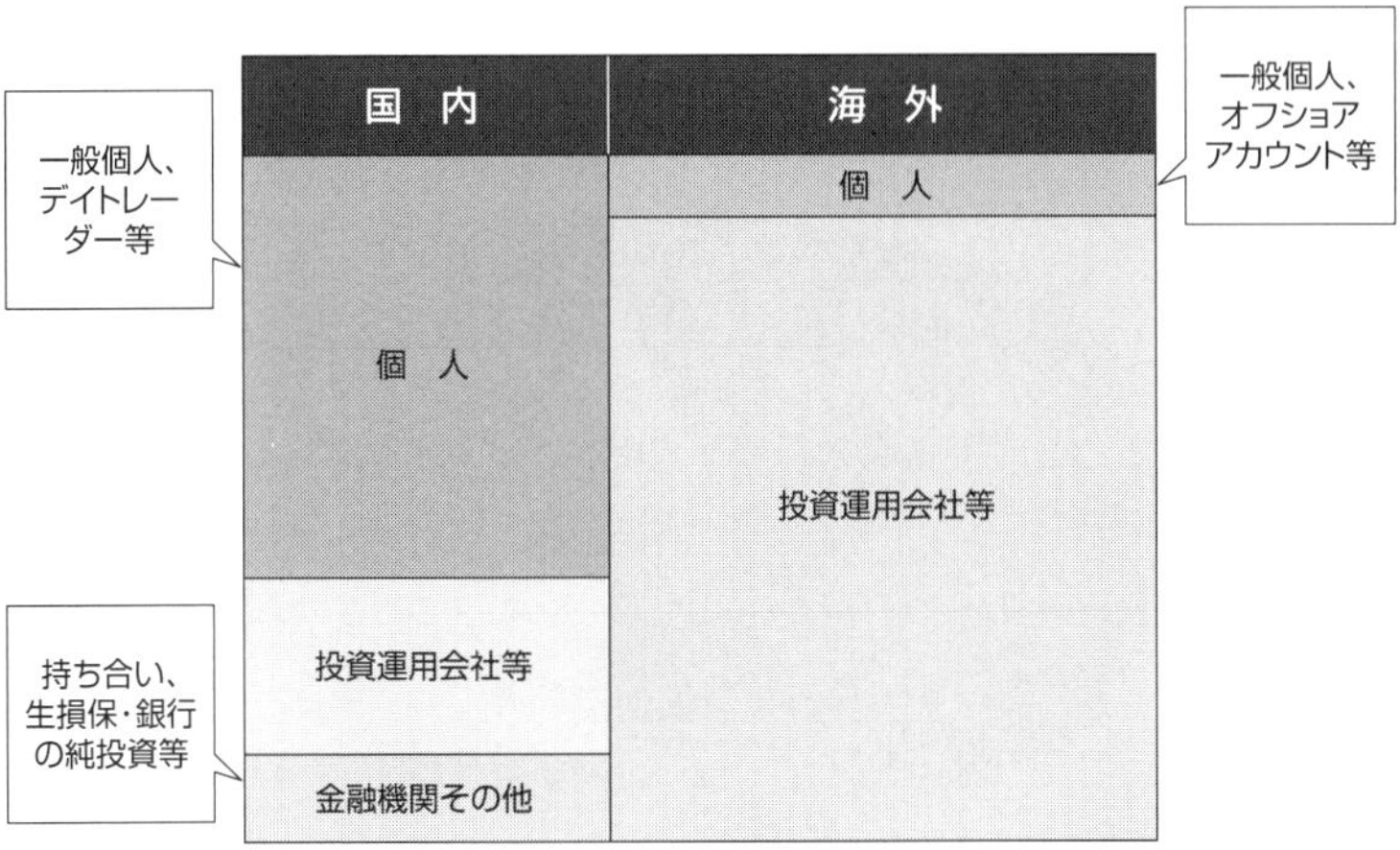

出所：筆者作成

られる資産（安全資産）への投資では投資による収益率は限られていますが、株式は価格変動も大きい一方で高い収益率を追求することが可能です。このような投資収益を目的とした投資を、「**純投資**」と位置づけることが可能です。また、純投資の特徴としては、将来的な投資対象の売却を前提にしている点が挙げられます。

　これに対して、株式投資が売却を前提としないケースもあります。前節では、企業が他の会社を買収して子会社化するなどのケースを取り上げましたが、その場合には、株式の取得の目的は配当や売却益の獲得ではなく、事業を取り込むことによるビジネス上の業績向上の効果を期待したものです。こうした株式投資を「**戦略投資**」として純投資とは区別して認識することができます。

■株式市場の参加者

日本の株式市場の参加者の全体像のイメージを

図表55　株式売買の主体別構成（2020年、暦年、売買金額ベース）

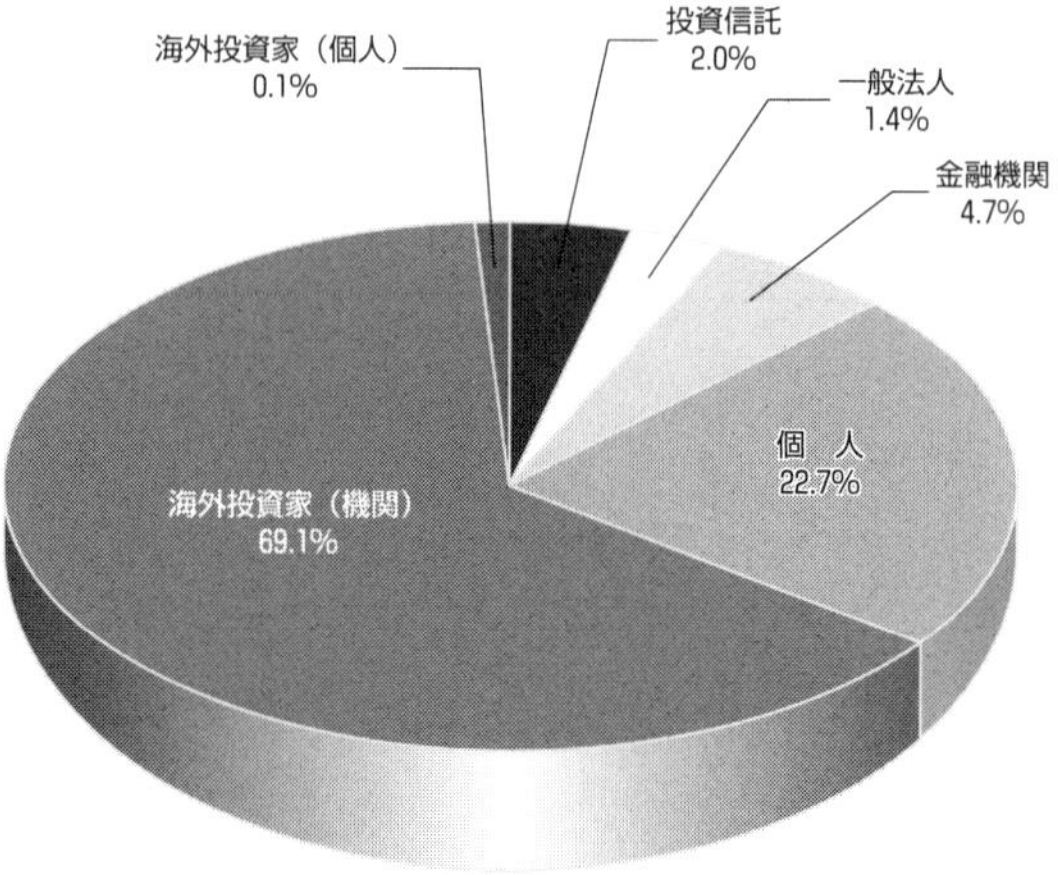

出所：日本取引所統計に基づき筆者作成

表したものが前ページの図表54です。それぞれの面積は、日本の株式市場における存在感の大きさを表しています。

株式投資を行う参加者は、機関投資家と個人投資家に大別されますが、機関投資家とは投資を行う主体が会社組織であり、投資そのものを業としている会社もあれば、本業に付随して投資が行われている場合もあります。個人投資家は、株式売買を職業としているデイトレーダーから株主優待を主な目的とする人に至るまで多彩です。

次に、実際の株式売買の構成を見てみましょう。図表55は、２０２０年１年間における株式売買の実績をシェアで表したものです。

存在感が際立っているのは、海外投資家です。わずか10年前の２０１１年には51%のシェアだった海外投資家は、いまや7割を占めています。

機関投資家の大半は、資産運用機関です。まさに投資そのものを本業とするもので、年金や投資信託からの運用を受託、あるいは投資信託そのものを運営している機関もあります。資産運用を専業としていない会社もあります。

保険会社は、個人顧客などからの保険料収入を運用し、将来における保険金支払いに備えています。

銀行も機関投資家の一部で、収益多様化の一環として株式投資を行うほか、法人顧客との「株式持ち合い」と呼ばれる政策保有株式を大量に保有していました。しかし、自己資本比率規制の厳格化や時価会計の影響もあり、売買というよりは売却が多く、大幅な「売り越し」となっています。

3 資産運用機関の投資スタイル

■様々な投資手法

機関投資家の運用方法には複数のアプローチが存在していますが、短期的利益を狙う投資手法を除けば、企業の成長性に賭ける「**グロース投資**」、そして割安な株に投資する「**バリュー投資**」に分かれます。

このほか、高い配当が魅力となっている株式に投資する「高配当投資」などの伝統的な投資方法のほか、ヘッジファンドのように様々な投資手法を駆使して株式市場の好不調によらず、高い収益を目指す投資スタイルもあります。

次ページの図表56をご覧ください。市場で取引されている株式等の金融資産への投資を行う資産

図表56　資産運用ファンドの種類

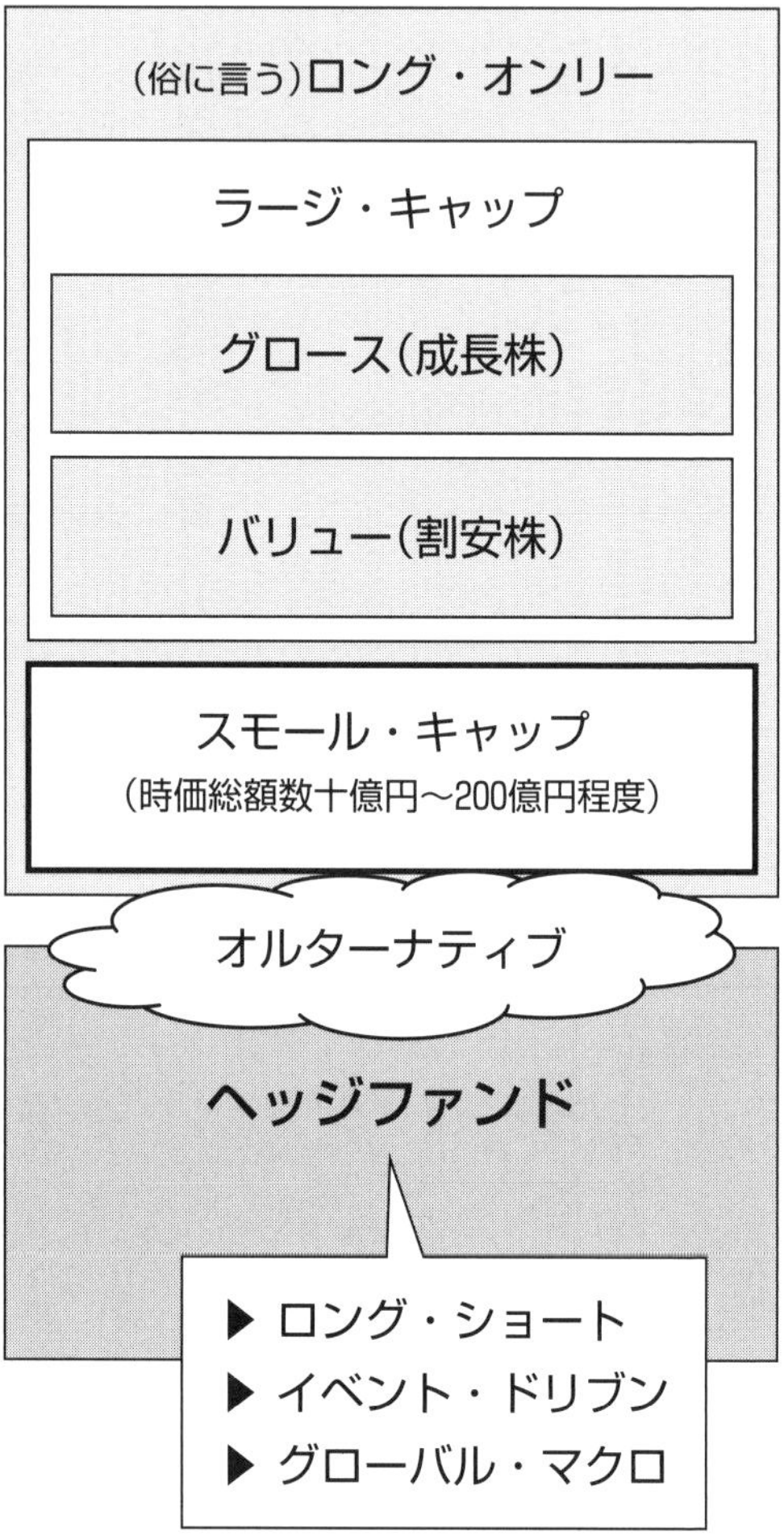

出所：筆者作成

運用については、通称「**ロング・オンリー**」と呼ばれるファンドと、「**ヘッジファンド**」に区分できます。これらのファンドについては、一つの資産運用会社で両方の取扱いがある場合もありますが、通常はロング・オンリーかヘッジファンドのいずれかに専ら取り組んでいます。

また、ロング・オンリーの中で、ラージ・キャップとスモール・キャップに分かれていますが、時価総額が相当程度以上の銘柄（通常100億〜200億円）を扱うのがラージ・キャップ・ファンドです。ラージ・キャップ・ファンドは、取り扱う金額が大きいので、小型の銘柄の売買を行うと、流動性（取引高）に比べて売買額が過大となるため、不利な方向へ株価が動いてしまうのです。たとえば、投資することを決めて買い注文を入れると、クジラが池に飛び込むような形になり、株価が急騰してしまい、逆に売却するときは株価が急落し、投資を円滑に組み立てられなくなります。そのため、ファンドサイズの小さなスモール・キャップ特化型ファンドを別に組んでおくのです。

以下、グロース投資、バリュー投資、ヘッジファンドの順番で解説していきます。

■グロース投資

この中でグロース投資とは、企業の将来における成長性に基づいて業績の伸びが期待できる企業に投資する手法です。

投資を行うにあたっては、たとえば**SWOT分析**が考え方の基本となるでしょう。SWOT分析は株式投資に限らず、学生の就職活動における企業分析でも活用されるなど、コンパクトに企業の戦略評価を行うには便利な手法です。

SWOTの**Sは強み（Strength）**、**Wは弱み（Weakness）**、**Oは機会（Opportunity）**、**Tは脅威（Threat）**です。それぞれ簡単に説明しておきます。

- **強み（Strength）**：企業の業界内における、あるいは世界的な競争力の分析が基本です。競争力評価の中では、特許などにより裏打ちされた技術力や市場での占有率の高さが主な分析対象です。

- **弱み**（Weakness）：魅力的な企業でも、弱みは必ず存在します。投資判断には将来的なマイナス材料を見極めておく必要があります。ただし、現在存在している弱みが経営陣交代などのイベントにより解消することもあります。
- **機会**（Opportunity）：現時点で実現していなくとも、潜在性を頭の体操的に考察することが重要です。業績の「伸びしろ」を分析する意味で、グロース投資では重要な要素になります。規制緩和や他社提携など、様々な変化による業績貢献を評価します。
- **脅威**（Threat）：現時点では浮上していないものの、業績や経営にマイナスに影響するような市場ないしは業界内の事象を分析します。感染症、気候変動、規制強化、政治リスク、異業種参入などが主たる要因です。

大型のグロース銘柄のわかりやすい例としては、ＧＡＦＡなどのテクノロジーを背景に、消費者市場における存在感を拡大し続けている企業群です。

また、創業から急成長を遂げている企業などは、利益水準が低く赤字の場合も少なくありません。純資産も脆弱で、実績に基づく財務分析では、まともな株価が期待できない銘柄も数多く存在しています。

アメリカのテスラなどもその例で、２０２１年末現在の**株価収益率**（ＰＥＲ）は千倍を超え、アメリカの代表的な株価指数であるＳ＆Ｐ５００の平均ＰＥＲが23倍程度、日本のＴＯＰＩＸ（東証株価指数）が15倍程度ですので、足元の収益は関係なく成長への期待が株価形成につながっているのが理解できると思います。

■バリュー投資

世の中は、成長を期待できる会社ばかりではありません。むしろ、伝統的な安定した経営を誇りにしている企業のほうが多いかもしれません。そうした企業を含め、よい企業も悪い企業も関係なく、市場で取引されている株式が、本来評価されるべき価格より安いような銘柄を対象とするのが、バリュー投資です。そのため、バリュー投資は「**割安株投資**」とも呼ばれています。

しかし、基本的な分析は、グロース投資と大きく変わるものではありません。単純に、ＰＥＲや**株価純資産倍率**（ＰＢＲ）をソートして、低水準の銘柄を買い漁っていくだけでは、資産運用者としての付加価値はありません。企業価値を分析して、市場が当該企業を過小評価していると判断できて、はじめて積極的な投資を行うことができるのです。つまり、市場が読み違えている場合や、情報を十分に反映していないことで生じる市場価格のゆがみを突いた投資スタイルが有効です。

バリュー投資は、過小評価されている状態から妥当な評価へと、市場が当該銘柄を再評価することが前提となっています。市場が再評価するまでの時間軸や、本当に市場が再評価してくれるのかという不確定要素が存在しているので、資産運用者はアナリストなどの知見を得ながら分析を深める必要があります。

ＰＥＲやＰＢＲなどの投資尺度がある中で、どの指標を重視すべきかは運用スタイルにもよりますが、実は株主資本利益率（ＲＯＥ）などの評価が適正である限りにおいては、ＰＥＲでもＰＢＲでも同じ結論を導くことになるはずです。

簡単に述べれば、ＲＯＥが高い会社はＰＢＲが高くなるはずです。一方で、同じ収益性を持った会社同士でも、経営陣の信頼が高い企業のほうがＰＥＲは高くて当然です。

こうしたロジックについては、しっかりと数字を使って説明しますので、次節をご参照ください。なお、２０２１年末における日本の株式市場におけるＰＢＲとＰＥＲのランキングを図表57から図表60に示していますので、ご覧ください。

これらのランキングから、ある傾向が見出せると思います。

それは、ＰＥＲにしてもＰＢＲにしても、上位に入っているのは比較的小規模で新しい企業が多く、低位に甘んじているのは、伝統的な企業が多い点です。

それぞれの投資指標を見ると、上位に入ってきている銘柄の数字は、いずれも桁違いに大きく、足元の業績や財務状況に基づく評価ではなく、将来的な成長や業績回復を期待した価格形成の印象が鮮明です。

図表57　日本市場の高PERランキング

	銘柄	証券コード	PER
1	(株)ハチバン	9950	7000
2	(株)メドレー	4480	6000
3	(株)ACCESS	4813	5000
4	(株)JTOWER	4485	5000
5	(株)ハウテレビジョン	7064	5000
6	(株)宮入バルブ製作所	6495	5000
7	堀田丸正(株)	8105	5000
8	(株)バリューデザイン	3960	5000
9	エコモット(株)	3987	5000
10	(株)ココナラ	4176	5000

注：会社予想ベース、2021年12月30日終値
出所：Yahoo! Financeに基づき筆者作成

図表58　日本市場の低PERランキング

	銘柄	証券コード	PER
1	(株)フィスコ	3807	1.0
2	Nexus Bank(株)	4764	2.0
3	(株)田谷	4679	3.0
4	川崎汽船(株)	9107	4.0
5	(株)千葉興業銀行	8337	5.0
6	(株)商船三井	9104	6.0
7	ネクストウェア(株)	4814	7.0
8	日本郵船(株)	9101	8.0
9	理研ビタミン(株)	4526	9.0
10	(株)デジタルホールディングス	2389	9.0

注：会社予想ベース、2021年12月30日終値
出所：Yahoo! Financeに基づき筆者作成

図表59　日本市場の高PBRランキング

	銘柄	証券コード	PBR
1	石垣食品(株)	2901	400
2	(株)ガーラ	4777	300
3	日本通信(株)	9424	100
4	(株)ラクス	3923	60
5	(株)鉄人化計画	2404	60
6	(株)グローバルウェイ	3936	60
7	弁護士ドットコム(株)	6027	60
8	(株)SDSホールディングス	1711	60
9	HENNGE(株)	4475	60
10	(株)ジェイグループホールディングス	3063	60

注：2020年度実績ベース、2021年12月30日終値
出所：Yahoo! Financeに基づき筆者作成

図表60　日本市場の低PBRランキング

	銘柄	証券コード	PBR
1	(株)千葉興業銀行	8337	0.09
2	(株)栃木銀行	8550	0.10
3	(株)宮崎太陽銀行	8560	0.11
4	(株)山梨中央銀行	8360	0.11
5	(株)高知銀行	8416	0.11
6	(株)豊和銀行	8559	0.11
7	(株)じもとホールディングス	7161	0.11
8	(株)筑波銀行	8338	0.11
9	(株)南日本銀行	8554	0.11
10	(株)大分銀行	8392	0.11

注：2020年度実績ベース、2021年12月30日終値
出所：Yahoo! Financeに基づき筆者作成

これに対し、図表60の低ＰＢＲランキングを見ると、清算価値の１００分の１ほどの評価しか得ていないことと、地銀が名を連ねていることが確認できます。

これは、地銀の低収益性に対する厳しい評価と、成長性の欠如、そして将来的な経営環境の悪化を、市場が織り込んだ結果ではないかと思います。

■ヘッジファンド

ロング・オンリーとヘッジファンドの区分について述べましたが、ロング・オンリーという俗称の付いた理由は、「ショート」をしないためです。ショートとは空売りを意味しており、保有していない株式を他から借りて売却する取引のことです。また、空売りをしている状況を「ショート・ポジション」、買い持ち（買って保有）している状況を「ロング・ポジション」と言います。

たとえば、X商事の株価が下がるという予想をした場合に、1万株を借りて市場売却するとします。株価は売却時に500円だったものが、100円まで低下したとします。そのときに100円で市場から株式を1万株購入し、借りた株式を返済します。この取引で、400万円もの利益を獲得することができます。

◇損益＝（500円－100円）×1万株＝400万円

ショートを行わないからロング・オンリーという俗称が存在するということは、逆に言えばヘッジファンドとは、ショートを行うということです。ヘッジファンドは、多様な取引手法を活用しながら利益追求をするファンドで、ショートも取引手法の一部に過ぎません。オプション取引をはじめとするデリバティブ取引や、少ない資金を担保として借入を行うことで何倍もの金額を取引するレバレッジを用いた取引など様々です。

ヘッジファンドの投資スタイルも、いくつかのタイプがあります。

①ロング・ショート

その名のとおり、ロング・ポジションとショート・ポジションを組み合わせて投資収益を狙う手法です。この投資戦略は、株式市場全体が悪化する見通しであっても、あるいは逆に改善する見通しであっても、市場の方向性に限らず、収益を追求する「マーケット・ニュートラル」が中心です。ただし、割安株を買って割高株を売ることで、ネットではロング・ポジションかショート・ポジションが多い取引もあります。

マーケット・ニュートラルについて例示しましょう。まったく同じ業界の会社が2社あり、両社とも業績悪化が見通されるものとします。しかし、A社よりもB社のほうが、悪化度合いが軽度で済む予想をしたとします。この場合、A社株を借りて売却し、B社株を買う戦略を選択します。

投資期間を1か月、株価は両社とも100円、A社株を1万株空売りし、B社株を1万株購入します。その結果、1か月後にA社株は50円に、B社株は80円にいずれも低下するとします。

◇**損益（A）**＝（100円－50円）×1万株＝50万円

◇**損益（B）**＝（80円－100円）×1万株＝▲20万円

⬅

◇**総合損益**＝50万円－20万円＝30万円

したがって、A社、B社ともに株価下落しても儲かるのです。

②イベント・ドリブン

株価に大きな影響を及ぼすようなイベントをテーマとして投資機会を追求するのが、イベント・ドリブンです。M&Aや破たんなどは、業績以上に株価への影響が大きい場合が少なくありません。

投資戦略が簡単な場合も、複雑な場合もあります。破たんを予想する場合は、単純にショートすればいいですし、M&Aの場合もA社がB社を買収しそうだという予想があれば、B社株をロングし、あるいはB社株を買ってA社株を売る戦略が考えられます。

やや複雑なのは、合併合意ができているにもかかわらず、合併比率（合併される会社の株主が合併する会社の株式を受け取る際の比率）が未定の場合です。仮に、現在の株価の対比がA：B＝1：2だとします。しかし、何らかの理由から合併比率が1：3になると予想します。A社を存続会社とすると、B社株1株がA社株3株に交換されることになります。この場合は、B社株を保有していたほうが相対的に有利ですのでA社株をショートして、B社株をロングする戦略が適当です。

③グローバル・マクロ

各国の景気や社会情勢を含むマクロ経済の動向を予測して、よい方向でも悪い方向でもいいので、市場の方向性に賭ける投資手法です。

アジア通貨危機の際などは、各国の経済の悪化と対外的な債務の返済負担を評価し、ドルなどの主要通貨に対し、アジアの一部の通貨を売り仕掛けしたことが、通貨下落に大きく影響しました。

この投資戦略では、株式や債券、通貨などをもとに、デリバティブを駆使しながらレバレッジをかけた取引を行います。

これらのほかにも、企業の**エクイティ・ファイナンス**（新株発行、発行済株式売り出し、ないしは、株式への転換、取得につながるような社債の発行）に付随して、取引を行う**アービトラージ**（**裁定取引**）型などもあります。なお、ここで「**エクイティ**」という言葉を使いましたが、株式を意味しており、実務の世界では日本でもエクイティを株式の代わりに使いますので、慣れておいてください。一方で、貸出（借り手にとっての借入）や債券には「**デット**」を使います。

さて、エクイティ・ファイナンスの**新株引受権付社債**（将来的に決まった金額で株式を取得できる権利の付いた社債）、あるいは**転換社債型新株予約権付社債**（決まった比率で株式に転換できる社債）ですが、これらの発行の際に、ショートしながら新株予約権部分のみを買うようなタイプがファイナンスに絡むアービトラージ取引の主流です。

新株予約権は、別の表現では、株式を定額で買うことのできる「**コールオプション**」です。コールオプションについては、デリバティブの節で詳しく説明しますが、株価が上昇すると価値が上昇する特性を備えています。一方で、株式のショートは、株価が上昇するほど損をします。つまり、新株予約権を持つことと、株式空売りを同時に行うことは、損益の相殺を伴います。そのため、これらを組み合わせることで、損益の振れ幅を抑制しながら、価格形成のズレに着目して利益を追求することが可能です。

ヘッジファンドは、ハイリスク・ハイリターンのイメージが強いですが、リスクを多彩な金融取引で管理しながら収益追求するリスク抑制的な側面があることも認識しておくべきでしょう。

COLUMN

プライベートエクイティ投資とユニコーン

上場株式の売買がエクイティ投資の保守本流と考えられがちですが、日本に不足していると私が常々感じているのが「**プライベートエクイティ投資**」です。

プライベートエクイティとは、非上場あるいは未公開株式のことで、普通株式だけではなく、先ほど登場した新株予約権や議決権が制限された株式なども含みます。

ひとくちにプライベートエクイティと言っても、未公開会社は数多く、日本国内の法人企業で未公開の会社は288万社もあります（2020年12月末）。ちなみに、2021年9月末の上場企業数は3783社に留まります。ただし、未公開会社の中でも、プライベートエクイティ投資の対象となるのは、ごく一部です。

投資のタイプは、スタートアップと呼ばれる創業から年数の浅い企業向けの「**ベンチャーキャピタル**」と、それ以外に分かれます。ベンチャー以外の投資対象は、業歴の極めて長い会社から若い会社までいろいろありますが、投資対象の状況により投資スタイルも変わります。既存の企業やその部門や事業に投資する「**バイアウト投資**」、経営難に瀕している企業に投資する「**再生投資**」、これに似ていますが、すでに破たんした企業に投資する「**ディストレス投資**」などがあります。

ここで取り上げたいのは、ベンチャーキャピタルです。創業間もないと言っても成長段階により、種まきを意味する「シード（シーズ）」、起業から収益化までの途上である「アーリー」、黒字化が実現する「ミドル」、成長軌道に乗り本格的拡大に進む「レイター」の各ステージに分けられます。そして、レイターステージに入った多くの企業は、そのまま未公開を続けながら事業の売却（エグジット）を考えるか、**株式公開**（**IPO**：Initial Public Offering）へと進むこととなります。

その中でも、未公開のまま巨額の企業価値にまで育った企業を「**ユニコーン**」[21]と言います。ユニコーン企業とは、国内に限らず世界的な評価を獲得する会社で、①創業10年以内であること、②企業価値（想定推定時価総額）が10億ドル（1100億円相当）以上であること、③未公開会社であることの三つの条件を充足する会社です。[22]

ニューヨークのプライベートエクイティ関連の情報マネジメント会社であるCBインサイトによると、2021年9月におけるユニコーン企業は817社、その想定時価総額の合計は291兆円（1ドル110円換算）に及んでいます。

そして、そのランキングは296〜297ページの図表61にまとめてありますが、日本の会社は1社もありません。スタートアップ企業などの成長企業の情報プラットフォームを展開するフォースタートアップ社の情報によると、2020年末における日本で最大の想定時価総額を持つのは、

21　ユニコーンの語源は、シリコンバレーのベンチャーキャピタリストであるアイリーン・リーが、創業から急成長する企業が少ないという意味で幻獣ユニコーンになぞらえて名付けたという説があります。

22　100億ドル以上の場合は「**デカコーン**」、千億ドル以上の場合は「**ヘクトコーン**」です。

ディープラーニングといったAIの実用化を事業とするプリファードネットワークスで、その想定時価総額は3571億円となっています。

私の問題意識はここにあります。なぜ、日本でユニコーンが育ちにくいのかと。

その理由は、三つあると思います。

事業内容	投資家
Tik Tokなど	Sequoia Capital China, SIG Asia Investments, Sina Weibo, Softbank Group
フィンテック	Khosla Ventures, LowercaseCapital, capitalG
宇宙開発	Founders Fund, Draper Fisher Jurvetson, Rothenberg Ventures
フィンテック	Institutional Venture Partners, Sequoia Capital, General Atlantic
サプライチェーン	Khosla Ventures, Kleiner Perkins Caufield & Byers, Collaborative Fund
データマネジメント	Andreessen Horowitz, New Enterprise Associates, Battery Ventures
フィンテック	index Ventures, DST Global, Ribbit Capital
フィンテック	Sequoia Capital, Redpoint e.ventures, Kaszek Ventures
ゲーム開発	Tencent Holdings, KKR, Smash Ventures
Auto & transportation	Amazon, Ford Motor Company, Cox Automotive
フィンテック	Forerunner Ventures, Crosslink Capital, Homebrew
フィンテック	Sequoia Capital, Thoma Bravo, Softbank
Eコマース	SoftBank Group, Andreessen Horowitz, Temasek Holdings
オンライン教育	Tencent Holdings, Lightspeed India Partners, Sequoia Capital India
フィンテック	Intel Capital, Sapphire Ventures, Alibaba Group
オンライン教育	Tencent Holdings, Warbug Pincus, IDG Capital
ドローン	Accel Partners, Sequoia Capital
インターネット・ソフトウエア	Sequoia Capital China, Blackbird Ventures, Matrix Partners
Eコマース	Tiger Global Management, Sequoia Capital China, Shunwei Capital Partners
フィンテック	Tiger Global Management, Insight Partners, DST Global

図表61　世界のユニコーンランキング（2021年９月、CB Insight調べ）

	社名		想定時価総額(110¥/$)		国名	設立
	日本名	英語名	兆円	10億ドル		
1	バイトダンス	Bytedance	15.4	140	中国	2017年４月
2	ストライプ	Stripe	10.5	95	アメリカ	2014年１月
3	スペースX	SpaceX	8.1	74	アメリカ	2012年12月
4	クラーナ	Klarna	5.0	46	スウェーデン	2011年12月
5	インスタカート	Instacart	4.3	39	アメリカ	2014年12月
6	データブリックス	Databricks	4.2	38	アメリカ	2019年２月
7	レボルト	Revolut	3.6	33	イギリス	2018年４月
8	ヌバンク	Nubank	3.3	30	ブラジル	2018年３月
9	エピックゲームズ	Epic Games	3.2	29	アメリカ	2018年10月
10	リビアン	Rivian	3.0	28	アメリカ	2019年９月
11	チャイム	Chime	2.8	25	アメリカ	2019年３月
12	FTX	FTX	2.0	18	香港	2021年７月
13	ファナティック	Fanatics	2.0	18	アメリカ	2012年６月
14	バイジュース	BYJU's	1.8	17	インド	2017年７月
15	ワン97コミュニケーションズ	One97 Communications	1.8	16	インド	2015年５月
16	ユアンファダオ	Yuanfudao	1.7	16	中国	2017年５月
17	DJIイノベーション	DJI Innovations	1.7	15	中国	2015年１月
18	カンヴァ	Canva	1.7	15	オーストラリア	2018年１月
19	シャイン	SHEIN	1.7	15	中国	2018年７月
20	チェックアウト・ドットコム	Checkout.com	1.7	15	イギリス	2019年５月

出所：CB Insight

第一に、プライベートエクイティにお金を出すファンドの存在が、欧米に比べ日本は脆弱である点です。最近では、ようやくソフトバンク・グループが巨額のファンドを用意して、グローバルに大胆な投資を行っていますが、私たちが期待しなければいけないのは、個人の投資資金も含めて運用の多様化の流れを作り、大きな器を育てなければ、ユニコーンを安定的に支える土壌ができないということです。

第二に、起業家のモチベーションもIPOをゴールに置いていることが少なくないため、大きく育つ前に上場に向かっている点です。非上場株式の取引に厚みを持たせるには、第一の理由で示したような環境整備が不可欠です。

第三に、起業家をサポートする金融機関の欠如です。銀行はデット資金の提供が本職ですので、リスクの大きいところよりは確実に元利金の回収が期待できる貸出先を重視します。また、第2章でも述べましたが、銀行の貸出についても、長期でかつ元本支払いを当面猶予できるような形態の貸出がない点も挙げられます。

しかし、2021年における銀行法改正により、銀行のベンチャー投資が行いやすくなりました。そのため、デットによる支援のかたわら、エクイティ投資を行うことで挑戦をサポートし、成功による果てしない利益を起業家とシェアする新しいモデルを作り上げてほしいと考えています。

4 株価の指標

■最も重要な株価指標

274～277ページの「株主の権利」の説明で、PBR、配当利回りについて触れました。本節では改めて、これらの重要な指標について説明していきます。

①配当利回り

配当利回りが高配当投資ファンドなどの重要な指標であることは、既述のとおりです。配当利回りは1株当たりの配当額（DPS：Dividend Per Share）を、そのときの株価で割ったものです。なお、1株当たりの利益（EPS：Earnings Per Share）のうち配当に配分される比率を「**配当性向**」と言います。

1株当たりの指標ではなく、総額で捉えても同じです。配当額合計を株式時価総額で割っても配当利回りが算定できます。同様に、配当額合計を当期利益で割っても配当性向が算定できます。

◇**配当利回り＝DPS÷株価＝配当合計÷株式時価総額**
◇**配当性向＝DPS÷EPS＝配当合計÷当期利益（NP）**

② 株価収益率（ＰＥＲ）

株価を1株当たり利益で割ったものが、ＰＥＲ（**株価収益率**：Price to Earnings Ratio）です。この指標が高いほど、利益水準に比べて株価が高いということです。そのため、**ＰＥＲが高いほど株価は割高**となります。

また、配当利回り同様に、株式時価総額を当期利益で割ってもＰＥＲを算定できます。割安な場合は、「バリュエーションが安い」と言います。また、バリュエーションという言葉は、株価の理論値を算定する作業そのものを指す場合もあります。

◇ＰＥＲ＝株価÷ＥＰＳ＝株式時価総額÷当期利益

③ 株価純資産倍率（ＰＢＲ）

株価を1株当たり純資産（**ＢＰＳ**：Book Value Per Share）で割ったものが、**ＰＢＲ**（**株価純資産倍率**：Price to Book Ratio）です。ＰＥＲ同様に、このＰＢＲが高いほど、純資産に比べて株価が高いということです。そのため、**ＰＢＲが高いほど株価は割高**となります。また、株式時価総額を純資産で割ってもＰＢＲを算定できます。

◇ＰＢＲ＝株価÷ＢＰＳ＝株式時価総額÷純資産

PERとPBRの関係

ここで、PERとPBRの指標の関係を整理します。ここでは、多少、数式が多く見えると思いますが、PER、PBR、ROEという異なる指標が、実は有機的につながっているということを理解することができます。株式のバリュエーションの壁をブレークスルーするチャンスです。

この関係を理解するうえで重要な財務指標は**ROE（株主資本利益率**あるいは**純資産利益率）**です。ROEは、純資産に対する利益率を示す指標であり、投資家が最重要視する指標です。

①PER＝株価÷EPS
②PBR＝株価÷BPS
③ROE＝EPS÷BPS

ここで、①の式を移項すると、株価＝PER×EPSとなります。これを②に挿入すると、

◇**PBR**＝PER×EPS÷BPS＝**PER×ROE**

つまり、**PBRは、ROEとPERの掛け算**に一致します。PERが一定であれば、ROEが高いほどPBRが高くなるので、ROEが株価のバリュエーションに強く影響することがわかります。

■PERの逆数となる「益回り」はすべてを理解する鍵

ここで、益回りを紹介しましょう。とても重要な指標であり、概念です。ただし、益回りという表現を使うのは、これが最初で最後です。次節からは「株式資本コスト」を表す指標としての役割を果たしてもらいます。

益回りとは、EPSを株価で割ったものです。ということは、PERの逆数です。考え方としては、投資家が1株投資をしたときに、1年間でどの程度の利益を投資額に対して稼いだかということです。

しかし、それはあくまでも現在の株価と利益レベルを対比させた表現に過ぎず、「株価」を説明することはできません。A社とB社が、今期決算で同じEPSを予想できる状況とします。それだけではなく、EPSの将来的な見通しも同じレベルと仮定します。しかし、株価がまったく同じ水準にならないのはなぜでしょうか?

そこには、利益水準ばかりではなく、様々なリスクについての情報が株価に反映されるからです。いま一度、PBRがROEとPERの積に一致する点に戻ります。PERの代わりに益回りを代入すると、次の式になります。

◇PBR＝ROE÷益回り

益回りを「投資家がこの会社のリスクを踏まえた場合に、このくらいのレベルの投資収益率が必要」という意味合いであると解釈しましょう。そうすると、ＰＢＲは投資家が求める収益率に対してのＲＯＥの高低で、バリュエーションレベルが決まっていくという考え方ができます。

この点を含めて、次節の資本コストの説明をしていきます。株式の価値を考えるうえで、最も重要なセクションです。

5　株式の価格形成

■資本コストの考え方

株式の価格形成を学ぶうえで重要なのが、**「株式資本コスト」**あるいは**「要求収益率」**という考え方です。ハイリスク・ハイリターンという言葉をよく聞くと思いますが、リスクが高ければ、リターンが高くないと割に合わない、というのは当然ですね。

銀行預金や国債などは、ほぼ確実に想定される収益率が確保されるため、リスクがありません。そのため、こうした資産は**「安全資産」**または**「リスクフリー資産」**と言い、その利回りは**「リスクフリーレート」**と言います。

したがって、投資家が株式に投資をする際は、安全資産の利回りより高い収益率を求めるのは自然です。さらに、同じ株式投資でも、異なる株式であればリスクの大きさも違うので、株式投資の前提となる、投資家が期待する収益率は、異なる水準になります。これを、投資家が求める収益率ということで、「要求収益率」と言います。あるいは、リスクに見合う収益率を期待するということとで「期待収益率」とも呼びます。収益率の関係は次のとおりです。

◇リスクフリーレート ＜ 低リスク株式の要求収益率 ＜ 高リスク株式の要求収益率

要求利回りが高いと、その会社への期待が大きいように感じられるかもしれませんが、実際は「あなたの会社が抱える大きなリスクを承知で株を買うのだから、高いリターンをもらえないと、やってられない」ということです。

いま、株価が１００円である会社の株式が１５０円に株価が上がる見通しだとすると、要求収益率が50％と言えます。しかし、経営上のリスクが浮上したため、要求収益率が１００％に高まったとします。その場合、株価が将来１５０円に上がる見通しだとしても現在１００円の株価が75円に低下しないと、この収益率が確保できなくなります。そのため、株価が下落するのです。

これを企業側から見た表現を「**株式資本コスト**」と言います。投資家がある水準のリターンを期待して株価を形成しているため、その期待に応えなければならないということで、資本コストと言うわけです。つまり、次の重要な関係が存在しているのです。以下、基本的には「株式」を省略し、「資本コスト」と示します。

◇要求収益率（投資家側から見た言い方）＝資本コスト（株式の発行会社から見た言い方）

株式の発行会社にとって、資本コストが上昇する影響について説明しましょう。1年後に、株価が千円になることが期待される株式があったとしましょう。リスクの度合いから見て、平均的な投資家が考える要求収益率が10％と仮定します。現在の株価は約910円であるはずです。

そのとき、外部から辣腕経営者が着任し、市場の期待値は上昇し、要求収益率が5％程度まで低下しました。そうなれば、株価は950円と要求利回り10％のときよりは上昇するでしょう。

そこで、仮に会社が株式を新たに100万株発行して増資することを考えると、要求収益率が10％であれば9億1千万円の調達に留まるのに対し、5％水準であれば9億5千万円調達可能です。つまり、資本コストが低ければ資金調達も容易になるのです。

この資本コストは、以下のモデルの「割引率」で使われるので、株価評価の最も重要な要素と言えます。

■配当割引モデル（DDM）とDCFモデル

株価の形成を考えるに当たり、最も基本的な手法が「**配当割引モデル**（DDM：Dividend Discount Model）です。株式投資の狙いを配当の受け取りと考えた場合のモデルです。

株式投資の目的には、配当だけではなく、株価の値上がり益もあります。配当割引モデルは配当のみに着目しているため、非常に原始的に感じられるかもしれません。しかし、この配当部分を利益に置き換えると、より株価形成を語るうえで有用性の高い「**ディスカウンテッド・キャッシュフロー法**（**DCF法**）」による分析が可能となります。

株式は債券とは異なり、償還されることがありません。そのため、配当を永久に受け取る前提で価値を評価する必要があります。毎年同額の配当を永久に受け取ることを前提として、その株式の価値を計算する方法を考えましょう。

それは、将来受け取る金額を現在の価値である「**現在価値**」に翻訳することから始めます。金利が10％の場合、現在の１００円は1年後に１１０円の価値を持ちます。逆に考えれば、1年後の１１０円は現在価値１００円に相当するということです。2年目は１２１円などと、どんどん増えていきますが、2年後の１２１円の現在価値は１００円となります。この翻訳作業を「**現在価値への割引**」と言います。

次の作業は、1年目から将来にわたって、配当を現在価値に割り引いたものをすべて足し上げる作業です。

途方もなく大変な作業という印象を持たれるかもしれませんが、ある一定の金額を永久に決まった金利で割り引いた金額の合計は、とても単純な式になります。正式な算定方法は無限等比級数を用いますが、数学的な説明については、**巻末の「数学的補足コーナー」**をご参照ください。ここでは、いきなり結論に飛びます。一定配当の株式の価値は、配当額を割引率で割ったものです。簡単ですね。そのときの割引率には、前項で説明した資本コストを使えばいいのです。

◇株式価値＝配当÷資本コスト

次に、一定の増加率で永久に配当が増加する場合の理論値はどうでしょうか？

こちらも簡単です。ただし、配当増加率が資本コストを超えると理論値が無限大になってしまうので、配当増加率が資本コストを下回ることが条件です。答えは、最初の配当の額を「割引率と配当増加率の差」で割ったものです。こちらも数学的に学びたい人は**巻末の「数学的補足コーナー」**をご参照ください。

◇株式価値＝期初配当÷（資本コスト－成長率）

配当割引モデルは、配当という将来キャッシュフローを割り引くという意味で、DCF法の一例です。しかし、配当は株式の価値を形成する権利の一部であり、より適切に株式の価値を評価するには、株式に帰属する経済的な権利について検討する必要があります。

企業が1年間に稼いで税金を支払った後の利益が、「当期利益」で、これを株式数で割ったものが1株当たり利益（EPS）です。

企業は当期利益から配当を支払い、残ったものが内部留保となります。配当は株主に支払われますが、留保された利益は誰のものでしょうか？

残余財産分配請求権は株主にとっての重要な権利であり、留保された利益は清算時に株主の手に渡ります。つまり、EPS全額が株主に帰属することになります。

こうした点を踏まえると、株式の価値は、将来的なEPSの現在価値の総和となることが理解で

図表62　DCF法活用のためのEPSからの株式価値算定の考え方

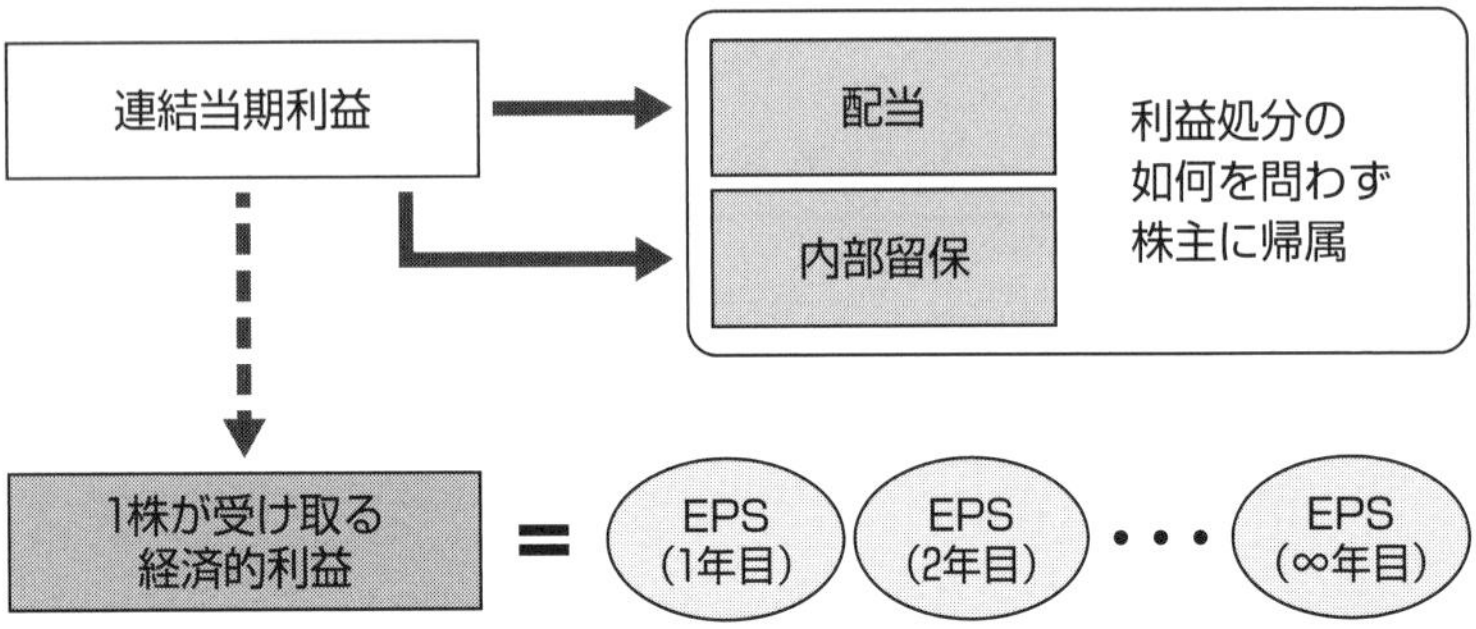

出所：筆者作成

きると思います（図表62参照）。

したがって、株式の価値を算定するには、配当の代わりにEPSを株式にとってのキャッシュフローと考えれば、より的確に株式価値を表現することができます。

そこで、配当割引モデル（DDM）の一定配当前提と、一定成長率前提のそれぞれの配当部分をEPSで入れ替えます。

◇〈EPS一定〉

株式価値＝EPS÷資本コスト

◇〈EPS成長率一定〉

株式価値＝EPS÷（資本コスト－成長率）

■PBRとPERとROEをDCFが結ぶ

DCF法で算定された株式価値に基づいて株価が決まるとします。また、永続的な利益成長が困難であるという前提で、株価と資本コストの関係を考えると、次式のようになります。

◇**株価＝ＥＰＳ÷資本コスト**

株価をＥＰＳで割ったものがＰＥＲですから、ＰＥＲは資本コストの逆数とも言えますし、資本コストはＰＥＲの逆数とも言えます。すでに述べましたが、ＰＥＲの逆数は「益回り」です。

◇**ＰＥＲ＝１÷資本コスト、あるいは　資本コスト＝１÷ＰＥＲ**

また、前節で述べましたが、ＰＢＲはＲＯＥを資本コストで割ったものとなるので、次の関係を再び示します。

◇**ＰＢＲ＝ＲＯＥ÷資本コスト**

これらをすべて整理すると、以下のようなまとめ方ができます（次ページの図表63も参照）。

- **ＰＥＲの逆数を株式資本コストの推定値と考えることができる**

※市場の株価が示唆するという意味で「インプライド・資本コスト」と呼ぶこととします。

- **この資本コストを使えば、ＰＢＲをＲＯＥと資本コストとの関係から説明できる**

※ＰＢＲの低評価を経営者が嘆く前に、ＲＯＥ改善の余地を反省・検討できます。

図表63　PER、PBR、資本コストの関係

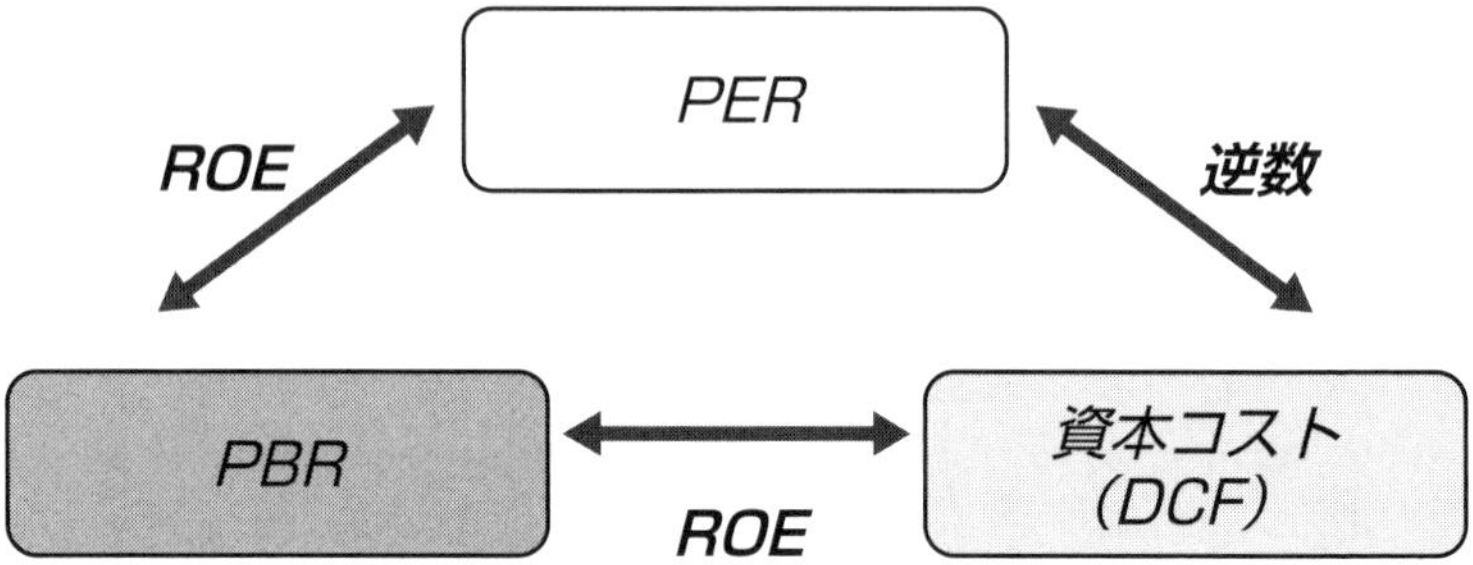

出所：筆者作成

株式資本コストの算定については、**資本資産価格モデル**（CAPM：Capital Asset Pricing Model、「キャップエム」と略称されます）に基づいて計算されるのが一般的です。

しかし、株価局面によっては、とんでもない数字が出るなど、私は経験上、このモデルに基づく資本コストの推定を行いませんでした。

加えて、益回りを（市場で価格形成されたことから示唆されるということで）インプライド・資本コストとすることで、過去のデータにバイアスがかかることなく、現在の市場が、その会社の株価をどう評価しているかを反映できると考えています。

■資本コストと株価との関係

株式資本コストは、概念的にはリスクフリーレートにリスクプレミアムを加えたものです。

◇**資本コスト＝リスクフリーレート＋リスクプレミアム**

リスクフリーレートは、すでに述べましたが、国債利回りなどです。リスクプレミアムは様々な要因により形成されます。

リスクフリーレートはその時々の国債利回りから得られる情報ですが、リスクプレミアムは各株式の固有のものです。そのため、何らかの方法でリスクプレミアムを算定することは難しく、前項で紹介した方法が一つの考え方になります。

まず、PERの逆数を計算し、インプライド・資本コストとします。次に、国債利回りを調べ、インプライド・資本コストから差し引いたものが、逆算されたリスクプレミアムとなります。

そのように算定したリスクプレミアムに何か意味があるのでしょうか？

非常に重要な意味があります。過去からのリスクプレミアムを算定して振り返ることによって、株価が暗示する企業や株式に対する見方が推察できるからです。

たとえば、中東情勢の不安定化から原油価格が上昇したとします。航空機の燃料コストについての不透明化が高まり、その不安感が航空業界の会社のリスクプレミアムを引き上げます。結果としては、（リスクフリーレートが変わらなければ）資本コストが上昇し、株価とPERが低下するでしょう。

リスクプレミアムの推移を眺めながら、何がリスクプレミアムを変動させたかを評価することができます。

では、リスクプレミアムがどういった要因に影響されるかについて整理します。マクロ要因とミクロ要因に分けて考えましょう。

・**マクロ要因**：国内経済状況、地政学的リスク、政権の安定性、金融システムの安定性、海外金融市場の情勢、財政政策、金融政策（金利に関してはリスクフリーレートへの影響を除く）、気候変動の影響、ＳＤＧｓなどの環境変化

・**ミクロ要因**：経営への信頼性、サプライチェーンの安定性、原材料市場の状況、規制の強化・緩和、研究開発の動向、依存度の高い海外市場の経済動向、不祥事案、法令上あるいは民事・刑事上の責任問題、新規参入や撤退による競争状況変化

以上の株式に関して数式を用いた説明は、巻末をご参照ください。⬇ 数学的補足コーナー

第9章 債券

1 債券の基礎知識

■ 債券の性格

① 発行体による違い

株式や債券などの有価証券を発行する主体のことを「**発行体**」と言います。

発行体が一般の民間企業であれば「**社債**」です。

国や地方公共団体などが発行する債券は「**公共債**」と呼び、さらに国が発行する「**国債**」、地方自治体が発行する「**地方債**」、政府関係機関が発行する「**政府機関債**」があります。

独立行政法人や特殊法人が債券を発行する場合に、元利金の支払いの確実性が高い政府保証が付く「**政府保証債**（**政保債**）」が中心ですが、政保債を発行している日本政策金融公庫などの特殊法人が政府保証なしで発行する「**財投機関債**」などもあるので、発行体ばかりではなく、信用力について細かく確認する必要があります。

② 主な発行条件

債券が発行されるときに最も重要なポイントが「**発行条件**」です。詳しくは債券発行要項という契約内容に詳しく記載されていますが、特に債券の価値に影響するポイントについて、簡単に解説しておきます。

・発行額

債券によっては、複数の種類の債券を同時発行することがありますので、他の債券の発行額についても確認しておく必要があります。

・発行価格と額面

債券の額面は1枚当たりの償還額、つまり満期にいくら戻ってくるのかという金額を示していますが、それ以上に利息額の計算根拠と考えたほうがいいかもしれません。額面100円で利率10％、年1回利払いであれば10円の利息が支払われるということです。一方で「**発行価格**」とは、当初の発行に際して、額面100円に対していくら払い込めば買えるかという「払込価格」を指していきます。額面での発行が多いですが、これを下回る発行価格を「アンダーパー」あるいは「ディスカウント」での発行、上回る発行価格は「オーバーパー」あるいは「プレミアム」での発行と呼んでいます。

・利率と利払い方法

債券の多くは満期まで一定の利率となっており、こうした債券を「**固定利付債**」と呼びます。一方で、市場金利や物価指数に連動する「**変動利付債**」もあります。年1回または年2回の利払いが一般的です。

・発行日、償還日

発行日は債券の買い取りのための払込期日、償還日は額面金額の支払いが行われる日を示しています。債券の中には、「**永久債**」という償還日が定められていない債券も一部存在しています。また、債券の中には、期限前に償還が実施される可能性のある種類の債券もあります。発行体の意思で期限前償還が可能な条項を「**コール条項**」、投資家側に償還を求める権利があるものを「**プット条項**」と言います。

・優先順位、担保、保証

債券の多くは無担保、無保証であるものが多いのですが、中には政府系機関が発行する債券への政府保証や、中小企業が発行する社債への銀行保証が付いた債券も少なくありません。元利金支払いの優先順位も重要です。多くの債券は、他の債券や借入と弁済順位が変わらない条項が一般的で、他の債務と同順位のことをラテン語から発生した「**パリパス**」と言います。一方で、他の債務の元利金が支払われて、はじめて弁済の順番が回ってくる「**劣後債**」もあります。

・財務制限条項

社債には、自己資本比率の状況や損失の継続の際に、期限を待たずに返済に迫られるような条項が設けられたものがあり、これを「**財務制限条項**」と言います。一定水準以上の自己資本を求められる「純資産維持」、連続した赤字決算を認めない「利益維持」、同条件の担保が社債に付与されない限りは他の債務に担保を提供してはいけない「担保提供制限」など様々です。

・受託会社、財務代理人

社債などを発行する際には、社債権者の権利の保護などを目的として、管理機関が設置されることが求められていました。海外においては、「トラスティ」と呼ばれる信託会社か銀行が務める第三者機関を設置することが慣行となっていましたが、近年は元利金の利払い等を担う財務代理人が投資家ではなく発行会社の代理人として設置されることもあります。日本では、同様の役割を担う「社債管理会社」（担保付社債の場合は「受託会社」）の設置が義務づけられていましたが、法改正により一定の条件のもと社債管理会社を設けず、代わりに財務代理人を置くことが一般的となりました。

③ 格付け機関による格付け

債券に投資を行う際に、投資家が重視するポイントは、利率等を含めての収益率と返済の安全性のバランスであると思います。その点で、債券の元利金の支払い能力を評価することは重要な投資評価上の要素です。しかしながら、専門性に長けた投資家は別として、返済能力の評価は一般の個人投資家にとって難しい問題です。

そのため、財務内容を分析して返済能力を評価しているのが、**格付け機関**です。格付け機関は、発行された債券に対して記号を用いた評価を表明します。このほか、債券の発行の有無を問わず、発行体の財務状況を評価しています。その記号を「**格付け**」と言います。

記号は格付け機関によって異なりますが、最高の格付けを「トリプルA（AAA）」と呼ぶのは、皆さんもご存知だと思います。また、機関投資家が投資を行う最低基準としている「投資適格」となるのがトリプルB以上です。

●格付けの順位例

AAA、AA+、AA、AA−、A+、A、A−、BBB+、BBB、BBB−、BB+、BB、BB−、B+、B、B−、CCC+、CCC、CCC−、CC+、CC、CC−、C、D

（ムーディーズの格付け体系の記号は異なる）

日本では、信用格付け機関として、スタンダード&プアーズ（S&P）、ムーディーズ、フィッチ・レーティングス、格付投資情報センター（R&I）、日本格付研究所（JCR）があり、それらを金融庁が登録業者として公表しています。

■債券の種類

①利付債と割引債

通常の債券は定められた利率に従って利子が支払われますが、こうした債券は「**利付債**」と言います。これに対し、利子が支払われない代わりに、額面（償還価格）よりも低い価格で発行される債券を「**割引債**」と言います。たとえば、1年満期、95円で発行され、100円で償還される債券の利回りは約5％となります。また、利率がゼロの割引債は「**ゼロクーポン債**」と言います。

通常の債券は利付債が一般的です。利付債の中でも、利率が固定されている固定利付債と市場金利の状況に応じて利払いのたびに利率が見直される変動利付債があることはすでに述べました。

さらに、固定利付債でも、ある期間以降は利率が上がる「**ステップアップ債**」、利率が下がる「**ステップダウン債**」があります。また、途中までは固定利付で、以降は変動金利に変わるような債券もあり、債券の種類は多彩です。

②株式への転換

社債の場合は、株式への転換や、あらかじめ決められた価格での株式取得が「おまけ」として付与されているものがあります。この権利が付与された社債を、「**新株予約権付社債**」と言います。

2種類ある新株予約権付社債のうち一つは、「新株予約権」という一定の価格で株式を購入する権利が付いています。新株予約権は、債券本体から切り離されて取引することも可能です。切り離された新株予約権を「**ワラント**」、残った債券部分を「**エクスワラント**」あるいは俗称で「ポンカス債」と呼ぶこともあります。

もう一つは、「**転換社債型新株予約権付社債**」です。この社債は、定められた価格で社債を株式と交換することが可能です。通常の新株予約権付社債は、株式を取得するのに新たに資金を払い込む必要がありますが、転換社債型は代金の代りに社債を充当することができます。

■デフォルト

債券が支払い不能となる事態を「**デフォルト（債務不履行）**」と言います。利子や元本の支払いが滞った場合はデフォルトとなりますが、デフォルトに陥る前に債券保有者と協議を行って、利払いや元本削減など条件変更に応じるようなケースもあります。それは、デフォルトが市場全体に与える影響が大きいからです。

多くの貸出や債券には「**クロスデフォルト条項**」が盛り込まれています。その発行体が返済義務を負う貸出や債券の一部でもデフォルトが発生した場合、他の貸出や債券が一斉にデフォルトとなる取り決めです。

また、デリバティブのところで説明しますが、ＣＤＳ（クレジット・デフォルト・スワップ）という保険契約のような取引にもデフォルトは影響します。この契約額が1億円とすると、その発行体が一部の債務でデフォルトをきたした場合に、1億円がＣＤＳの引受先から契約者に支払われます。このデリバティブ契約は、存在する債務よりはるかに大きい金額に膨らんでいることもあり、金融市場に与える影響は債券の損失に留まらないのです。

■債券利回りの種類

最後に、債券の利回りの計算について解説します。ただし、以下に紹介する利回りはいずれも単利の考え方が前提ですので、参考程度に見ておいていただきたいと思います。債券の価格形成を行ううえで重要なのは、「複利」です。したがって、この四つの利回り指標は、しっかりと記憶すべき公式ではありません。

①**応募者利回り**：新規発行された債券を償還期限まで所有した場合の利回り

◇**応募者利回り＝｛利率＋（償還価格－発行価格）÷期間｝×100÷発行価格**

②**直利**：投資元本に対し、毎年いくらの利息収入があるかを見るラフな計算

◇**直利＝（利率÷購入価格）×100**

③**最終利回り**：既発債を購入し、償還まで所有した場合の利回り

◇**最終利回り＝｛利率＋（償還価格－購入価格）÷期間｝×100÷購入価格**

④**所有期間利回り**：既発債を購入し、途中まで所有した場合の利回り

◇**所有期間利回り＝｛利率＋（売却価格－購入価格）÷期間｝×100÷購入価格**

2　債券の価格形成

■債券の価値の変動要因

債券の価格は、主として三つの要素から大きな影響を受けます。

第一に、最も敏感で、かつ本質的なのは、市場金利の動きです。特に、中長期の金利が上下することで、債券価格は大きく変動します。債券価格と金利との関係は、より詳しい説明が必要ですので、後ほど独立した項目として解説します。

第二に、債券ごとの個別要因に由来する要素が、債券の信用力です。そして、債券の信用力の源泉は、発行体の返済能力となります。

国債などについては、国家財政の状況などが影響しますし、社債は発行会社の財務状況が注目されます。

そして、それらをプロの目で評価するのが格付け機関であり、決算などの業績動向以上に、格付けの動きが価格へ影響を及ぼすことも少なくありません。格付け機関が唐突に格付けを変更（格上げ、格下げ）することは、それほど多くありません。むしろ、格付けの見直しの検討について示唆する「ウォッチリスト」や、格付け変更の見通しを示す「アウトルック」（ポジティブ、ネガティブ）などの公表を行いながら、市場への影響を軽減する措置が取られます。

第三に、マクロ環境です。金融市場あるいはマクロ経済環境の動向も個別の債券価格と無縁ではありません。新型コロナ禍や、リーマンショックなどの金融危機に際しての世界的金融緩和は、株式市場ばかりでなく債券市場にも「過剰流動性」が流れ込み、ある種のバブルを形成しました。

加えて、債券市場以外の市場動向にも左右されます。たとえば、株式市場の見通しに不確実性が増すと、投資家は比較的安全な資産へと運用内容を変えます。業界用語としては、株式などリスク資産の相場上昇を追いかけている状況を「リスクオン」、不透明性の拡大などからリスクを取るポジションを減らすことを「リスクオフ」と言います。リスクオフの状況では、債券市場にお金が流れ込む傾向があり、特に国債などの安全資産への流入が顕著となります。そうなれば、債券価格は上昇します。

■金利変化と債券価格

市場金利の変化が債券の価値に及ぼす影響について、理解しやすくするために極端な例を考えてみましょう。

①金利上昇の影響

あなたは、利率1％で期間3年の国債を100万円購入したとします。毎年1万円（100万円×1％）の金利を受け取るので、あなたが3年間で受け取る金利は3万円となります。

そして、購入してから1分後に、3年物の金利が急騰して21％になったとしましょう。そのときに発行された国債を100万円購入すれば、毎年もらえる金利は21万円に増えて、3年間で63万円になります。そのときに、あなたが保有している国債の価値はどうなるでしょうか？

受け取る金利の合計額を比較すると、保有する国債よりも新規で発行される国債のほうが60万円も余計に金利を受け取ることができます。そのため、（あくまでも単純計算ですが）あなたが保有する国債を60万円値引きすれば、買い手が見つかる可能性が出ます。買い手は、40万円で国債をあなたから買い取り、3年間で3万円の金利を受け取り、3年後に100万円が償還されるので、買値と償還される金額の差が60万円となります。したがって、買い手の収支としては合計63万円の利益となります。これは、金利上昇後に発行される国債の金利収益と一致します。

これが意味することは、金利上昇により保有する債券の価値が減少したということです。つまり、金利上昇は債券価格を低下させるのです。

さらに、期間が3年ではなく、5年だったとします。同様に金利上昇を想定すると、5年間の金利合計は保有国債が5万円に対して、金利上昇後に発行される国債は105万円になります。となると、その差は100万円に広がります。そのため、買い手は「ただ」であれば、国債を引き取ってやるという立場となります。つまり、保有国債の価値はゼロとなってしまうのです。

ここまでの説明は、時間的価値を考えない単純計算に過ぎないのですが、金利上昇が債券価値を害すること、期間が長いほうがその影響度が大きいことを認識いただけたと思います。

② 金利低下の影響

市場金利低下の債券価格への影響は、ご想像のとおり、プラスです。金利低下は債券の価格上昇に直結します。

たとえば、利率10％、期間3年の国債を100万円購入し、その直後に同期間の金利が5％低下して5％になりました。さて、価格はいくらになるのでしょうか？

金利上昇のときのように単純計算で考えましょう。3年間で30万円の金利が手に入る国債を保有していてよかったと思うでしょうね。新規発行される国債は5％しか金利が付きませんので、3年で15万円です。そのため、利率10％の国債の価格が115万円まで上昇すれば、金利低下後に新規に発行される国債の収益と同等となります。

さらに期間が3年ではなく、5年であった場合は、保有国債の5年間の金利収入は50万円に対して、金利低下後に発行される国債は25万円しかもらえませんから、債券価格は125万円まで上昇するでしょう。いずれのケースも、金利変化後の債券がもたらす収益と釣り合う収益となるために、価格がどう変化すればいいかを考えればいいのです。

以上から、金利上昇は債券価格にマイナスの影響を、金利低下は債券価格にプラスの影響をもたらすこと、期間が長い債券ほどプラスにもマイナスにも影響度が大きいことが確認できました。

こうしたことを正確に分析するには数学的な説明が必要となりますので、ご関心のある方は、**巻末の「数学的補足コーナー」**をご参照ください。

3　債券の利回り

■ 債券利回りを構成する要素の分解

① リスクフリーレート

債券の金利水準は、様々な要素により構成されます。その中で、金利の土台部分を形成する構成要素が「**リスクフリーレート**」です。

リスクフリーレートは、すでに株式の説明で登場しましたが、そこでは国債の利回りや銀行の預金金利というあいまいな表現を使いました。もっと厳密な説明をすると、国債の中でも最もシンプルなのが短期の国債です。[23]

具体的には、すでに発行された長期国債で満期までの残存期間が1年を切った債券の利回り、あるいは「国庫短期証券」という正式名称を持つ短期国債の利回りを用います。なお、国庫短期証券は、「割引方式」で発行される利率がゼロの国債です。１００円で償還される債券を、１００円を下回る価格で発行、募集する形態で、この差額部分が利回りの計算根拠となります。

② クレジット・スプレッド

次の構成要素が「**クレジット・スプレッド**」です。リスクフリーレートの元となる国債は、基本

23　債券の年限に合わせた期間の国債をリスクフリーレートとして用いる考え方もありますが、ここでは金利を構成する要素をより丁寧に分解するため、あえて短期国債をリスクフリーレートとして用いる旨の説明をしています。

的に元利金が安全に支払われる、デフォルトリスクのない債券です。

一方で、社債などその他の債券は、政府保証などの特殊条件が付されていない限りは、デフォルトリスクが存在しています。

デフォルトの可能性が高ければ、より高い利回りがないと買い手がつかなくなるので、信用リスクの高さによって金利が上乗せされることとなります。この上乗せ部分を「**信用リスクプレミアム**」あるいは「**クレジット・スプレッド**」と言います。

③ 長短金利スプレッド

次の構成要素が、債券の期間の長さに伴うもので、「**長短金利スプレッド**」と言います。一般的に期間が長期化するほど、この上乗せ金利部分は増えることとなります。その理由は3点あります。

第一に、長期になれば、発行体の財務状況が発行当時から変わる可能性があり、デフォルトの可能性も上昇するリスクがあるためです。

第二に、前節で説明しましたが、金利の変化による影響が大きくなります。また、長期になれば金利の変化にさらされる時間も長くなるので、内包するリスクが短期のものよりも大きくなります。

第三に、換金性の問題です。市場での売却が簡単ではない債券が存在することを踏まえて、次のことを考えてください。現金が急に必要になることはあります。あえて現金を保有しないで、債券を保有する場合、現金が手元にない利便性の低下は避けられません。短期の債券であれば、少々の我慢で償還されて現金が戻りますが、長期であれば不便さが長期化します。この利便性の欠如がプレミアムとなります。これを「**流動性プレミアム**」と言います。

◇**債券利回り＝リスクフリーレート＋クレジット・スプレッド＋長短金利スプレッド**

補足説明

流動性選好説と流動性プレミアム仮説

現金化できる容易性が流動性ですが、流動性の高い資産に比べ流動性の低い資産のほうが、利便性が低くなります。この利便性の低さのために、流動性の低い資産は金利を支払って、その埋め合わせをする必要があるのです。これを「**流動性選好説**」と言います。現金と債券であれば、債券のほうが明らかに流動性は低いため、現金には金利が付きませんが、債券には金利が付きます。

債券同士であっても、取引の少ない流動性の低い債券は余計に金利を払わねばなりません。この利回り差が流動性プレミアムで、通常の市場環境では、長期金利は短期金利より高くなります。これを「**流動性プレミアム仮説**」と言います。横軸に債券の満期をとり、縦軸に利回りをとった利回り曲線（イールドカーブ）が右上がりの曲線になるということです。

■実務的な債券利回りの表現

債券市場の実務の世界では、リスクフリーレートとその他の要因という形での分解を行うことはなく、簡単に「**基準金利**」と「**債券スプレッド**」の二つの要素から債券利回りを説明しています。

基準金利は信用力の高い債券の利回りであり、具体的には平均的な銀行の信用力を示すものです。この基準金利に用いられるのが「**スワップレート**」です。

このスワップレートは、年限ごとに存在していて、期間4年の債券であれば、4年物のスワップレートが基準金利となります。

そして、このスワップレートにどれだけ金利を上乗せしなければ買い手が見つからないかで、債券利回りが決まるのです。これが債券スプレッドです。

◇債券利回り＝基準金利（期間に応じたスワップレート）＋債券スプレッド

ここで言うスワップとは、同じ通貨間の異なる種類の金利の交換のことです。金利スワップについては、デリバティブのところで詳しく解説しますが、重要なのでここでも簡単に解説します。

最も頻繁に行われる金利スワップが、長期の固定金利と、常に変動する可能性の高い短期金利を定期的に交換する取引です。ここでは、円金利スワップを例示します。

〈金利スワップの例〉

A社は、１００億円の5年物の定期預金を預けていて毎年5％の金利を受け取ることになっています。一方で、A社は3か月間の短期借入をしていて、この状況が5年続く見通しだとします。

短期借入の金利は3か月ごとに見直されるので、金利上昇があった場合に大きな支払い負担に陥ることを恐れています。なぜなら、Ａ社が定期預金から受け取る金利は５％で一定であるため、短期金利が上がっても収入が増えるわけではなく、借入金利の負担が増えるだけになるからです。

そこで、Ｂ銀行とスワップ契約を結び、Ａ社からは毎年固定された金利をＢ銀行に支払う代わりに、Ｂ銀行からは３か月ごとに市場金利に応じて見直される変動金利を受け取ることにしました。変動金利の基準となるのは、銀行間で資金の３か月間の貸し借りを行う際の金利なので、銀行の信用力を反映した金利水準となります。一方、Ａ社が支払う固定金利は、５年物のスワップレートとなります。これは、銀行等の金融機関が変動金利を５年間払い続ける対価として求める固定金利の水準です。具体的には、国債の（この場合は5年物の）金利を多少上回るのが通常です。なぜなら、国の信用力が銀行よりも高いためです。

仮にスワップレートが６％で、スワップ契約の取引額（「想定元本」と言います）が１００億円の場合は、Ａ社はＢ銀行に毎年６億円（１００億円×６％）を５年間にわたって支払う一方、Ｂ銀行からは３か月ごとに変わる変動金利を受け取ります。たとえば、変動金利の基準金利が、最初の３か月が４％で、次の３か月が６％の場合、最初の３か月は１億円（１００億円×４％×３÷12）、次の３か月は１・５億円となります。基準金利は１年間に換算した「年利」を示すので、４％は１年分の利率であるため、（３÷12）で３か月分の金利を計算しているのです。

以上、スワップレートの説明のために金利スワップの説明を行いましたが、複雑でわかりにくい部分もあるので、**「スワップレートは、各年限の国債利回りに少しだけ金利を上乗せした程度の金利水準」**とイメージしていただければ十分です。

図表64　1989年12月末における国債利回りのイールドカーブ

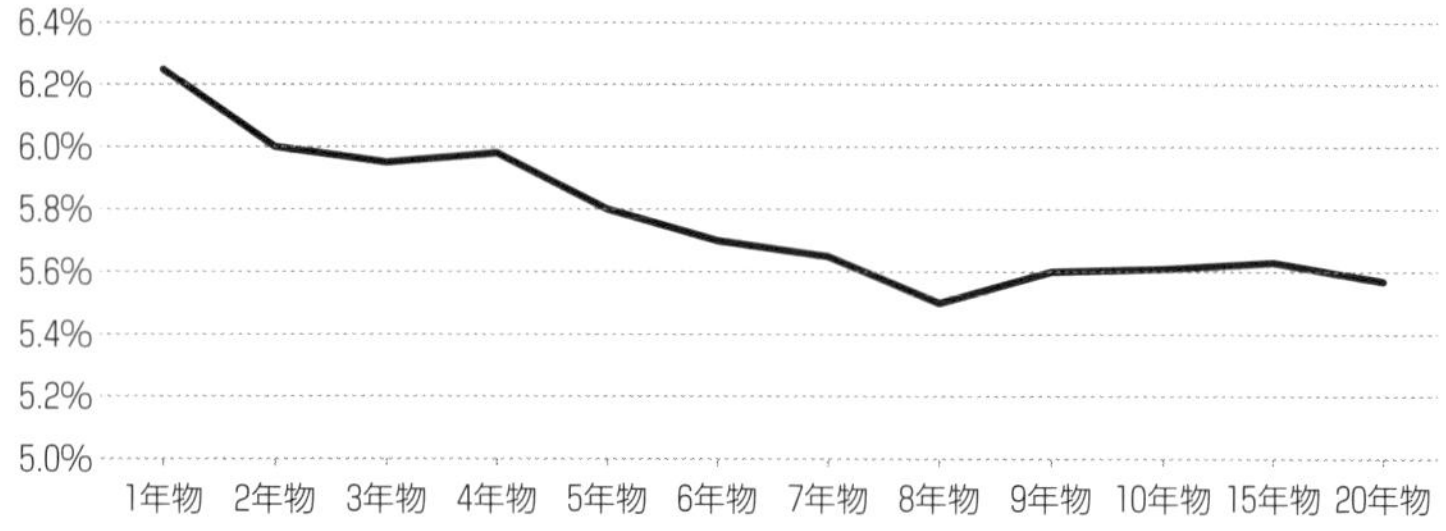

出所：財務省統計に基づき筆者作成

■金利の期間構造

各期間と、その金利との関係を表した図表64のようなグラフを、**「イールドカーブ」**と言います。

ここでいう金利が「スポットレート」という、現時点と各期間の間の金利を指す場合は、「スポットレート・カーブ」と呼びます。

また、この金利と期間との対応関係を**「金利の期間構造」**、英語で**「タームストラクチャー**（Term Structure）」と言います。長期金利が短期金利よりも高くなる傾向は、流動性プレミアムのところで説明しましたが、過去においては、長期金利が短期金利を下回る「逆イールド」という現象が起きたこともあります。逆イールドについては流動性プレミアムで説明をすることができません。このとき、イールドカーブは、右肩下がりとなります。

図表64はバブル経済の絶頂期と言われた1989年12月末における国債利回りのイールドカーブです。1年物の金利は6・2％を超え、8年～20年の金利は6％を下回っていました。

この現象について、**「純粋期待仮説」**に基づいて金利の期間構造を説明します。

■純粋期待仮説

純粋期待仮説は、投資家が将来にわたる短期金利の動きについて合理的な期待を持つということを前提としています。現在から1年後、さらにその1年後の金利の見通しを合理的に行った結果が、イールドカーブに反映されるというものです。

どういう意味かと言うと、投資家が金利の動きを正しく予想しているのであれば、100万円を2年間同じ固定金利で運用する場合と、1年目に期間1年の金利で運用し、その投資で受け取った金額を2年目に期間1年の金利で運用した場合とでは、結果が同じはずだということです。

具体的な数字で考えてみましょう。1年目の金利が20％、2年目の金利が45・2％と見込まれるとします。その場合の期間2年の債券の金利は32％になるはずだということです。確認してみましょう。

・1年ごとに1年物の金利で運用する場合

◇1年後：100万円×（1＋20％）＝120万円
◇2年後：120万円×（1＋45・2％）＝**174・24万円**

・**2年物の金利で運用する場合**

◇2年後：100万円×（1＋32％）×（1＋32％）＝**174・24万円**

100万円が同じ結果をもたらしました。逆に言えば、現在の1年物金利が20％、2年物金利が32％であれば、1年後の1年物金利が45・2％になるはずであるというのが、純粋期待仮説です。

ちなみに、なぜ中途半端な数字を使ったかと言うと、素因数分解で整数の2乗になるように金利水準を設定したからです。[24]

次に一般化してみます。n年物の金利水準の決まり方を考えます。

現在の1円を1年ごとに1年物の金利で運用することを順次考えましょう。rの次のカッコの中の数字が何年目の1年物金利かを示します。

・**1年ごとに1年物の金利で運用する場合**

◇1年後：1円×$(1+r(1))=1+r(1)$

◇2年後：$(1+r(1))\times(1+r(2))$

↓

◇n年後：$(1+r(1))\times(1+r(2))\times(1+r(3))\times\cdots\times(1+r(n))$

・**n年物の固定金利で運用する場合**

◇ n 年後：1円 × $(1+r(n)) \times (1+r(n)) \times \cdots \times (1+r(n))$

$= (1+r(n))$ の n 乗

・純粋期待仮説の条件

◇ $(1+r(1)) \times (1+r(2)) \times \cdots \times (1+r(n)) = (1+r(n))$ の n 乗

■短期金利予想とイールドカーブ

純粋期待仮説に基づいて、イールドカーブの形状について説明します。

通常の金利の期間ごとの水準は、長期ほど金利が高くなります。いわゆる「**順イールド**」という状況です。図表65および図表66は、毎年少しずつ1年物の金利が上昇することを市場が予想している前提で提示しています。図表65にあるとおり、1年以上の長期金利の水準は、1年物の金利の予想水準から計算されています。

これに対して、図表67および図表68は、金利低下を市場が想定しています。この場合は、計算される長期金利の水準は、満期が長いほど低くなる形となります。これが、「**逆イールド**」です。

これらのイールドカーブの形状を示す各年限の金利の姿を、「金利の期間構造」あるいは「タームストラクチャー（Term Structure）」と言います。

---

24 $1.2\times1.452=1.2\times1.2\times1.1\times1.1=(1.2\times1.1)\times(1.2\times1.1)$ という形から例示した数字を用いました。

図表65　予想1年物金利と長期金利の関係（金利上昇が予想されるケース）

	現在	1年後予想	2年後予想	3年後予想	4年後予想	5年後予想	6年後予想	7年後予想	8年後予想	9年後予想
1年物金利	5.0%	8.5%	11.0%	15.0%	18.0%	22.0%	23.0%	24.0%	24.0%	24.0%
2年物金利	6.7%	$(1+6.7\%)^2=(1+5\%)(1+8.5\%)$								
3年物金利	8.1%	$(1+8.1\%)^3=(1+5\%)(1+8.5\%)(1+11\%)$								
4年物金利	9.8%	$(1+9.8\%)^4=(1+5\%)(1+8.5\%)(1+11\%)(1+15\%)$								
5年物金利	11.4%	$(1+11.4\%)^5=(1+5\%)(1+8.5\%)(1+11\%)(1+15\%)(1+18\%)$								
6年物金利	13.1%	$(1+13.1\%)^6=(1+5\%)(1+8.5\%)(1+11\%)(1+15\%)(1+18\%)(1+22\%)$								
7年物金利	14.5%	$(1+14.5\%)^7=(1+5\%)(1+8.5\%)(1+11\%)(1+15\%)(1+18\%)(1+22\%)(1+23\%)$								
8年物金利	15.6%	$(1+15.6\%)^8=(1+5\%)(1+8.5\%)(1+11\%)(1+15\%)(1+18\%)(1+22\%)(1+23\%)(1+24\%)$								
9年物金利	16.5%	$(1+16.5\%)^9=(1+5\%)(1+8.5\%)(1+11\%)(1+15\%)(1+18\%)(1+22\%)(1+23\%)(1+24\%)(1+24\%)$								
10年物金利	17.2%	$(1+17.2\%)^{10}=(1+5\%)(1+8.5\%)(1+11\%)(1+15\%)(1+18\%)(1+22\%)(1+23\%)(1+24\%)(1+24\%)(1+24\%)$								

出所：筆者作成

図表66　金利上昇シナリオ（図表65）時のイールドカーブ

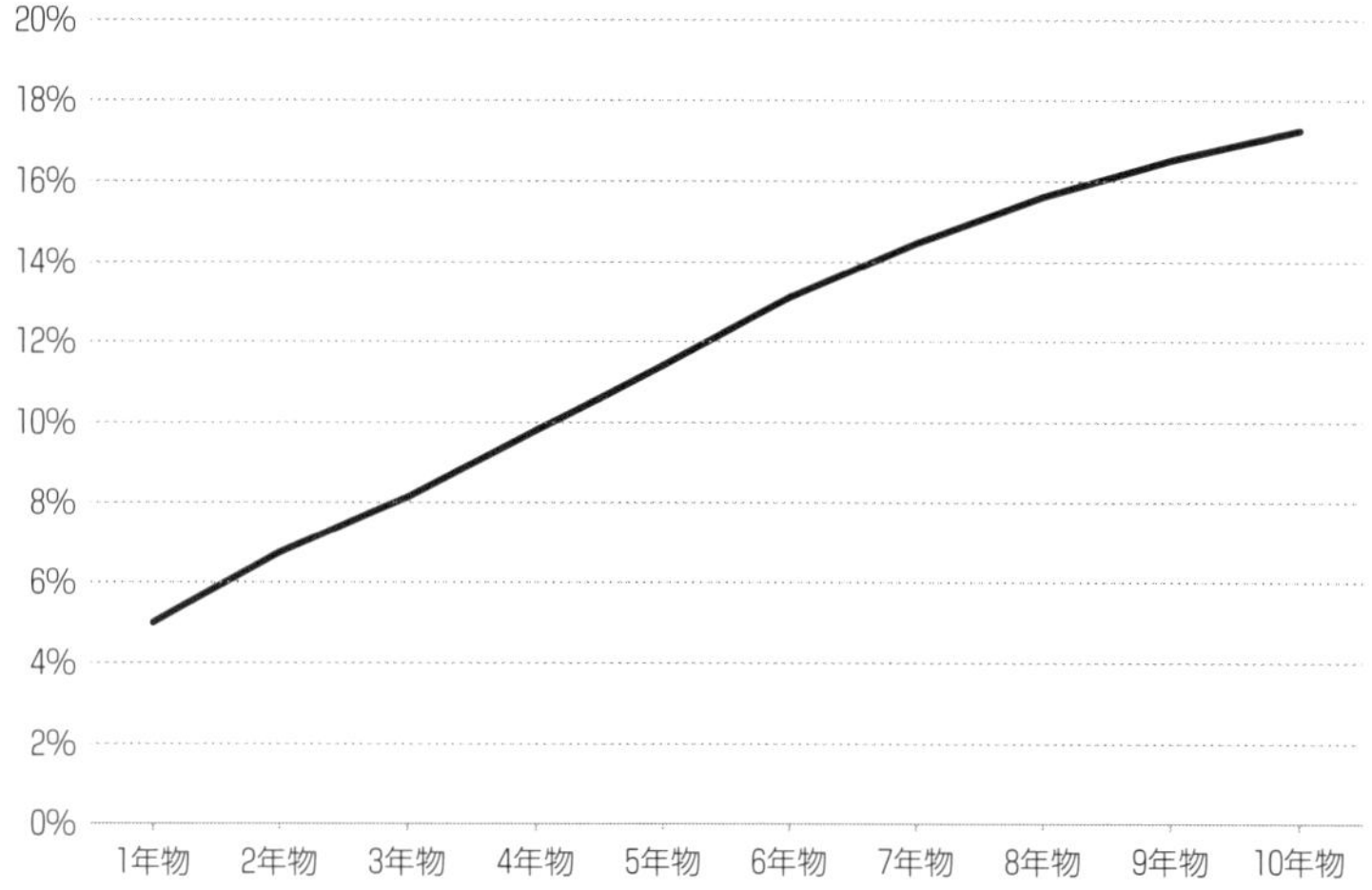

出所：筆者作成

図表67　予想1年物金利と長期金利の関係（金利低下が予想されるケース）

	現在	1年後予想	2年後予想	3年後予想	4年後予想	5年後予想	6年後予想	7年後予想	8年後予想	9年後予想
1年物金利	20.0%	18.0%	17.0%	15.0%	12.0%	10.0%	7.0%	6.0%	5.0%	5.0%
2年物金利	19.0%	$(1+19\%)^2=(1+20\%)(1+18\%)$								
3年物金利	18.3%	$(1+18.3\%)^3=(1+20\%)(1+18\%)(1+17\%)$								
4年物金利	17.5%	$(1+17.5\%)^4=(1+20\%)(1+18\%)(1+17\%)(1+15\%)$								
5年物金利	16.5%	$(1+16.5\%)^5=(1+20\%)(1+18\%)(1+17\%)(1+15\%)(1+12\%)$								
6年物金利	15.4%	$(1+15.4\%)^6=(1+20\%)(1+18\%)(1+17\%)(1+15\%)(1+12\%)(1+10\%)$								
7年物金利	14.1%	$(1+14.1\%)^7=(1+20\%)(1+18\%)(1+17\%)(1+15\%)(1+12\%)(1+10\%)(1+7\%)$								
8年物金利	13.1%	$(1+13.1\%)^8=(1+20\%)(1+18\%)(1+17\%)(1+15\%)(1+12\%)(1+10\%)(1+7\%)(1+6\%)$								
9年物金利	12.2%	$(1+12.2\%)^9=(1+20\%)(1+18\%)(1+17\%)(1+15\%)(1+12\%)(1+10\%)(1+7\%)(1+6\%)(1+5\%)$								
10年物金利	11.4%	$(1+11.4\%)^{10}=(1+20\%)(1+18\%)(1+17\%)(1+15\%)(1+12\%)(1+10\%)(1+7\%)(1+6\%)(1+5\%)(1+5\%)$								

出所：筆者作成

図表68　金利低下シナリオ（図表67）時のイールドカーブ

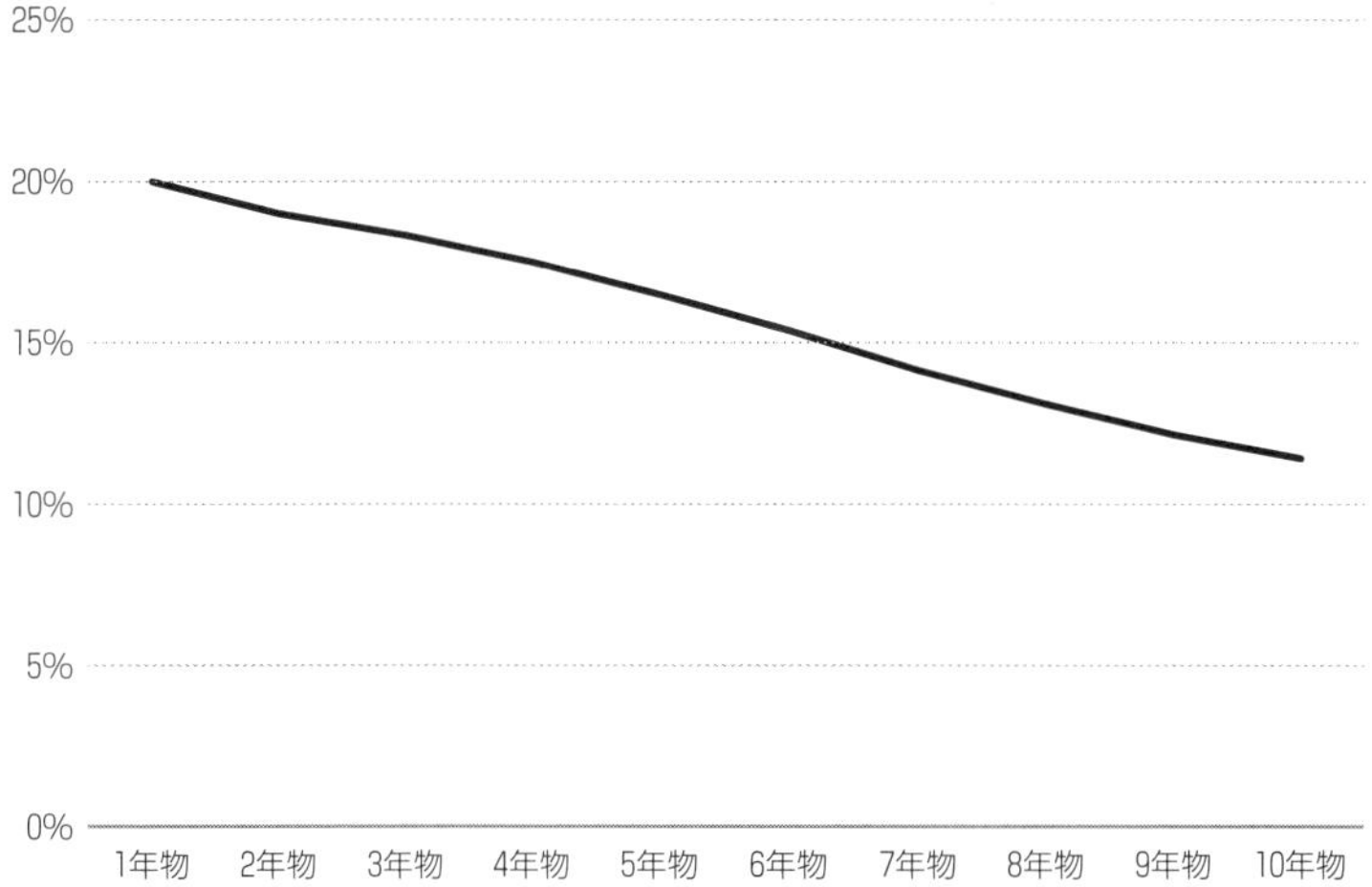

出所：筆者作成

4　債券のリスク

■金利リスクを数字で示す　～デュレーション

債券の残存期間（償還までの期間）が長いほど、金利変動のリスクを受けやすい点について、前節で説明しました。この期間とリスクとの関係を、より精緻に捉えたいと思います。

ここで一度、債券から離れて、キャッシュフローの現在価値について考えます。現在、お金を受け取る権利として、次の二つの選択肢（商品）が与えられているとします。

①　1年目に10万円、2年目に110万円
②　1年目に70万円、2年目に44万円

現在の金利水準は10%とすると、①の現在価値も②の現在価値も100万円と計算されます。[25]

次に、金利が5%上昇し、15%となった場合を考えます。①の現在価値は91万円となり、②の現在価値は94万円となります。つまり、①に比べて②のほうが、損失が少なかったことになります。[26]

何が、この差に影響したのでしょうか？

この二つの商品を比較すると、②のほうが明らかにキャッシュフローの前半の比重が高くなっています。そこで、この二つのキャッシュフローの平均残存期間を計算しましょう。

最も簡易な平均残存期間の計算方法は、年数と金額の加重平均を取るものです。

① **単純平均残存期間**＝（1年×10万円＋2年×110万円）÷（10万円＋110万円）
＝230÷120＝**1.92年**

② **単純平均残存期間**＝（1年×70万円＋2年×44万円）÷（70万円＋44万円）
＝158÷114＝**1.39年**

しかし、これには時間的な価値が反映されていません。そこで、それぞれを現在価値ベースで再計算しましょう。現在価値ベース加重平均残存期間と言うのも長いので「デュレーション」と呼びます。英語でデュレーションは期間を意味しますが、ファイナンスの世界では時間的価値を踏まえた平均残存期間を指します。

① **デュレーションD**＝（1年×9万円＋2年×91万円）÷（9万円＋91万円）
＝191÷100＝**1.91年**

② **デュレーションD**＝（1年×64＋2年×36）÷（64＋36）

---

25 ①の現在価値を計算すると、$PV=10\div(1+10\%)+110\div(1+10\%)^2=100$となり、②の現在価値$PV=70\div(1+10\%)+44\div(1+10\%)^2=100$となります。

26 ①の現在価値を計算すると、$PV=10\div(1+15\%)+110\div(1+15\%)^2=91.8$となり、②の現在価値$PV=70\div(1+15\%)+44\div(1+15\%)^2=94.1$となります。

＝１３６÷１００＝**１・３６年**

時間的価値を反映しても反映しなくても、①についてはほぼ同水準（小数点以下4位で若干変わります）ですが、②については多少の差があります。さほど変わらなくても、デュレーションは債券のリスクを計測するうえで重要な指標です。

なぜかと言うと、デュレーションを（1＋市場金利）で割ったものが、金利の微細な変化に伴う債券価格の変化率と一致するからです。これを「**修正デュレーション**」と言います。

なお、元々のデュレーションと区別するため、（1＋市場金利）で割る前のデュレーションDを「**マコーレー・デュレーション**」と呼びます。

◇**マコーレー・デュレーションD**＝（各年限のキャッシュフローの現在価値の合計）
÷（キャッシュフローの現在価値合計（債券価格と同じ））

◇**修正デュレーションM**＝マコーレー・デュレーションD÷（1＋市場金利）

◇**価格変化率**＝修正デュレーションM×金利上昇幅

では、修正デュレーションが、なぜ債券価格の変化率と一致するのでしょうか？　残念ながら、こちらの本文では「微分」は扱わない約束ですので、**巻末の「数学的補足コーナー」**をご参照ください。ここでは、修正デュレーションが本当に価格変化率を示すのかについて、先ほどの①、②の商品（選択肢）の例を使って検証しましょう。

① **修正デュレーションM**＝D÷（1＋10％）＝1・91÷1・1＝1・74

② **修正デュレーションM**＝D÷（1＋10％）＝1・36÷1・1＝1・24

10％から15％へ上昇したということは、金利上昇幅は5％なので、

① **価格変化率推定**＝M×金利上昇5％＝1・74×5％≒9％

② **価格変化率推定**＝M×金利上昇5％＝1・24×5％≒6％

実際に15％への金利上昇で、①は100万円から91万円へ9％下落していますし、②は100万円から94万円へ6％下落しています。これらの数字は右の価格変化率の推定と一致します。

通常、修正デュレーションを債券価格の変化を推定するために利用する場合、せいぜい1％か、それよりかなり微細な変化を前提としています。そのため、5％もの金利変化の際には、推定の精

度がかなり落ちるはずですが、以上の計算結果を見る限りは概ね正確な予想をしているということになります。

■より正確なリスク測定 〜コンベクシティ

債券のリスクを学ぶうえでは、デュレーションまで理解できれば基本的には十分です。したがって、この項目は読み飛ばしていただいてもいいのですが、債券の実務を将来担う際にはかなり役に立ちますので、なんとか読み進めてください。

先ほどは、修正デュレーションが微細な金利変化に伴う債券価格の変化率であると説明しました。事例では5％という微細とは程遠い数字で試算しましたが、実務的には1％でも微細とは言えない変化幅です。

金利の変化が大きくなると、債券や金融商品のキャッシュフローの特徴によっては、修正デュレーションは当てにならない指標となります。なぜなら、債券価格の変化とデュレーションの関係は線形ではないためです。

言葉で説明してもわかりにくいと思いますので、342〜343ページの図表69〜72をご覧ください。債券の利率や期間によって、横軸の金利が動いたときに債券価格（額面100万円）の動きが随分様子が異なることが確認できると思います。いずれも、直線ではなく原点のほうにせり出すようなカーブを描いています。この原点に向かって膨らんでいる姿を「凸性」、英語で「**コンベクシティ**」と言います。コンベクシティが大きいほど、直線からどんどん乖離していきます。

グラフを比較すれば気づかれると思いますが、利率が高いほど、そして期間が長いほど、コンベクシティが大きくなる傾向があります。

最もわかりやすい図表72では、リスクの大きさ（価格変化率）と曲線との関係を示しています。グラフの傾きが修正デュレーションです。横軸が示す金利が少し上昇したときに、どの程度債券価格が下がるかがグラフの傾きです。数学的には微分係数です。

そして、凸性が強いために、修正デュレーションが示す傾きの直線から乖離しているのがわかると思いますが、この乖離部分がコンベクシティです。数学的には2階の微分係数となります。コンベクシティの分だけ、修正デュレーションが示す価格変化より、変化がマイルドになる点が、グラフを凝視すると確認できます。

◇価格変化率＝修正デュレーション×金利変化幅＋コンベクシティ×金利変化幅自乗÷2

なお、数学的説明は、次のとおりです。

◇価格変化率＝債券価格一次導関数×金利変化幅＋債券価格二次導関数×金利変化幅自乗÷2

以上の債券に関しての数式を用いた説明は、巻末をご参照ください。➡ 数学的補足コーナー

図表69　市場金利と債券価格（債券利率10%、期間10年）

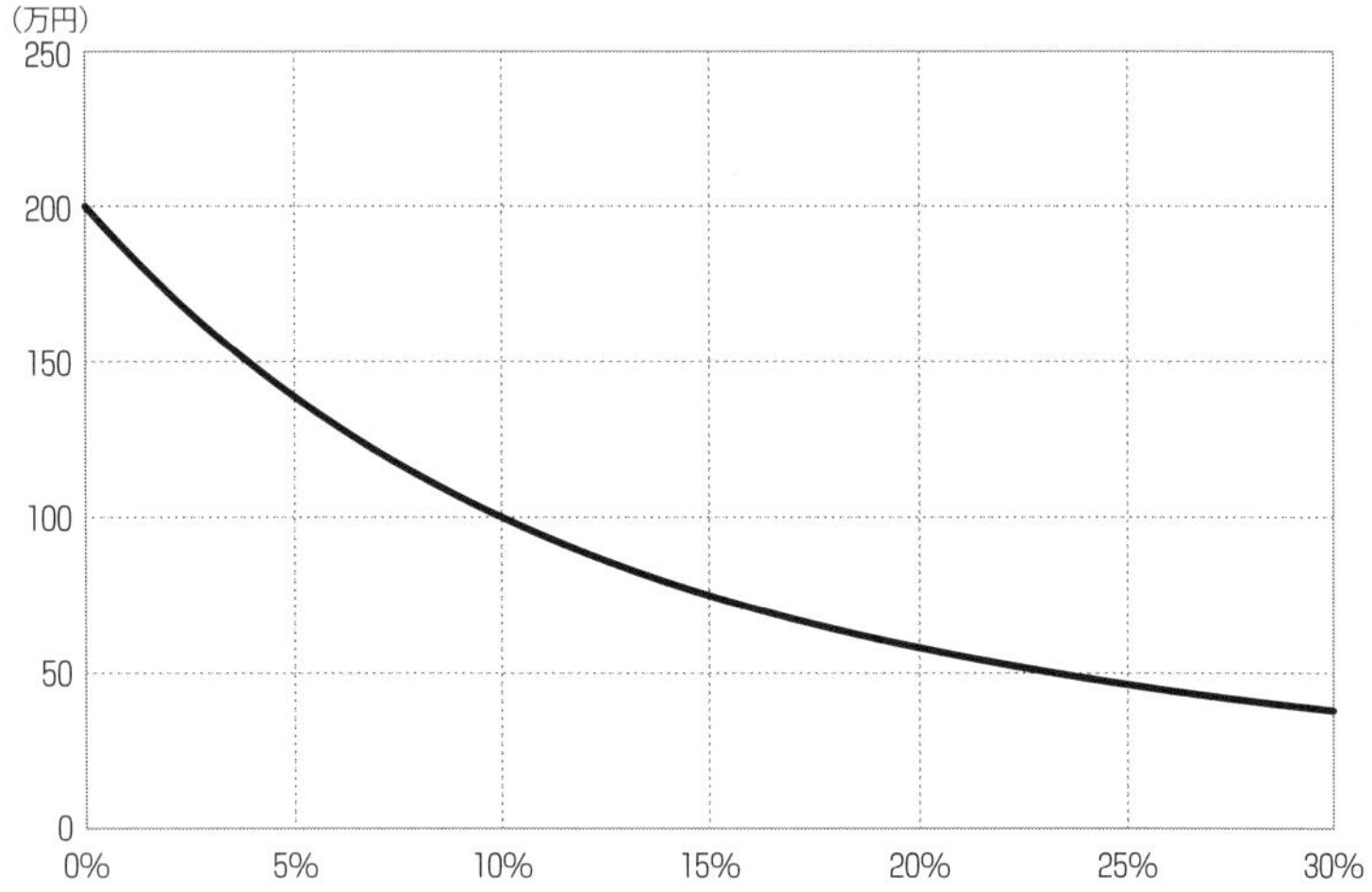

出所：筆者作成

図表70　市場金利と債券価格（債券利率50%、期間10年）

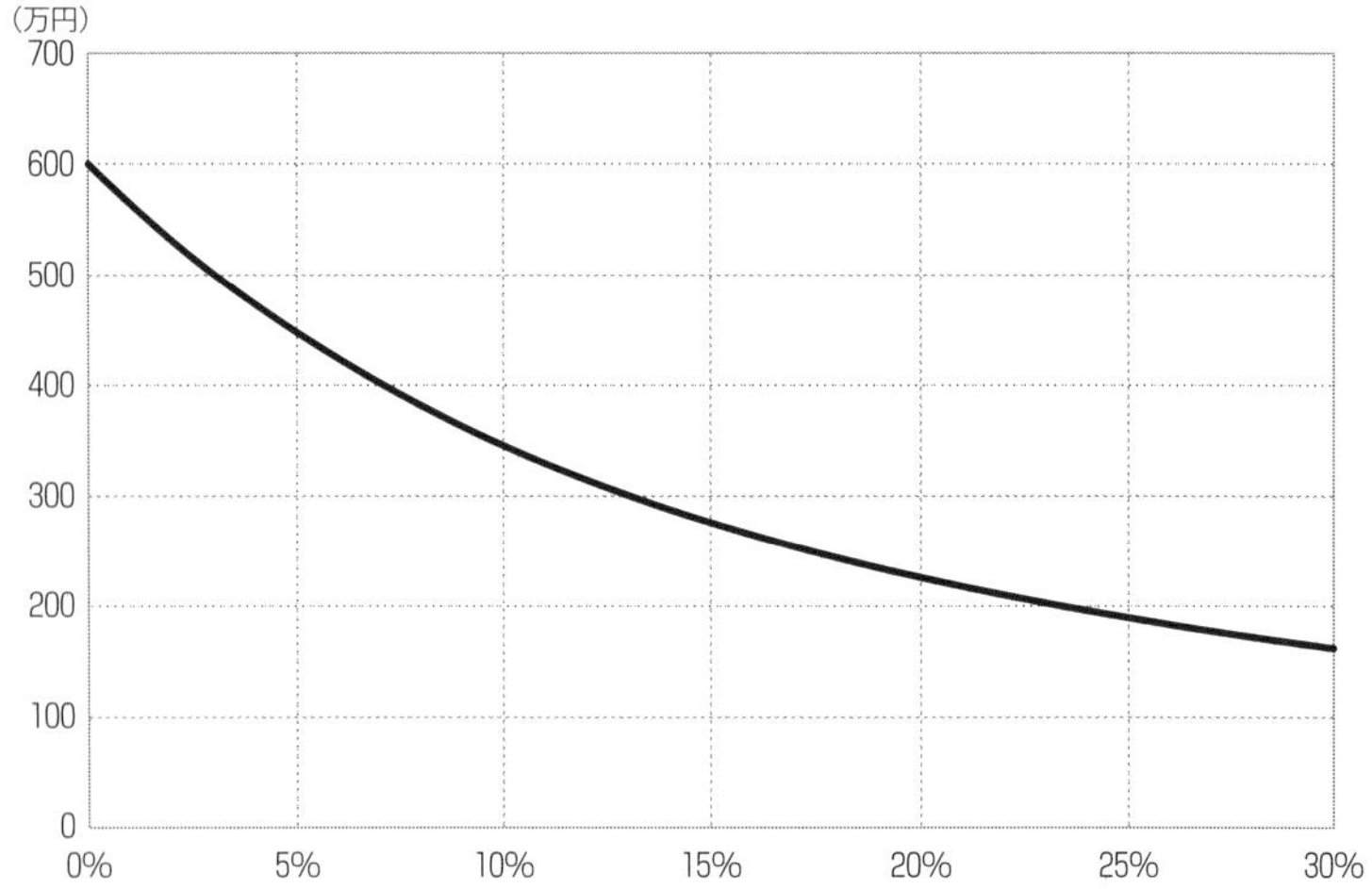

出所：筆者作成

図表71　市場金利と債券価格（債券利率10%、期間５年）

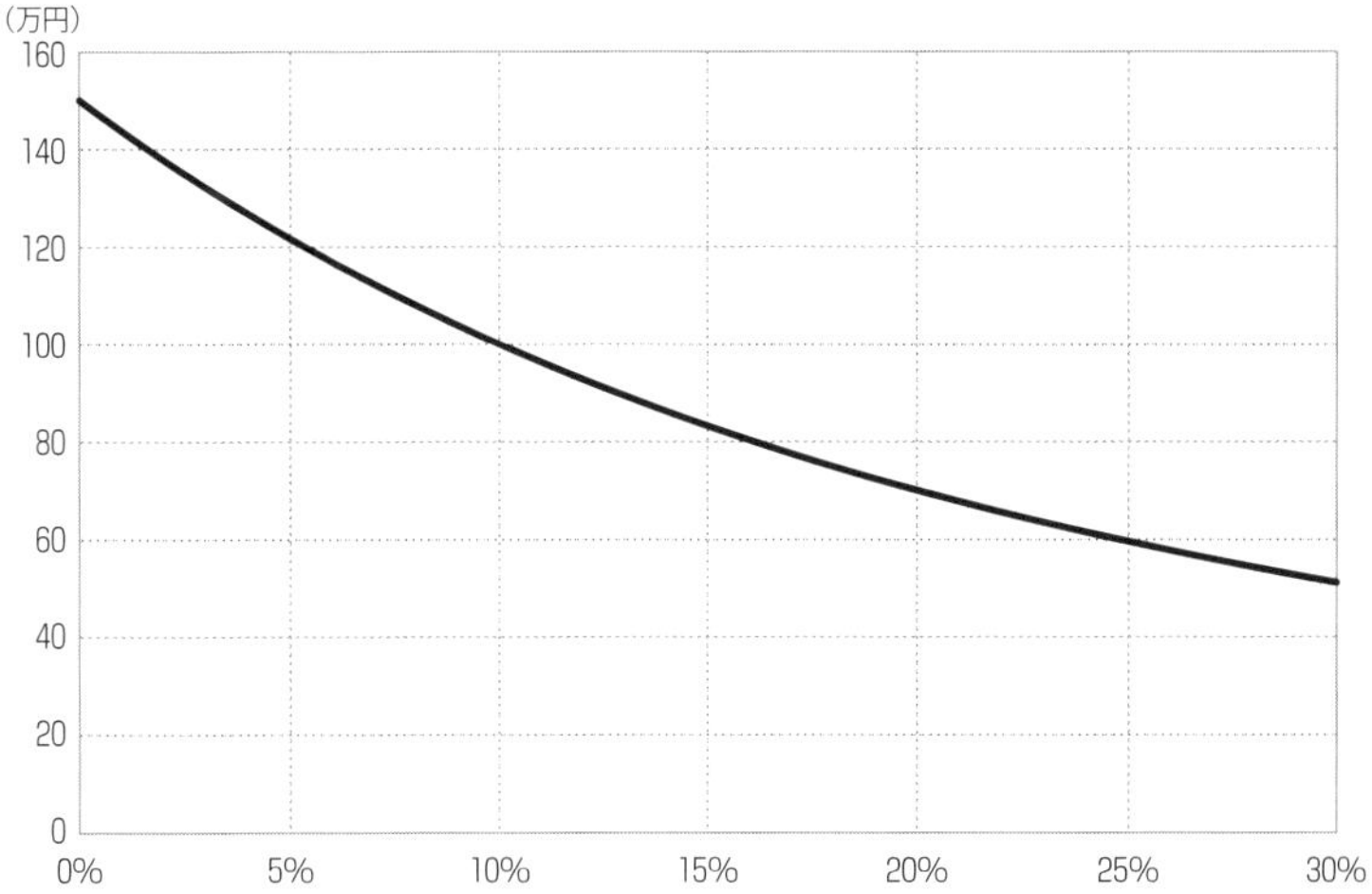

出所：筆者作成

図表72　市場金利と債券価格（債券利率10%、期間50年）

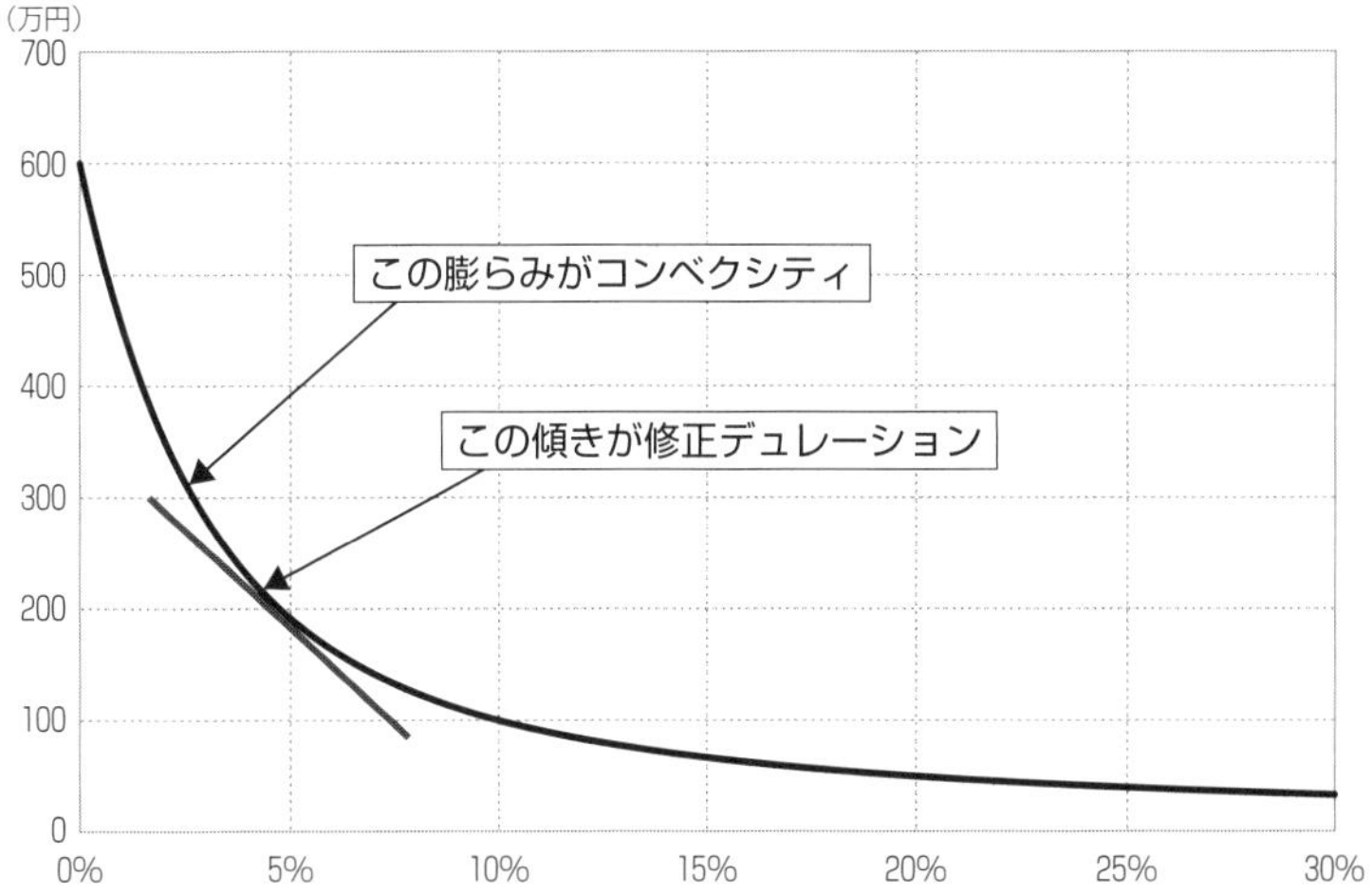

出所：筆者作成

第10章 ポートフォリオ理論

1 金融におけるリスクとリターンの考え方

■リスクとは？

私たちは「リスク」という言葉を、金銭的な損失やその他のダメージの可能性を示唆するときに使います。一般的には、なんらかのネガティブな影響の及ぶ可能性を指す言葉です。金融の世界でも同じ意味合いで用いることも多いのですが、こと投資理論を扱うときは、必ずしも危険を意味するものではなく、「不確実性」を意味しています。つまり、どうなるかわからないということです。

たとえば、「100％の確率で台風が直撃し甚大な被害が確実視されています」というときには、社会的にも経済的にも大変な危険が迫っている状況です。しかし、100％の確率であれば、そこに不確実性は存在していないため、金融論的には「リスクはない」ということです。わかりにくいと思うので、次の2種類の資産への投資を例にとって考えてみましょう。どちらの資産が、投資理論的にリスクが高いでしょうか？

資産A：100億円を投資すると、60％の確率で120億円、40％の確率で110億円

資産B：100億円を投資すると、100%の確率で99億円

感覚的には、間違いなく利益が出る資産Aのリスクが低いことは確かです。資産Bは必ず1億円損失が発生するので、避けたい危険と言えます。しかし、投資理論の世界では、資産Bのほうがリスクは低いと評価されます。その理由は、〝**「リスク」＝損得の「振れ幅」**〟だからです。

この「振れ幅」のことを、金融市場では「**ボラティリティ**」と表現します。また、計量的な評価は、**標準偏差**か（その自乗の）**分散**で行われます。

◇リスク＝標準偏差σ

■リターンとは？

投資を行ったうえでの儲けが「**投資リターン**」です。その割合が「**投資収益率**」です。儲けとは、投資から生まれるキャッシュフローが投資額を上回る部分ですが、収益率を考える前に、まず、投資の成果として受け取れる果実を整理します。

投資の果実は、投資を終える前に受け取る「**インカムゲイン**」と、投資を終えたときに当初の投資額との差で認識される「**キャピタルゲイン**」があります。

株式投資の場合は、配当収入がインカムゲイン、売買損益がキャピタルゲインとなります。厳密には、株主優待で得た権利を金券ショップ等で売却して獲得したキャッシュもインカムゲインとな

りますが、そこまで考えなくて十分でしょう。

債券投資の場合のインカムゲインは期中の利払いで、キャピタルゲインは満期を待たずに売却した場合の売却損益となります。また、新発債を購入して満期または途中での償還を迎えた場合は、多くの場合は額面価額（「**パー**」または「**パーバリュー**」と言います）での償還となるため、キャピタルゲインはゼロです。ただし、発行価格（払込金額）が額面価額を下回った場合（「**割引**」または「**アンダーパー**」での発行と言います）、その差額が償還時のキャピタルゲインとなります。反対に額面価額を上回るプレミアム発行（「**オーバーパー**」での発行）の場合は、償還時にマイナスのキャピタルゲインもしくはキャピタルロスが発生します。償還価額が額面価額でない場合もありますので、同様に償還価額と発行価格の差額をキャピタルゲインとして認識します。

◇投資収益＝インカムゲイン（配当や利払い）＋キャピタルゲイン（売却損益）

投資収益率の基本は、投資収益を投資額で割ったものですが、期間が1年ではなく複数年にわたる場合には、注意が必要です。

たとえば、１００円で株式を購入して3年間投資し、1年目に30円の配当を受け取り、その後配当がなく、3年目に１６０円で売却した場合を考えてみましょう。インカムゲインが30円、キャピタルゲインが60円（＝１６０円−１００円）で、投資収益は90円になります。投資額１００円で割ると3年間の投資収益率は90％となり、1年当たり30％の収益率と計算できます。これが「**単利べー**

ス」の計算です。

次に、同じく100円で株を買い、1年目も2年目も配当がなく、3年目で30円の配当を受け取った瞬間に160円で売却すれば、先のケースと同様に90円の投資収益で年率30％の収益率と計算されます。

しかし、最初のケースで、1年目に受け取った30円を利率20％の預金に入れた場合、3年目には約43円（30×1・2×1・2＝43・2円）を受け取ることができます。したがって、2番目のケースより、13円余り多くの投資収益を手にすることができるのです。

なぜ、差が出るかと言えば、最初の単利ベースによる計算では、配当を1年目に受け取っても3年目に受け取っても収益率は変わらないという考え方をしているためです。つまり、時間的価値を一切考慮していないからです。そのため、投資収益率の計算では、「**複利ベース**」の算定をするほうが正確に投資評価を行えます。この複利ベースの収益率が「**内部収益率**」、英語で「**IRR**（Internal Rate of Return）」と言います。厳密な計算方法は、すでに株価形成を説明した際にも述べたとおり、**巻末の「数学的補足コーナー」**で解説していますので、ご参照ください。

補足説明　**機会コスト**

経済学の入門編を学ぶと「**機会コスト**」という言葉が出てきます。ほかにも、機会損失、機会費用、逸失利益などフレーズは異なりますが、いずれも、複数の選択肢から一つを選ぶことで他の選択肢をあきらめることにより発生する損失を指します。

有望な高校球児が大学進学とプロ野球入りの選択に悩む姿はよく報じられていますが、大学進学を選択した場合の機会コストは、その間プロ野球選手として稼ぐ年俸でしょうし、プロ野球を選択した場合は大学で学ぶ機会や野球で稼ぐよりよいキャリアに就く機会を失うことで発生する損失を意味します。

金融では、リスクフリーレートが代表的な機会コストになります。

現金で保有した場合は利息が付きませんが、預金や国債などで運用していれば金利を享受できます。ですから、現金保有を選択することで、知らず知らずに機会コストが発生しています。

この機会コストの考え方は、投資判断においても使われます。

仮に、あなたが1億円を自由に使えるとします。国債利回りが3%とすると、国債で運用すれば確実に300万円を受け取ることができます。ここで、銀行に勧められて、ある投資信託に投資したとします。その結果、100万円の収益を稼げたとしましょう。投資信託の投資収益率は1%となります。この結果を、どう評価すべきでしょうか?

この場合、安全確実な3%を捨てて、あえてリスクを取って投資した結果、リスクフリーレートを2%も下回る投資結果となったわけです。つまり、最低限クリアすべき収益率を達成できなかった、と評価すべきです。結果的に200万円、2%の経済的損失を負担したことになります。

2　ポートフォリオとリスク、リターン

■ポートフォリオとは？

金融の世界で、ポートフォリオとは、金融資産の構成あるいは組み合わせを指しています。株式や債券など同じカテゴリーの資産に運用対象を集中するよりも、分散させたほうがリスクは緩和されるという考え方に立っています。

分散といった場合は、「小口分散」という考え方と「種類分散」という考え方があります。前者の小口分散は、たとえば、ニワトリの卵100個を購入して運ぶほうが、ダチョウの卵1個を購入して運ぶよりもリスクが小さいという意味です。ダチョウの卵は1個しかないので割れれば全損となりますが、ニワトリの卵がすべて割れてしまうことはあまり考えられません。

後者の種類分散は、類似するような結末をもたらすものの組み合わせより、異なる結果を導き出すような組み合わせのほうがリスクは少ないという意味です。

たとえば、共働きの夫婦が同じ業種の会社に勤めている場合と、まったく違う業種の会社に勤めている場合を考えてみましょう。円安になると業績がよくなり、給与が増える輸出企業に夫婦とも働いている場合には、円高になれば家計が苦しくなります。夫が輸出企業、妻が海外からの輸入品を扱う企業に勤めていれば、夫が円高で会社の業績悪化に伴ってリストラされても、妻の会社はメリットを享受できるので、家計全体は安定します。

ポートフォリオも同様です。複数の資産の特性を踏まえたうえで、組み合わせを考えれば、単一

の資産で運用するよりリスクは減らせるはずです。

■ポートフォリオ・リターン

リスクのある資産の収益率は一定しないため、収益率を固定して考えることはできません。そこで登場するのは「**期待収益率**」という考え方です。なお、リスクがない安全資産の収益率はブレませんので、リスクフリーレートの期待収益率は現在の安全資産の利回りとなります。

ポートフォリオの期待収益率の特徴を考えてみましょう。

複数の資産により構成されるポートフォリオの期待収益率は、それぞれの構成要素の期待収益率の加重平均となります。

そのため、ポートフォリオの期待収益率を計算するのは比較的簡単で、各資産の保有割合に期待収益率を掛け合わせたものを足し上げれば、ポートフォリオの期待収益率を算定できます。

◇ポートフォリオの期待収益率＝資産Aの全体に占める比率×その期待収益率＋資産Bの全体に占める比率×その期待収益率＋……

■ポートフォリオ・リスク

ポートフォリオを組む最大のメリットは、期待リターンの向上と言うよりは、リスクのコントロールです。ポートフォリオの期待収益率については、どんなに資産内容を工夫しても、各資産の期待収益率以上のリターンを望むことはできません。しかし、リスクについては、単独の資産の単純な積み上げよりも削減することができます。

ここに、AとBの2種類の資産があるとします。それぞれの資産は、為替レートに反応してリターンが変わり、Aの収益率は円高で＋15％、円安で▲5％、Bの収益率は円高で▲10％、円安で＋20％と正反対の特性があります。また、円高と円安の確率は各50％とします。

資金のすべてをAに投じた場合は、期待収益率は5％（＝50％×15％＋50％×▲5％）となります。一方で、資金をすべてBに投じた場合も同じく期待収益率は5％（＝50％×▲10％＋50％×20％）です。さらに、資金をAとBに半々投じた場合についても、期待収益率は5％（＝5％÷2＋5％÷2）と、A、Bのいずれかに集中投資した場合と同等となります。

次に、円高の場合と円安の場合との収益率の振れ幅について考えてみましょう。Aのみの投資の場合における収益率の差は20％（＝15％－▲5％）、Bのみの投資の場合は収益率の差は30％（＝20％－▲10％）となります。

AとBに半々投資した場合はどうなるでしょうか？　円高の場合は2・5％（＝15％÷2＋▲10％÷2）、円安の場合は7・5％（＝▲5％÷2＋20％÷2）となります。この結果をご覧になれば明らかですが、組み合わせの投資のほうが、振れ幅が5％（＝7・5％－2・5％）と小幅であるばかりでなく、円高でも円安でも常にプラスの収益率となるのです。

この例の組み合わせのようにポートフォリオを組むと、期待リターンが単一資産の投資と同じであるばかりでなく、リスクも小さくなることがご理解いただけたでしょう。

ここでのポイントは、資産AとBのリターンの方向性が真逆となっている点です。同じような動きをするかどうかの統計的性質を「**相関性**」と言い、その計数を「**相関係数**」と言います。同じような動きをすれば、「**正の相関**」、今回の事例のように反対の動きをすることを「**負の相関**」と呼びます。

このように、性格の異なる株式を複数保有することにより、期待収益率を同等に維持しながら全体のリスクを減らせることが確認できました。

なお、ポートフォリオ・リスクを示す分散や標準偏差の計算、そして相関係数が異なる場合のリスクの大きさ、リスクをゼロとするポートフォリオ・ウエイト（各資産の比率）などについては、**巻末の「数学的補足コーナー」**をご参照ください。分散の算定方法を最後に示しておきます。

◇ポートフォリオの分散＝各資産の比率の自乗に分散を掛けたものの合計
＋2×（二つの資産の比率の積に共分散を掛けたものの合計）

3　効率的ポートフォリオ

■相関性が異なる資産の組み合わせとリスク・リターン　～機会曲線

ここまで、ポートフォリオを構成することで一定水準の期待リターンを目指しながら、リスクをコントロールすることができることを説明してきました。

図表73　二つの資産によるポートフォリオのリスクとリターンの関係（ρは相関係数）

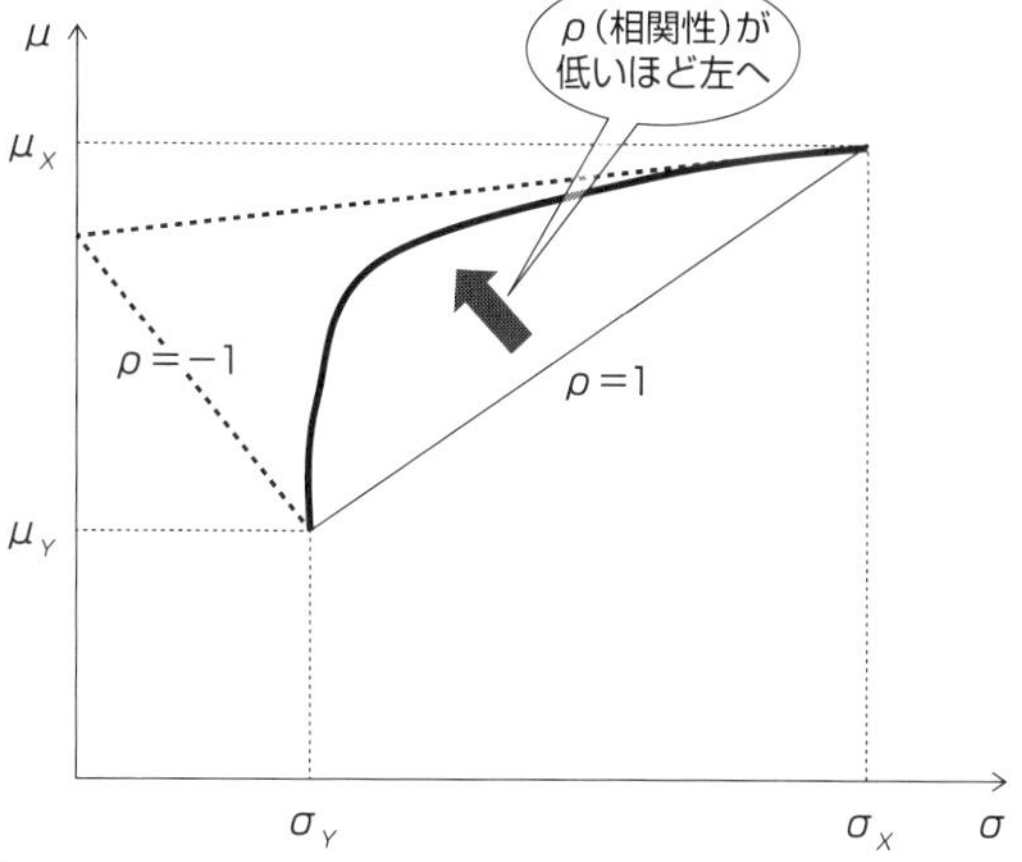

出所：筆者作成

様々な資産の組み合わせにより導かれるリスク（標準偏差）とリターン（期待収益率）をグラフ化したものを「**機会曲線**」あるいは「**機会集合**」と言います。基本的な考え方を理解するために、二つの資産（X、Y）の組み合わせが導くリスクとリターンの関係を見ていきましょう。

これらの資産の保有比率を変えることによるリスク、リターンの関係を描いたのが、図表73です。横軸がリスク（標準偏差σ）、そして縦軸がリターン（期待収益率μ）です。

①相関係数が1の場合（完全な正相関）

資産間の相関係数が1であれば機会曲線は直線となり、XとYの間の資産保有割合に従って単純な加重平均で標準偏差と期待収益率が決まります。

②相関係数がマイナス1の場合（完全な逆相関）

相関係数がマイナス1の場合も直線となります

図表74　二つの資産によるポートフォリオのリスクとリターンの関係（ρは相関係数）

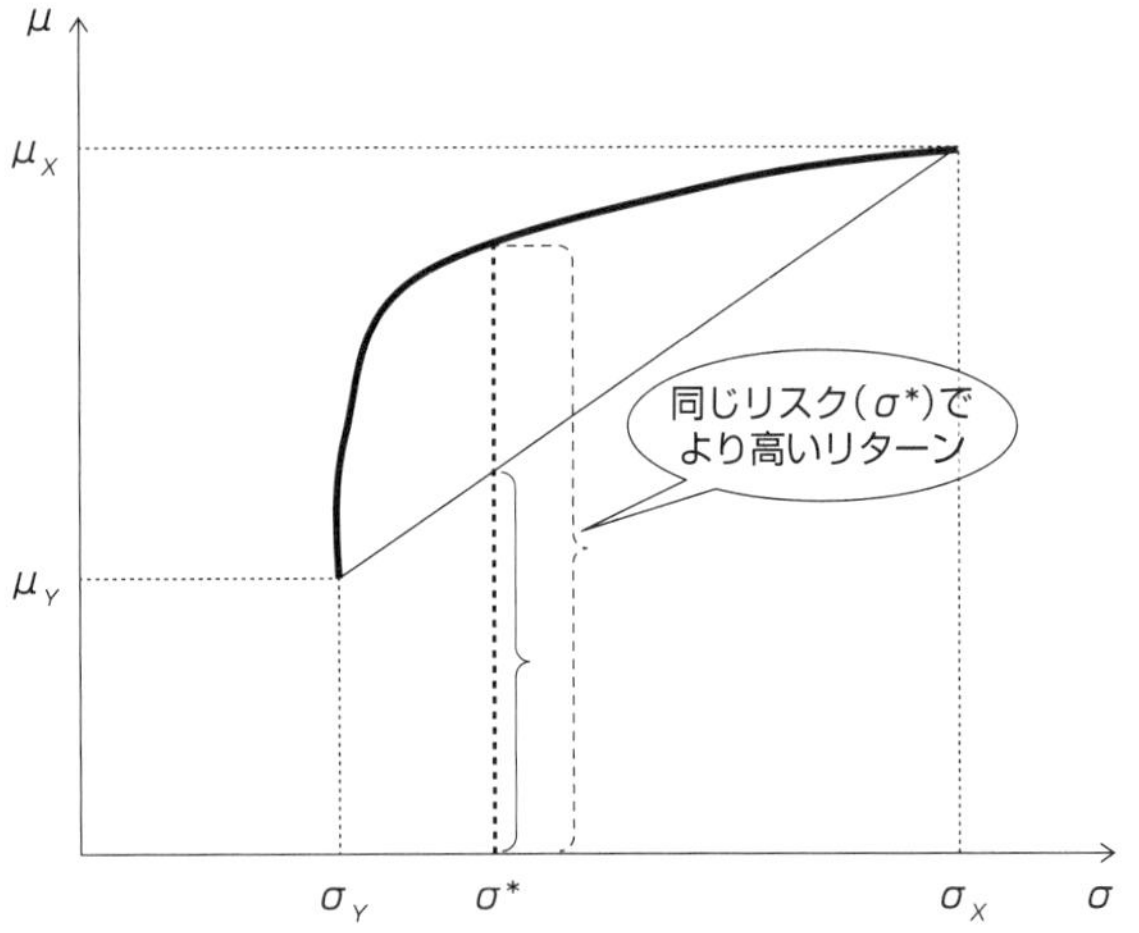

出所：筆者作成

が、標準偏差がゼロとなる組み合わせの部分で屈折していることがわかります。縦軸に接している標準偏差ゼロを実現する資産配分は、二つの資産の標準偏差の割合[27]で決まります。この算定方法は、**巻末の「数学的補足コーナー」**のところで詳しく説明しています。

③相関係数がゼロの場合（完全な無相関）

相関係数が1の場合と、相関係数がマイナス1の場合の直線で囲まれたエリアの、ちょうど真ん中あたりを通る曲線になります。また、相関係数が低いほど、機会曲線は左のほうに張り出していくことになります。

合理的な投資家であれば、同じ期待収益率なら標準偏差が最小となる組み合わせ、同じ標準偏差であれば期待収益率が最大となる組み合わせが好ましいはずです。相関係数が低いほうが、合理的なポートフォリオに出会う可能性が高まることを確認してみましょう。

図表74は、相関係数が1の場合（直線）と、それ以下の場合（曲線）を比較しています。相関係数1の場合に、XとYのある保有割合の組み合わせがもたらす標準偏差をアスタリスクで示しています。この標準偏差をもたらす曲線上のポイントを調べてみましょう。図表でその標準偏差から上に伸びる点線と曲線がぶつかる点が、相関係数1以下の場合に実現する、期待収益率と標準偏差の組み合わせになります。

明らかに、相関係数が1を下回る曲線のケースほうが、より高い期待収益率を実現できることがわかります。資産間の相関性が低い組み合わせをポートフォリオに入れることにより、リスク対比での収益性の高いポートフォリオを組むことができるのです。

望ましいリスク資産の組み合わせ　～効率的フロンティア（有効フロンティア）

世の中には、投資可能な様々な資産が数えきれないぐらい存在しています。株式や債券も、グローバルに拡がる多様な発行体というだけでなく、銘柄によって商品性が異なる場合も少なくありません。また、資産には、リスクのない安全資産と、それ以外のリスク資産があります。そして、あらゆる資産の大半が、リスク資産と考えてもおかしくはないでしょう。

こうした果てしない数のリスク資産の一部あるいは全部を用いて、標準偏差と期待収益率の組み

27 資産Xの標準偏差を、資産XとYの標準偏差の和で割った比率です。

合わせを図表に示すとします。横軸にリスク（標準偏差）、縦軸にリターン（期待収益率）を取って、数限りない点を座標に描き入れます。図表75がそのイメージです。×印は無数に存在する様々な資産および多様な組み合わせの結果です。

この中で二つのポートフォリオAとBを比べてください。AとBは期待収益率が等しいものとしています。比較することで明らかなのは、リターンが同一水準で、リスクはAよりBのほうが大きいことです。

したがって、ポートフォリオAとBを比較すると、同じ収益性でリスクが低いポートフォリオAを選択するほうが合理的です。

つまり、無数にある組み合わせの中で、最も外側に存在している点が他の点よりも合理性が高いと言えるのです。合理性が高いことを別の言い方で「効率的」と言います。最も効率的な組み合わせを線で結んでいくと、図表76のようになります。この曲線を「**効率的フロンティア**」、時々「**有効フロンティア**」という呼び方をします。

この効率的フロンティア線上にある点と、その右側のいかなる点を比べても、この線上の点が常に、その右手にある点よりもリスクが低いことがわかります。

つまり、効率的フロンティアは「最小のリスクで所与のレベルの期待収益を得られる」ポートフォリオを示しているのです。そして同時に、効率的フロンティアより左手にある領域は、リスク資産の保有のみでは実現不可能であることも明らかです。

しかし、ある方法を使うと、効率的フロンティアより左側のポートフォリオを組むことができま

図表75　無数のリスク資産、および組み合わせによる機会集合のイメージ

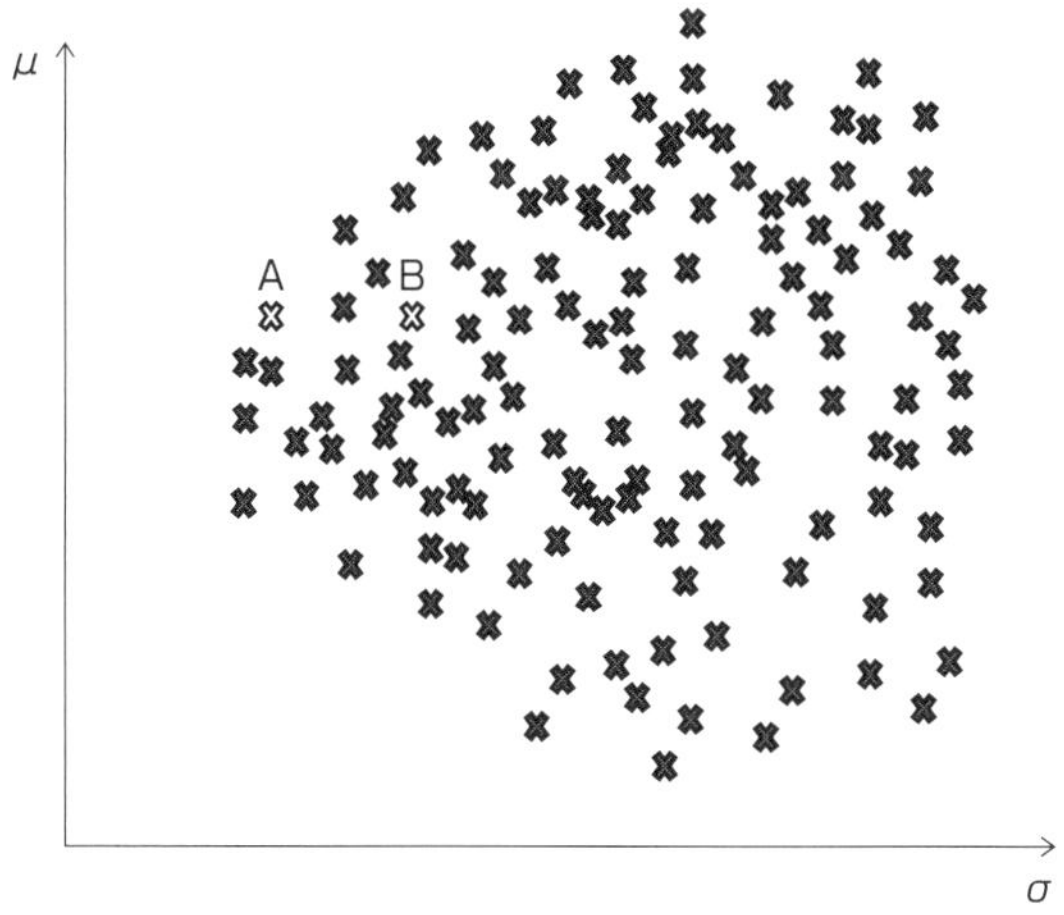

出所：筆者作成

図表76　機会集合の外縁を結ぶ効率的フロンティアのイメージ

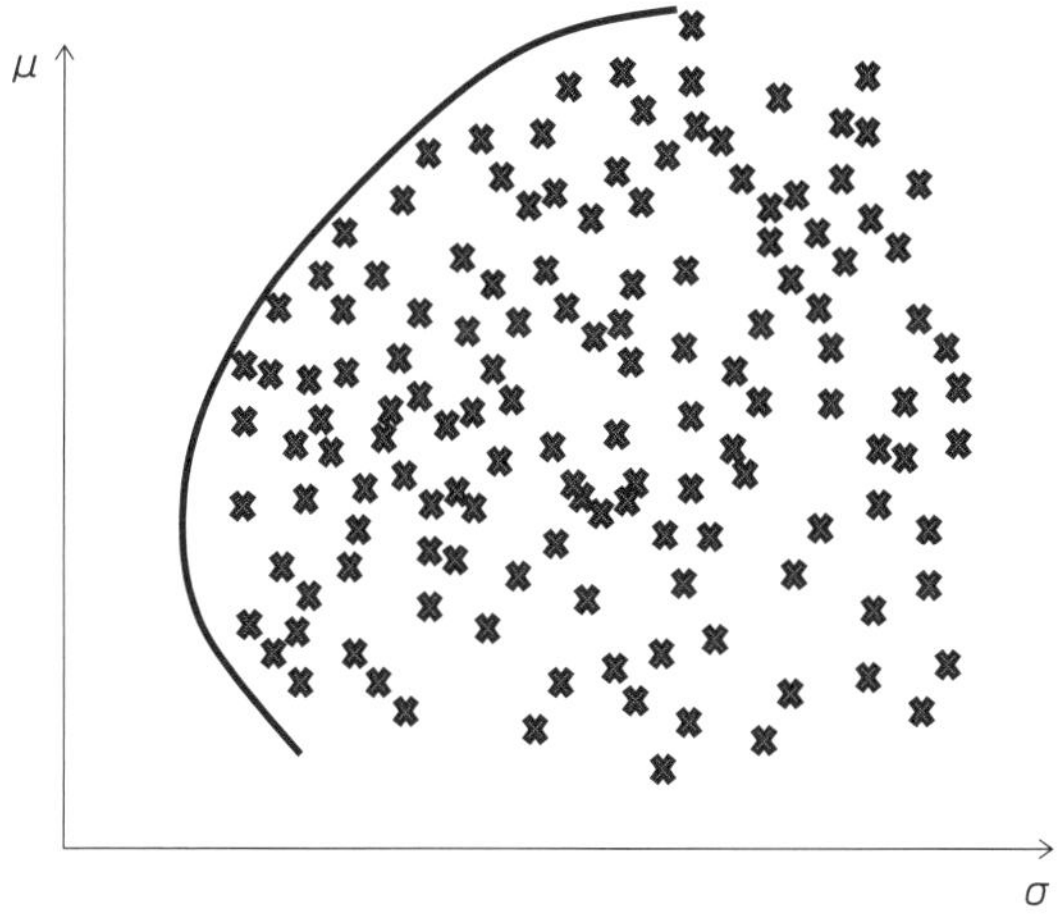

出所：筆者作成

図表77　効率的フロンティアと安全資産（リスクフリーレート）を結ぶ

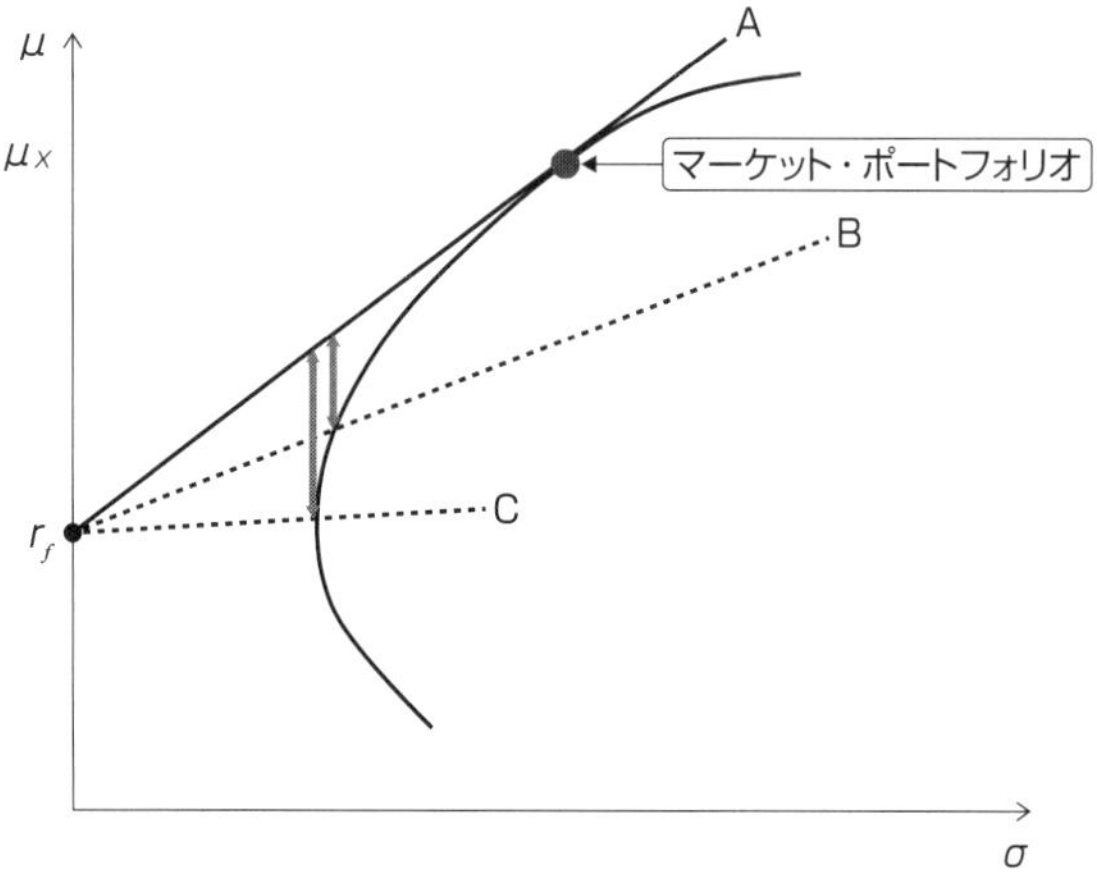

出所：筆者作成

す。その魔法は、安全資産との組み合わせを行うことです。

■安全資産とリスク資産が醸し出す世界
～資本市場線

まず、効率的フロンティアと同じ座標軸を使って、安全資産の位置を確認しましょう。図表77の縦軸上の点r_fを確認してください。座標軸上のポイントが安全資産のもたらすリターンであるリスクフリーレートです。安全資産はリスクがないので、標準偏差はゼロです。そのため、安全資産のリスク・リターンのポイントは縦軸上に来ます。

次に、安全資産をリスク資産のポートフォリオに組み入れることを考えましょう。安全資産と「効率的」なリスク資産ポートフォリオを組み合わせるということは、縦軸上のリスクフリーレートのポイントと、効率的フロンティア上のいずれかのポイントを結ぶ線の上に、安全資産と効率的なリスク資産の組み合わせによる「新たなポートフォリオ」のリスク・リターンの組み合わせが乗るということです。

ここで、試しにA、B、Cという三つの線を引いてみました。特徴としては、BとCが効率的フロンティアを「貫通」していて、Aのみが効率的フロンティアに「接している」状態です。一般論として、経済学を学んでいて気づくことがあると思いますが、それは、「接点」はあらゆる問題の最適点となる傾向があるということです。ここでの例も、しかりです。

直線Bと効率的フロンティアの交点、直線Cと効率的フロンティアの交点は、ともに直線Aの下に来ていますので、同じ標準偏差の水準で比べると、Aの線上の点が常に期待収益率で上回ることがわかります。また、直線Aを上回る直線は、効率的フロンティアから離れてしまいますので、実現不可です。

接線である直線Aは、安全資産とリスク資産の最適な組み合わせをたどることが、これではっきりしました。この安全資産から効率的フロンティアにつながる接線を「**資本市場線**（**CML**：Capital Market Line)」と呼びます。

また、接点となる効率的フロンティア上のポイントを「**マーケット・ポートフォリオ**」と呼びます。マーケット・ポートフォリオは、最適なリスク資産の組み合わせによるポートフォリオです。

補足説明 分離定理

資本市場線と効率的フロンティアの接点であるマーケット・ポートフォリオは、リスクが大好きな投資家であろうが、安全第一の投資家であっても動かしようのない「最適なリスク資産の組み合わせ」です。そのため、マーケット・ポートフォリオは、投資家のリスク対リターンの選好度合いに無関係に決定されます。

一方で、安全資産とマーケット・ポートフォリオの間の配分については、投資家のリスク・リターンの選好度合いによって決まります。つまり、資本市場線上のどのポイントを選ぶかは、投資家のリスク選好度次第というわけです。リスクが大好きであれば、右方向のポイントを選ぶでしょうし、安全第一であれば左方向のポイントに惹かれるでしょう。極端な話、リスクは一切取りたくないという投資家は、資本市場線の切片である安全資産のみという選択に至ります。

また、持っている資金ではリスク・リターンが物足りないというリスク愛好家は「借入」という道があります。お金を借りて、マーケット・ポートフォリオを足していくことを「〝**レバレッジ**〟**をかける**」と言います。358ページの図表77のグラフで言うと、マーケット・ポートフォリオの右側にも資本市場線が延びているのがわかると思いますが、この右側のゾーンはレバレッジをかけたポイントとなります。

このように二つの意思決定が別々に行われることを、アメリカの経済学者であるジェームズ・トービンが「**分離定理**」と呼んでいます。

なお、投資家の選好度合いは、経済学でよく登場する同一効用を結ぶ「無差別曲線」で表現されます。リスクとリターンの関係で最も投資家の効用が高い組み合わせによって、資本市場線上の最適点が決定されます。

4　CAPM（Capital Asset Pricing Model）　～資本資産価格モデル

■CAPMの基本

株式の理論価格を求めるところで、「株式資本コスト」が重要な役割を果たすことについて触れました。その際は、株式市場が示す株価収益率（PER）の逆数が、市場の暗示する株式資本コスト、別名で「インプライド資本コスト」ということで算定可能なことを説明しました。

しかし、株式資本コストを算定する王道は「CAPM（通称「キャップエム」）」です。CAPMは、個別株式、株式市場全体それぞれのリスクとリターンの関係を簡単な算式にまとめたものです。このモデルから導き出された個別株式の期待収益率こそが、株式資本コストです。

CAPMは、株式市場全体の期待収益率と安全資産のリスクフリーレートとの関係から、個別株式の期待収益率を導くモデルです。この期待収益率が、株式資本コストとなります。

◇個別株式期待収益率＝リスクフリーレート＋ベータ×マーケット・リスクプレミアム

◇マーケット・リスクプレミアム＝市場期待収益率－リスクフリーレート

用語の説明をしていきます。株式市場全体の期待収益率を「**マーケットリターン**」と言います。たとえば、日本の場合は東証株価指数などの市場全体を平均化したものが使われます。そして、その市場全体の期待収益率とリスクフリーレートの差が「**マーケット・リスクプレミアム**」で、これはリスクフリーレートを上回る超過収益率を示しています。

次に、最も重要な「**ベータ**」です。ベータは、その株式と株式市場全体との連動性と相対的なリスクの大きさを同時に表現する指標です。その株式のリスクが市場よりも大きければ、ベータは1より大きくなり、小さければ小さくなります。また、1になれば株式市場並みということです。

ベータが2であれば、株式市場全体を表す株価指数が10％上昇したときに20％上昇することを示します。ベータの計算方法の詳細は**巻末の「数学的補足コーナー」**でご参照いただけますが、ここでは次の式に留めておきます（各項は、期待リターンの相関係数や標準偏差を指しています）。

◇ベータ＝その株式と市場との相関係数×（その株価の標準偏差÷市場の標準偏差）

もう一点付け加えますと、CAPMの式は次のように変形できます。この式により、個別株式の期待収益率が、どの程度リスクフリーレートを上回るかを示します。

◇個別株式超過収益率＝ベータ×マーケット・リスクプレミアム

■証券市場線

証券市場線（ＳＭＬ：Security Market Line）とは、縦軸に期待収益率（資本コスト）あるいは超過収益率（リスクフリーレートを上回る期待収益率）、横軸にベータを取ったグラフです。つまり、前述の個別株式の超過収益率と、市場の超過収益率との関係をグラフ化したものです。証券市場線は、個別株式がリスクに対して妥当な期待収益率を得られるかを確認するうえで有用なツールです。

◇証券市場線：株式超過収益率＝ベータ×（市場期待収益率−リスクフリーレート）

この証券市場線よりも上にある株式は、リスクと収益率の関係から見て「割安」、下であれば「割高」と判断されます。

補足説明　リスクの分解

株式等の資産価格に係るリスクは、分散投資を行うことで削減可能なリスクと、削減できないリスクがあります。個別の株式に係る固有のリスクは、「**ノンシステマティック・リスク**」あるいは「**固有リスク**（**イディオシンクラティック・リスク**）」と呼ばれ、相関性が低い銘柄を中心に分散投資を行うことで削減することが可能です。

一方で、市場全体に関連したリスクを「**システマティック・リスク**」と呼び、この部分はどんなに分散投資を行っても排除できないリスクとなります。

■リスクとリターンの便利な指標

リスクとリターンの関係から投資などの効率性を測る便利な指標として「**シャープ・レシオ**」があります。個別株式のリスクに対する相対的なパフォーマンスについて計測する指標で、複数の銘柄のパフォーマンスを比較するうえで大変便利です。

シャープ・レシオの定義は、分子が個別株式の超過収益率で分母がその標準偏差です。

◇シャープ・レシオ＝（個別株式収益率－リスクフリーレート）÷標準偏差

この値が高いほど、リスクの大きさに対する投資効率が高いと判断されます。

この指標は企業の業績評価にも応用できます。たとえば、二つの企業のＲＯＥを比較する場合に、これまでのＲＯＥの遷移状況やその平均値を比較するのが一般的です。しかし、そこで問題となるのが、ＲＯＥのブレの大きい企業と安定した推移を続ける企業の比較です。そこで、ＲＯＥの平均値をＲＯＥの標準偏差で割るという考え方が出てきます。まさに、シャープ・レシオの応用です。

ポートフォリオ理論に関しての数式を用いた説明は、巻末をご参照ください。

⬇ 数学的補足コーナー

第11章 投資を支援する金融技術

1 デリバティブは難しくない

■デリバティブとは?

デリバティブは、日本語にすると「金融派生商品」です。派生商品と言われてもピンと来ないと思いますが、「デリバティブ（Derivative）」の動詞形「デライブ（Derive）」は、由来する、あるいは導かれるという意味です。金融商品としてのデリバティブは外国為替、金利、株などの金融商品の価格や指標に由来する契約です。

デリバティブ取引の大切な前提条件は、不確実性の存在です。金融商品の価格などは、安全資産を除いて常に不透明です。将来の不確実性をなくす目的や、不確実性に乗じて利益を追求する目的で様々なデリバティブ取引が成立します。

100円で取引されている株式を1年後に200円で売買する契約を結べば、それは先物取引になりますし、1ドルが110円で取引されているドルについて、半年後に1ドル100円で買う「権利」を取引すれば、それは**オプション取引**になります。

少し変わった種類のデリバティブは天候の状況で金銭の受け渡しが発生する取引で、「**ウエザー**

デリバティブ」と言います。天候により、ビジネスが影響を受けるような企業にとっては、望ましくない天候が続くことによる業績への打撃を緩和する目的で、こうした取引が行われるのです。[28]

不確実性に対応した金融商品としては「保険」がありますが、まさにデリバティブと保険は極めて類似性が高いものです。

■デリバティブの特徴

デリバティブの特徴として、**レバレッジ**、**多様性**、**保険効果**の三つが挙げられます。

「**レバレッジ**」とは、小さな力で大きなものを動かすテコの作用を示す言葉です。少ない資金で大きな取引を行えることが、デリバティブの特徴の一つです。身近な例では、外国為替の売買を少ない手元資金で行うことが可能な**ＦＸ取引**（**外国為替証拠金取引**）があります。１万円を証拠金として預託すると、１ドル１００円として通常の現物取引で１００ドル相当の取引しかできないところが、１０００〜１５０００ドル相当、つまり10〜15倍の取引が可能となります。一方で、レバレッジが利くということは、それだけ大きなリスクを背負うことでもあるので、利便性と危険性が同時に存在していることは肝に銘じておくべきです。

デリバティブのもう一つの特徴は「**多様性**」です。第一に、多様なニーズに合わせて様々なデリバティブ取引の創造が可能なことです。原油価格に左右される航空業界が原油先物取引を行う、一定の降水量が必要な農作物業者がウエザーデリバティブでヘッジ取引を行うなど、実物経済のニーズに金融取引が応える原動力となります。第二に、想像力を駆使することで先進的なデリバティブを開発することが可能なことです。どちらの方向に資産価格が動くかわからないものの、大きな変動は避けたい人にとって、変動率（ボラティリティ）に応じて対価が支払われる取引などはありがたいものです。[29] 第三に、市場環境の方向性に依存しない取引を行うことが可能な点です。たとえば、現物取引において株価が一方的な下落を続ける局面で、利益を得ることは難しいですが、先物売りなどで利益を上げることも可能です。

最後に「**保険効果**」で、デリバティブ取引が最大の社会的貢献をする要素です。輸出企業が円高になることによる為替差損を避けるために、先物取引や通貨スワップ取引を行うことで、業績の下振れを抑制する効果もありますし、先ほども登場したウエザーデリバティブは、天候に業績が大きく左右される事業を行う企業やイベント企画者などのリスクヘッジに使われます。

COLUMN

デリバティブと賭博罪

不確実性を前提とした利益や便益の追求を目的とするデリバティブ取引は、同じく不確実性を前

28 金融商品取引法では、「気象観測数値を参照指標とする指標先物取引または指標先渡取引」について定められています（同法第2条第21項2号等）。

29 市場の変動を対象とするデリバティブの例としては、ＶＩＸ指数を原資産としたものがあります。ＶＩＸは、ボラティリティ指数を指していて、別名「恐怖指数」として、市場参加者の心配度を測る指数としても知られています。シカゴ・ボード・オプション取引所（ＣＢＯＥ）に上場しているＶＩＸ先物などが代表例です。

提に利得を目指すギャンブルと性格を共にする部分があります。そのため、偶発的な金銭授受という点で、刑法上の賭博罪が疑われるという指摘がデリバティブの一般化する以前の段階では存在しました。

刑法での賭博罪の構成要件は、「事象の偶然性」と「財産上の利益の得喪を争う行為」という考え方があります。その意味で、金融市場ばかりでなく天候や企業の財務状況などの不確実性をもとに損益が決定するデリバティブの性格は、賭博に該当すると言われてもおかしくはないわけです。

しかし、刑法第35条の「法令又は正当な業務による行為は、罰しない」という条文があり、金融当局は金融市場の健全かつ先進的な発達を促すため、法整備を行うことでこうした法的リスクを克服してきました。具体的には、金融商品取引法や商品先物取引法[30]に定めることでデリバティブ取引は、正当な業務として認識されるのです。

■デリバティブの主な種類

デリバティブは、**先物**、**オプション**、**スワップ**の3種類に大きく分けられます。これらの取引の種類は、それぞれの約束事の性格によって区別できます。

先物取引は、将来の売買について、あらかじめ現時点で価格や数量の約束をする取引です。将来の約束の日（決済日）の時点で取引が実施されます。1年後に、約束した株価で株式を売買する取引などが先物取引の例です。

オプション取引は、選択権の売買です。権利ですので、権利を行使するのも放棄するのも、その

図表78　取引が活発なデリバティブ取引

	株価	金利	通貨（為替）	商品その他
先物	株価指数先物	金利先物 債券先物	通貨先物 （為替予約）	商品先物
オプション	株価オプション	金利オプション	通貨オプション	商品先物オプション
スワップ	株価指数連動スワップ	金利スワップ	通貨スワップ	クレジットデフォルトスワップ（CDS）

出所：筆者作成

権利を購入した人の自由です。しかし、権利を売却した人は、権利を購入した人の意志に基づき約束を実行する必要があります。先物取引は売るほうも買うほうも取引を行う義務があるのに対して、オプションについては購入した者が権利を得て、売却した者のみが義務を負うことになります。1年後に、約束した株価で株式を買う権利（あるいは売る権利）を購入した人は、1年後の時点でそのときの株価を見ながら、その権利を行使するかどうかを決めればよいのです。

スワップ取引は、キャッシュフローの交換です。為替の先物取引は一時点の通貨の交換のみを行うものですが、通貨スワップは、複数年に及ぶ、しかも、それぞれの時点で等価交換を迫られない柔軟な取引です。

なお、デリバティブの対象となる資産のことを「**原資産**」と言います。

30　商品先物取引業者以外の相手と、商品市場における相場を利用して取引所外で差金を授受することは「相場による賭博行為」として禁じられています（商品先物取引法第329条）。

2 先物取引

■先物取引の機能

先物取引の機能には、他のデリバティブ同様に、価格変動の影響を排除・抑制するための**リスクヘッジ機能**、価格変動を利用して利益を獲得するための**投機的機能**、適正価格が形成されるための**価格調整機能**があります。

リスクヘッジ機能とは、将来の価格変動などの不確定要素の排除・抑制で、**買いヘッジ**と**売りヘッジ**があります。買いヘッジは、現在ではなく将来購入する予定があるものの、価格上昇リスクを回避するために、先に決める価格と数量で将来の購入を約束するものです。先ほど述べました航空会社の原油先物などの例も、この機能を活用したものです。逆に将来売却する予定があるものの、値下がりするリスクを抑えたいのであれば、現時点で決められた価格および数量で先物の売却を行えばよいのです。

投機的機能は、価格変動を利用して利益を追求することを可能とするものです。利益獲得の方法は多くの場合、「反対売買」により行われます。決済日まで待って利益を獲得する場合は、先物取引と決済日における現物取引を反対方向で行うことにより価格の差額（値ざや）を稼ぎます。債券先物を100円で売却し、決済日に現物の債券を90円で買い戻せば、10円の利益となります。つまり、実際の有価証券を保有していなくても、利益追求を行うことができます。しかし、実務的には、決済日を待たずして途中で反対売買を行うことが多いです。また、売却した価格と購入した価格の

図表79　先物取引の損益

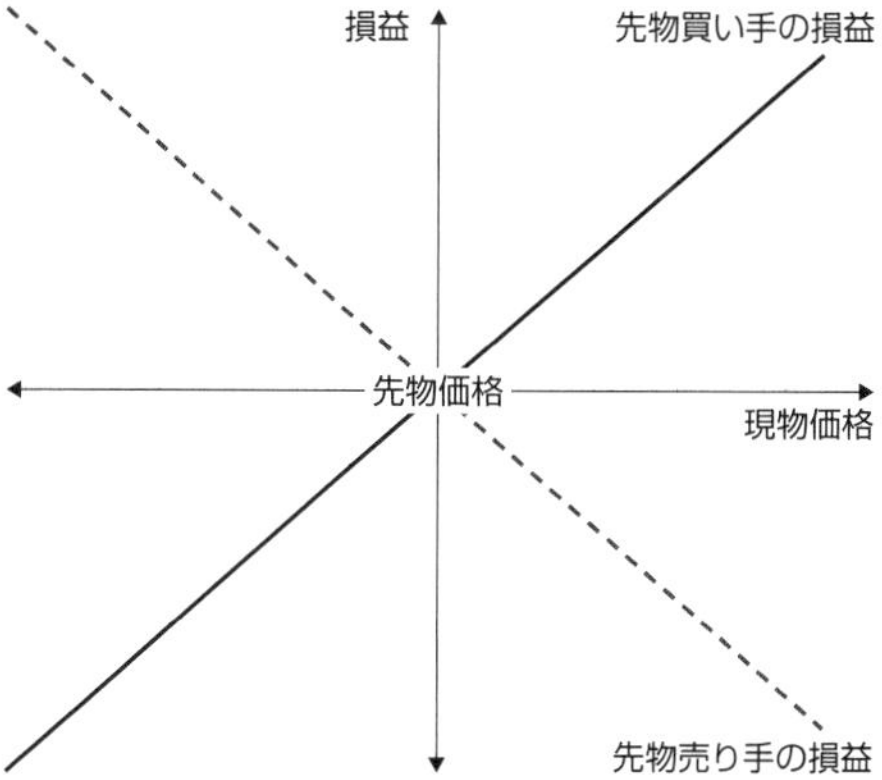

出所：筆者作成

差額のみの決済で反対売買を行えるため、多額の取引を少ない資金で行うレバレッジが働きます。

最後に、**価格調整機能**です。この機能により、実物経済の価格を安定させる社会的貢献が期待できます。生産者は、現時点の需要と供給ではなく、将来時点の需要と供給を踏まえて生産規模を調整するニーズがあります。そのため、商品先物市場の先物価格を観察して、生産調整を行うことに利便性を感じるでしょう。先物価格が高ければ増産し、生産量が増えて需給バランスに影響を与えながら価格を下げる効果があります。反対に価格が低い場合は、減産を行うため、価格は上昇する方向となります。こうしたメカニズムを通じて価格が一方向に向かいにくくする効果があるため、全体として価格の安定に寄与するはずです。

■先物取引の損益

先物取引が、どのような損益をもたらすのかについて、図表79を見ながら整理しましょう。

① **期日における現物市場価格が先物価格より高い場合**（図表79の右半分）

● 先物の売り手は、現物価格と先物価格の差額の損失を負担します。

○ 先物の買い手は、現物価格と先物価格の差額を利益として獲得します。

② **期日における現物市場価格が先物価格より低い場合**（図表79の左半分）

○ 先物の売り手は、現物価格と先物価格の差額を利益として獲得します。

● 先物の買い手は、現物価格と先物価格の差額の損失を負担します。

これらの状況から、**先物取引は常にゼロサムである**ことがわかります。

COLUMN

江戸時代のデリバティブ

江戸時代、お米は貨幣的な価値を持っていました。藩の米の生産力だけではなく、漁獲量なども米の「石高」に換算されて大名の家格を表す指標などとして使われていました。それだけ米の流通性は高く、その価格は経済に大きな影響を与えていたのです。特に、全国から年貢米が集まる大阪・堂島では、米を入札制によって米仲買人に売却し、「米切手」という有価証券（額面は十石）を発行していました。この米切手は活発に売買され、次第に市場化が進みました。

一方で、米価の不安定さは米の取引の悩みの種でした。凶作となれば米の価格は値上がりし、豊作であれば値下がりするなど、天候の影響を大きく受けます。そのため、米の取引業者には、価格を安定させるニーズがありました。

堂島では、米の収穫前に取引価格をあらかじめ決めておく「帳合取引」や架空に設定した米の取引を行う「空米《からまい》取引」を幕府が認めることとなり、「正米取引」という米切手を売買する現物市場に加え、先物市場の機能が加わりました。

現物取引である正米取引と、空米取引を同時に反対売買することによって、米価変動に伴う損失を抑えることができるため、価格変動を抑制するヘッジ取引として積極的に活用されました。

たとえば、米の売り手が将来の米の価格の低下による損失を防ぐために、架空の米を一定価格で売っておきます。将来の決済日には、空米取引で売った架空の米の返済のために、収穫された米（米切手）を手放すこととなります。これで収穫前に米の収入を確定することができるのです。

3　オプション取引

■オプションとは？

オプション取引とは、あらかじめ定められた期日ないしは期間内に決められた価格（**行使価格、ストライク・プライス**）で有価証券や為替を買う、あるいは売る権利です。ここで、有価証券や為替などは、前述したように「原資産」と言います。

先ほど解説したとおり、オプションの買い手は権利を手にしたわけで、取引価格次第では、この選択権は放棄しても構いません。しかし、買い手がこの権利を行使した場合には、売り手は取引を履行する義務を負っています。

オプション取引は、保険契約に似ています。保険の権利者は契約者で、義務者は保険会社です。ある事象が発生した場合は、契約者は権利を行使し、保険会社は保険金支払いを行います。ある事象というのは、自動車保険であれば事故や盗難、火災保険であれば火災等による家屋の損害などです。オプション取引の場合は、原資産の価格がオプション行使に都合がよければ行使して、利益を享受しますし、よくなければ単純に権利を放棄します。

オプションの種類

オプション取引には、「**コールオプション**」と「**プットオプション**」があります。

あらかじめ決めた行使価格で、株式や外国為替などの原資産を買う権利がコールオプションで、あらかじめ決めた行使価格で原資産を売る権利がプットオプションです。

原資産の市場価格が行使価格より高くなった場合は、コールオプション保有者は権利を行使することにより、市場価格より安い価格で原資産を買うことができます。他方で、市場価格が行使価格よりも低くなった場合は、権利放棄すればよいのです。

原資産の市場価格が行使価格より高くなった場合は、プットオプション保有者は権利を放棄すればよく、市場価格が行使価格よりも低くなった場合は、権利行使により市場実勢より高い価格で原資産を売却できます。また、オプションそのものも売買が可能です。

■オプションの基本用語

オプション取引には専門用語が多いため、ここで一気に列挙しておきましょう。

- **原資産**：オプションの対象となる有価証券や為替など
- **コールオプション**：定められた価格で買う権利
- **プットオプション**：定められた価格で売る権利
- **行使価格**：オプションの権利行使を行う際の価格（「ストライク・プライス」とも言います）
- **行使期間**：オプションを権利行使することのできる期間
- **オプション・プレミアム**：オプションの価格。オプション・バリュー
- **アット・ザ・マネー**：ＡＴＭ（At-The-Money）。原資産価格が行使価格と同じ状況
- **イン・ザ・マネー**：ＩＴＭ（In-The-Money）。オプション行使して得する状況
- **アウト・オブ・ザ・マネー**：ＯＴＭ（Out-of-The-Money）。オプション行使で損する状況
- **ボラティリティ**：原資産価格の変動性。標準偏差や分散が代表的な指標
- **ヨーロピアン・オプション**：行使期間最終日でのみ権利行使可能なオプション
- **アメリカン・オプション**：行使期間中はいつでも権利行使可能なオプション

■コールオプションのしくみ

コールオプションの行使や損益について、具体例で説明します。

ある株式（現在150円）を1年後に150円で買う権利を10円で買うとします。オプション用語を使うと、当該株式が原資産となるコールオプションで、1年後にのみ行使可能なヨーロピアン・オプションです。オプション・プレミアムが10円、行使価格が150円です。

①1年後に株価が180円の場合

株価が行使価格より高いイン・ザ・マネー（ITM）なので、コールオプションを権利行使したほうがよい状況です。権利行使により150円で株式を手に入れ、すぐに180円で売却すれば30円の利得を獲得できます。当初支払った10円のオプション・プレミアムを差し引いても20円の利益です。

オプションの売り手は、権利行使されてしまうので、180円で株式を購入して150円で売らなければならないため、30円の損失（当初受け取ったプレミアムを差し引いても20円の損失）です。

②1年後の株価が130円の場合

株価が行使価格を下回るアウト・オブ・ザ・マネー（OTM）であるため、権利行使せず権利を放棄したほうが合理的です。市場なら130円で買える株を権利行使して、わざわざ150円を支払うメリットはありません。

図表80　コールオプション買い手の損益

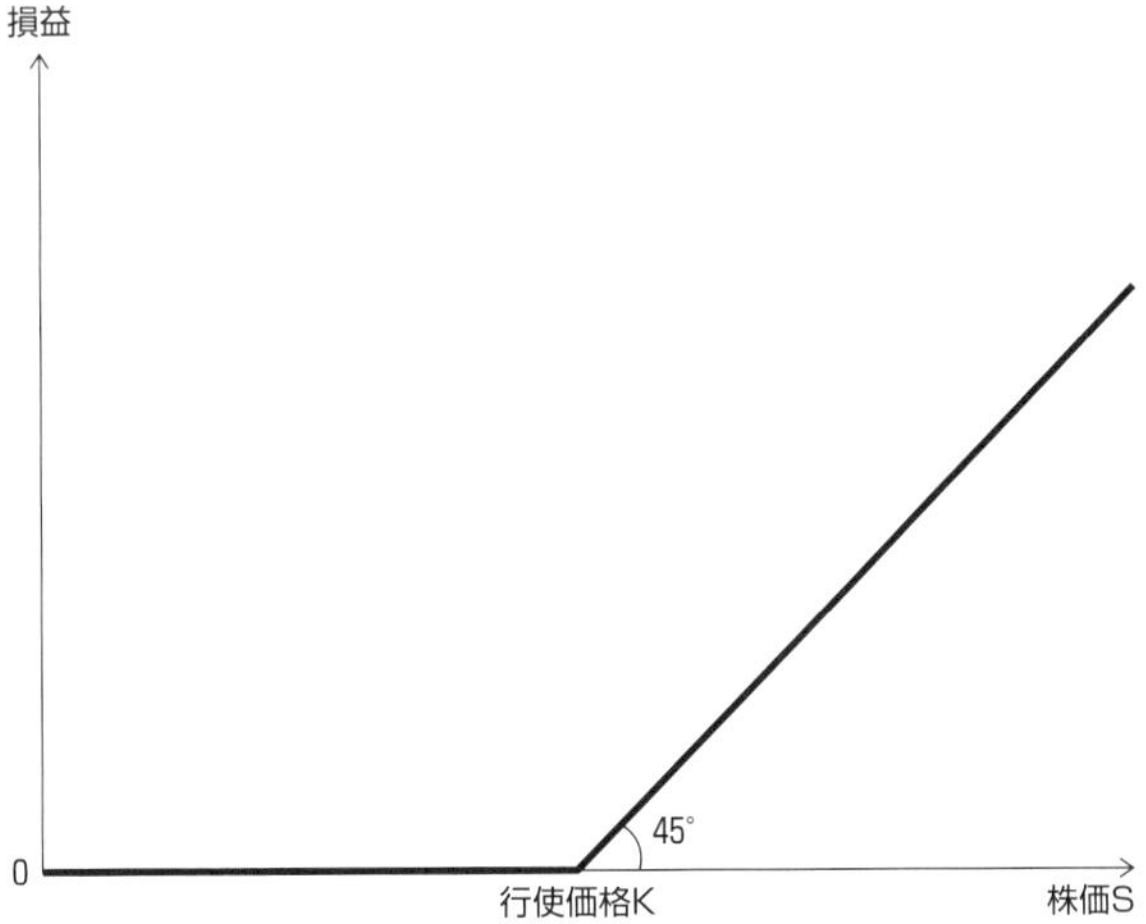

出所：筆者作成

図表81　コールオプション売り手の損益

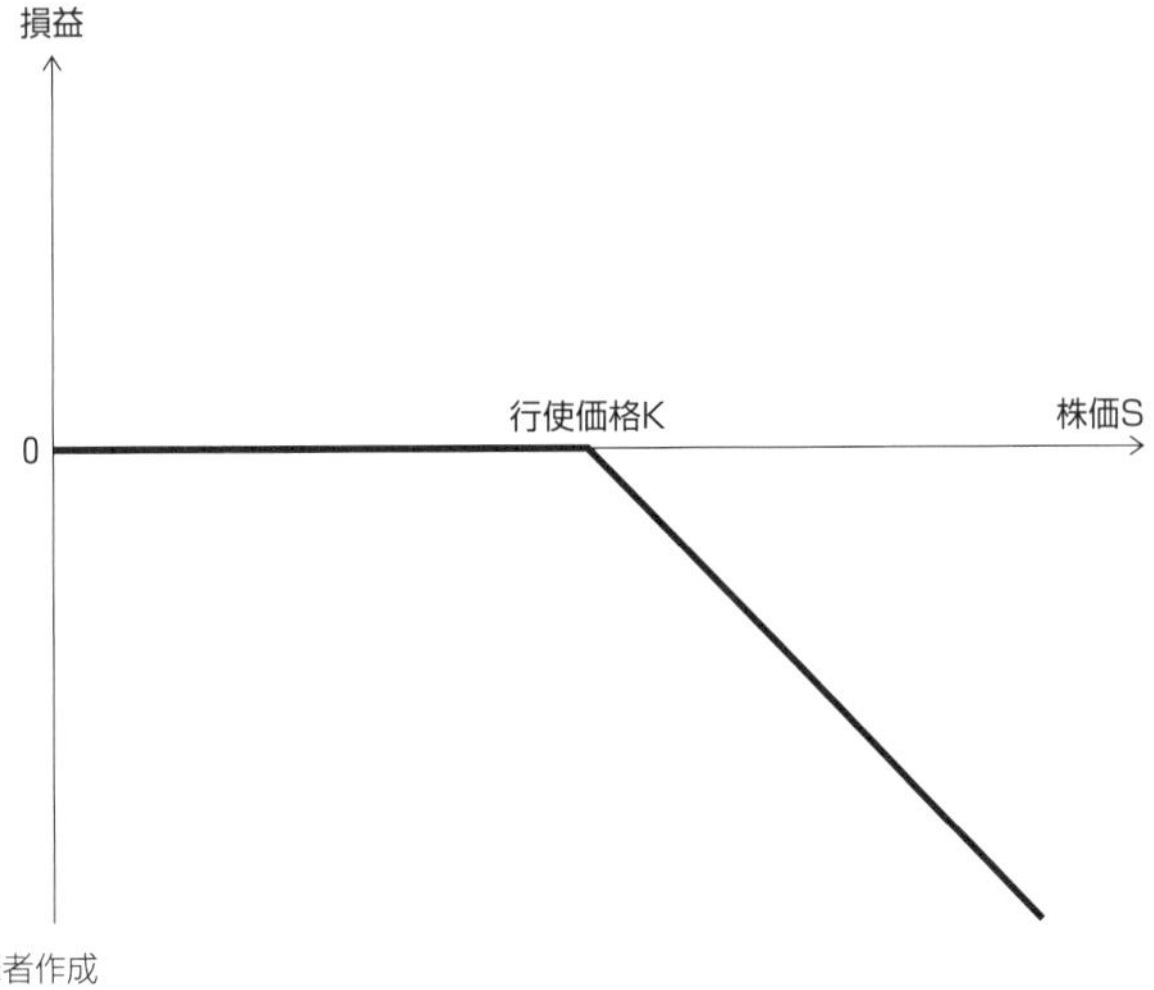

出所：筆者作成

オプションの売り手は、権利行使されないため、当初受け取ったオプション・プレミアムの10円の利益です。

なお、①で得られる株価と行使価格の差から得られる利得を「**オプションの本源的価値**」と言います。

また、オプション取引を使わず、この株式を150円で買ってX円で売却することを考えると、損益は常にX円から150円を差し引いた金額となります。①のように株価が上昇すれば30円のプラスとなりますが、②のように下落すると20円のマイナスとなります。

一方で、コールオプションを購入した後に、株価が低下する場合には権利放棄すればよいので、損失とはなりません。これが、オプションの持つ保険的機能です。この機能を、オプションによる「**ダウンサイド・プロテクション**」と言います。

■プットオプションのしくみ

次に、プットオプションのしくみについても、同じように具体例で説明します。

ある株式（現在150円）を1年後に150円で売る権利を10円で買うとします。オプション用語を使うと、当該株式が原資産となるプットオプションで、1年後にのみ行使可能なヨーロピアン・オプションです。オプション・プレミアムが10円、行使価格が150円です。

図表82　プットオプション買い手の損益

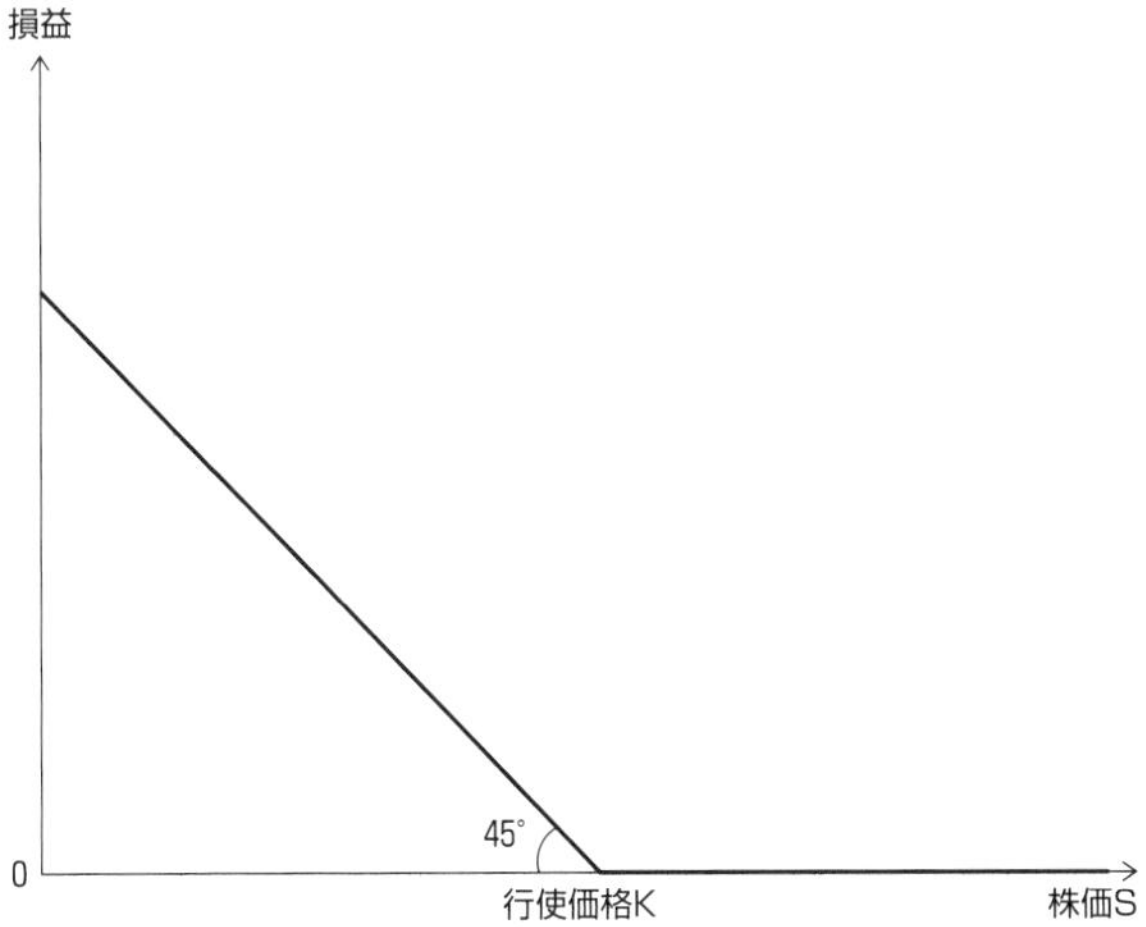

出所：筆者作成

①　1年後に株価が180円の場合

株価が行使価格より高いアウト・オブ・ザ・マネー（OTM）なので、権利行使しないで権利を放棄したほうが合理的です。市場で売れば180円で売れる株を権利行使して、わざわざ150円で売却するメリットはありません。

オプションの売り手は、権利行使されないため、当初受け取ったオプション・プレミアムの10円の利益です。

②　1年後の株価が130円の場合

株価が行使価格を下回るイン・ザ・マネー（ITM）であるため、プットオプションを権利行使したほうがよい状況です。

市場から130円で株式を入手し、権利行使により150円で売却すれば20円の利得を獲得できます。当初支払った10円のオプショ

図表83　コールオプション価値

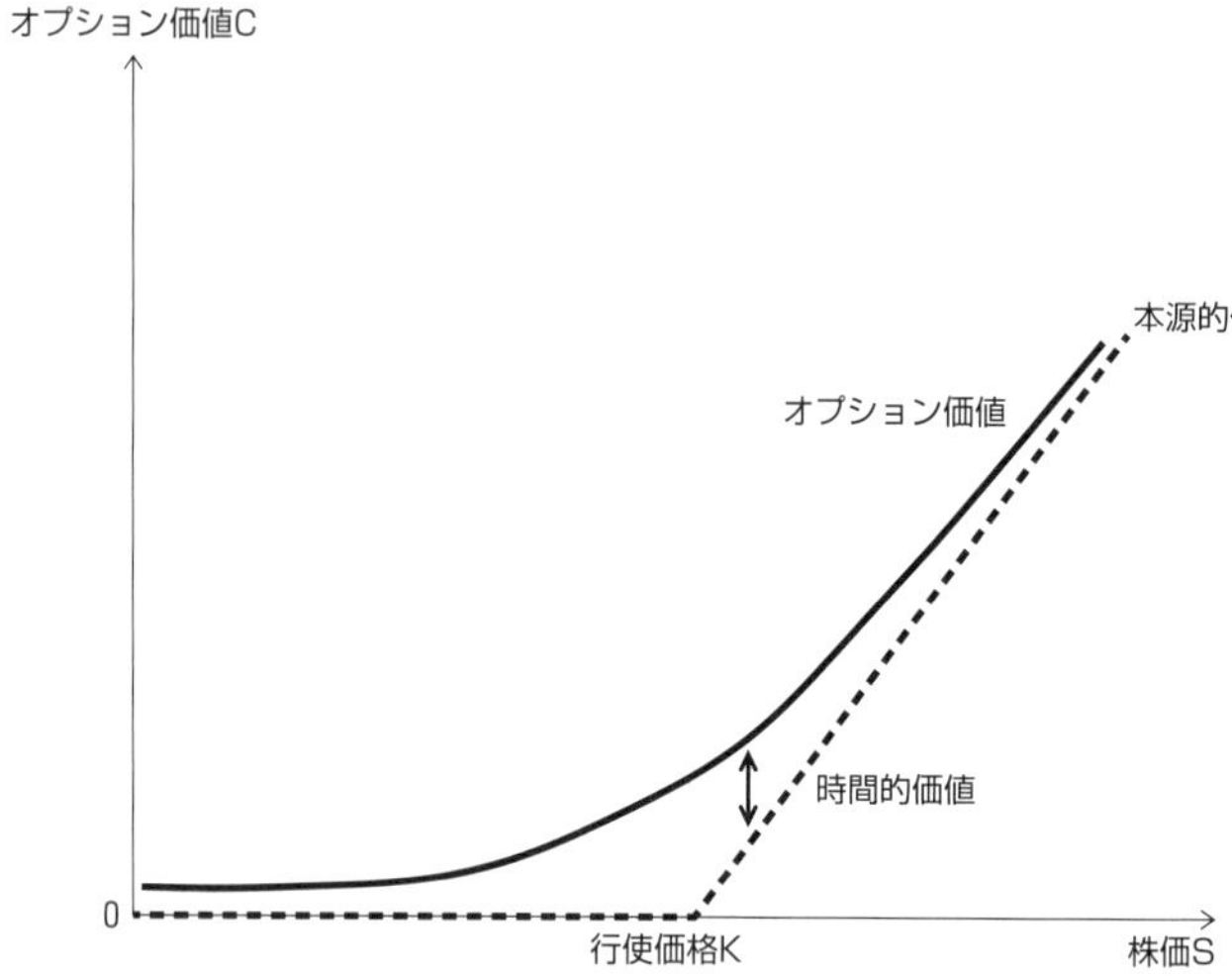

出所：筆者作成

ン・プレミアムを差し引いても、10円の利益です。

オプションの売り手は、権利行使されてしまうので、150円で株式を購入して130円で売らなければならないため、20円の損失（当初受け取ったプレミアムを差し引いても、10円の損失）です。

プットオプションにおいても、権利行使時の原資産の価格と行使価格の差額が「本源的価値」です。オプションの買い手の本源的価値は、オプションの売り手の損失となる点はコールオプションと同様です。

■オプションの価格形成

オプションの価値でわかりやすいのは本源的価値です。しかし、先ほどの例で示したように、行使価格と当初の株価が一致（当初株価＝行使価格＝150円）している状況でなぜ、10円のオプション・プレミアムを支払うのか考えてみましょう。その時点での本源的価値はゼロのはずなので、何か他の価値をオプションに見出さない限りは、プレミアムを支払ってまで、オプションを購入するインセンティブはないはずです。

その価値が「保険的機能」としての付加価値です。コールオプションのしくみを説明した最後のところで、現物株式を買う場合とコールオプションを購入する場合の違いについて述べました。現物株式の売買で負担する株価下落リスクが、コールオプションの購入ではゼロとなります。こうしたプロテクション機能による価値を「**時間的価値**」と言います。

◇オプション価値＝本源的価値＋時間的価値
※本源的価値＝行使価格と株価の差か、ゼロの大きいほう

たとえば、株価900円の状況で行使価格800円のコールオプションが300円で取引されていると仮定すれば、このオプション・プレミアム300円のうち、本源的価値は100円（900円－800円）、残りが時間的価値200円となります。

オプションの時間的価値は、行使価格と原資産価格との距離、行使期間、ボラティリティなどの要素により影響を受けます。

原資産価格が行使価格を大きく上回っているコールオプションの場合は、ほぼ権利行使することが確実で、不透明性が少ないため、時間的価値は減少します。

行使期間は、満期までの期間が長いほど価格変動の不透明性が大きいため、時間的価値は増加、つまり、原資産価格の値動きが大きいほど不透明性が大きくなります。そのため、ボラティリティが大きいほど時間的価値は増加します。これを図示したものが、380ページの図表83です。

オプションの価格形成をモデル化したのが「**ブラック・ショールズ・モデル**」です。

数式を用いた説明は、巻末をご参照ください。➡ 数学的補足コーナーⅠ

4 スワップ取引

■ 金利スワップ

銀行が最も頻繁に取引しているデリバティブ取引の一つが**金利スワップ**です。金利スワップとは、同じ通貨間の異なる種類の金利を交換する取引です。この取引では、期間の最終日の元本の交換は不要です。ただし、毎年（毎期間）、金利をいくら授受するかを計算するために、元本を名目上決めており、これを「**想定元本**」と言います。

銀行の負債の大半は預金で、その多くが短期金利で支払われます。一方で、資産には住宅ローンなどの長期間にわたって金利が固定されている貸出があります。そのため、短期金利が上昇して銀行の金利支払い負担が増えても、固定金利の住宅ローンから受け取る金利収入は変わりません。したがって、「期間のミスマッチ」が銀行の収益を悪化させます。

銀行がこうしたリスクを削減（ヘッジ）するため、金利スワップを結びます。この取引により、銀行は毎年、短期金利の動きで変化する金利を受け取る代わりに、長期間固定されている固定金利を支払います。この金利スワップと固定金利住宅ローンをセットで考えましょう。銀行は住宅ローンの金利収入を金利スワップで支払います。代わりに変動する短期金利をスワップの相手方（「カウンター・パーティ」と言います）から受け取り、その一部を預金者に預金金利として支払います。

この様子を、次ページの図表84で示します。

この例では、住宅ローンの固定金利を３％としています。仮に、住宅ローンの元金を1億円とすると、毎年銀行に支払われる金利は３００万円です。銀行の資金調達源である預金の金利は通常、短期金利に連動する変動金利です。仮に、短期金利が1％から４％へと上昇したとすると、銀行は住宅ローンの借り手から３００万円を受け取り、預金者に４００万円を支払うこととなり、１００万円の損失を被ることとなります。

しかし、同図表にあるとおり金利スワップを結べば、スワップのカウンター・パーティと変動する短期金利と固定の長期金利を交換することで、短期金利の上昇リスクを吸収することができます。銀行が貸借対照表上の期間のミスマッチをうまくコントロールすることを「ＡＬＭ（Asset Liability Management)」と言います。金利スワップは、ＡＬＭ上の有力な手段です。

図表84　銀行の金利スワップの例

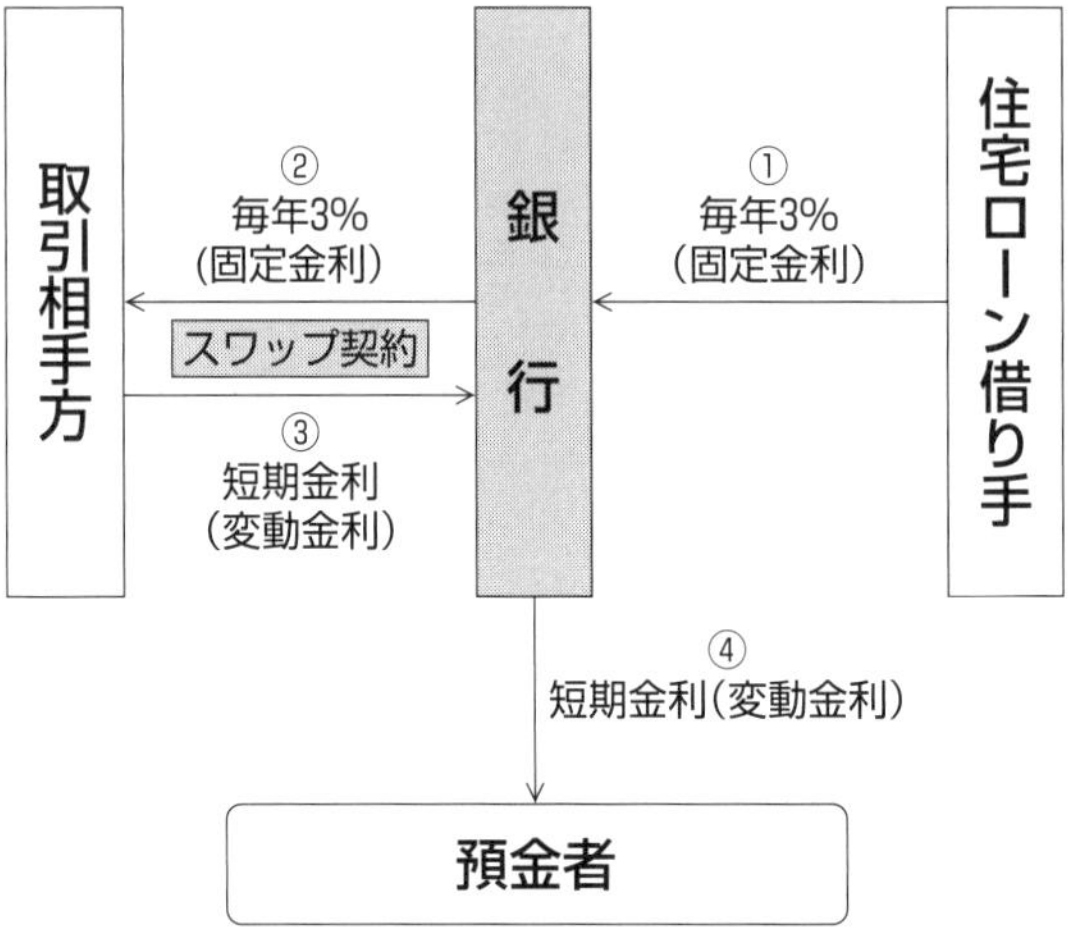

出所：筆者作成

図表85　外債ヘッジの通貨スワップの例

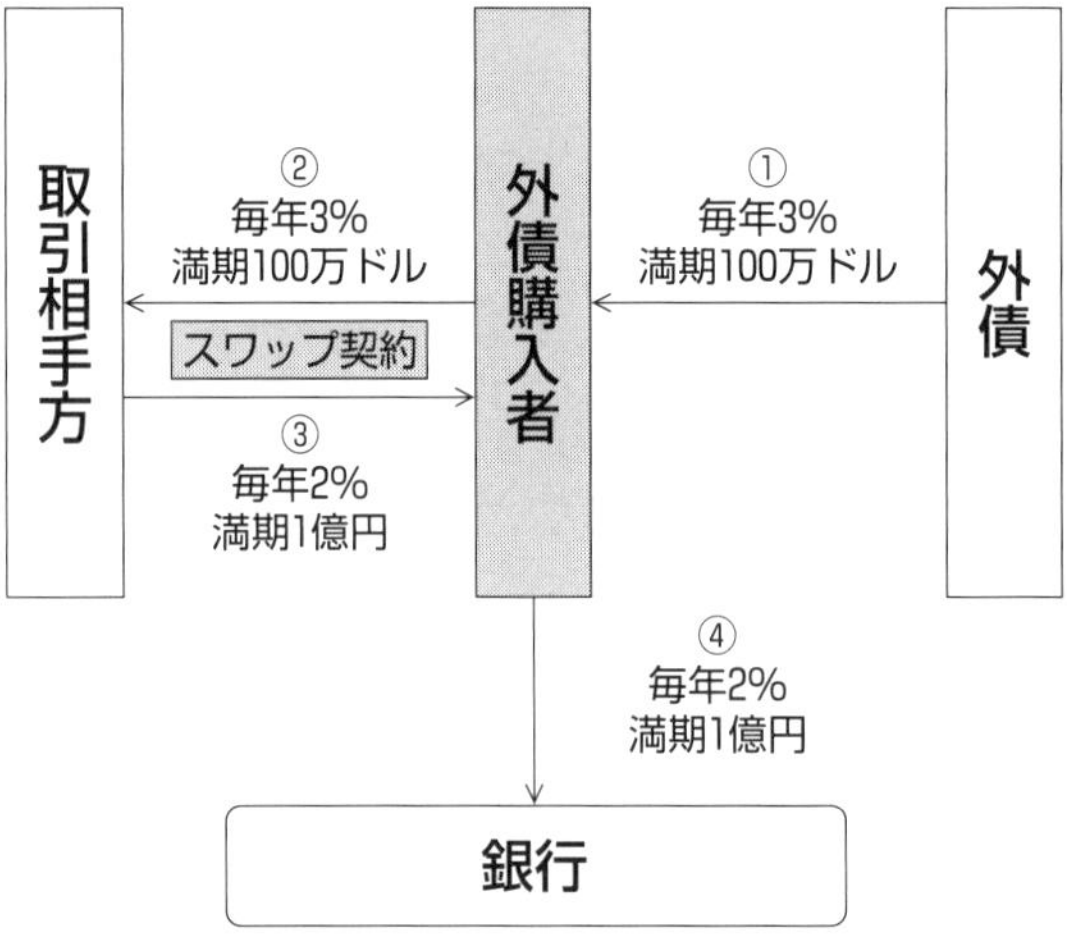

出所：筆者作成

■**通貨スワップ**

通貨スワップとは、異なる通貨間のキャッシュフローを交換する取引です。為替レートの変動をヘッジするため、(金利スワップとは違い)元本の交換を行うことが一般的です。

たとえば、外貨建ての外国債券を購入するとします。購入資金は、銀行から円で借り入れます。円高になると、外債から受け取る元利金を円に転換すると目減りするので、外国債券からの元利金の受け取りでは、借入の返済ができなくなるかもしれません。

前ページ下の図表85の例では、銀行から1億円を年利2%で借りて、年利3%の外債100万ドルを購入することを想定しています。外債からは、ドル建ての金利(3万ドル)を毎年、満期に100万ドルを受け取ります。これを通貨スワップでヘッジします。想定元本100万ドル、1億円のスワップを組み、スワップ取引の相手方に毎年3%、満期に100万ドルをドルで支払う一方、円で2%(200万円)、満期に1億円を受け取る契約を結びます。これを銀行借入の返済に充てれば、為替リスクはなくなります。

5　証券化

■**証券化とは安全装置付きのクラウド・ファンディング**

証券化とは、資産や事業から発生するキャッシュフローをもとに有価証券の発行を行う資金調達スキームです。証券化を行うには、その後ろ盾となる金融資産、プロジェクト、債権などが必要です。ただし、証券化で発行する有価証券は、こうした資産を保有する者の信用力ではなく、資産から生まれるキャッシュフローの信頼性により評価されます。

簡単な例を示しましょう。マンションの一室を買い上げて、民泊に供して宿泊費を稼ぐことを思いついたとします。自己資金では1億円の価格に手が届かず、知人に呼び掛けて１口１００万円で１００人の出資者が集まりました。出資者には、民泊がもたらす収入から経費を差し引いたうえで分配します。その権利を表象するために証券を発行し、出資金と引き換えに渡します。また、民泊の運営は自分で行うこととし、収入や経費の管理は、出資者の権利を守るため、信頼できる第三者が管理しながら、出資者への分配まで行うことにします。こうした一連の手続きが、**証券化**です。

この例をもとに、証券化の役割を解説します。マンションの一室を購入する立場にある、あなたが「**オリジネーター**」となります。証券化において、元々資産を保有している主体を示す用語です。さらに、マンションを使った民泊の運営も同時に担うため、運営者を示す「**スポンサー**」を兼務する形となります。

次に、資金調達のしくみやキャッシュフローの管理をいかに行うかについて、しくみを構築することを「**ストラクチャリング**」と言います。証券化には、キャッシュフローを管理する「箱」が必要です。箱としては、信託銀行などの信託勘定を使うこともありますが、グローバルにはペーパーカンパニーである「**特別目的会社**（ＳＰＣ：Special Purpose Company）」を設立する方法が採用されます。信託方式では、オリジネーターが信託委託者、信託銀行などが受託者として、委託者が資産ないしは将来発生するキャッシュフローを受託者に譲渡し、それが信託勘定に組み入れられます。この信託勘定の権利を表す有価証券である信託受益権を発行し、投資家に販売されます。一方、SPC方式では、証券化のみを目的として設立されたSPCがキャッシュフローの受け皿となります。SPCは有価証券を発行し、これを投資家に販売します。

■証券化の特徴

大規模な金融資産やプロジェクトには多額の資金が必要ですが、小口の有価証券を発行するため、投資家から広く資金を集めることが可能となります。

証券化ではオリジネーターの信用力ではなく、証券化された資産が持つキャッシュフローの裏づけで有価証券が発行されるため、オリジネーターが対象資産を処分、あるいはキャッシュフローを横取りしないような手当てが必要です。このように証券化される財産や事業とオリジネーターの間の影響を隔てることを「**倒産隔離（バンクラプシー・リモート：bankruptcy remote）**」と言います。証券化を語るうえで、重要な法的手当てです。すでに述べたように信託勘定やSPCを設けて資金管理するとともに、運営者であるスポンサーが倒産しても事業が存続できるように「**バックアップ・スポンサー**」を用意します。

次に、資金の出し手です。資金量の豊富な銀行は、特に重要なプレーヤーです。資金調達を銀行借入や債券発行による場合、信用のある銀行がローンの提供を行うだけでも、証券化の信頼性が高まります。また、小口化された債券の場合には、機関投資家が主な買い手となります。

証券化商品の販売には、証券会社が仲介者として関与します。証券会社は基本的には仲介者なの

図表86　証券化のトランシェ

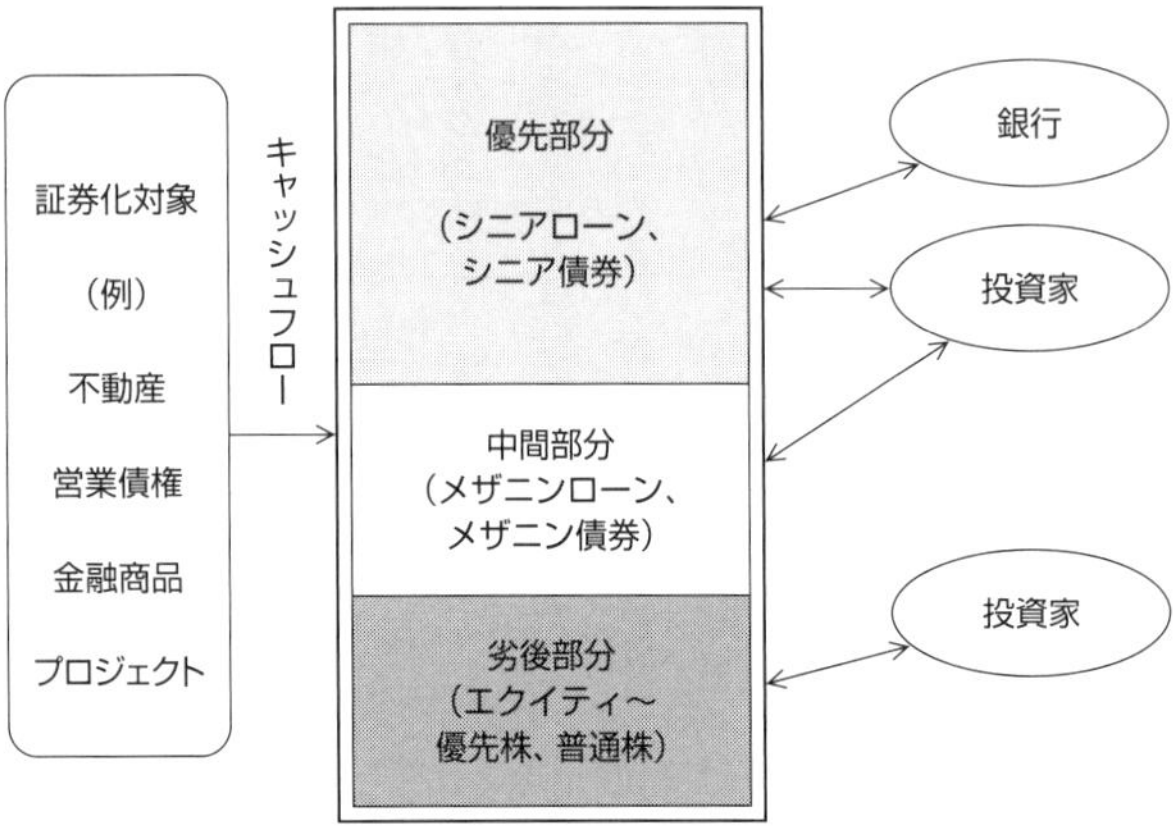

出所：筆者作成

ですが、自らがオリジネーターとなる例も多く、リーマンショックの際も、証券会社が証券化商品を買い集めてストラクチャリングに励み、経営危機を招きました。この件については、３９１ページの「COLUMN」で取り上げます。

格付け機関もキープレーヤーです。証券化商品が格付けされ、機関投資家が購入しやすくなるためです。しかし、この格付け機関も世界的金融危機の原因の一つを作りました。

■証券化のスキーム

証券化を形成する心臓部分は、多様なリスク・リターンを選好する資金供給者を念頭に置いた「階層別」の資金調達方法です。この階層を「**優先劣後構造**」と言います。

優先劣後とは、発行する債券やローンの支払順位づけを行い、将来返済に十分な資金が賄《まかな》えない場合に、優先的に返済が行われる順番をつけることです。

最も返済が優先されるのが、優先を表す「**シニア**」のローンや債券です。優先順位が高い分、安全性は高いものの、収益率（利回り）が低いのが特徴です。

その次が中間を表す「**メザニン**」のローンや債券です。シニアよりは、リスクが高いものの、その分、収益率（利回り）が高く設定されます。

最も返済・分配が後回しになるのが劣後部分を表す「**エクイティ**」です。エクイティには利率が設定されているわけではなく、プロジェクトやビジネスがもたらすキャッシュフローがシニアやメザニンへの返済に配分されて残った部分を総取りにします。そのため、リスクは高いものの、リターンは青天井です。

ローリスク・ローリターンのシニア、ミディアムリスク・ミディアムリターンのメザニン、ハイリスク・ハイリターンのエクイティという3層構造が一般的で、それぞれの階層を「**トランシェ**」と言い、こうした構造を「**トランシェ分け**」と呼びます。

〈例：メガソーラー・プロジェクトの証券化〉

たとえば、メガソーラーのプロジェクトを立ち上げ、100億円の資金を証券化によって調達し、30億円を銀行からのシニアローン（利率10％）、40億円を投資家に販売するシニア債（利率10％）、20億円を別の投資家へのメザニン債（利率20％）、10億円をエクイティで調達します。ここでは、単純化のため、1年で終了するプロジェクトと仮定します。

元利金の支払いは、ソーラー発電による電力の電力会社への売電収入によって賄われ、事業が順調に進捗し、利払いも順調にいけば、無事満期を迎えます。満期においてシニアやメザニン部分の元利払いが済み、資金の余剰が出れば普通株主が余剰を受け取ることになります。

なお、引き続き事業に必要な資金があれば、満期に同じような構造での資金調達を行います。この資金調達を「**リファイナンス**」と言います。

①プロジェクトからのキャッシュフローが200億円のケース

第一に、シニア部分の元利金支払いを行います。シニアローンへの返済は33億円（30億円×10％＝3億円の利払い）、シニア債への返済は44億円（40億円×10％＝4億円の利払い）が実施されます。残額は123億円です。

第二に、メザニン部分の元利金支払いを行います。メザニン債への返済は24億円（20億円×20％＝4億円の利払い）が実施されます。残額は99億円です。

最後に、エクイティが総取りとなります。10億円の投資に対し、10倍弱となる99億円という投資成果です。

②プロジェクトからのキャッシュフローが90億円のケース

第一に、シニア部分の元利金支払いを行います。シニアローンへの返済は33億円（30億円×10％＝3億円の利払い）、シニア債への返済は44億円（40億円×10％＝4億円の利払い）が実施されます。残額は13億円です。

第二に、メザニン部分の元利金支払いを行います。メザニン債への返済に充当できる資金は13億円しかありませんので、全額支払われても投資額の20億円を下回る結果となります。

もちろん、エクイティに支払われるお金はゼロです。これらから、リスクとリターンの関係が理解できると思います。

COLUMN

サブプライム危機の反省

アメリカの銀行は、貸借対照表をコンパクトにして、資本効率を向上させるために、リーマンショック前も、そして現在も積極的に証券化を活用しています。この証券化がリーマンショックにつながる金融危機の原因であったことは、皆さんもご存知のことと思います。このプロセスを、次ページの図表87を参照しながら説明します。

銀行が住宅ローンを個人顧客に貸し出すところまでは、通常の銀行業務です。SPCを設立して、この多数の住宅ローン債権を一括で売却します。銀行が住宅ローン債権を手放しても、住宅ローンの借り手からは元利金の返済を受け付け、その返済資金をSPCに流す役割を続けるため、住宅ローンの借り手から見ると、自分の住宅ローンが他人の手に移ったことはわかりません。

SPCは住宅ローン債権を証券化し、主にシニア部分を**ABS（資産担保証券：**Asset Backed Seccurities）として証券会社などの第三者に売却します。証券会社はあらゆるSPCからABSを買い集めたうえで、別のSPCを設立し、集まったABSを売却します。新しいSPCは再びトラ

図表87　二次証券化の概念図

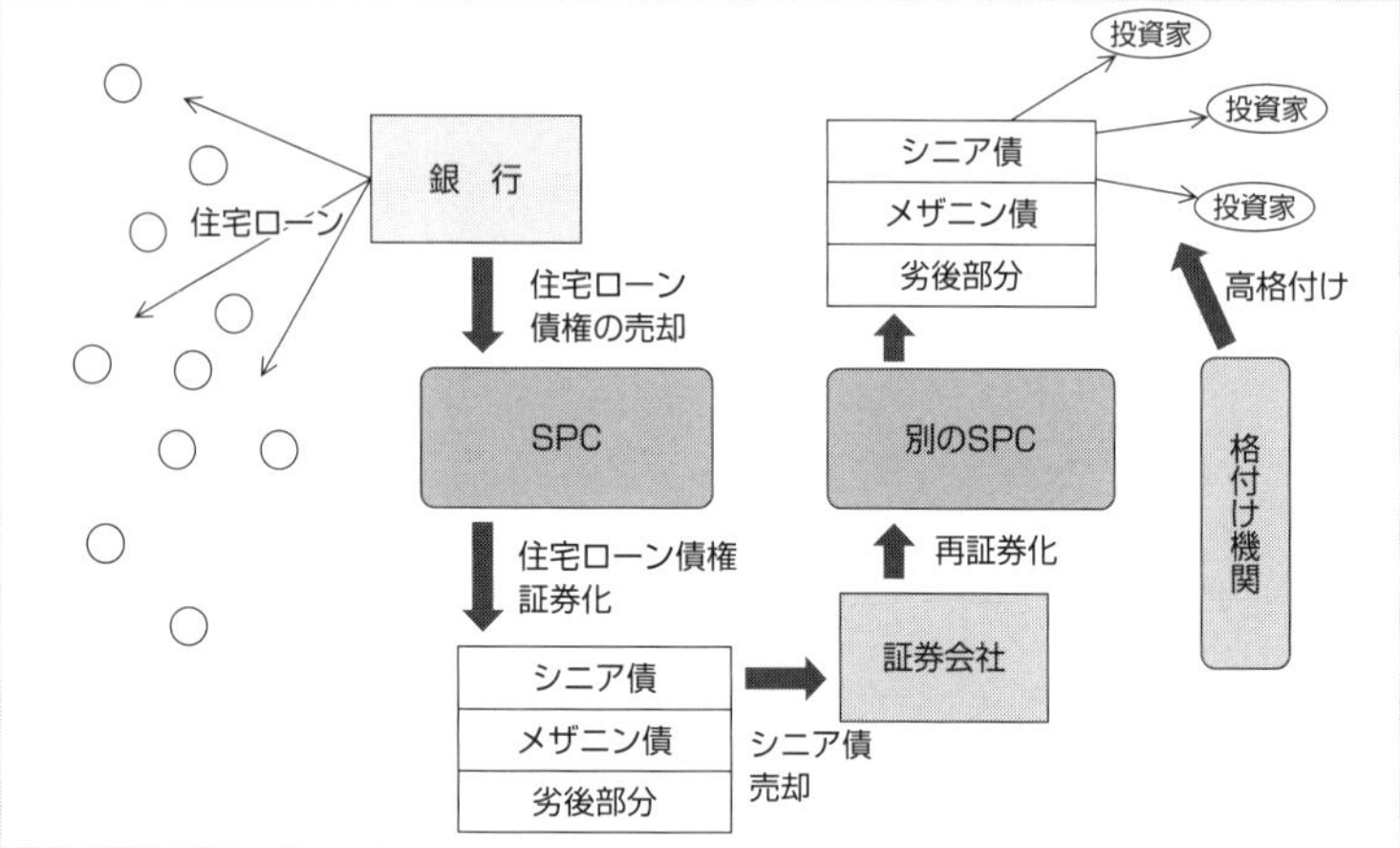

出所：筆者作成

ンシェ分けを行い、シニア部分を**CDO**（**債務担保証券**：Collateralized Debt Obligation）として投資家に販売します。

販売するにあたっては、投資家が購入しやすいように高い格付けを取得します。高い格付けを取得するには、シニア部分の比率を引き上げるなどの工夫（ストラクチャリング）を行います。こうした一連のプロセスが証券化、二次証券化（再証券化）の手続きです。

では、なぜ再証券化が必要だったのでしょうか？それは、格付けと深く関係しています。そして、キーワードは「**分散効果**」です。

住宅ローン債権は多数の借り手が存在しており、すべての借り手が同時に返済不能に陥ることはないと考えられます。これが小口化による分散効果で、ローンの数が多いほど、平均的な損失率に落ち着くという「**大数の法則**」にならっています。保険のところで述べた言葉ですね。

こうした分散効果の利いた住宅ローン債権が証券化されたＡＢＳを、さらに様々なＳＰＣから買い取ることで、分散効果を強めます。また、シニア部分を買い集めることで、住宅ローン債権全体よりも優良な債権を構成することが可能となるのです。この優良な債権をさらにトランシェ分けすることで、格付け機関からＡＡＡ（トリプルエー）といった高い格付けを得られるＣＤＯを作り上げることが可能となるのです。

再証券化を行うスポンサーである証券会社は、ストラクチャリングを行うにあたっては、格付け機関と相談し、シニアの比率をどこまで調整すれば高い格付けを取得できるかを確認し、全体のしくみを作るのです。

投資家は主に機関投資家ですが、その中には銀行や保険会社が含まれており、そして最も大きな買い手が**ＭＭＦ**（Money Market Fund）という資産運用会社のファンドでした。

住宅ローンはプライム、オルトA、サブプライムなど、借り手や物件の質によって種類が分かれますが、こうした証券化ビジネスの主だった主体が、質が悪く、かつ金利の高いサブプライムローンでした。日本における報道では、貧しい人たち向けのローンという解説が加えられていましたが、これは事実と異なります。実際は、中間所得層が自宅以外のセカンドハウスやサードハウスを取得するためのローンが多く、こうした借り手の目的は、住宅価格の上昇を見込んだ投機でした。

住宅ローンの借り手、銀行、証券会社、格付け機関、投資家と様々な登場人物がいますが、リーマンショックの原因を作った犯人は誰かと言うと、答えは全員です。

アメリカの住宅ローンはノンリコースと言われる形態で、仮に返済ができなくなっても、取得した住宅をあきらめる（「抵当権の実行」や「フォークロージャー」と言います）のみで済み、生活に困ることはありません。これが住宅ローンの借り手のモラルハザードを引き起こしました。

銀行は住宅ローンを貸してからすぐに証券化のために売却してしまうので、リスクを自らが被ることがないため、審査が甘くなる傾向が強くなります。つまり、無責任な住宅ローンの実行が、借り手と貸し手の双方で行われたのです。

証券会社は、再証券化をするために多額のABSを多方面から購入して、ABSの在庫を増やしました。これを「**ウエアーハウジング**」と言います。ウエアーハウスは倉庫ですね。倉庫にABSの在庫を積み上げるため、その資金を短期借入に依存していました。

しかし、サブプライムローンの延滞が増える報道がされると、CDOの買い手がいなくなります。買い手がいなくなると、せっかくABSを集めても、再証券化することが無駄になります。証券会社は、大量のABSの在庫を抱え、その資金繰りを短期金融市場からの借入で回すという自転車操業に陥りました。これが、破たん直前のリーマン・ブラザーズの様子です。

格付け機関は機械的に格付けを行って手数料を稼ぎます。その前提となっているのが、分散効果と大数の法則です。しかし、住宅ローンの多くがカリフォルニアやフロリダなどに集中していたため、その地域の住宅価格が下落すると、一気に住宅ローンの焦げ付きが増えて、まったく分散効果が利かない状況となってしまったのです。

このように、それぞれの登場人物が、住宅価格の上昇、金融市場の安定、大数の法則など甘い前提のもとで動いた結果が、サブプライム危機を作り、リーマンショックを招いたのです。

第12章 幸福を支える制度と方法

1 年金制度と税制

■人生における「幸福の積分値」を増やすには？

お金で幸福は買えませんが、お金がないことが幸せを希求するうえでの阻害要因となることは少なくありません。ただし、単純にお金を増やすことにエネルギーを費やすことは、本末転倒であり、自らが求める将来像を設定したうえで、そこに到達するためのプラニングを行うことが重要です。

その点で、老後のキャッシュフローを想定するためにも、自らが受益者となる年金の姿を捉えておくことは不可欠です。以前、金融審議会・市場ワーキンググループ報告書「高齢社会における資産形成・管理」が示した内容により「老後資金2千万円必要論」がメディアを賑わしました。同報告の資産では、平均的収入・支出の状況をもとに年代ごとの金融資産の変化を推計し、男性65歳以上、女性が60歳以上のモデル夫婦が年金依存した生活を送ると月約5万円の赤字が出るため、30年で2千万円が不足するというものです。

あくまで、与件を積み重ねたものなので、数字が独り歩きするのは困ったものですが、自分がどういった年金の受給者となり、受給開始年齢を何歳とした場合に、どの程度の生活水準となること

図表88　日本の年金制度の鳥瞰

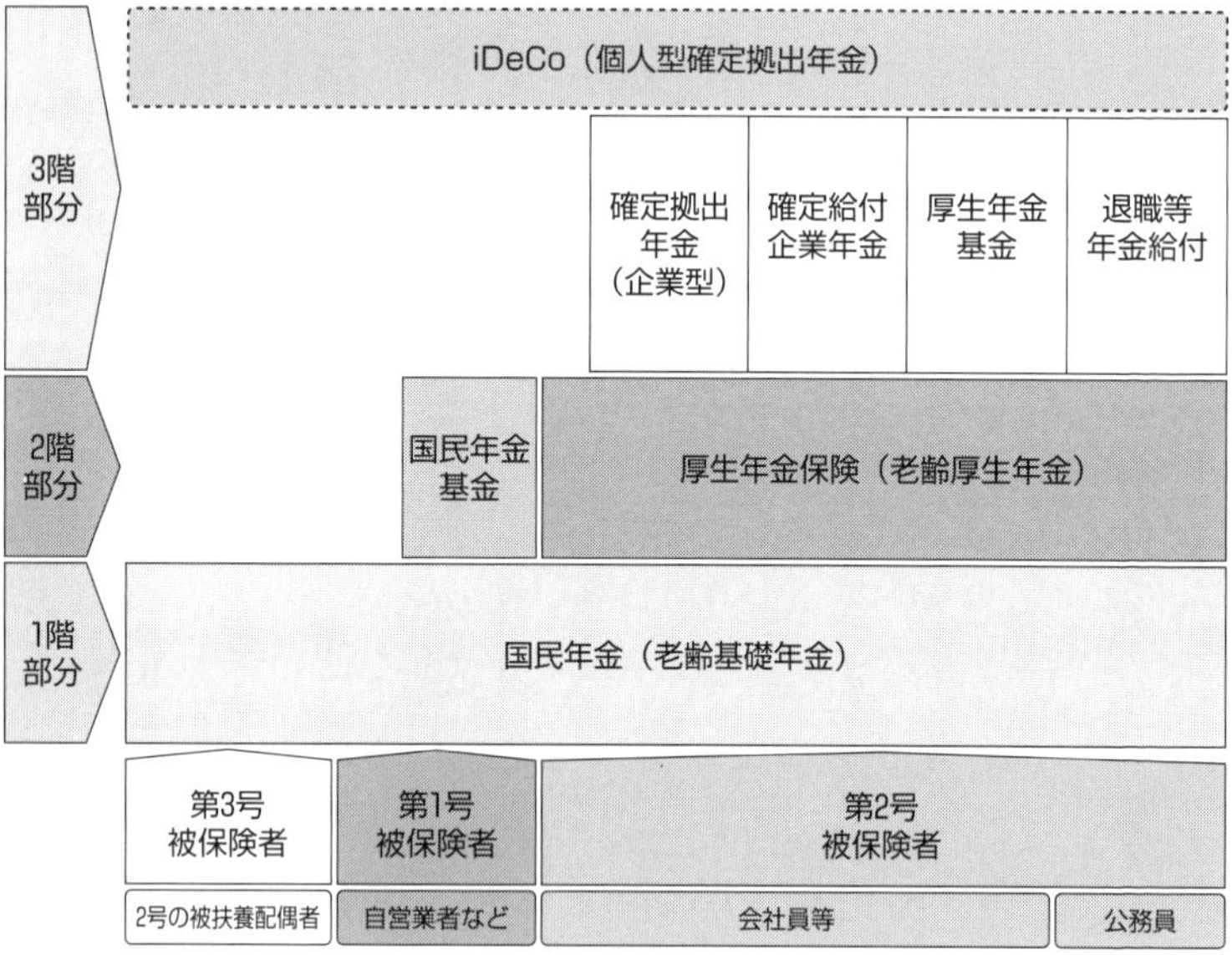

出所：厚生労働省資料に基づき筆者作成

が予見されるかを知ることが重要です。そのうえで、悠々自適な自らのライフスタイルを実現するためには、キャッシュフローがどの程度かを予想し、それを支える年金と金融資産の組み合わせまでを考えるべきです。

そこで、最初に認識しておくべきなのが、日本の年金制度と投資税制です。まずは、日本の年金制度から解説していきます。

■日本の年金制度

日本の年金制度が「**3階建て**」という表現を耳にしたことはあると思います。ただし、すべての人に3階建ての構造が当てはまるわけではありません。まずは、図表88の年金制度全体の構造をご覧ください。

① 1階部分

年金制度の基盤は、1961年に国民皆年金政策に基づいて始まった「**国民年金**」です。国内居住者のうち20歳以上60歳未満の全員が被保険者となり、雇用や扶養の状況に応じて、第1号被保険者（自営業者など）、第2号被保険者（被雇用者など）、第3号被保険者（第2号被保険者の扶養配偶者）に分かれます。

それぞれの加入者は、保険料を納めた期間や免除された期間が合計10年以上などの受給資格を満たせば「**老齢基礎年金**」が受け取れます。国民年金保険料[31]は、毎月または一括で支払うことになっていますが、学生は免除申請を行うことで支払いをする必要がなくなります。また、第2号と第3号の被保険者は、厚生年金保険の保険料と一緒に合算して毎月徴収されます。また、厚生年金保険料は、雇用主（会社など）が半分、被保険者が残りの半分を負担します。

受給開始年齢は65歳ですが、60歳から繰り上げで受け取ることができます。ただし、この場合は減額されます。また、75歳まで受給開始年齢を繰り下げることも可能です。[32]受給開始年齢の繰り下げにより、受取額は増額されます。

② 2階部分

基礎年金に追加されるのが2階部分で、自営業者などが加入を選択できるのが「**国民年金基金**」

---

31 2021年度の月額保険料は1万6540円です。
32 2021年までは、70歳まで繰り下げが可能でしたが、2022年からは75歳までに改定されました。

です。名称が基礎年金と似ているので誤解が生じがちですが、この年金は、第2号被保険者のように、国民年金に上乗せして厚生年金に加入している人との年金額格差を解消するために、1991年に創設されました。

企業で働く従業員や公務員、私学教職員の人たちにとっての2階部分は、「**厚生年金保険**」です。基礎年金の上乗せとして、所得（報酬）に比例して老齢年金を受け取る制度です。国民年金基金が任意加入であるのに対し、厚生年金保険は強制加入となります。こちらも、65歳から基礎部分の老齢基礎年金と厚生年金部分である老齢厚生年金を受給可能となりますが、国民年金で述べたとおり、繰り下げや繰り上げも可能です。

③ 3階部分

公務員等については、「**退職等年金給付**」が3階建て部分に該当します。もともとは、共済年金等の制度がありましたが、2015年の「被用者年金制度の一元化」に伴い現行の制度に変更されました。制度設計としては、次に説明する企業年金と構造的には同じ、拠出積み立て型となります。

民間企業にお勤めの方が対象の企業年金については、三つの種類の年金制度が3階部分に加わります。

第一の「**確定給付企業年金**」は、企業が独自の年金基金等を通じて従業員に一定の決まった年金額を給付する制度で、企業年金基金（厚生労働大臣認可を受けて企業が発足させる法人）を設立する「基金型」、そして年金規約に基づき（厚生労働大臣の承認を受けて）実施する「規約型」があります。

第二の「**企業型確定拠出年金**」は、DC（確定した金額の毎月拠出を表すDefined Contributionの略）プランとも呼ばれ、企業の年金規約（こちらも厚生労働大臣の承認が必要）に基づく制度です。確定給付型との違いは、従業員自身が資産運用の選択を行う制度で、運用の結果責任は従業員が負います。

第三の「**厚生年金基金**」は、最初の確定給付企業年金と同じく確定給付型の年金制度で、異なる点は、企業や業界団体等が厚生労働大臣の認可を受けて設立する「厚生年金基金」が年金資産の管理・運用を行う点です。国の年金給付のうち老齢厚生年金の一部を代行しながら、厚生年金基金独自の上乗せを行います。

この代行部分がなぜ存在しているかと言うと、運用額がまとまった金額になることで運用の効率性が向上すると考えられたからです。しかし、この代行部分も企業の決算上の負債に計上されるようになったこともあり、代行部分を返上し、多くの厚生年金基金が確定給付企業年金へ移行しました。

さらに、個人事業主から会社員、公務員、主夫（主婦）を含むすべてを対象とする3階部分が、「**個人型確定拠出年金**」です。大変重要な制度なので、補足説明します。

補足説明　個人型確定拠出年金「iDeCo（イデコ）」

ここまで説明してきた3階建ての年金制度のみに、身を委ねることは可能ですが、将来的な生活の安心と充実を図るために、税制上のメリットを理解して人生設計することは、とても大切なことです。

確定拠出年金は２００１年に導入された制度ですが、その根拠法である確定拠出年金法が２０１６年に改正されました。改正上の重要なポイントは、通称「ｉＤｅＣｏ（イデコ：個人型確定拠出年金）」が、ほぼ全現役世代を対象とした制度となった点です。

イデコは、それぞれの人々が加入済みの年金制度に上乗せして老後の資金を得る目的で設計されたもので、自らが拠出した掛金を、自分の選択で運用、その果実を老後に受け取る制度となっています。掛金は60歳になるまで拠出し、以降に老齢給付金を受け取ることができます。

イデコとＮＩＳＡがそれぞれ課税上のメリットがあるため、同様の制度との誤解が生じている場合がありますが、明らかに本質が異なるので注意が必要です。共通するのは、運用で得られた利益である「金融所得」に対する課税が免除されている点ですが、ＮＩＳＡ（少額投資非課税制度）が運用後の資金を自由に使える一方で、イデコは60歳までは引き出すことができません。他方で、イデコは掛け金そのものが給与所得などから控除されるため、老後資金としての認識をしている限りは、大きな税制上のメリットを享受できます。

なお、法改正により、２０２２年からは年齢要件が撤廃され、国民年金被保険者であることのみが主な加入要件となり、従来の企業型確定拠出年金の加入者が一定条件[33]を満たさないと加入できなかった制限もなくなりました。

私は、二つの課題が解消されれば、日本独特の「貯蓄文化」から自己責任による投資への積極化が叶えられると思っています。

一つ目の課題は、人生を豊かにするための老後必要額への意識を高めながら、イデコの制度設計を若い世代にまで啓蒙していくことです。自らが働いて得られる所得には、限界があります。その限界の中での生活で十分な喜びを得られるのであればいいのですが、退職してから「こんなはずではなかった」と気づくのでは遅すぎます。お金にも「働いて」もらい、金融所得の助けを得るためにも税制優遇のある年金の存在は重要です。

二つ目の課題は、その延長線上で、投資を学ぶ必要性を感じてもらうことです。イデコは投資の選択を自分の責任において行うため、これまでの国や企業に運用を委ねる「他人任せ」の年金制度とは異なる意識革新が不可欠です。アメリカにおいても、年金改革の中で確定拠出年金がメインとなったことで、一気に投資への意欲が高まりました。日本でも、こうした意識を高めることで、日本の株式市場等が外国人依存となっている現状を打破したいところです。

33 企業型確定拠出年金の会社掛金の上限をイデコの拠出限度額分引き下げる労使合意、規約の変更がなされていることが同時加入の条件でした。ただし、同時加入する際のイデコ拠出限度額は「企業年金の有無に応じたイデコ限度額以内」と「企業型確定拠出年金の会社掛金とイデコ掛金の合計が企業型確定拠出年金の限度額以内」を充足する必要があります。

2　三つの分散

■種類分散

第10章のポートフォリオ理論のところで、多様な資産を組み合わせる最大のメリットは、リスクを削減することができるという点を強調しました。どのように工夫して資産を組み合わせても期待収益率は、各資産の期待収益率以上のリターンを望むことはできません。経済情勢により異なる方向に反応するような資産を組み合わせれば、単独の資産を保有するよりも大幅にリスク削減が可能なことを、具体例を示しながら説明しました。多様なキャラクターを持った資産をポートフォリオに抱えることを「**種類分散**」と言います。

大きな機関投資家ばかりではなく、個人資産についても同じことが言えます。種類分散を利かせることで、リスクをコントロールしながら高いリターンを目指すことが可能です。では、ここでいう種類とは何を指すのでしょうか？

大きな分類としては「**アセットクラス**」での分散です。アセットクラスとは、金融資産を中心とした資産の種類を示す言葉ですが、株式、債券、不動産（ＲＥＩＴを含む）、貴金属、そしてコモディティ（原油や穀物などの商品相場）などのほか、預金や現金を含みます。

また、それぞれのアセットクラスの中で、地域による分散、通貨による分散、個別銘柄による分散などを進めることで、かなり多様な組み合わせが可能となります。ただし、個人の場合は風呂敷を広く拡げるわけにもいきませんので、投資信託を活用した分散も選択肢となります。

■小口分散

種類分散を進めても、一つの投資対象に多くのウエイトがかかると分散の意味合いが薄れるので、「**小口分散**」を心掛けることも重要です。

また、1個のダチョウの卵を持つより、50個の鶏卵を持つほうが、(仮に同じだけの卵焼きを作るにしても)安全であることは理解できると思います。1個の卵に依存すると、割れることもありますし、食すに適さない不良品の場合は、卵焼きをまったく作れなくなります。

さらに、証券化のところでも触れましたが、小口分散化を図ることで「大数の法則」が働いて確率の精度が高まります。

■時間分散

投資を行う際に、仮に種類分散を行わない場合においても、購入するタイミングや売却するタイミングを分散する「**時間分散**」も有効です。プロの投資家であっても、的確な投資時期を考えるのは難しいものです。株式の相場格言でも「まだはもうなり、もうはまだなり」という言葉があります。まだ買うのは早いと思うときが買いどきであり、反対にもうそろそろ買いどきだと思う場合は手遅れだという戒めです。

そこで、買うタイミングを分散させることで、過度に高い値段で投資するリスクを防ぐことができます。ある株式を5千株購入することを想定しましょう。次ページの図表89をご覧ください。

ケース1では、5千株を5回に分けて各月末に購入します。これに対して、ケース2では、事前

図表89　ドルコスト平均法の威力（上段は購入金額（円）、下段は購入株数（株））

株価（円）		ケース１ 毎月1,000株 購入	ケース２ いずれかの月末に 5,000株購入	ケース３ 毎月10万円 購入
１月末	50	50,000 1,000	250,000 5,000	100,000 2,000
２月末	100	100,000 1,000	500,000 5,000	100,000 1,000
３月末	75	75,000 1,000	375,000 5,000	100,000 1,333
４月末	60	60,000 1,000	300,000 5,000	100,000 1,667
５月末	150	150,000 1,000	750,000 5,000	100,000 667
合計（ケース２は平均）		435,000	435,000	500,000
購入株数合計		5,000	5,000	6,667
平均購入単価		87	87	75
平均購入単価の標準偏差		0	36	0

出所：筆者作成

にくじ引きを行い、５か月間のうちのどのタイミングかで一気に５千株を購入することを想定しています。くじ引きにより各月末に購入する確率は、それぞれ20％となります。

ケース１では、５か月間で43万５千円となります。ケース２では、１月末に購入すると25万円で済み、５月末であれば75万円もかかることになりますが、各月20％の確率ですので、期待値はケース１と同様の43万５千円となります。しかし、ケース１では購入額のブレがない一方で、ケース２では購入単価の標準偏差が36円となり、平均購入単価の87円と比べても、かなり大きなブレが生じることがわかります。

次に、別の方法を考えます。ケース３をご覧ください。毎月同じ株数を購入するケース1と似ていますが、ケース3では投資金額を10万円で一定として、毎月同じ金額だけ買うものです。その結果を確認いただくと、50万円の投資額に対して6667株を購入することになります。そして、平均単価を比較すると、ケース3は75円と、ケース1と2の87円より14%安く購入できたことになります。なぜ、より低い価格で購入できたかと言うと、金額を限定することで、株価が高いときには多く買えず、株価が安いときに多く購入することになるためです。

投資金額を一定として時間分散させる投資方法を、「**ドルコスト平均法**」と言います。妙なネーミングですが、これは英語の「**DCA**（Dollar-Cost Averaging）」を邦訳しただけです。この時間分散投資の手法を用いるだけで、相場に一喜一憂することなく、相場格言の戒めを気にする必要なく、淡々と投資を行うことが可能となります。

ただし、売却のタイミングについては、別の考え方が必要です。購入するときに「定額売却」を用いると、株価が安いときには多くの株数を、株価が高いときには少ない株数を売却することになってしまうため、平均的な売却単価が低く抑えられてしまいます。

そのため、売却においては、ケース1のような「定量売却」が有効です。毎回売却時に得られる金額は価格変動によって変わりますが、価格がどのように変動しても決めた期間で予定どおり粛々と売却を進めることができます。

3　ゴールベース・アプローチ

■何のための投資か？

「小学校卒業までに1000万円を稼いだ中学生」という記事を読み、驚かされました。[34] 親から100万円を投資資金として与えられた小学生が、運用に関心を持ち、投資の勉強をしながら高パフォーマンスを上げ続けているという内容です。そのような機会に恵まれたことは、早期に金融に親しむ環境を与えられた稀有な境遇にあるとはいえ、クラブ活動の感覚でレベルアップしていることに頼もしさも感じました。

同時に、一抹の不安も感じました。お金を増やすことが目的化してしまい、お金が本来もたらす役割を忘れてしまいはしないかという不安です。ある試算では、日本で年間100兆円を超える過剰貯蓄が存在すること、すなわち人生を豊かにするはずのお金がそれだけ使われずに貯蓄されていることが指摘されています。[35]

資産運用の目的は、将来「使えるお金」を増やすことで、「使わないお金」を増やすものではないはずです。高い投資成果を得る成功体験は、時としてお金を増やすことに比重をかけすぎることとなり、「上手にお金を使う」という視点が抜け落ちてしまう状況につながります。そこで大切なのが、「**ゴールベース・アプローチ**」という考え方です。

■人生の経過とキャッシュフロー

アメリカで生まれたゴールベース・アプローチは、ライフプランのイメージを描くところから始めます。結婚や住宅購入などのライフイベントに対応する金融サービスの提供を行うような、プッシュ型のマーケティング手法は、以前から金融機関で用いられてきましたが、ゴールベース・アプローチはキャッシュフローをあらかじめ設定していくプロセスが特徴的です。

想定する重要な通過点としては、キャリア形成の中における自己研鑽のための学び、結婚、子育て、住宅の手当て、憧れの高級車の購入、早期退職などがありますが、人によって設定するイベントは異なるでしょう。

続いて、キャリアアップしていく中でのキャッシュ・インフロー、定常的な生活資金に加えて、それぞれのイベントに伴うキャッシュ・アウトフローの計画を作成します（次ページの図表90のイメージ）。

そして、最後に、それらを総合的に踏まえ、運用方針を決定していきます。もちろん、イベントの重要度や必要資金額によって、運用におけるリスク許容度は異なります。ゴールに合わせてポートフォリオを複数設定することも少なくありません。

ゴールベース・アプローチは、すべての世代に適用可能です。退職後のライフスタイルや価値観

34 文春オンライン「小学校卒業までに1000万円を稼いだ中学生」2021年7月15日掲載。
35 NIRA研究報告書『家計に眠る「過剰貯蓄」国民生活の質の向上には「貯蓄から消費へ」という発想が不可欠』2008年。

図表90　人生のキャッシュフローのイメージ

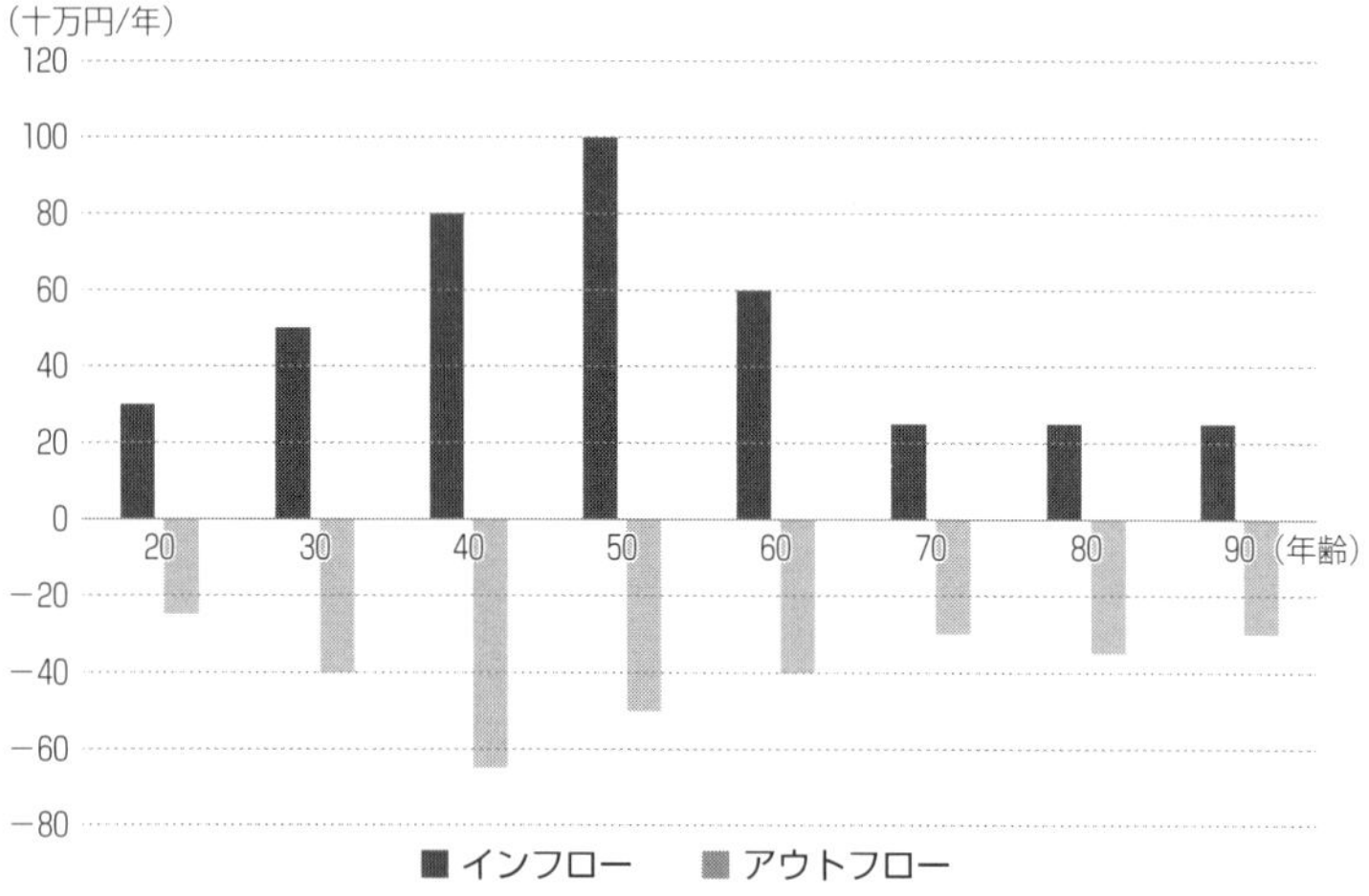

出所：筆者作成

図表91　人生における人的・財務的資本のイメージ

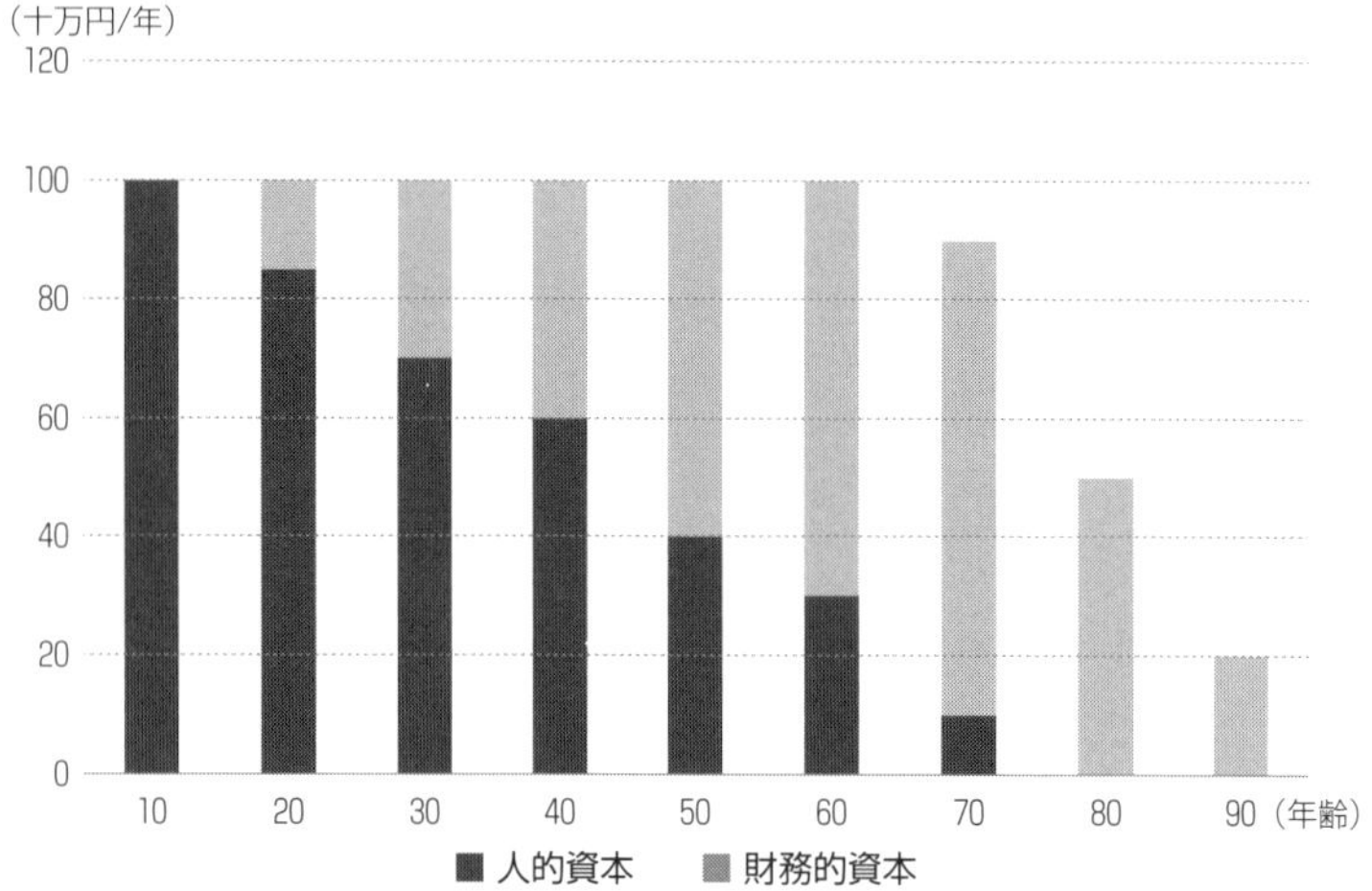

出所：筆者作成

も多様化する中で、退職前後の時期からはそれまで考えなかったような新たな目標も見えてくるのではないでしょうか。たとえば、リフォームや住み替え、趣味のためのまとまった支出、子供や孫への資金援助などです。これらをイベントに設定し、それぞれの準備に適した運用を行うことは、有効な方法と言えます。

■人的資本と財務的資本

図表91に示している人的資本と財務的資本のコンセプトは、ゴールベース・アプローチ採用の有無を問わず、運用姿勢を考えるうえで重要です。

わかりやすいのは財務的資本で、金融資産のほか、住宅などの不動産も含まれます。一方で、人的資本とは、キャリアパスを歩む中で得られるであろう各時点の収入について、現在価値に引き直したものの合計です。

そのため、若い世代ほど財務的資本が手薄な一方で、大きな人的資本を抱えることになります。人生が経過していく中で、徐々に人的資本が財務的資本に入れ替わっていく形で推移していきます。人的資本から財務的資本への転換については、投資運営を考えるうえで重要な前提条件となります。

人的資本が大きいほど、リスク許容度が高いと考えられます。財務的資本が脆弱な状況でリスク許容度が高いということに違和感を持たれるかもしれません。しかし、人的資本の厚みが、投資における失敗を吸収できる余地があると考えられるのです。

■「脳のバイアス」を是正する効果も

行動経済学で群衆行動のことを「**ハーディング**」と言います。ハード（Herd）は英語で群れを意味するので、わかりやすいと思います。

ハーディングは、バブル形成の中では、「バンドワゴン効果」とも呼ばれ、上昇相場についていく人々の行動を表しています。

反対に、金融危機などの相場急落局面において、恐怖にかられて投げ売りが相次ぐ「**ファイヤーセール**」という現象もハーディングの一種です。こうした群衆行動は、人間が本来持つ脳の作用により、合理性を逸脱した結果をもたらすこととして、行動経済学は指摘しています。

ゴールベース・アプローチには、このような脳のバイアスを是正する効果があります。

図表93は、個人へ資産運用をアドバイスするアメリカの投資顧問会社がまとめた金融危機時の顧客の行動と、ゴールベース・アプローチの効果です。

この調査によると、リーマンショック時に相場が大幅に下落した際、ゴールベース・アプローチに基づいて運用する投資家は、そうでない投資家に比べ、落ち着いた判断を行っていることを証明しています。この下落期間において、一般の投資家が下落への恐怖から売りに走る一方、ゴールを設定した投資家は、そうした感情に基づく群衆行動に流されにくかった可能性があるということです。

具体的には、ゴールベース・アプローチ採用の投資家の多くが、リスク資産に手を付けないどころか、増やした投資家も少なからず存在する一方、一般投資家はリスクポジションを大幅に引き下

図表92　ゴールベース・アプローチ

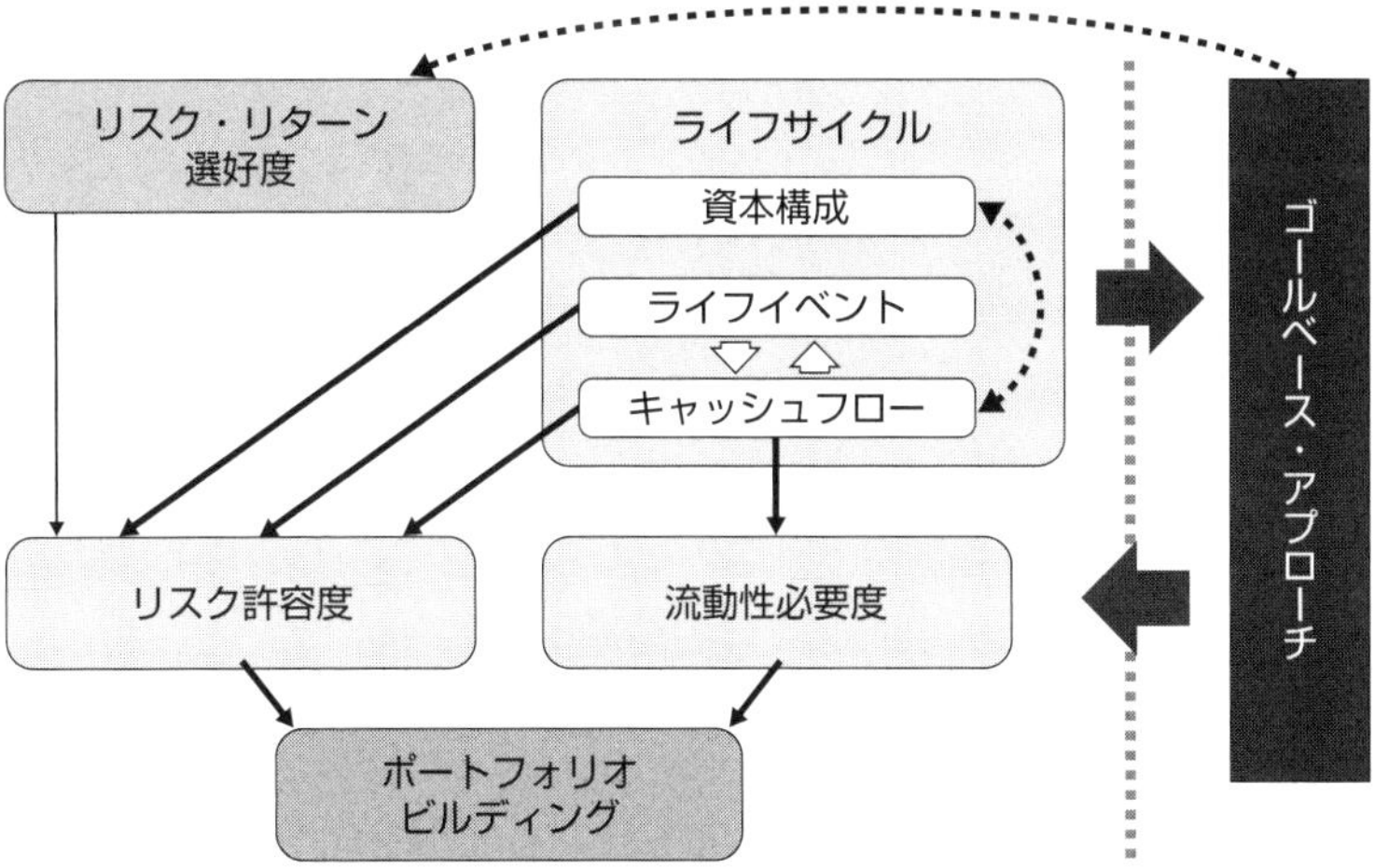

出所：筆者作成

図表93　ゴールベース・アプローチの効果（注）

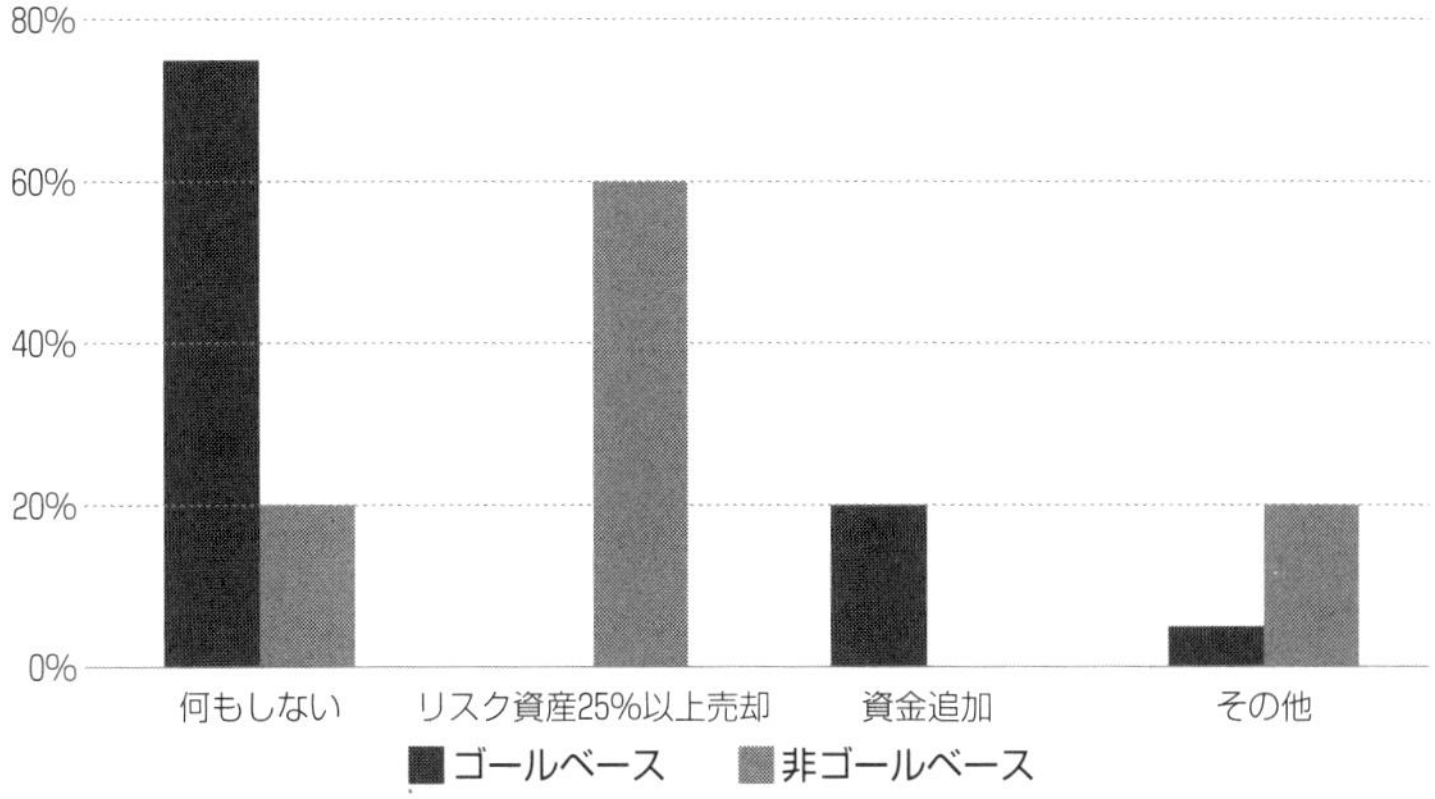

注：米国SEIインベストメンツ　顧客が2008年金融危機時にどう反応したかのサーベイ結果
出所：Melissa Doran Rayer（2008）, “Goals-Based Investing　Saves Investors from Rash Decisions”, SEI Wealth　Network, SEI Investments
/大庭昭彦「我が国の資産運用の質的向上に向けて」『月間資本市場』　2016年10月

げたことを明示しています。

相場には急な上げ下げがつきものですが、そこで感情に任せた売買を行うと損をする傾向があるとされています。相場が急変する局面でも冷静さを保ち、周囲の混乱に同調しないことが大切ですが、ゴールを設定することによって、より規律を持った対応ができるようになるのかもしれません。

PART 3

コーポレート・ファイナンスの視点

第13章 会社を始める

1 起業を知ればコーポレート・ファイナンスがわかる

■ハードルが低くなった起業

『女子高生社長、経営を学ぶ』（ダイヤモンド社）の著者である椎木里佳《しいきりか》さんは、実は高校生ではなく中学校卒業間際に会社を設立しました。会社設立についての年齢制限は、会社法に限っては存在しませんが、設立登記を行う際に印鑑登録証明書の提出が求められるため、印鑑登録が可能な最低年齢である15歳[36]での起業となりました。椎木さんは、株式会社ＡＭＦという会社を設立して、ＳＮＳなどのネットワークを活かしながら、ティーンズの感性を捉えたマーケティング戦略を提案し、成功を収めています。

このように、いまや社長になる道に年齢は関係なくなりました。ＩＴ革新により、装置産業のような巨額の設立資金が求められるわけでもなく、アイデアをベースにしたビジネスを法人として展開するハードルも低くなりつつあります。

資本金の必要額に関する規制の実質的な撤廃も、こうした動きにプラスに作用しています。つまり、１９９０年の商法改正以降は、株式会社の最低資本金制度が規定され１千万円が必要でしたが、

2006年に施行された会社法ではこの制度が廃止されました。さすがに0円では資本登記ができませんが、資本金1円でも会社が作れる形になっています。

さらに最近では、クラウド・ファンディングの定着により、夢をかなえるための資金調達も以前に比べて身近になったと言えます。

重要なのは、椎木さんのように問題意識と確固たる意志を持ち、世の中で満たされていないニーズを認識する洞察力と、自らが叶えられる最大限の資源を獲得する能力を有していることです。その意味で、起業の必須要件は、ヒト（人的資源）、モノ（物的資源）、カネ（金銭的資源）という従来の3要件以上に「アイデア」の比重が高まったと言えます。

■起業への手続き

起業への手続きは、「経営資源の確保に向けた枠組みの策定」「事業・経営計画の策定」「資金調達計画の策定・実施」「法定・事務上の手続き」などに分けられます。

① 構想の明確化と経営資源確保に向けた枠組みの策定

事業計画の策定よりも事前に取り組むべきであり、かつ、はるかに重要なのは事業構想です。ビジネスを立ち上げることや会社を作ることが目的ではなく、自分がどういった問題意識を持って、

36 住民基本台帳法により、住民基本台帳に記録されている者は印鑑の登録を受けることができるとされていますが、15歳未満の未成年者は登録可能対象から除外されています。

どういう理念のもとで、何を成し遂げたいかを明確化することが、最初の大切なステップです。

まずは、社会的ニーズと問題意識の整理を行います。おそらく起業を考えるきっかけは、自分で普段感じている不満や不足からだと思います。それを社会的に共通する潜在的な需要ということで洗練させていく過程です。

次に、そうしたニーズを充足する手段が、本当に存在しないのかを確認します。代替できる手段も含めて幅広くリサーチを行うことで、事業の失敗を防ぐとともに、代替手段の応用などもアイデアとして浮上するかもしれません。

この段階まで昇華すれば、あとは具体的なビジネスモデルのイメージを作ることです。と同時に、そのビジネスモデルを支える経営資源を特定する必要があります。ビジネスモデルの持続可能性が危ぶまれる、あるいは経営資源の確保が物理的、経済的に困難であるということであれば、ビジネスモデルの見直しをせざるをえません。

ビジネスモデルのイメージから、その具体化につなげていくのが次の段階です。このプロセスでは、収益シミュレーションを併せて行っていきます。いわゆる「**フィージビリティ・スタディ**」の領域です。この部分をクリアしないと事業化は難しいと思います。付随する経営資源の確保に向けての具体的な素案作りも行います。加えて、事業遂行上の規制・法令上の認可や免許の取得の必要性についても緻密に調べ上げておきます。

そして、構想段階の最後に、起業の出口までのイメージを大雑把でいいので考えておきます。10年後にＩＰＯする、5年後に事業売却するなどのフワッとした感覚でも持っておくと、ビジネスを進めるうえでも、困難に直面したときにも、自分の背中を支えてくれる存在となります。

②事業・経営計画の策定

ここからが、本格的な起業に向けてのプロセスとなります。

綿密かつ具体的な事業計画を組み立てて、事業計画書を作成します。事業計画書は、事業内容はもちろん、ビジネスモデルのしくみ、経営理念、経営戦略、市場および競合状況、収益見込みなどを含んだ起業の基本文書です。

この事業計画書をしっかりと仕上げることで、会社設立に係るドキュメンテーションばかりでなく、資金調達を行う際の投融資を呼び込むための重要なツールとなります。

以下、簡単に事業計画書の構成を解説しておきます。

〈事業概要〉

冒頭に、ビジネスの概要を掲げます。ここは事業内容がひと目でわかる部分で、計画達成のために何をするかを書きます。事業計画書のエグゼクティブサマリーとも言える部分で、俯瞰性《ふかんせい》があり、なおかつビジネス全体の印象を左右する部分です。

〈事業内容〉

ビジネスモデルの具体的な内容について、プロダクトの特性や事業の成功を裏づける方法で指し示す必要があります。

〈経営理念〉

ビジネスを志すきっかけや、経営哲学などを経営理念に投影させます。ＳＤＧｓなども意識しながら、利益追求だけではなく社会貢献も反映するところです。

〈経営陣等〉

経営者や経営チームの来歴、キャリア上の実績、資格・免許を記載します。

〈経営組織〉

組織図を含め社内体制、人員の状況、採用計画を含めて、ビジネスモデルを支える経営基盤を示します。リスク管理やコンプライアンス等への意識も不可欠です。

〈市場分析〉

ターゲットとなる顧客層等について市場調査を反映します。必要に応じて産業統計、消費者調査など客観性のあるデータを利用して分析し、競合状況についても言及します。ここでＳＷＯＴ（強み、弱み、機会、脅威）を用いても有効です。

す。

〈外部資源〉

ビジネスを履行していくうえでの、パートナー、提携ならびに支援事業者の存在などを記載します。

〈事業日程〉

具体的なスケジュールについて、極力具体的に示します。ビジネスをスタートして軌道に乗せる姿をしっかりと印象づけるためにも綿密な作り込みが必要です。

〈計数計画〉

資金供給を受けるうえで、最も重要な部分です。収益計画ばかりではなく、資金繰りを裏づけるキャッシュフロー計画も緻密な形で策定する必要があります。ベースシナリオだけではなく、リスクシナリオなどの策定も有効です。

〈資金計画〉

開業のための資金ばかりではなく、運転資金や追加的設備投資資金などに関する項目です。開業資金については、エクイティ（株式）とデット（借入、債券等の発行）に加え、国や地方自治体などが行っている補助金等の申請計画についても示します。出資者の構成、負債に関しての外部資金の取り入れについての計画や見通しを示します。開業後の経常運転資金等についても、資金繰りを示したうえでファイナンス戦略を示します。

〈リスク等〉

事業運営上のリスク要因を列挙したうえで、事前的および事後的な対応策を記載します。ブレインストーミングなどを通じ、多様なリスクの存在について特定することが大切です。ここを疎かにすると、事業計画そのものの信頼性が揺らぎます。

③ 資金調達計画の策定・実施

②で策定した事業計画に沿って、資金調達を行います。そこで、まず注意が必要なのが、「**自己資金**」という言葉です。会社設立を前提とする場合は、会社と創業者は別人格となります。創業者が個人的な資金を事業立ち上げに活用するのは当然ですが、開業後にしっかりした経理処理を行う意味でも、ポケットマネーと会社の経常的な資金を混在させたどんぶり勘定は避けなければなりません。

創業者が供出するお金は、新設される会社が発行する株式の購入に充てて、資本金および資本剰余金を構成します。残額は、個人から会社への貸出金とすることで、創業者と会社が独立した存在であることを明確にします。

そのうえで、創業者が手当てする資金では不足する部分を外部資金として、調達計画を策定します。外部からの資金調達を計画する際の選択肢は、以下のとおりです。

〈株主資本〉

創業者が株式購入を行って会社が得た資金のほかに、外部の株主を求めます。親族や知人などの場合もあれば、ビジネス上の関係がある事業者の場合もあるでしょう。また、事業内容によっては、ベンチャーキャピタルなどの投資事業者、銀行、クラウド・ファンディングを通じた出資なども選択肢となります。ただし、議決権のコントロールに細心の注意を払わないと、創業者として起業の成果を刈り取りする機会を損なうリスクがあることに留意しましょう。

〈負債性資金〉

創業者からの借入以外の外部資金についても、資本と同様に身内の人や親密な事業者、クラウド・ファンディングを通じた借入を行う可能性があります。金融機関に関しては、銀行や信用金庫ばかりでなく、日本政策金融公庫などの政府系機関を利用することも有益です。

〈補助金等〉

国や地方自治体が、地域活性化を目的として、起業家に対して補助金・助成金を供出する制度がありますので、活用するメリットが大です。しかし、補助や助成内容が年度ごとに大きく変わることがあるので注意が必要です。たとえば、２０１８年度の「地域創造的起業補助金」事業では起業家への返済不要資金の補助がありましたが、翌年度からは「創業支援等事業者補助金」に改称され、起業家を応援する事業内容に変わっています。

④法定・事務上の手続き

第一に、会社の憲法とも言える「定款《ていかん》」を設ける必要があり、会社の目的、組織、活動などを定めます。[37] 設立時の定款である「**原始定款**」は、公証役場で公証人認証を受ける必要があります。近年は電子定款のオンライン認証も可能で、収入証紙代（通常4万円）が節約できます。

第二に、資本金の払い込みです。会社が決めた資本金は、この時点で会社の銀行口座が開設できないため、創業者名義の口座に振り込みます。

第三に、会社設立を法的に有効にする設立登記です。法務局への書類提出時には、登録免許税として15万円以上（資本金により異なる）が求められます。必要登記事項は、商号、本店所在地、目的、資本金の額、発行可能株式総数、発行済株式総数、取締役氏名、代表取締役氏名・住所、取締役会設置会社か否かの記載などです。

⑤納税手続き

重要であるにもかかわらず、個人で会社設立手続きを進める場合に意外と忘れがちなのが、税務上の事前手続きです。会社設立後2か月以内に管轄税務署（国税）と都道府県税事務所（地方税）に法人設立届出書を提出する必要があります。給与所得者がいれば、設立1か月以内に給与支払事務所等の開設届出書を税務署に提出する必要があります。[38]

COLUMN

日本で起業家精神がブレークしない理由

次ページの図表94をご覧ください。日本の開業率は、欧米主要国と比べてもかなり低い水準にあります。ちなみに廃業率も極端に低く、これがいいかというと新陳代謝を活性化させる意味では、開業率も廃業率も高い水準にあることが望ましいのです。

では、日本で起業家が出にくい要因は、どこにあるのでしょうか?

少なくとも金融の面からは、ビジネスの発芽を阻む三つのハードルが指摘できます。

第一に、「**代表者による個人保証**」の問題です。この点は第4章「銀行」でも問題として取り上げました。起業家に限らず、多くの中小事業者は、銀行から借入を行う際に、社長などの連帯保証を銀行などから要求されます。貸出を行う立場からすると、代表者の保証を取り付けておくことで、企業の借入返済への真摯な姿勢を確保することができます。しかし、万が一にも事業が失敗した場合には、創業者（代表者）個人の自己破産に直結する大問題となります。

夢を携えた起業家がビジネスの立ち上げを行う際、この現実に直面するのです。新しい事業は、

37 絶対的記載事項として、事業目的、商号、本店所在地、発起人氏名または名称・住所、設立時出資財産価格の5項目があり、記載されなければ効力が生じない相対的記載事項として、株式譲渡制限、役員任期伸長、現物出資などがあります。また、任意的記載事項として事業年度や役員数などが含まれます。

38 以上のほか、必要に応じて、青色申告の承認申請書、棚卸資産の評価方法の届出書、減価償却資産の償却方法の届出書などの提出が求められます。

図表94　事業の開廃業率の国際比較

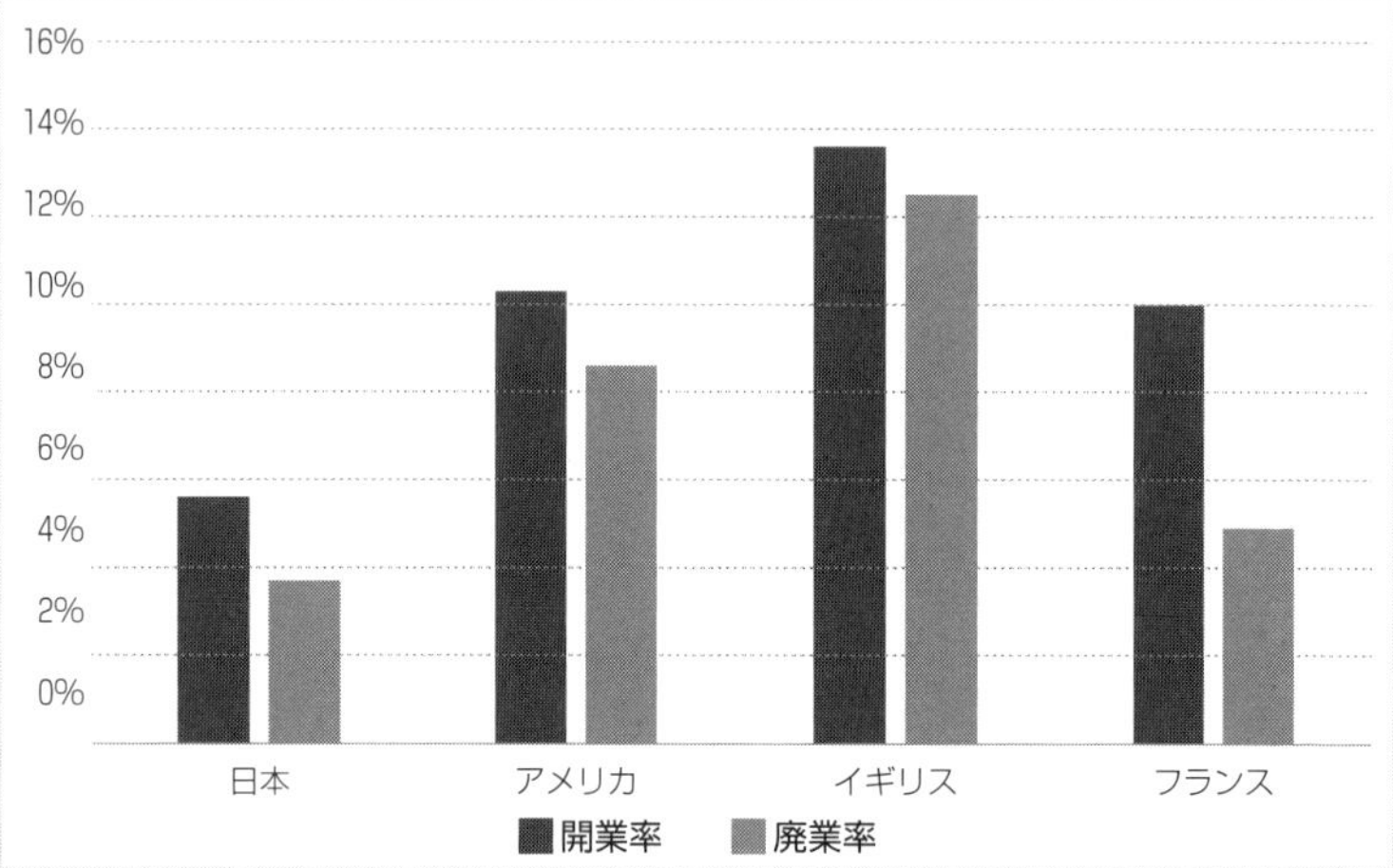

注：アメリカ（2016年）を除き2017年実績
出所：中小企業庁「2020年版中小企業白書」に基づき筆者作成

失敗の積み重ねの中から成功をつかみ取っていく傾向が強いと思います。ビジネスと個人の生活を一体化させる現在の個人保証のあり方は、チャレンジ精神を殺《そ》いでしまっています。

第二に、「**貸出という負債性資金の特性**」の問題があります。いまの銀行は業績も担保もない相手に資金を提供することを得意としていません。事業が失敗すれば貸し倒れとなる一方、事業が大成功しても返済される元利金が増えるわけでもないので、貸し手側のリスクへのためらいが生じてしまうのです。

第三に、「**銀行貸出の特性**」に起因する問題です。スタートアップ当初は、しばらくの間はキャッシュのアウトフローがインフローを上回る状況が続きます。そのため、お金を借りるときは、返済が長期にわたるものでないと資金繰りが立ち行かなくなります。しかし、銀行貸出は、満期が1年を超えるものは長期貸出とみなされ、分割返済を余儀なくされるのです。金利はまだしも、元本の返済を行える余裕は事業当初にあるわけもありません。こうした点は、294ページの「COLUMN」でユニコーンが育ちにくい環境として指摘した問題と共通です。

これらの問題に立ち向かうことこそが、これからの銀行の存在意義を高めると信じています。では、どうしたらよいのかという点については、433ページのエクイティ・ファイナンスの「COLUMN」で示したいと思います。

2 貸借対照表を右から読んで財務運営をスタート

■ 複式簿記は示唆に富む

会社を設立すれば、株式を公開しているか否かによらず、厳格な経営管理を求められます。その一環として重要なのが、適正な**財務諸表**の作成と、その**レビュー**です。経営成績でもあり、財務上の健康状態を示すものが財務諸表だからです。また、財務諸表は、外部資金の提供者である銀行などの債権者や株主、そして税務当局などの多様なステークホルダーに開示する資料としても重要な役割を果たします。

製造業の企業であれば、材料を購入し、製造、販売した果実としてプロダクトの売上代金を受け取ります。人件費や物件費を支払い、借入などの利息を支払い、税金を支払うところまでを含めて、一連の流れを集計し、収益の状況を表すのが「**損益計算書**」、そうした活動の結果としての財政状

図表95　財務諸表のイメージ（百万円）

貸借対照表

資産		負債・資本	
現金	140	銀行借入	200
機械	200	負債合計	200
		資本金・資本剰余金	100
		利益剰余金	40
		資本合計	140
資産合計	340	負債資本合計	340

損益計算書

売上	100
営業費用（人件費）	−10
営業利益	90
営業外費用（借入利息）	−20
経常利益	70
税金	−30
当期利益	40

キャッシュフロー計算書

営業キャッシュフロー	40
④売上	100
⑤人件費	−10
⑥借入利息	−20
⑦税金	−30
投資キャッシュフロー	−200
③機械購入	−200
財務キャッシュフロー	300
①新株発行	100
②新規借入	200
現金増減	140

出所：筆者作成

態を表すのが「**貸借対照表**」、そして損益などに関係なく、お金の流れを示すのが「**キャッシュフロー計算書**」です。こうした集計作業の基本になるのが、**複式簿記**です。

複式簿記は「**取引の二面性**」に着目し、お金や取引の流れの原因と結果を捉える方法です。会社の金庫に突如として現金が発生するような状況は起こりえないということです。この原因と結果を、帳簿の左右に記録していく作業を「**ジャーナル・エントリー（仕訳《しわけ》）**」と言います。ジャーナル（仕訳表）の左が**借方**《かりかた》（英語で**デビット**）で、右側を**貸方**《かしかた》（英語で**クレジット**）と呼びます。帳簿の左が**資産**、右が**負債**と**資本**で構成される点が重要です。以下は、ジャーナル・エントリーの例です。

- **会社設立：株主から1億円受け取り株式を発行。銀行から2億円を借り入れ**

〈借方〉現金1億円　〈貸方〉資本1億円 ――①
〈借方〉現金2億円　〈貸方〉借入2億円 ――②

- **2億円でパソコンとサーバー購入。ストリーミング配信で1億円を売り上げ**

〈借方〉機械2億円　〈貸方〉現金2億円 ――③
〈借方〉現金1億円　〈貸方〉売上1億円 ――④

- **人件費1千万円を支払い。借入利息2千万円を支払い。税金3千万円を支払い**

〈借方〉人件費1千万円　〈貸方〉現金1千万円 ――⑤
〈借方〉借入利息2千万円　〈貸方〉現金2千万円 ――⑥
〈借方〉税金3千万円　〈貸方〉現金3千万円 ――⑦

以上のジャーナル・エントリーの内容を財務諸表にまとめます。

すべての取引に現金が関係するので、426ページの図表95のキャッシュフロー計算書をご覧いただくのが早いと思います。取引の末尾に①から⑦の番号が振ってあり、キャッシュフロー計算書に反映しているのでわかりやすいと思います。結果として、現金が1億4千万円（140百万円）残っており、貸借対照表の内容と合致します。

次に、同図表の損益計算書をご覧ください。損益に影響を与えるものは、営業キャッシュフローに関係する項目だけですので、それぞれの勘定項目に当てはめるだけです。

そして、最後に残るのが、貸借対照表です。損益に影響があるものを無視して、各勘定項目のみに着目して、最後に損益項目のうち当期利益を利益剰余金に算入するだけで完成です。

■貸借対照表を右から読む

新たな事業の起源は、貸借対照表（バランスシート）**の右側にあります。**ビジネスを行ううえで、貸借対照表の左側に控える製造設備や、仕入れなどを行うための現金の存在は不可欠ですが、それ以前にこれらの資産を手当てするための資金が必要となります。これが貸借対照表の右側の役割です。

ファイナンスという学問は、企業活動のエネルギー源として、この右サイドを中心とした企業金融の学びを行います。そのうえで、余剰資金の運用や、事業運営を行っていく際のプロジェクト評

図表96　貸借対照表の右側の眺め

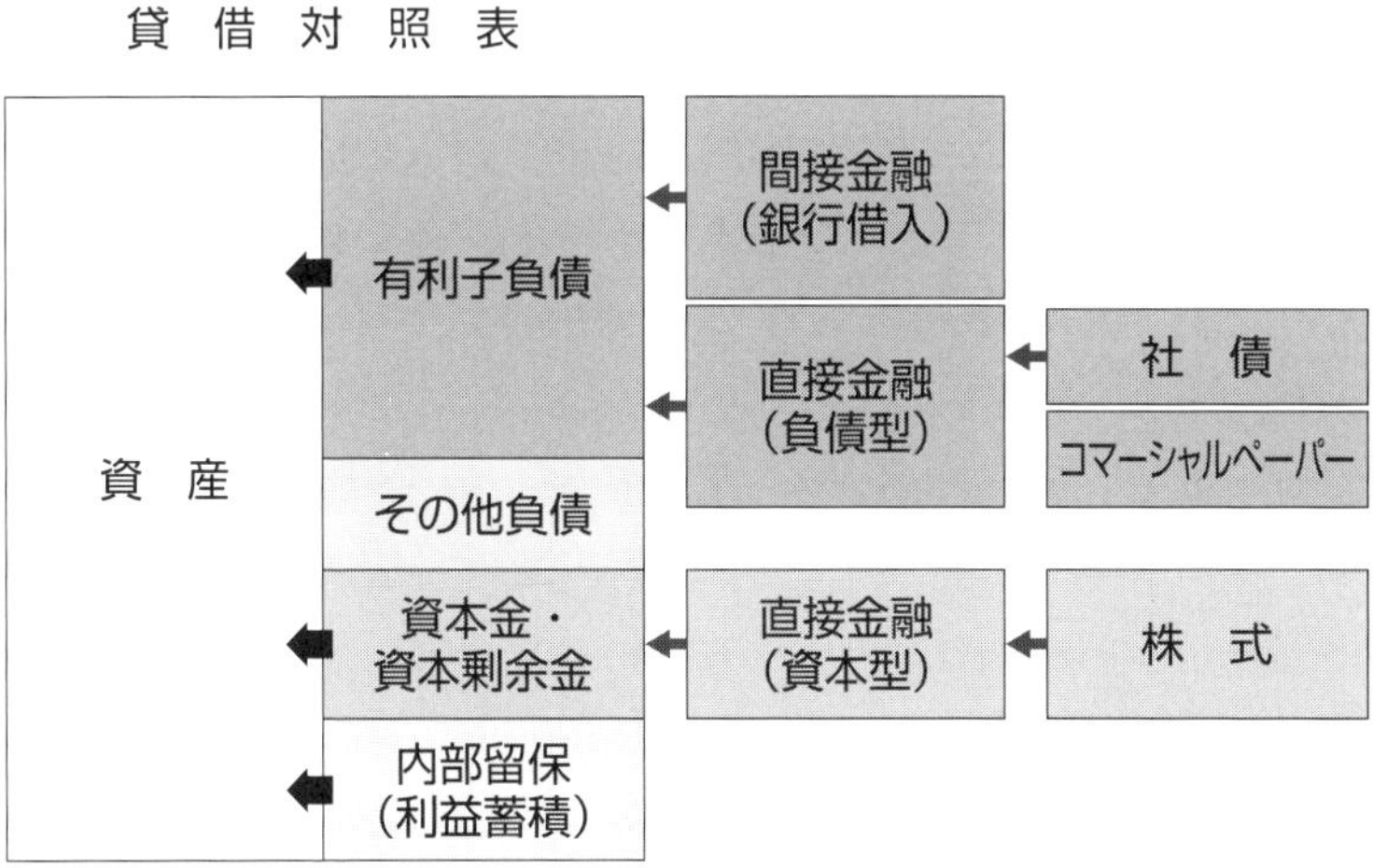

出所：筆者作成

価、さらには企業価値の評価などで、左サイドの学びへと発展するのです。

さて、貸借対照表の右側の話に戻りますが、図表96にあるとおり、主に資金の調達源が示されています。資金調達の方法は、PART１で説明しましたが非常に多彩です。資本（株主資本）に区分されるものだけでも、普通株式、優先株式、劣後株式、そして議決権などが制限された株式もあります。

新株予約権付社債に関しては会計処理が微妙で、「区分法」を用いた場合は発行当初から「新株予約権」部分のみが資本の部に計上されます。もちろん、権利行使された場合には、転換型の場合は社債部分が、それ以外の社債の場合は払込額部分が資本金および資本剰余金に組み込まれます。

ビジネスが動き出すと、利益が生み出されます。税金を支払った後に残った利益は、株主に対して配当金として還元することもできますが、基本的には残った利益は利益剰余金として「内部《ないぶ》留保《りゅうほ》」され、次のビジネスの循環へと送り込まれます。これを「**内部金融**」と言います。

さらに、新型コロナ禍で利用が増えたのが「**劣後ローン**」で、会計処理上は負債に計上されますが、貸出等の審査など信用力を評価する際には、自己資本として計上してもらうことが可能な「**資本性ローン**」もあります。[39]

負債は、金利を支払う必要がある「有利子負債」と、それ以外の負債に分かれます。さらに、有利子負債は資金調達手段によって、**間接金融**と**直接金融**に分かれます。間接金融は、銀行やその他の金融機関からの借入を想定していますが、創業者の出したお金が貸出として有利子負債に区分されています。厳密には会社と創業者個人との直接の取引なので「直接金融」と呼んでも差し支えないのですが、借入（資金提供者にとっては貸出）は間接金融であるという定義にしたほうがわかりやすいと思います。

負債性の直接金融による調達手段は、**短期のコマーシャルペーパー**（CP）と、**長期の社債**が代表的です。CPは短期金融市場で発行され流通します。昔は約束手形の形式で紙ベースの発行でしたが、2002年の法改正により電子化が認められ、現在では電子CPへの移行が済みました。この過程で、CPは法的にも「短期社債」という位置づけに変わりました。なお、期間は通常1年未満で、1か月以内のものがほとんどです。

社債については、PART2で詳しく説明したので、詳細は割愛しますが、通常の「普通社債」のほか、商品性の多様化が進んでいます。先に述べた新株予約権付社債のように、社債を普通株式と交換する転換社債型と追加的払込金により決められた価格で株式が取得できるタイプがあるような、デットとエクイティの中間のものも多く発行されています。

このほか「**デュアル・カレンシー債**」のように、発行時の通貨と償還時の通貨が異なる商品もあります。たとえば、円とドルのデュアル・カレンシー債では、投資家は円で債券購入代金を支払い、償還時にはドル（決められたドルの金額）で元本を受け取ることになります。そのため、投資家にとっては、円安ドル高になれば円ベースでの受取りは増えるが、円高ドル安になると思わぬ損失を被る場合があります。発行する会社は、グローバルなビジネス展開を行ううえでの為替リスクヘッジの一環として、このタイプの社債を選択する場合もありますが、なかにはデリバティブ（通貨スワップ）を用いて、普通社債と同じキャッシュフローに変えてしまう場合もあります。

いずれにしても、資金調達の方法は、資金を求める会社のニーズと、資金を提供する投資家のニーズを相互ににらみながら、多様な形の社債が登場してくるのです。

■ＩＰＯ（株式公開）

スタートアップから事業が軌道に乗り、次のフェーズへと歩み出す際に検討の俎上《そじょう》に上るのが、「**ＩＰＯ（株式公開）**」です。株式を公開することにより、起業家が保有する株式の一部を市場売却し、多額の収入を手にすることができます。その点で、新たなビジネスを志す人たちにとっては、重要

39 ただし、満期までの残存期間が5年を切ったときから毎年2割分が自己資本への算入から外されます（「**アモチゼーション**」と呼びます）。

な通過点と言えるでしょう。

話題性のある近年の株式公開を例にとると、2020年にアメリカのナスダック（NASDAQ）に上場したエアビーアンドビー（Airbnb, Inc.）があります。2008年にブライアン・チェスキーら3人が立ち上げた民泊ビジネスの先駆けです。同社の株式時価総額は2021年10月末時点で1073億ドル（約12兆円）に上ります。IPOの際にすでに保有株式を売却しているものの、CEOを務める共同創業者のチェスキー氏は現在も2・15%を保有する大株主であり、その保有株式時価は23億ドル（約2千5百億円）です。いまや世界を代表する企業群となったGAFAの創業者たちも、保有株式の価値により巨額の財を成しています。

個人的な富ばかりでなく、IPOは企業のさらなる成長を後押しします。上場などにより株式を自由に売買する環境を確保し、有価証券としての流動性を高めます。これにより、事業拡大を行う際に、株式市場からの資金調達の道を作ることとなります。これに加えて、知名度アップ、従業員の士気向上、優秀な人材の獲得などのほか、信用力向上により新規取引が行いやすくなるなどのメリットがあります。

同時に、投資家という外部からのモニタリングが生まれ、経営上の緊張感も醸成されます。これは経営者にとってはストレスかもしれませんが、業績に対する意識も高められると思います。

公開準備としては、監査法人の選任、アドバイスを行う幹事証券会社の決定、社内体制の整備などが求められます。そのうえで、上場申請書類の作成、（経営情報等を開示した）有価証券届出書および目論見書の作成、取引所による上場審査、幹事証券会社による引受審査などを経て上場に至ります。多くの場合、このような手続きに精通した人材が不足するため、取引銀行などから経験を備えた出向者を招き、公開準備を行う場合が少なくありません。

ＩＰＯのデメリットとしては、経営陣にとって友好的ではないファンドや同業他社による敵対的買収の脅威にさらされるケースがあることです。

上場会社にとってはＭ＆Ａ、つまり企業買収や合併は、脅威であるより先に機会と言えます。Ｍ＆Ａの最も望ましいターゲットは、優れた経営陣、良好な財務内容を持つ「よい会社」という誤解が多いのですが、最も効果的なＭ＆Ａは、素晴らしい技術やビジネスを持っていながら経営能力の低い経営者によって運営されている会社です。

明らかに「よい会社」であれば、すでに高い株価が付いているはずです。しかし、ダメな経営陣によって停滞している会社の株価は低い場合が多いのが実情です。このような会社を安い価格で買収し、優秀な経営陣を送り込むことで会社の価値を高めれば、株価は買った値段よりも上がるでしょう。

COLUMN

銀行はエクイティからも起業を支援すべき

423ページの「COLUMN」で、日本の起業家精神が育たない惨状を説明しました。しかし、この状況を打破する潜在性が銀行に残っています。

第一に、起業家をデットとエクイティの両面からサポートすることを重要な経営目標とすべきです。新しいビジネスという大きなリスクに対して、銀行が起業家とともに臨む際には、ビジネスの成功を喜びとして分かち合える立て付けが必要です。事業が成功してもリターンが限られるデット（貸出）に依存していては、銀行として積極性に欠けてしまうのは致し方ないことです。そこで、エクイティでの関与を行うことによって、リスク・リターンの非対称性の問題が解消されます。そこで、銀行がデットの提供ではなく株式を取得すれば、事業のアップサイドを資本家として享受できます。

すでに2021年の銀行法改正により、銀行がベンチャー企業の株式取得を行う柔軟性が広がりました。[40] 特に、地方創生を推進する地域金融機関には、ぜひ積極的にデットとエクイティをパッケージ化した支援を期待したいところです。

第二に、銀行員の根本的な発想の転換として、失敗を許容する土壌を育むことです。スタートアップは玉石混交であるほか、優れたアイデアや技術でも需要をつかみ損ねる場合もあります。一般的に銀行は、元利金の確実な返済を目指すビジネスモデルであり、特に日本の銀行は貸し倒れを極小化する審査方針になってしまっています。このギャップを埋めないと、日本の金融システムの土台を作る銀行が、起業家精神を育むことは困難です。そこで、ある程度のスタートアップ案件の損失を予算化することが肝要です。

こうした銀行のマインドセットの革新は、日本経済を元気にする起業家を輩出すると同時に、銀行という業種が経済にとって絶対不可欠の存在となるための触媒となると思います。

3　資金調達の方法と「情報の非対称性」

■情報の非対称性とは？

ハイブランドの商品を、直営のブランドショップで購入することについては、消費者はその真贋《しんがん》について心配の余地はありません。しかし、聞いたことのない中古業者や、ましてや個人間の売買プラットフォームを通じた購入の際は、かなり慎重になると思います。

理由は簡単で、出品者は多くの場合において、その商品の出自についての情報を持っていても、買い手は十分な情報を得ていないからです。このように、売り手と買い手の間に情報の偏りがある状況を「**情報の非対称性**」と言います。

ちなみに、情報の非対称性を背景に、品質のよいものが駆逐され、品質の悪いものが市場を席巻する状況を「**逆選択**」と言います。ノーベル経済学賞受賞者であるジョージ・アカロフ氏の「レモン市場」が、これを説明した代表的理論です。

アメリカでは質の悪い中古車を「レモン」という俗語で呼びます。中古車業者が儲けたいがために、事故車を優良車として顧客に勧めることが横行するとどうなるでしょうか？

真実の情報は販売業者の手にあって顧客の手にはないため、見た目にはそれとわからないレモン

40　銀行によるベンチャービジネスへの株式投資に関しては、「設立後一定期間内」「常勤研究者数・研究開発費等の数値基準の充足」などが要件とされていましたが、近年の研究開発型ではない新規事業のあり方に鑑み、数値基準が廃止されました。

が消費者の目の前に並ぶ状況になるかもしれません。そうなれば、消費者側も質のよい車さえレモンかもしれないという前提で見てしまうため、なおさら質の悪い中古車しか出回らなくなります。

資金調達においても、投資家側から見て常に、この問題に直面します。お金を借りるにしても、社債や株式を買ってもらうにしても、資金を調達する側は表に出ない会社の財務状況や事業の先行きについて熟知しているはずです。しかし、外部者である銀行や投資家は、内情について深く知ることは困難です。このような情報の非対称性をめぐる問題と、資金調達の方法論について考えてみましょう。

■プリンシパル・エージェント理論

情報の非対称性を理論化したものが、「**プリンシパル・エージェント理論**」、あるいは「**エージェンシー理論**」です。プリンシパルは言わば主役で、物事を依頼・委任する立場にあります。そしてエージェントは、プリンシパルからの依頼に基づき行動する代理人的な立場です。この関係は、どの世界でも存在しています。間接民主主義のもとでは市民がプリンシパルで政治家がエージェント、国民主権の国では国民がプリンシパルで政府はエージェント、友人にジュースを買いに行ってもらう場合は自分がプリンシパルで友人がエージェントというように、この関係を無視しては生きていけないのが現実です。

プリンシパルは、エージェントがきちんと任せたとおりに忠実に物事を履行してくれるか、常に不安な状況にあります。受託した人にしか、ちゃんと役割を果たすかどうかわからないからです。

プリンシパルの意向に反した行動を「**エージェンシー問題**」あるいは「**エージェンシー・スラック**」と言います。スラックとは、怠けることです。エージェンシー理論は、プリンシパルとエージェントの間の利益相反のメカニズムを分析し、この問題の解消を試みるものです。

このように、情報の非対称性は、資金の出し手（消費者や投資家）と資金の受け手（販売業者や資金調達を行う会社）との間に、依頼主（委任者）と履行者（受託者）の間に生じるのと同じ問題をもたらします。これらを踏まえて、企業金融への影響を分析します。

■情報量で資金調達コストは変わる　～「ペッキングオーダー仮説」

消費者が購入する対象に疑問を持つ場合は、価格が安くならない限りは買わないでしょう。投資家や銀行も同じで、情報量が少ない中で資金を供給するには高いリターンを求めることになります。資金調達する会社にとっては調達コストが高くなることを意味しています。

このように、資金供給者が得られる情報量に応じて、資金調達者にとってのコストが上昇する傾向について説明したのが、「**ペッキングオーダー（Pecking Order）仮説**」です。

この理論によれば、資金調達コストが内部金融より外部金融が高くなることをまず明示します。内部金融とは、会社が稼いだ利益を内部留保して事業に再活用すること、という説明はすでにしました。外部金融は、間接および直接金融を通じて外部からの資金を取り込むことです。

外部金融の中での順位づけとしては、銀行借入、社債、株式の順にコストが高くなる傾向を、この理論は示しています。

銀行借入と社債を比較してみましょう。銀行借入の場合は、銀行が必要に応じて詳細な情報提供を借り手企業に求めます。また、実際のミーティングにおけるコミュニケーションを通じて、財務情報などの定量的情報からは得られない情報までも獲得する機会があるはずです。他方で多数の投資家を相手とする社債発行においては、法や規制により求められた限られた情報開示がベースとなるため、銀行のような詳細な情報（「私的情報」と言います）へのアクセスができません。そのため、社債のほうが銀行貸出よりも金利が高くなって当然ということになります。

次に、社債と株式を比較します。株式は、社債のように金利の支払い負担がありません。投資家が受け取る配当も会社の判断次第です。会社側からすると、投資家に支払う義務のあるものがないため、株式は（配当がなければ）コストがないと誤解されがちです。しかし、PART2の株式のところで説明したとおり、株式資本コストという調達コストを認識しなければなりません。復習ですが、この株式資本コストは投資家から見た要求収益率と同値です。

会社が新たに株式を発行して、資金調達するケースを想像してください。会社は、自らの内部事情を熟知したうえで株式を発行します。会社の実情と現状の株価水準を比較して、現実的な実力よりも低い価格で株式が取引されている状況では、株式の発行をためらうでしょう。一方で、実力以上の株価であれば、喜んで発行するのではないでしょうか。少なくとも投資家は、そういった想定で株式を取引します。そのため、株式による資金調達を行う企業は、株価が割高だから発行するという考え方が投資家の間で共有されます。当然、株価は下がるでしょう。この点について、以下の「補足説明」で具体的に説明しましょう。

補足説明

信頼できる会社と信頼できない会社の株式発行

ここに二つの会社が同時に新株発行による資金調達を行うとします。発行している株数も新規に発行する株数も、そして企業規模や収益額、現状の株価がすべて同水準と仮定します。A社は、過去の実績から株式市場からの信用が厚く、開示情報への信頼度が高いとします。B社はその逆で、経営者への不信感があるとします。

そうした不信感を除いた客観的な株価評価から、新株発行の1年後における適正株価水準が、A社もB社もともに100円だとします。

投資家は、A社の新株発行は株主への誠実さが担保されるために、株式の要求収益率が5%で十分と考え、B社については「社長は株価が割高だから発行する」という見方をして要求収益率を10%と評価したとします。

投資家はA社の株式を95円で買ってもいいと考え、B社は91円でないと買えないと判断するでしょう。

〈A社〉期待収益率＝（100円－95円）÷95円≒5%（＝A社の要求収益率）

〈B社〉期待収益率＝（100円－91円）÷91円≒10%（＝B社の要求収益率）

同じ株式であっても、情報量や経営者への信頼感により株式が発行できる価格が変わり、結果的に資本コストに影響するのです。

　こうした簡単な例からも、情報の非対称性の存在が資金調達に大きな影響をもたらすことを確認できます。同時に、株主と経営者の緊張関係の存在もしっかりと考えなければならないことがわかります。この株主と経営者との間に横たわるエージェンシー問題と、その解消法については第16章で詳しく述べます。

第14章 企業価値の探究

1 経営成績は課題をあぶり出す ～財務会計と分析が経営管理の基本

■財務指標から評価する

ファイナンスの基本は、過去よりも将来を重視することです。投資戦略の視点からは、過去に行った投資の失敗を引きずったまま、よいパフォーマンスができるわけがありません。

コーポレート・ファイナンスの視点からも、過去に実施した誤った巨額投資は「サンクコスト」でしかないため、現時点で何が将来をよい方向に誘導するベストな選択であるかを見極める必要があります。

つまり、過去から将来にかけての投資評価や事業評価を行うことをやめて、現時点から将来にかけての評価を行うことで、判断の最適化を図るべきなのです。過去は、変えようがないのですから。

とはいえ、過去を振り返って反省することは大切です。そのため、財務諸表から観察できる経営成績を客観的に評価することは、経営管理の基本と言えます。

そこで、財務分析の基本を解説することにします。以下、主要な財務指標について、視点別に取り上げます。

①収益性

◇株主資本利益率（ROE）＝当期利益÷株主資本

株式市場が最も注目する利益率の指標です。株主が投下した資本が有効活用されているかを確認することができます。日本では8％を一つの基準点として見る傾向があります。

◇総資産利益率（ROA）＝当期利益÷総資産

株主から投下された資本だけではなく、負債からの資本も含めた収益性を測定する指標。ROEを重視しすぎると、無茶な負債依存を誘発するケースがありますが、この指標はその懸念はありません。

◇売上高総利益率（総マージン率）＝売上総利益÷売上高

薄利多売型か高付加価値モデルかを判断可能な指標です。マージン（売上から売上原価を引いた粗利益）が厚ければ、戦略性や商品性の差別化が背景となっている可能性があります。

◇売上高純利益率＝当期利益÷売上高

売上高総利益率と一文字違いなので注意してください。分子は当期利益になります。売上高が最終的に、どの程度の利益につながるかを示します。製品の原価だけでなく人件費などが高い業界など、業界によって収益構造が異なるため、万能なマージン指標となります。

◇ＥＢＩＴＤＡマージン率＝ＥＢＩＴＤＡ÷売上高

利息、税金、減価償却などを差し引く前の利益であるＥＢＩＴＤＡは、資本調達の構造（負債が多ければ会計上の利益を圧迫）、国や地域で異なる税率、現金を伴わないコストである償却負担の影響が除かれる利益なので、この指標は会社の本当の収益性を示す指標と言えます。

②効率性

◇総資産回転率（総資本回転率）＝売上高÷総資産

総資産あるいは調達したすべての資本が、どれだけ効率的に売上高を生み出したかを示す指標です。１年間に総資産の２倍の売上を上げれば、総資産回転率は２回という計算になります。

◇総資産回転期間（総資本回転期間）＝総資産÷売上高

総資産回転率の逆数で、総資産（総資本）を売上として回収する期間を表す指標です。効率的に調達した資本を売上につなげれば、この総資産回転期間は短期化します。たとえば、０・５であれば総資産回転期間は半年を意味します。

◇棚卸資産回転率＝売上原価÷棚卸資産

計算式からわかるとおり、１年間に何回棚卸資産（在庫）を売り切るかを示す指標です。棚卸資産を効率的に減少させていれば、回転率は高まり、不良在庫を抱えるリスクが減少します。

③ 流動性

◇流動比率＝流動資産÷流動負債

短期的に支払う必要がある流動負債を返済する能力を示す比率で、現金化しやすい流動資産と比較します。一般的に100％以上が目安になりますが、業種による特性があるので配慮が必要です。

◇当座比率＝（流動資産－棚卸資産）÷流動負債

流動比率と同様の趣旨の指標です。ただし、現金化の確実性に不安のある棚卸資産を外している点が特徴です。こちらも、一般的に100％が目安となります。

◇固定比率＝固定資産÷株主資本

工場などにおける固定資産への投資は回収に長期を要するため、返済の必要性のない資本で賄われれば、返済リスクを小さくすることができます。そのため、この固定比率は一般的に、100％を下回れば安心だと言えます。

◇固定長期適合率＝固定資産÷（株主資本＋固定負債）

固定比率と同じ趣旨の指標です。分母には、株主資本に加えて返済まで1年以上の固定負債を加えることで、株主資本による調達を補完する意味合いとなります。そのため、この固定長期適合率も一般的に、100％を下回れば安心だと言えます。

④ 安定性

◇株主資本比率（自己資本比率）＝株主資本÷総資産

この指標は、返済・支払を要しない資本である株主資本が、すべての資本（総資産と一致）に占める割合で、安定性の代表的指標と言えます。この指標が高いほど、財務の安定性が高くなります。

◇財務レバレッジ＝総資産÷株主資本

返済リスクや株主にとっての収益性の低さにつながる要因を示す指標です。高い財務レバレッジは負債への依存を示しているため、返済リスクの高さを示す一方で、低い財務レバレッジは株主にとっての利益率の低さを暗示するため、バランスが重要です。

◇デット・エクイティ・レシオ（DEレシオ）＝負債合計÷株主資本

この指標は、財務レバレッジの分子が負債合計に置き代わっただけであり、財務レバレッジと同様に、返済リスクや株主にとっての収益性の低さにつながる要因を示します。

◇インタレスト・カバレッジ・レシオ＝EBIT÷負債利息

負債コストを支払う能力を測る指標です。少なくとも1を大きく上回ることが望ましいと言えます。ＥＢＩＴと前掲のＥＢＩＴＤＡの違いは、償却負担がＥＢＩＴではコストとして認識されているのに対して、ＥＢＩＴＤＡでは償却負担がコストとして認識されていない点です。

■デュポンシステムを活用する

グローバルワイドの化学企業であるアメリカのデュポンが自社の財務分析のために開発したのが「**デュポンシステム**」で、ROEをいくつもの要因に分解することから、「**デュポン分解**」とも呼ばれています。このデュポンシステムの公表が1919年ですから、100年を超えていまだに多くの産業において財務分析に活用されています。

デュポンシステムにより、ROEは少なくとも二つ以上の財務指標の掛け算で表されます。以下、2パターンを示しておきましょう。

①ROE＝ROA×財務レバレッジ

ROAと財務レバレッジの算定式は「当期利益÷総資産」と「総資産÷株主資本」ですから、これらを掛け合わせることで、総資産が相殺されます。残る項は「当期利益÷株主資本」で、ROEであることが確認できます。

ROEがいかに高くても、低いROAを補うために負債過多の調達構造により財務レバレッジを高めていれば、倒産リスクが大きいと言えます。そのため、ROEを企業間で単純比較することは危険で、デュポンシステムを活用した要因分析が有効に機能します。

②ROE＝売上高純利益率×総資産回転率×財務レバレッジ

ROAを、売上高純利益率と総資産回転率に分解したことにより、要因の数が財務レバレッジと合わせて3つとなった3要因モデルとなっています。要因が2つの2要因モデルと同様に、掛け算の内容を見ると、売上高と総資産がそれぞれ相殺されるので、残りの項は「当期利益÷株主資本」となり、ROEであることが確認できます。

この分解により、財務レバレッジの効果だけではなく、ROAの要因分析が可能です。単純に高マージンな会社であれば、売上高純利益率がROAを引き上げますし、少ない資産を効率的に売上につなげる会社であれば、総資産回転率がROAを引き上げます。

補足説明

ROEの高い会社と低い会社

実際の会社の例を取り上げましょう。個人的な好みで恐縮ですが、私は日常的にカルビーと湖池屋のポテトチップスを大量に消費しているので、この2社を取り上げます。次ページの図表97をご覧ください。

事業規模は、売上高や貸借対照表の規模を見ても明らかにカルビーのほうが大きいのですが、財務諸比率はいかがでしょうか?

ROEについても、カルビーが湖池屋をやや上回っています。ROEの要因をデュポンシステムのうち2要因モデルで見ると、湖池屋のほうが、財務レバレッジが利いているものの、それ以上にカルビーのROAが高い水準のROEに寄与していることがわかります。

次に、カルビーのROAの高さを3要因モデルで確認すると、総資産回転率では湖池屋に軍配が

図表97　ROEの差はどこから来るか？（百万円）

決算期	カルビー株式会社 2021年３月期	株式会社湖池屋 2021年６月期
売上高	266,745	40,205
当期利益	17,682	1,161
総資産	238,978	26,867
株主資本	175,329	13,660
ROE	10.1%	8.5%
ROA	7.4%	4.3%
財務レバレッジ	1.36	1.97
売上高純利益率	6.6%	2.9%
総資産回転率	1.12	1.50

【デュポンシステム】

①２要因		
ROA	7.4%	4.3%
財務レバレッジ	1.4	2.0
ROE	10.1%	8.5%
②３要因		
売上高純利益率	6.6%	2.9%
総資産回転率	1.1	1.5
財務レバレッジ	1.4	2.0
ROE	10.1%	8.5%

出所：各社の財務諸表に基づき筆者作成

上がります。しかし、マージンを表す売上高純利益率はカルビーが湖池屋の倍以上となっています。

ここまで調べただけでも、カルビーにはＲＯＥを牽引する高マージンの体質があり、それをさらに掘り下げる必要性を感じるところまで財務分析を進めることができました。

■ サステイナブル成長率と現実

企業の利益成長を見通すことは簡単ではありませんが、企業が外部からの資金調達を行わずに内部金融により調達した資金を再投資することで利益成長につなげるモデルがあります。投資した資本に対する利益率が一定とした場合に、内部金融のみで遂げられるはずの利益成長率を「**サステイナブル成**

長率」と言います。

このモデルの前提として、ＲＯＥが一定水準を維持すること、そして内部留保された資金を同じＲＯＥで再投資したことで得られる利益を念頭に置いています。そのため、内部留保に回る利益は配当以外のキャッシュフローが基本となります。したがって、サステイナブル成長率は、次の数式で得られます。ただし、内部留保率とは、１から配当性向を引いた割合になります。

◇サステイナブル成長率＝内部留保率×ＲＯＥ

投資した額に対する利益率が実績ＲＯＥと同等であれば、このモデルは適正な成長率の下限を表すという意味でサステイナブル（持続可能）だとは思います。たとえば、株主資本が１００で当期利益が20とすれば、ＲＯＥは20％です。さらに、配当性向40％の場合は、内部留保率は60％となるので、サステイナブル成長率は内部留保率60％にＲＯＥ20％を乗じて12％となる計算です。

実額で検証すると、内部留保されて再投資される金額は12となり、株主資本は１１２となるため、ＲＯＥ20％が持続されれば、当期利益は22・４となります。前期が20だったので、利益増加率は12％となったことが確認できます。

しかし、このモデルは問題を含んでいます。

第一に、〝ＲＯＥが過去の実績ＲＯＥを維持する〟という前提です。企業の収益性は環境変化の影響を受けやすく、この想定そのものが現実的とは言えません。

第二に、内部金融のみで再投資を行うという前提です。もしも株式資本コストがROEを下回り、かつ収益性の高い投資機会があるのであれば、増資をしてでも投資額を増やすべきです。

このように、〝**サスティナブル成長率は、あくまでも理論的な目安である**〟と理解すべきです。

2　企業価値と事業価値

■企業価値とは？

企業の価値とは何でしょうか？

古典的な企業論では、営利目的であること、所有者であり経営の委託者は株主であることから、企業が生み出す利益のみが企業の価値の源泉という考え方が定着していました。しかし、最近では、「ESG（環境、社会、ガバナンス）」を重視せざるを得なくなった企業および金融市場の変化が、着実に進行しています。加えて、「SDGs（持続可能な開発目標）」に向けた公民一体の意識の高まりがあり、企業の価値とは何かという問いかけは、哲学的要素も入ってきました。

その意味で、企業価値については、有形無形の価値のほか、無形の価値の中でも定量化可能な価値と、そうでない価値が存在する難しさがあります。そこで、ここではファイナンスの基本である経済的価値に焦点を当てることにします。

経済的価値と言っても、視座の置き方によって計測方法も異なります。半永続的な経営活動がもたらす経済的利益を評価することが基本となるでしょうが、一方で事業を停止して現在の保有資産をすべて売却し、負債を返済し終わった後に残る清算価値といった考え方もあります。

しかし、企業は清算されるために存在しているわけではなく、事業を継続し価値を創造するために存在しているのです。したがって、企業価値は事業の価値と、それに付随して獲得した事業以外の資産によって評価されるべきです。

この企業価値評価には、貸借対照表の右側から見る方法と左側から見る方法があります。当然、いずれのアプローチを用いても同等の価値が得られるはずですが、企業価値を考えるうえでの洞察力を養う意味でも、これら二つの方法を会得することをお勧めします。

逆に、双方の結果に差が生じた場合は、公正価値と市場価値の乖離が生じている状況なので「裁定機会」、つまり売買による利得機会が発生していることが考えられます。

最後に「企業価値」と「事業価値」の微妙な違いについて説明します。企業が事業に取り組むことで創出される価値を**事業価値**と言い、通常は「EV（Enterprise Value）」という略称が用いられます。しかし、企業は経営活動の中で、必ずしも事業につながらない資産を保有する場合があります。こうした資産も企業の価値の一部とみなすことができるので、**〝企業価値は事業価値と非事業価値の合計〟**と考えることができます。

それでは、貸借対照表の両側から企業価値を探ってまいりましょう。

■貸借対照表の右から評価する企業価値

まずは、貸借対照表の右から企業価値の算定を行います。算定方法としては、「**コスト・アプロ**

図表98　事業価値（ＥＶ）と企業価値の関係と測定法

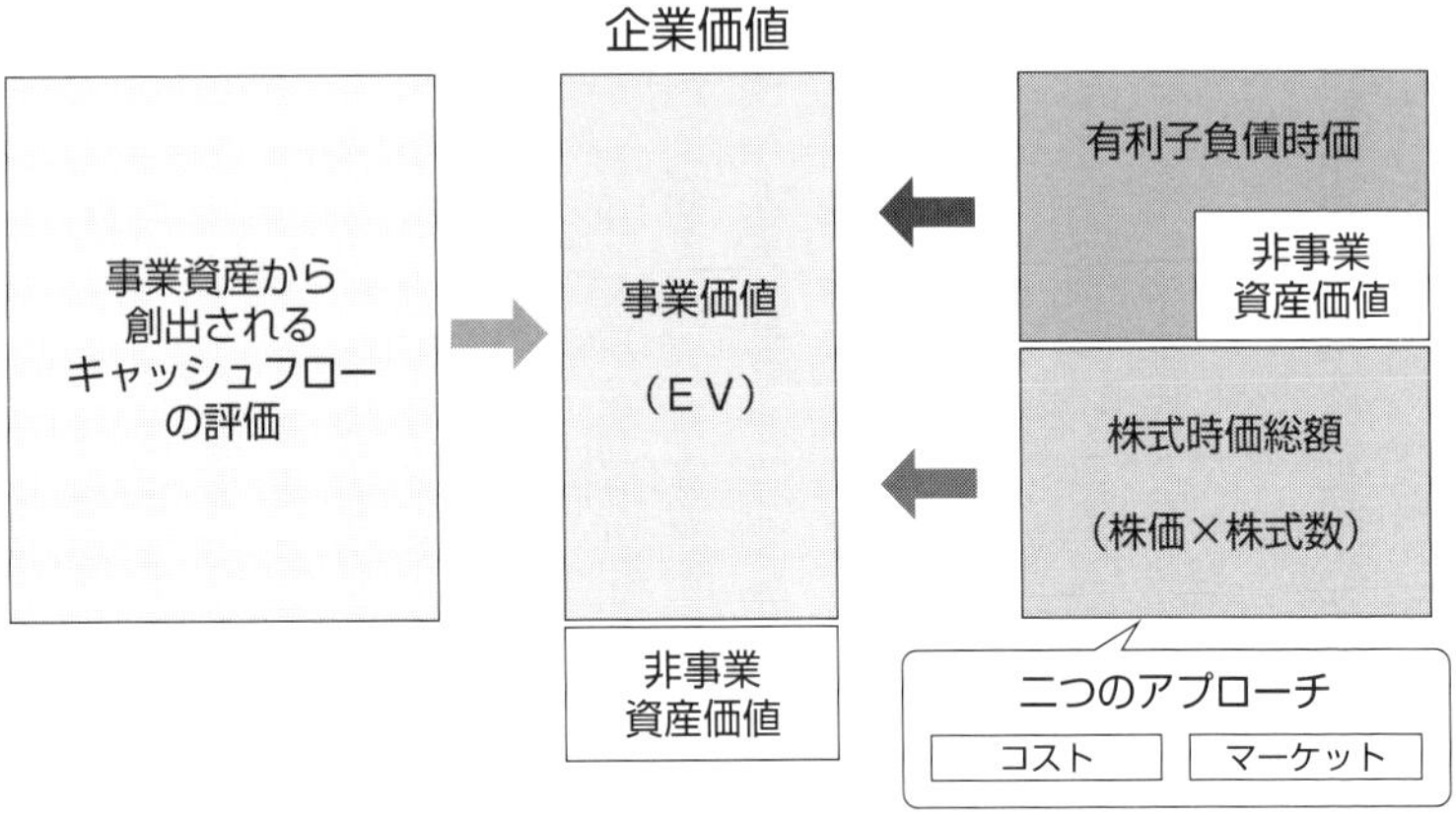

出所：筆者作成

ーチ」と「**マーケット・アプローチ**」があります。

コスト・アプローチは、貸借対照表の**簿価をそのまま用いる方法**と、**資産の時価評価を行う方法**がありますが、いずれの場合も、事業の生み出す収益を度外視するものであり、適切な方法とは言えません。

マーケット・アプローチは、**有利子負債の時価と資本の時価の総和**について市場から評価された企業価値を算定する方法です。

まずは、マーケット・アプローチに基づく事業価値（ＥＶ）の計算から始めます。有利子負債は便宜上、帳簿上の計数を用いることが多いのですが、債券などが市場で取引されている場合は市場価格が存在しているので、それを採用します。そして、事業に活用されない資産（非事業資産）は売却することで負債の返済が可能ですので、ＥＶを求める場合は、この部分を控除して計算します。有利子負債から非事業資産を差し引いたものを「**ネットデット**」と呼びます。

資本の価値は、株式市場が評価した**株式時価総額**によって求められます。ただし、未上場会社に関してはこの方法は困難ですので、「**類似会社方式**」を採用して、株式を上場している同業他社の市場評価などを参考にして株式価値を算定します。

こうしてネットデットと株式時価総額から構成されるEVに**非事業資産価値**を足し戻したものが企業価値となります。

◇事業価値（EV）＝ネットデット＋株式時価総額

※ネットデット＝有利子負債－非事業資産価値

※株式時価総額（株式数×株価）。ただし、株式数＝発行済み株式数－自己株式数

◇企業価値＝事業価値（EV）＋非事業資産価値

この手法はどちらかと言うと、「受動的」な計測方法です。負債にしても資本にしても、基本的に市場から与えられたものだからです。

■貸借対照表の左から評価する企業価値

本源的な企業の価値を算定する場合は、事業から生まれるキャッシュフローをベースに行うべきです。このアプローチを「**インカムアプローチ**」と言います。この方法は、事業からのキャッシュ

図表99　インカムアプローチからの事業価値（ＥＶ）算定

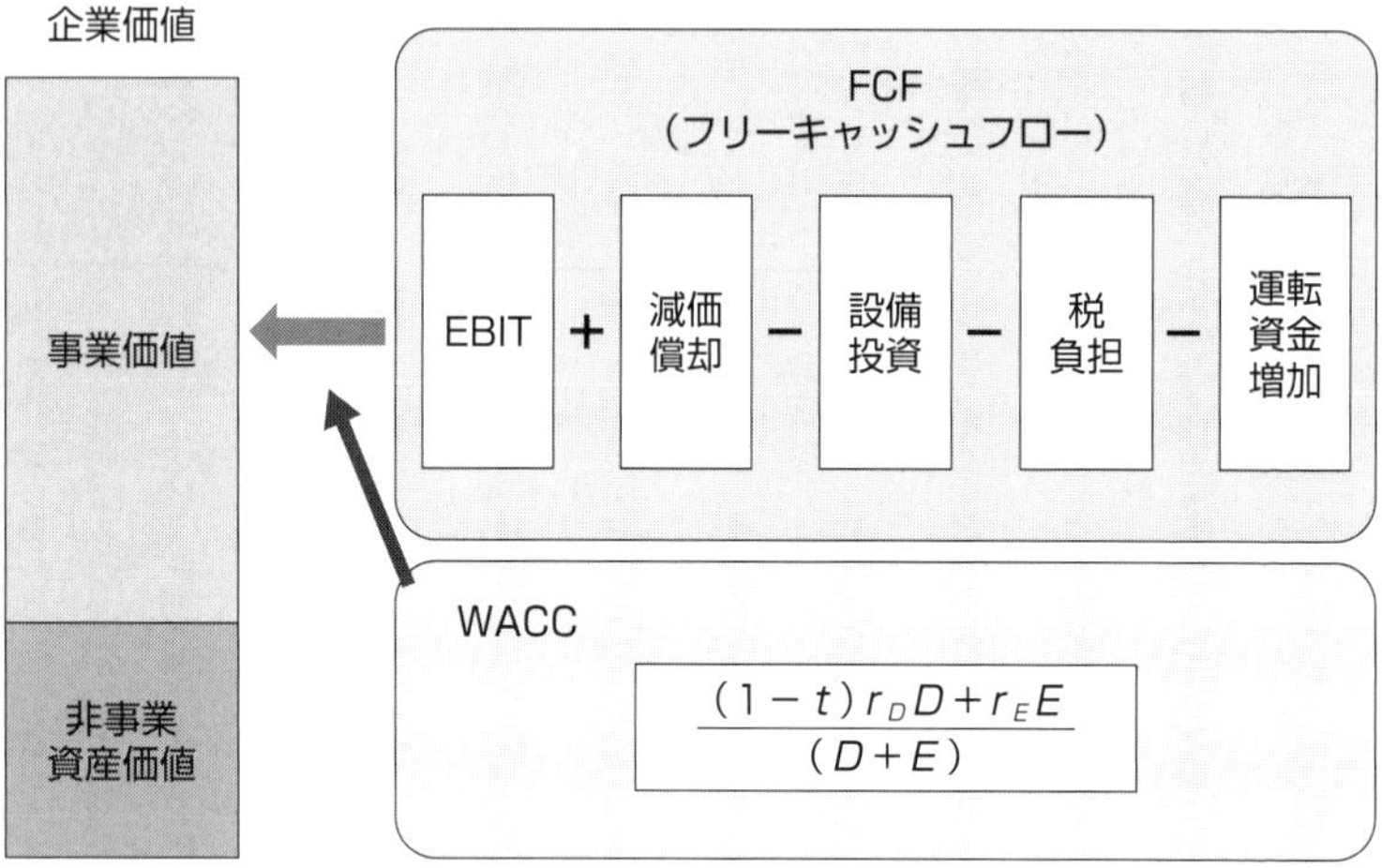

出所：筆者作成

フローを資本コストで割り引いて現在価値を計算することで求められます。

この方法を用いる場合に準備すべきなのが、「フリーキャッシュフロー（ＦＣＦ）」です。以下、順番に解説していきます。

①ＥＢＩＴＤＡ（金利収支前・税引き前・減価償却前利益）の算定

企業価値を業績から算定するうえで重要な財務指標は、ＥＢＩＴＤＡ（よく使われる呼称は「イービッダ」：Earning Before Interest, Taxes, Depreciation and Amortization）です。大切な概念なので、ステップを踏んで解説します。

この言葉の前半部分のＥＢＩＴ（金利収支前、税引き前利益）は、その文字どおりに考えると税引き前当期利益に利息の収支を足し戻したものです。つまり、受取利息を控除して、支払利息を足し戻した金額となります。ただし、あくまでも本業の事業の価値を考える際は、一過性の特別損益や営業外損益は外すべきという考え方で価値算定を行うのがオーソドックスですので、ＥＢＩＴとして営業利益を用いる場合が多いと思います。営業利益であれば、利息収支はカウントされていないので調整不要です。

次に、減価償却費やその他の償却関係損益を足し戻して、ＥＢＩＴＤＡを算定します。減価償却は、過去に行った設備投資の会計上の負担を償却期間にわたってコスト計上する、いわばバーチャルな損失なので、キャッシュの支出を伴いません。ＥＢＩＴＤＡの最後の頭文字である「Ａ」はアモチゼーションで、通称「アモチ」です。これは、債券を額面金額以上の値段で購入した場合の差額や、Ｍ＆Ａにおいて純資産以上の価格で相手企業の株式を取得した場合の差額を、長期にわたって分割して損益に反映させるものです。こちらもキャッシュの増減を伴いません。しかし、営業利益を計算する過程で損金が認識されています。

したがって、ＥＢＩＴＤＡは、純粋な本業のキャッシュフローを税金支払い前のベースで表した指標です。

◇ＥＢＩＴＤＡ＝営業利益＋減価償却費

この指標の意味合いを考えていきましょう。

第一に、〝なぜ、金利収支を外しているか？〟です。その最も大きな理由は、資本構成（事業を支える資金調達について、どういった負債と資本の構成で行っているか？）による事業収益への評価を排除するためです。たとえば、M&Aを考えたときに、高金利の借入を行っていると事業の価値が過小評価されるおそれがありますし、その逆のケースも考えられます。また、事業にかかわりのない金融資産から導かれる受取利息なども、事業の価値を考えるうえでは邪魔な存在です。

第二に、減価償却費は過去に取得した設備などの会計上の費用であるため、営業上のキャッシュフローに影響しません。加えて、企業ごとに減価償却方法が異なるので、事業評価のバイアスがかからないように配慮が必要であるため、EBITDAでは減価償却費などを足し戻しています。

第三に、税金支払い前である理由です。国や地域によって税率はまちまちです。また、税金のマネジメントで様々なスキームが存在していることは、各国の政府がグーグルなどを批判していることから明らかです。しかし、こうした税金のマネジメントは、事業と関係のないことです。

したがって、EBITDAは事業の評価を行ううえで、非常に重要な指標なのです。しかし、事業価値を導くには、もう一つのステップが必要です。それは、フリーキャッシュフローの算定です。

②フリーキャッシュフロー（FCF）

コーポレート・ファイナンスに取り組む企業側にとっても、企業評価を行う投資家、アナリスト、M&Aを助言するバンカーにとっても、企業業績で最も重視する計数は、**フリーキャッシュフロー（FCF：Free Cash Flow）**であると思います。

このフリーキャッシュフローの意味合いを考える前に、まず算定方法を示しておきます。

◇ＦＣＦ＝ＥＢＩＴＤＡ－設備投資－運転資金増加－税負担

ＦＣＦとは、事業活動の中から生み出されたキャッシュのうち、企業が「自由に」活用できるキャッシュです。その根幹をなすのは、前節で登場したＥＢＩＴＤＡです。事業を行うには、それを支える生産設備等が必要です。その生産設備等のために支出した資金は、全額損益に反映されずに、減価償却費として複数期間にわたって分割で損失負担となることはＥＢＩＴＤＡのところで紹介しましたが、だからこそ設備投資を行ってキャッシュの払い出しが行われた部分はＦＣＦに反映すべきなのです。

次に、運転資金の調整です。運転資金とは、売掛債権（顧客から受け取っていない売上代金）と棚卸債権（売れていない在庫）から買掛債務（材料費などの未払い）を差し引いたものです。売上金はＥＢＩＴＤＡに反映されていますが、キャッシュの動きと一致しません。極端な例として、80億円の商品を現金で仕入れて、１００億円で全額「ツケ払い」で販売する場合、ＥＢＩＴＤＡは20億円となりますが、キャッシュは80億円のマイナスとなります。運転資金は、売掛債権（１００億円）のみとなりますので、ＦＣＦは20億円から１００億円を差し引いたマイナス80億円となります。このように、運転資金の増減を調整することで、キャッシュに貢献する真水の動きが計算できるのです。

最後に、税負担についてです。ＥＢＩＴＤＡはあくまでも、事業性を評価する目的で計算しますが、税金を適切に支払わなければ事業の持続はできません。そのため、税負担をキャッシュフローに反映させないと、真の「自由なお金」にはならないのです。

③ 加重平均資本コスト（ＷＡＣＣ）

企業価値の算定においても、次章のプロジェクト評価においても、企業の総合的な資本コストは重要な役割を果たします。資金調達は負債と資本から構成されますが、それぞれのコストの加重平均を「ＷＡＣＣ（Weighted Average Cost of Capital）」と言います。金融＆ファイナンスでは、日本語に無理に訳した「加重平均資本コスト」という言葉はめったに使いません。ＷＡＣＣ（英語でも日本語でも「ワック」と発音します）をお使いください。

454ページの図表99にも示しましたが、インカムアプローチでフリーキャッシュフローを現在価値に割り引くときに用いられるのが、このＷＡＣＣです。ＷＡＣＣの求め方は、次のとおりです。

◇ **ＷＡＣＣ＝負債比率×負債コスト＋資本比率×株式資本コスト**

※負債比率＝有利子負債÷（有利子負債＋株主資本）
※資本比率＝株主資本÷（有利子負債＋株主資本）

ただし、税率を勘案すると、次のように微妙に変わります。

◇ **ＷＡＣＣ＝負債比率×負債コスト×（１－税率）＋資本比率×株式資本コスト**

この式では、負債のコストは税金の支払いから控除されるので、税率を差し引いて計算しています。なお、負債コストは、銀行借入や社債発行などのコストを加重平均して求めます。また、株主資本コストは、PART2で登場した株主資本コストを用います。

企業価値の計算例

次に、企業価値の算出の演習をしましょう。ここでは、かなり単純化した事例を示していますが、実践的な事例は、**巻末の「数学的補足コーナー」**をご覧ください。

〈X社のデータ〉

有利子負債＝200億円、株主資本＝200億円、負債コスト＝10%、株式資本コスト＝34%、非事業資産＝10億円、営業利益＝50億円、減価償却費＝5億円、機械購入＝15億円、運転資金増減＝＋10億円、税率40%

① FCF＝営業利益＋減価償却費－設備投資－運転資金増加－税負担
＝50＋5－15－10－50×40%＝10億円

② WACC＝負債比率×負債コスト×（1－税率）＋資本比率×株式資本コスト
＝50%×10%×（1－40%）＋50%×34%＝3%＋17%＝20%

③ＥＶ＝ＦＣＦの現在価値
＝10億円÷20％＝50億円

④企業価値＝ＥＶ＋非事業資産価値
＝50億円＋10億円＝60億円

なお、ＦＣＦの現在価値を算定する方法に関しては、ＰＡＲＴ１で学んだ永久に受け取る金額が一定の場合の現在価値の計算方法を使いました。永久に得られる毎年の金額を割引率で割ったものです。この事例では、ＦＣＦの10億円をＷＡＣＣ20％で割ってＥＶを計算しました。

3　理想的な資本構成は存在するのか？

■最適資本構成とＭＭ理論

資本調達をどういった構成にすべきかは、世界中のいかなる経営者も明確な解が見つからない難題です。そうした中、「社長さん、資本構成など心配しなくていいですよ。好きにして大丈夫です」という心強いメッセージを送ったのが、ノーベル経済学賞を受賞したフランコ・モディリアーニとマートン・ミラーです。彼らが提唱したのが、コーポレート・ファイナンスを学べば必ず通る基本的理論の枠組みである**「モジリアーニ・ミラー理論」**、あるいは略して**「ＭＭ理論」**です。**「ＭＭ命**

題」とも言われています。

この理論の前提となるのが、**完全資本市場**という状況です。完全資本市場とは、税金や取引手数料（「**市場の摩擦的要因**」と言います）がないこと、情報格差が取引プレーヤー間で存在しないこと（「**完全情報**」と言います）、市場を左右させる影響あるプレーヤーが存在しないこと（「**完全競争市場**」と言います）などが条件です。「まったく現実的ではないじゃないか」と思われるかもしれませんが、そのとおりです。しかし、ファイナンス理論では、この前提がよく登場します。

MM理論は、以下の三つの基本命題から構成されています。

①第一命題「EBITが等しい会社の企業価値は資本構成に関係なく等しい」

直感的には、資本や負債の構成がいかなる構造であっても、利益を生み出す力が同じなら企業価値は同じはずです。これを理論的に考えてみます。


フリーキャッシュフロー200億円、負債ゼロの企業U社と、フリーキャッシュフローが企業U社と同等で、負債が1000億円の企業L社があるとします。

ここでは、L社の負債コストは10％とし、両社ともに利益は全額配当すると仮定します。また、U社の企業価値が2000億円（株主資本時価2000億円）、L社の企業価値が1800億円（負債1000億円、株主資本時価800億円）と仮定します。

投資家がU社の株式を全株買った場合には、配当収入は200億円です。一方で、L社の債券を

1000億円とL社の株を50％の400億円買えば、U社の株式を100％買った場合と同じ収入になります（1000億円×10％＋200億円×50％＝200億円）。

しかし、投資額はU社の株式全株を購入したときには2000億円なのに対し、L社の債券と株式を購入した場合は1400億円で済みます。

この条件であれば、市場の投資家は迷わず、L社の債券と株式の組み合わせを選択するでしょう。そうなると、U社の株価は下落し、株価が落ち着くのは、両者の企業価値が一致する1400億円となるものと予想できます。

これにより、負債があろうが、全額株主資本であろうが、資本構成は企業価値に影響しないということが証明されました。

② 第二命題「配当政策と企業価値は無関係」

配当による支払いは、株主資本を減らします。株主資本は清算価値として株主に帰属しますので、株式価値を形成する純資産価値は減少し、株価の低下につながります。つまり、配当収入というインカムゲインが、株価下落というキャピタルロスで相殺される形になります。

数値例で確認してみましょう。

資産100億円、全額株主資本、発行済み株式総数1億株の企業が、配当10億円を株主に支払うとします。

資産が100億円で発行済株式数が1億株なので、清算価値をベースとした当初株価は100円ということになります。この企業が10億円の配当により資産が90億円になるので、株価は90円に下落します。ちょうど配当の分だけ株価が下がる形になります。そのため、配当を含めれば株主は経済的に損も得もしません。株主に帰属するキャッシュフローは変わらないのです。

③第三命題「資本構成は資本コストに影響しない」

ＥＢＩＴが同等で、かつ金融資産も同じであれば、企業価値の差をもたらすのはＷＡＣＣの差のみとなるはずです。

しかし、第一命題から、資本構成がどうであれ、資本コストであるＷＡＣＣは変わらないはずです。したがって、第一命題が正しければ、この第三命題は自動的に成立します。

■MM理論の反証

残念ながら、現実にはMM理論は成立しません。その理由としては、①税金がない想定は非現実的であること、②配当政策によるシグナリング効果が存在することなどが指摘できます。以下、それぞれの理由を数値例で確認してみましょう。

①税金がない想定は非現実的

株主資本（株式時価総額と同額）１０００億円、負債１０００億円のＬ社と、負債がない株式時価総額２０００億円のＵ社のＥＢＩＴは各２００億円、負債コスト10％、税率40％と仮定します。また、当期利益は全額配当として株主に分配されると仮定します。

この前提で、2000億円を保有する投資家がL社の負債と資本に投資をする場合と、U社の資本に投資をする場合のそれぞれ受け取るキャッシュフローを計算します。

◇L社の負債の収益＝1000億円×10％＝100億円
L社の株主の収益＝（200億円－100億円）×（1－40％）＝60億円
L社投資家の収益合計＝100億円＋60億円＝160億円

◇U社の株主の収益＝200×（1－40％）＝120億円

同じ2000億円を投資しても、L社のほうが40億円多く収益として受け取ることができます。明らかにMM理論の結論とは異なる結果となります。この40億円の差はどこから生まれるのでしょうか？

キャッシュフローの差は、L社の株主が受け取る税引き後利益の差から生じます。L社は負債の1000億円の利息支払いが100億円あるために、この分が税引き前利益から差し引かれます。これが、節税効果となる40億円の源泉となります。

これが、「**負債による節税効果**」です。これを一般化して考えてみましょう。

資産合計A、負債比率D、負債コストr、税率tとすると、負債と資本を供給する投資家の受取額は次のようになります。

◇**受取額X**　$= r \times A \times D + (EBIT - r \times A \times D) \times (1 - t)$

仮にD＝0となると、次の式のようになります。

◇**受取額Y**　$= EBIT \times (1 - t)$

これらの受取額XとYの差額を計算すると、次の式のようになります。

◇**負債効果**　$= X - Y = rAD + (EBIT - rAD) \times (1 - t) - EBIT \times (1 - t)$

$= rAD + EBIT - rAD - tEBIT + trAD - EBIT + tEBIT$

$= trAD$

つまり、税率に支払い利息を掛け合わせた部分が、税引き後利益を押し上げて、株主が受け取るキャッシュフローを増やす形となります。したがって、税金の存在が、現実にはMM理論が成り立たない要因であることがわかります。

②配当政策によるシグナリング効果が存在すること

「配当政策は企業価値と無関係だ」というMM理論の第二命題についても、情報の非対称性の観点から疑問が呈されています。

現実問題として、〝経営者の持つ情報は投資家がアクセスできる情報よりも多い〟という情報の非対称性の存在は否定できません。そうした中にあって、配当政策は、経営者が市場に送るシグナルとして位置づけられるものです。

たとえば、配当を増やせば、経営者が先行きに不安を感じていない証拠であるというサインにもなりうるでしょうし、経営者が株主の利益を重視しているというメッセージとも受け取ることは可能です。そういった経営者への信頼が高まれば、株価に好影響を及ぼし、企業価値を向上させる期待が持てることは直感的にご理解いただけると思います。このプロセスを「**シグナリング**」と言います。

このプロセスを理論的に整理すると、次のようになります。

❶情報の非対称性が存在し、投資家は現経営陣が何を考えているかわからない状況で、この不透明性を反映した期待収益率（要求収益率）を形成する。要求収益率＝株式資本コスト

❷経営者が代わり、新しい配当政策を発表。キャッシュなど手元流動性の不安もないため、大幅に配当を引き上げるという内容

❸投資家はこのシグナルを受け止め、誠実かつ株主利益を重視した経営者に信頼を置く。そ

して、その影響が要求収益率（株式資本コスト）のリスクプレミアムを低下させる

❹要求収益率、つまり株式資本コストの低下は、株価にポジティブに影響。企業価値は増加

図表100　配当政策と企業価値

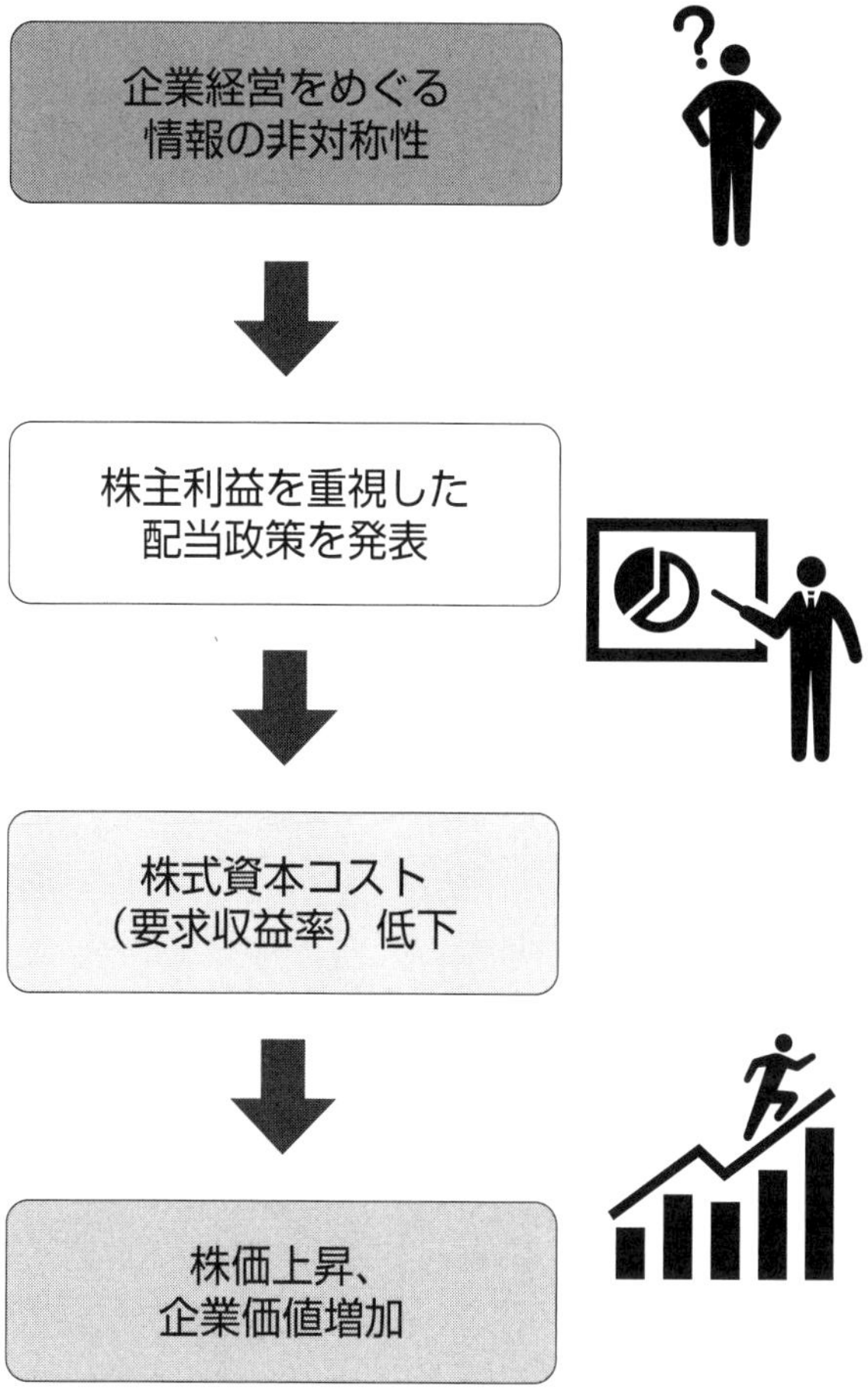

出所：筆者作成

このように、ＭＭ理論が前提とする「完全情報」という非現実な前提を、情報の非対称性という現実に照らしたものに置き換えると、情報の持つ価値が配当政策を通じて企業価値を動かすということになります。

もちろん、配当政策と企業価値は必ずしも、先ほどのようなプロセスに適合するケースばかりではありません。

たとえば、成長企業が無配当から多額の配当に切り替えたと仮定します。この場合、無配当という背景には、次々に成長分野への投資を続けたため、キャッシュを株主に還元するよりも収益性の高い分野の拡張に活用されてきた事情があります。そのため、突然の配当の存在を目の当たりにして、成長を期待して投資してきた人たちは、「成長もそろそろ限界か」と受け止めるかもしれません。

したがって、配当政策を含めた資本政策については、投資家の期待感や現状認識をきちんと理解したうえで実施するべきなのです。

第15章 企業戦略におけるプロジェクト評価

1 プロジェクト評価

■プロジェクトを評価するうえでの基本的な考え方

ファイナンスが活躍するのは、金融機関や企業財務の現場ばかりではありません。企業が新しいビジネスを手掛けるケース、特定のプロジェクトをスタートさせるケース、あるいはM＆Aを判断するケース、いずれの場合も採算が重要な判断材料となります。このような判断に必要な考え方を説明します。

第一に、サンクコストの考え方です。すでに、PART1の金融機関の特徴を述べたところでも、このPART3の経営管理のフレームワークの説明のところでも触れましたので、詳細な説明は割愛しますが、プロジェクトを行ううえでは、決して忘れてはいけない考え方です。

仮に、政府の再生エネルギー促進政策の一環として、洋上風力発電事業から作られる電力に対して補助金が手厚く配され、高価格の買い取りが実施されることとなったと仮定します。そこで、あなたの会社は大規模な洋上発電プロジェクトを開始しました。

総工費100億円とし、今日までに投入した投資額が99億円となり、あと1億円のコストで完成する状況とします。しかし、政権が交代したことで政策が変更され、買い取り価格への補助がなくなることになり、現状の試算では、大幅な赤字を毎年計上する見通しとなりました。設備の改変やビジネスモデルの転換も不可能です。

この場合、1億円をかけて洋上発電プロジェクトを完成させるべきでしょうか？

答えはノーです。100億円のうちの99億円はすでに使ってしまった、回復できないコストであり、いかなる策を講じても取り戻すことはできません。今後の発電事業が赤字であることが明確な状況で、この事業を行うことはもはや合理的ではなくなったのです。追加的な1億円の負担は損失を膨らませるだけです。

ただ、人間の心理状態としては、すでに使ってしまったコストが頭から離れないのが普通です。そのため、過去の支出の呪縛に囚われながら誤った判断を行うケースが、政府や企業ばかりか個人レベルで起こってしまうわけです。したがって、判断の時点において、過去に費やしたコストなどは判断材料に含めてはいけません。過去を振り返るのは、反省やパフォーマンス評価で十分です。

第二に、**機会コスト**です。すでに、ポートフォリオ理論のところで触れた概念ですが、プロジェクトをあえて行うことで失われる価値についても着目しなければなりません。

プロジェクトの判断にあたっては、そのプロジェクトを行うために放棄する機会を考えなければなりません。そのため、プロジェクトに投下される人的資源、物的資源、金銭的資源などの名目的なコストのみを考えてプロジェクトの収益性を判断すべきではありません。

そのプロジェクトに貴重な経営資源が投入されることで失われる、その他の事業から生み出される収益こそが、まさに機会コストです。では、企業が行う事業全体を俯瞰し、プロジェクトにより犠牲となった収益機会を、どのように勘案すればいいのでしょうか？

ヒントは「**ハードルレート**」の考え方にあります。ハードルレートとは、プロジェクトや新規ビジネスを判断するうえで設定される最低収益率のことです。

プロジェクトを実行する際には、資金調達が必要です。プロジェクトの収益率が資金調達コストを下回れば、プロジェクトを進めるべきではないことは自明です。

仮に、プロジェクトの資金調達を銀行借入により賄う場合、貸出金利をハードルレートとすべきでしょうか？

それは適切とは言えません。なぜなら、企業経営の中で、そのプロジェクトは経営活動の一部でしかありません。さらに、経営活動全体を網羅して全体を支える資金調達は、負債と資本の組み合わせであることを認識すべきです。

そこで、経営全体を見渡して機会コストとして認識可能なのが、前章で学んだ加重平均資本コスト「ＷＡＣＣ」なのです。したがって、ハードルレートとしてＷＡＣＣを活用する事例が多くあります。ＷＡＣＣを上回る収益率を生み出すキャッシュフローが望めれば、企業価値は増大します。

こうした基本的な考え方をベースに、具体的なプロジェクト評価を解説していきます。

2 プロジェクト判断の方法 その1 ～NPV法

プロジェクトの実行についてゴーサインを出すにあたって、最も優れていて、かつ実務的な方法が「**NPV**（Net Present Value）法」です。

NPVとは、初期投資を含めたプロジェクトのキャッシュフローの**現在価値**（**PV**：Present Value）の合計を意味しています。現在価値については、第8章「株式」の説明（306ページ）をご参照ください。

ただし、投資のように支払い負担が発生するキャッシュ・アウトフローはマイナス、収入であるキャッシュ・インフローはプラスの符号で扱う点に注意が必要です。

そして、NPVがプラスとなれば「採択」、マイナスとなれば「見送り」という判断となります。

具体的な事例で考えてみましょう。ただし、実践的な事例にご興味がある方は、**巻末の「数学的補足コーナー」**をご参照ください。

〈プロジェクトの前提条件〉

初期投資＝250億円、1年目のネット収益＝120億円、2年目のネット収益＝144億円、WACC20％、PVのカッコ内は年

〈キャッシュフローの現在価値〉

PV（X）＝X年目のキャッシュフローの現在価値（億円）、▲はマイナスを示します。
PV（0）＝▲250
PV（1）＝120÷（1＋20％）＝100
PV（2）＝144÷（1＋20％）÷（1＋20％）＝100

〈NPVの算定〉

NPV＝▲250＋100＋100＝▲50

NPVはマイナスとなるので、「見送り」という判断となります。

このプロジェクトは、初期投資額が250億円に対して、1年目と2年目のキャッシュフローの合計は264億円（120億円＋144億円）ですので、単純計算では採算がプラスの事業となりますが、WACCを機会コストであり、かつハードルレートとして精緻に評価すると、採算が取れないことが表面化します。

また仮に、この企業の資金借入金利がゼロ％近くで、株式資本コストがWACCを20％に押し上げていると仮定した場合、借入金利をハードルレートとして計算すると、その計算結果はほぼ右に述べた単純合計と同様になるので、このプロジェクトを採択してしまうことになるでしょう。

これらの点からも、時間的価値を重視し、適正な割引率を採用することの重要性についてご理解いただけると思います。

3　プロジェクト判断の方法　その2　〜IRR法

ところで、このプロジェクトの収益率は何%なのでしょうか？

ここで、現在価値と同様に、第8章「株式」で紹介した**IRR**（内部収益率）が登場します。プロジェクトの収益性を「複利ベース」で求めたものがIRRなので、IRRとWACCを比較して、IRRがWACCを上回れば「採択」、下回れば「否決」という判断となります。

IRRを求める考え方は、2通りあります。

一つ目は、**NPVがゼロとなる割引率を求める**考え方です。前節の事例でWACCの20%を割引率として用いましたが、この20%のところにIRRの解となる「r」を置き換えて、次の方程式を解けばいいのです。

◇ **NPV＝▲250＋120÷（1＋r）＋144÷（1＋r）÷（1＋r）＝0**

二つ目は、将来キャッシュフローの現在価値が初期投資と一致する割引率を求める考え方です。

◇ **初期投資250＝120÷（1＋r）＋144÷（1＋r）÷（1＋r）**

この考え方は微妙に異なりますが、NPV＝0の式の初項（▲250）を左辺に移項しただけのものですので、方程式の形は一つ目の考え方と同じです。

この方程式をrについて解くと、約3・6%というIRRが求められます。

この水準は、WACCを大幅に下回りますので、議論の余地なく「見送り」の判断となります。

補足説明 IRR法とNPV法は併用が望ましい

IRR法とNPV法には、いずれも短所があります。NPV法の数少ない短所としては、WACCなどの割引率が変化することにより、NPVの値が大きく変動することです。ただし、WACCを現状の資本コストの「メインシナリオ」として、数%上下させることで、NPVの感応度をシミュレーションすることも可能です。これに対して、IRR法の短所は複数あります。

第一に、プロジェクトのキャッシュフローが永続的な場合に、IRRの解が求められません。NPV法では、無限級数を計算して収束させればプロジェクト評価の判断を行うためのNPVの算定は可能です。

第二に、IRRという「率」では、プロジェクトの規模感の比較ができないデメリットもあります。

第三に、期中のキャッシュフローにマイナスがある場合には、解が一意的に求められない場合もありえます。

したがって、これら二つの方法を併用することで、互いのデメリットは克服可能です。

第16章 情報理論とコーポレート・ガバナンス

1 契約理論とエージェンシー問題

株主と経営者のエージェンシー問題

株主が資金を拠出し、経営者がそれを資本として会社経営を行う関係について、株主が委任者（プリンシパル）、経営者が受託者（エージェント）という関係であるということを、PART3の冒頭の第13章で説明しました。この第16章では、この株主と経営者の関係について詳しく分析しながら、「ガバナンス」について考えていきたいと思います。

エージェントがプリンシパルの利益に即さない行動を取る、あるいは依頼した事項をきちんと遂行しないような利害関係の対立する状況を「エージェンシー問題」という点と、それからこれに伴うコストを「エージェンシーコスト」と呼ぶことは、第13章で説明しました。

中小企業などでは、株主と経営者が同一人物、つまり経営と資本が分離していない場合が少なくありません。その場合、エージェンシー問題は起きません。しかし、組織が大きくなるにつれて、経営と資本は分かれていくため、エージェンシー問題は不可避です。

株主は、株式に投じた資金が有効に活用され、会社が利益を上げ、それが配当され、好業績で株価が上がることを望みます。しかし、経営者は時として株主利益に沿わない欲求を持つことがあります。巨額な資金で豪華な社屋を建設したり、高級車を社用車として購入したり、接待費を自らの飲食費に充当したりするなど、経営者個人の享楽《きょうらく》にお金が使われてしまうことがあります。

したがって、真っ当な会社（経営者）であるならば、利益の蓄積が大きくなり、こうした内部資金を有効に活用する機会がなくなったときに、配当等で株主に還元するのが株主にとって望ましい使い道でしょう。しかし、経営者が会社を大きくしたいという野心を持ち、大して儲からない会社を買収した場合には、株主の利益に反する結果となるでしょう。

このエージェンシーコストについて詳しく見ていきましょう。

■エージェンシーコストの構成

エージェンシー問題は、プリンシパルである株主に対して、次の三つのコスト（エージェンシーコスト）を負担させます。

- **モニタリングコスト**：プリンシパルがエージェントを監視するコスト
- **ボンディングコスト**：エージェントにプリンシパルの言うことを聞かせるコスト
- **レジデュアルロス**　：エージェンシー問題に伴う、その他のコスト

このように、経営と所有が分離することで、利益相反を背景とするエージェンシー問題が株主と

経営者の間で発生し、これに伴うコストが発生します。このコストは、投資家の負担だけではなく、社会全体にマイナスの作用をもたらします。

たとえば、**エージェンシーコストが高まれば、投資家が会社に対して求める要求収益率（つまり、株式資本コスト）が上昇し、同時に会社のWACCを押し上げる**ことになります。

WACCの上昇により、会社は事業活動をかなり選別的に行うことになるでしょう。本来であれば、経済活動の活性化につながるような投資やビジネスについても、その収益率がWACCを下回るケースが増え、あきらめざるをえなくなることが多くなります。また、より高い価格設定で製品を販売することになるかもしれません。消費者にとっても、経済全体にとっても、負の影響しかもたらしません。

さらに、金融市場からの間接的な影響もあります。株式資本コストの上昇は株価を押し下げる効果があるため、投資パフォーマンスは低下します。これは、個人投資家には直接影響を及ぼすことになりますし、年金の運用不調を招き、DBP（確定給付型年金）であれば国や企業の財政を圧迫し、DCP（確定拠出型年金）であれば年金受給者の受取額の減少に直結します。

そのため、いかにエージェンシーコストを削減できるかは、企業と株主の関係だけでなく社会全体の課題となるのです。この課題に直結するのが、「**コーポレート・ガバナンス（企業統治）**」です。

■コーポレート・ガバナンスの制度的な背景

歴史的な背景の違いにより、国ごとに企業のガバナンスのしくみが異なるので、現在の問題を説明する前に、概略を解説します。

日本では、歴史的に経営への監督機能と業務執行機能が分離していませんでした。どういう意味かと言うと、諸外国では業務の監視を行う立場にある「取締役」が業務執行を兼務しているため、取締役会以上に株主総会の権限が相対的に強いのが特徴です。表面上は、業務執行と監査をそれぞれ取締役と監査役が独立して分担することで、監査役が業務執行の監視を行う形にはなっていますが、ドイツの監査役会[41]のような取締役任免や報酬に係る権限を日本の監査役は与えられていないので、それだけ株主総会の果たすべき役割が大きい建付けとなっているのです。

しかし、2002年に商法の改正が行われ、監査役設置会社と委員会設置会社を選択できるようになり、社外取締役が経営監視を行うアメリカ型のガバナンスのしくみが加わりました。

こうした「委員会統治型」のアメリカ型の特色は、株主総会において最高意思決定機関である取締役会のメンバーを選出し、株主が多くの権限を取締役に与えることにより、取締役が効果的に経営者を監視するしくみとなっている点です。

誤解を恐れずに簡単に述べれば、日本型のガバナンスは、直接民主主義タイプで、株主が議決権の行使をもって取締役等の経営行動を監視するしくみです。一方、アメリカ型のガバナンスは、間接民主主義タイプで、株主の意向を反映した取締役会がより大きな権限を持つことで業務執行を監

41 ドイツでは、経営の最高意思決定機関である監査役会のメンバーが資本家（株主）代表と労働者代表から同数選任され構成されます。監査役会は、業務執行者（取締役）の選任、監督・監査、報酬額の決定を行うしくみとなっています。

視する立場にあります。

なお、日本においても導入された委員会等設置会社では、経営執行状況をチェックする監査委員会、取締役の選・解任の決定を行う指名委員会、役員の報酬に係る権限を有する報酬委員会などを通じて、経営者の業務執行に対するガバナンスを機能させるデザインとなっています。

しかし、形式論よりも「実のあるガバナンス」が何より重要です。形式論だけでは「経営判断」の余地が広い現実的な世界において、完全にチェック機能を発揮することは難しいものがあります。もちろん、個人や機関投資家による議決権行使を通じて、経営陣への圧力をより強めていく必要性もありますが、議決権行使を行うための経営情報に経営者との非対称性が生じている状況では、完全なチェック機能は期待できません。したがって、経営者が株主やその他のステークホルダーの利益に即したしくみをさらに検討していく必要があります。

■日本の「コード」

コーポレート・ガバナンスの本質とは、エージェンシー問題を解消し、株主をはじめとする様々なステークホルダー（利害関係者）の利益に資する経営を行わせるしくみです。同時に、企業の不祥事などを防ぎ、粉飾決算をはじめとする経営陣の不正をモニタリングする内部および外部監査の体制もこれに含まれます。

日本では、ガバナンスの底上げを目的に２０１５年、金融庁と東京証券取引所が共同で「**コーポレート・ガバナンス・コード**」を策定しました。ＯＥＣＤが２００４年にまとめたコーポレート・

ガバナンス原則などを参考に策定され、上場会社の行動規範の位置づけとして示されました。これには法的拘束力はなく、「**コンプライ・オア・エクスプレイン**」（原則を実施するか、実施しない場合には、その理由を説明するか）という手法を採用しています。

以下、五つの基本原則のポイントを示しておきます。

> **基本原則1**　「**株主の権利・平等性の確保**」：株主の権利保護と権利行使の環境整備を求める。少数株主や外国人株主を含めた実質的な平等性の確保を行うこと
>
> **基本原則2**　「**株主以外のステークホルダーとの適切な協働**」：従業員、顧客、取引先、債権者、地域社会など、様々なステークホルダーの権利を尊重する土壌を醸成すべき
>
> **基本原則3**　「**適切な情報開示と透明性の確保**」：会社の財務情報、経営戦略等の非財務情報を適切に開示すること。その情報を株主との建設的な対話の基盤とすべき
>
> **基本原則4**　「**取締役会等の責務**」：株主への受託者責任・説明責任を踏まえ、持続的成長と中長期的な企業価値向上を図るべく、戦略の大きな方向性を示し、適切なリスクテイクを取るための環境整備を行い、独立性が担保された監督を行うこと
>
> **基本原則5**　「**株主との対話**」：株主との間で株主総会の場以外での建設的な対話を行うとともに、他のステークホルダーの立場に関するバランスを取ることの理解を得ること

この基本原則は２０２１年６月に改訂されましたが、その背景には、海外と比べて見劣りする多

様性やサステナビリティへの取り組みを強化する狙いがあります。この改訂の意味合いについて、東京証券取引所は、コンプライアンスを遵守する「守りのガバナンス」のみならず、企業の持続的成長を意識した「攻めのガバナンス」が一層求められている点を強調しています。

改訂の主なポイントは、次のとおりです。

❶取締役会の機能発揮：（PART1でも触れた市場改革を踏まえ）「プライム市場」の上場企業は、独立社外取締役を3分の1以上選任すること。経営戦略に照らして取締役会が備えるべきスキルと、各取締役のスキルとの対応関係を公表すること

❷企業の中核人材における多様性（ダイバーシティ）**の確保**：管理職における多様性の確保（女性・外国人・中途採用者の登用）に関する測定可能な目標を設定すること

❸サステナビリティをめぐる課題への取り組み：「プライム市場」の上場企業は、サステナビリティについて基本的な方針を策定し、自社の取り組みを開示すること

こうしたガバナンス改革の背景には、世界の中で比較される日本企業の企業価値の低迷があります。この点に関しては、改めて第8章冒頭の273ページに掲載した図表50をご確認ください。世界の時価総額ランキングのトップテンをかつて牛耳っていた日本企業の姿はなく、そればかりか日本企業の最上位が34位のトヨタ自動車ということが、この悩ましい状況をよく映しています。ガバナンスの欠如する市場では、株価の高い評価を得られるわけがないのです。

補足説明

経営者報酬によるエージェンシー問題の解決

エージェンシーコストを削減する方策として登場したのが「**ストックオプション**や**株式による経営者へのボーナス**」です。ストックオプションとは、定められた価格で、その会社の株式を買う権利です。株価が上がれば、経営者はストックオプションを行使して値上がりした分の利益を懐に入れることができますが、仮に株価が下がっても損失は生じません。

つまり、株価が上がることは、株主だけでなく経営者にとってもメリットがあるのです。こうした形で、株主の利益と経営者の利益を一致させることを学術的には「**誘因両立性**」と言います。誘因とはインセンティブのことで、株主と経営者のインセンティブがストックオプションを通じて両立するということです。

このように、株主と経営者の利害関係を一致させること、すなわち誘因両立性を確保することで、株主と経営者との間のエージェンシー問題を解消することが企図《きと》されています。ストックオプションに代表される業績（および株価）に連動した報酬は、「**インセンティブ報酬**」と呼ばれています。

インセンティブ報酬の下では、経営者の努力が好業績に結びつき、結果的に株価上昇を招くことで、経営者が真剣に経営に取り組む動機づけになりますが、同時に過度のリスクテイクにいざなう懸念もあります。なぜなら、ハイリスク・ハイリターンのプロジェクトに挑んで、成功すれば株価上昇を通じて多額の利益を個人的に獲得する一方で、失敗しても企業の損失にはつながるものの、個人の損失負担とはならないためです。こうしたインセンティブ報酬が多くの金融機関をリーマンショックに導いたという批判もあります。

2 ステークホルダーとガバナンス

■会社は誰のものか?

2021年のコーポレート・ガバナンス・コード改訂の背景として、株主だけでなく多様なステークホルダーの利益を重視した世界的な潮流の変化があります。会社のステークホルダーは、株主、債権者、従業員、取引先などビジネスに直結する当事者はもちろんですが、地域コミュニティ、社会・経済、地球環境なども広く含まれます。しかし、株式会社にとって、株主は様々なステークホルダーの中でも最も重要な存在であることに変わりはありません。なぜならば、株主がいなければ、そもそも会社を設立することができません。また、株主権の中でも、議決権は会社の生殺《せいさつ》与奪《よだつ》の権利であり、それは株主が握っています。

しかし、「会社は誰のものか?」という疑問は、近年「会社は誰のためのものか?」に置き代わりつつあると思います。会社は従業員の労働力なしには動きませんし、製造業などは原材料のサプライヤーの存在がなければ生産活動が止まってしまいます。また、生産できても顧客がいなければビジネスとして成立しません。さらに、地域が会社の経営活動を支持しなければ、円滑な経済活動を営むことは困難です。もっと言えば、地球環境の持続可能性が破壊されれば、会社を含む人間社会は終焉を迎えます。

したがって、会社は株主や債権者などの金融ステークホルダーばかりでなく、広く多くの存在をリスペクトしなければ、会社としての存立基盤は失われてしまうのです。

このポイントは大変重要ですし、最近のＥＳＧやＳＤＧｓの意識の高まりからも、しっかりした認識と理解がファイナンスを学ぶうえでも不可欠となっているので、次章で詳しく扱いたいと思います。

COLUMN

非正規雇用増加は小泉・竹中改革のせいか？

実質賃金上昇は重要な政策目標の一つであり、経済基盤を強化するためにも不可欠です。しかし、賃上げ等を含む原動力であるはずの「労働分配率」において、ＯＥＣＤ加盟国の中でも日本の低迷は嘆かわしいものがあります。そして、労働分配率低下の主因として、非正規労働比率の上昇が指摘されています。

その理由を作ったのが、小泉政権下での労働者派遣法改正だという批判をよく耳にしました。この労働者派遣法の歴史は１９８６年までさかのぼりますが、派遣労働者の保護と雇用安定、キャリア形成などに配慮した見直しが随時行われてきました。小泉政権下の２００４年の法改正では、製造業務への派遣が解禁されたほか、受入期間上限が最大３年まで延長されました。また、これまでの法改正の過程で業種制限も徐々に緩和されてきました。確かに規制緩和を進めてきた小泉政権下での改革により、非正規労働者が増えた部分はまったくないとは言えません。しかし、私は、非正

図表101　外国人株主比率と日本の非正規雇用比率

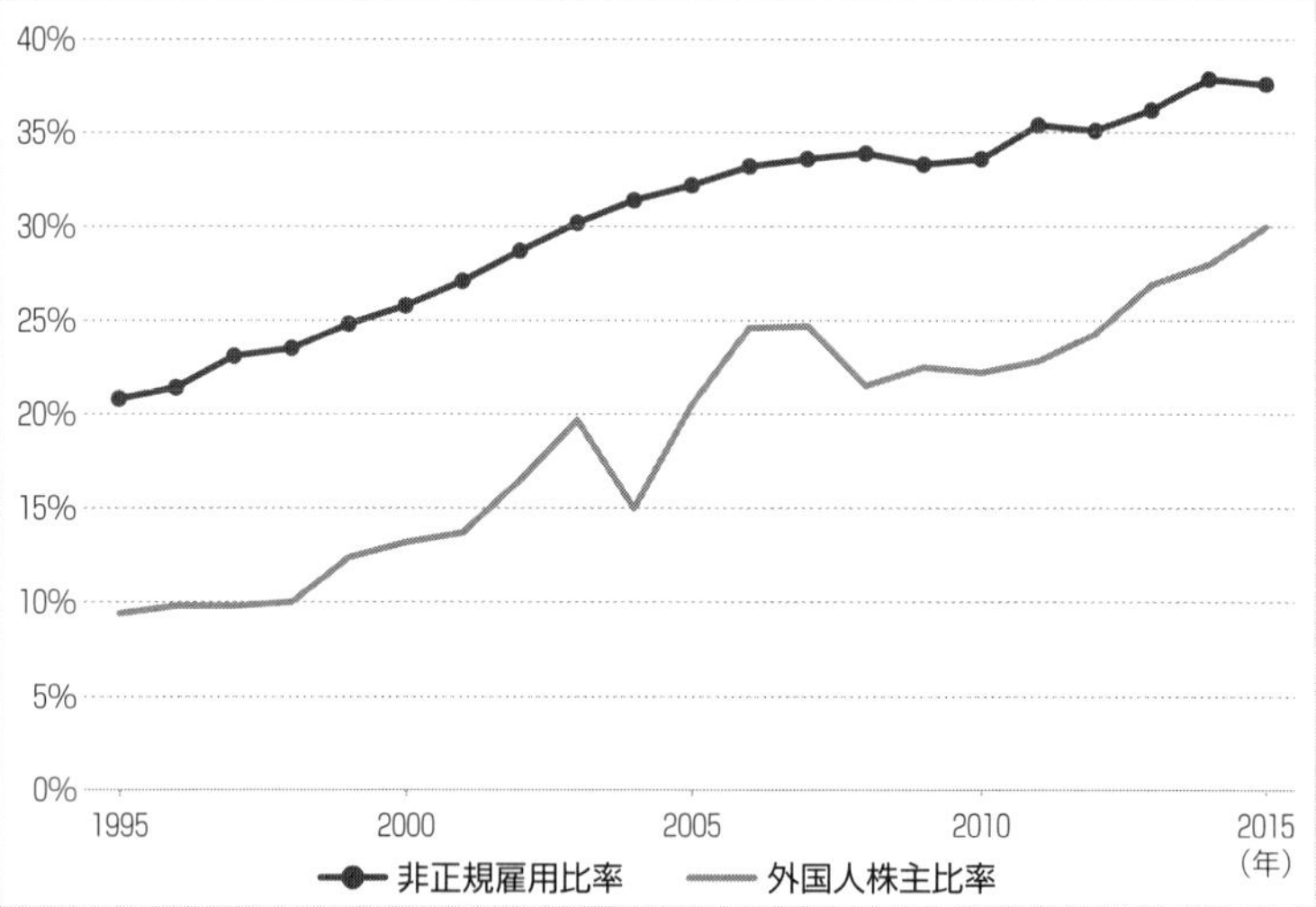

出所：日本取引所統計および総務省統計局データに基づき筆者作成

規労働増加の要因は、金融市場にこそ根源があると思います。

図表101をご覧ください。日本企業の上場株式の保有者の中における外国人株主の割合の遷移が、非正規雇用比率と同じように上昇トレンドを歩んでいることがわかります。たまたま上昇を続けている二つの指標を比べて相関性を問うのは乱暴であるとは認識していますが、この関係を説明するしっかりしたロジックも存在しています。

かつて銀行は、日本における株式持ち合いの中心的プレーヤーで、顧客企業の株主総会を暗黙のうちに支えてきた「沈黙の株主」です。〝銀行だけでなく、日本企業が取引関係のある会社同士で相互に株式を保有する文化が、少数株主の利益を害する〟という批判は、特に海外から強かったように記憶しています。

債権者であるメインバンクが取引先企業の実質的にガバナンスを担う、「負債型資本主義」の色彩が濃かったのが、1990年代までの日本の資本主義システムの独特な側面であったと言えます。たとえば、メインバンクが取引先へ役員派遣などを含め、深く企業のガバナンスに関与してきました。メインバンクは濃密な取引関係の中で、借り手にかかわる情報の非対称性を低減することに成功し、一定程度のガバナンスの有効性が確保されたとも言えます。

しかし、2000年に導入された金融商品会計、通称「時価会計」の導入により、保有株式の価格下落が企業財務を直撃し、リスク管理上も持ち合い株式の圧縮を図らざるをえなくなりました。加えて、銀行の自己資本比率規制も厳格化を重ね、銀行・事業法人ともに保有株式の売却が急速に進んだのです。そして、売却された株式の受け皿となったのが、海外を中心とする機関投資家でした。

株主構成は「沈黙の株主」が「株主利益の重視を要求する株主」へと変容しました。その結果、株主利益への意識が高まり、コスト削減による効率性向上と、配当や自社株買いなどの株主還元を積極化する方向性が加速したのです。そして、労働コスト低減と不況時における雇用圧縮を可能とするため、雇用形態の非正規化が進みました。

株主利益の重視を標榜した企業戦略は、短期的にはコスト削減効果による利益の押し上げにつながったように見えるかもしれません。しかしながら、こうした戦略転換は、長期的な株主利益を圧迫するとともに、企業や社会の持続可能性を危うくします。

労働分配率低下は、消費に対しては明らかにマイナスで、国内需要の減少を促します。特に雇用非正規化は、所得水準低下と不安定な雇用形態がもたらす将来への不安を増幅させることで、消費へのマインドを冷やします。

また、人事政策にも問題をきたします。かつて日本企業は、終身雇用制を背景とした研修・人材育成に経営資源を割き、それが企業の競争力向上にも寄与しました。高度な技術を要する職種に限らず、付加価値の小さい仕事でさえ、人材育成は重要です。つまり、人材の質は、企業の質へ直結するため、長期的な視点に立った人材育成は企業の持続可能性に不可欠なのです。

不幸中の幸いとして、世界的な風潮として株式市場原理主義的なカラーに染まった世の中から、多様なステークホルダーをケアする企業経営に向けて追い風が吹き始めています。いまこそ、日本の企業文化のよい部分を取り戻しながら、欧米のイノベーティブな発想と共存を図るときです。

第17章 ステークホルダー資本主義

1 ステークホルダー資本主義の萌芽

■株主は王様ではない

金融市場が効率的な資源配分に機能することに疑いの余地はありませんし、資本市場の存在をないがしろにすることも望ましくはありません。株式市場が、リスクを許容する資金を供給する点で、資本主義経済圏における経済成長に貢献してきたことも事実です。

しかし、株主の利益にウエイトが過度に置かれた場合の弊害も、数多くもたらされてきました。前章末の「COLUMN」で指摘した非正規雇用の問題も然りですし、リーマンショックにつながる経営者の暴走が株主と経営者の誘因両立性を狙った業績連動報酬に起因していることも明らかです。

新型コロナ禍に見舞われた期間において、世界経済が受けた大打撃とは対照的に主要株式市場が堅調に推移したことも、金融市場が「格差」に与える影響として問題視されました。都市封鎖やこれに伴う経済停滞が低所得者の生活を危うくする一方で、金融資産を有する者の資産価値は上昇し、両者の格差は平常時以上に拡大するという批判です。[42]

奇しくも疫禍の進行序盤と時期を同じくして、開催された世界経済フォーラム（World Economic

Forum）の年次総会、通称ダボス会議では「**ステークホルダー資本主義：**まとまりと持続可能性の世界への政策提言」[43]がテーマとして掲げられ、資本主義のあり方の転換を示唆する象徴的なメッセージともなりました。

地球環境や格差の問題は、政府や国際機関の力では対処できないところまで深刻さが及んでおり、金融市場においてもＥＳＧ（Environment、Social、Governance）への関心が高まっています。経済成長の推進力となっていたリスクマネーの供給源である株式市場を主役とした市場経済から、多様なステークホルダーを意識した企業経営への変容を促すという意味で、ダボス会議のテーマ設定は極めて象徴的です。

ESGへの高まる意識

日本の国民年金と厚生年金の年金基金を運用する役割を担うのが、年金積立金管理運用独立行政法人（通称「ＧＰＩＦ」[44]）です。ＧＰＩＦが２０１５年に国連責任投資原則[45]に署名したことは、１９３兆円を超える運用資産（２０２１年６月末現在）を誇る代表的投資家がＥＳＧに資する六つの基本原則[46]へ同意したこととして、市場からも注目を集めました。これは、機関投資家がＥＳＧへの意識を高めた象徴的事例として捉えることができます。

グローバル金融市場におけるＥＳＧへの意識の高まりも、投資残高の急増として数字として表れています。２０２０年末における全世界のＥＳＧ投資残高は、35兆3千億ドルに達し、調査対象となった機関投資家の運用資産の3分の1を占めるに至っています。[47]これらの国内外における動きを踏まえれば、金融市場全体としてのＥＳＧへのモメンタムは急速に高まっていると言えます。

2　ＥＳＧとステークホルダー資本主義に向けての問題点

■ＥＳＧ投資は運用パフォーマンスにプラス？

投資家がＥＳＧに着眼した投資を行えば、企業は株価を向上させるために、ＥＳＧへの取り組みを強化するでしょう。従来は企業に対して収益増加に向けたプレッシャーをかけていた投資家が、

42　アメリカ経済において恒常化している格差が、感染症により若年層の失業率上昇などを通じて、さらなる拡大と長期化を促しています（Boushey and Park 2020）。

43　Stakeholder Capitalism: A Manifesto for a Cohesive and Sustainable World.

44　ＧＰＩＦ（Government Pension Investment Fund）の略称で知られ、その運用方針については、機関投資家も注目しています。

45　正式名称はＵＮＰＲＩ（United Nations Principles for Responsible Investment）です。２００５年にＥＳＧを念頭に置いた投資がコフィ・アナン国連事務総長のもとで提唱され、国連環境計画（ＵＮＥＰ：United Nations Environment Program）等の協力の下で２００６年発足し、２０２０年６月末現在３１５１社が署名しています（出所：PRI https://www.unpri.org/）。

46　六原則は、①ＥＳＧの課題を投資分析と意思決定プロセスに組み込むこと、②所有方針と所有習慣にＥＳＧ問題を組み入れること、③投資対象企業に対してＥＳＧ課題の適切な開示を求めること、④資産運用業界への働きかけを行うこと、⑤原則実行の効果を高めるために協働すること、⑥原則実行に関して活動や進捗の状況を報告すること、からなります。

47　GSIA (Global Sustainable Investment Alliance), Global Sustainable Investment Review 2020 GSIA, 2021.

地球環境など多様な視点を企業に求めるようになれば、それが市場規律となり、企業の行動変容を促すはずです。

しかし、ＥＳＧは、時として企業の利益追求と相反します。簡単な例としては、経済的に低廉なエネルギーの使用を抑制することで、温室効果ガス排出量は削減できる一方で、生産コスト増加をもたらすことが挙げられます。

しかしながら、これまでの数多くの研究結果においては、〝ＥＳＧとＣＦＰ（Corporate Financial Performance：企業の財務パフォーマンス）は整合的である〟ことが示されています。つまり、〝**ＥＳＧに取り組んでいる企業は好業績を生み出している**〟ということです。たとえば、過去の研究成果の蓄積をもとに、２０００以上の実証研究が生み出した３７００以上の研究成果のうち9割以上が、ＥＳＧとＣＦＰにおける「ネガティブではない」関連性を示しているのです。[48]

これを前提にする場合、株式投資家が地球環境をはじめとする意識を高め、ＥＳＧ投資を通じて企業を規律づけすれば、結果的に企業財務は改善して企業価値が増加し、ひいては投資価値の向上をもたらす、という極めて興味深い連鎖が期待できるのです。

■ＥＳＧ投資の問題点

しかし、いくつかの留意点もあります。

第一に、ＥＳＧ評価の妥当性についてです。企業のＥＳＧへの取り組みを定量化する術がなければ、投資の尺度としてＥＳＧを安定的に取り上げることは困難です。

ＥＳＧ評価を行う機関は数多く存在しています。ロンドン証券取引所グループのＦＴＳＥラッセル（FTSE ESG Ratings）、オランダに本拠を置くサステイナリティックス（Sustainalytics ESG Ratings）、グローバル株価指数で著名なＭＳＣＩ（MSCI ESG Ratings）などが一例です。日本では、東京証券取引所と、同取引所に上場している企業のＥＳＧ評価を行った株式会社グッドバンカー（ＳＲＩ調査会社）、ＡＩを活用したＥＳＧスコアリングを行っているサステナ株式会社によるＳＵＳＴＡＩＮＡなどが情報提供を行っています。

短期的な利益極大化に企業を走らせるのではなく、倫理的規範を遵守、地球環境を含む社会への責任を認識、そして多様性に配慮する全方位的グッド・カンパニーを目指すための規律づけとして適正なＥＳＧ評価が行われればよいのですが、評価ポイントをテクニカルに改善させるような動きが出てくれば問題ですし、その意味において各機関で定量的評価の共通化に向けた動きを進めていく必要があると思います。

第二に、ＥＳＧを基軸に置いたステークホルダー資本主義を展開するうえでも、引き続き存在するエージェンシー問題です。ＥＳＧ重視を投資家、企業双方が掲げたところで、必ず株主と企業経営者の間では情報の非対称性をめぐるエージェンシー問題が生じます。その理由は二つあり、一つは株主がすべてＥＳＧのみに関心があるわけではなく、株主が描く企業戦略がかならずしも経営方針と合致しない点です。２つ目の理由としては、画一的に定量化されたＥＳＧスコアと個々の企業

48 Friedea et al, *ESG and financial performance: aggregated evidence from more than 2000 empirical studies* , Journal of Sustainable Finance & Investment, 2015.

の事業特性や地域におけるコミットメントなどの事情に照らした評価基準に差異が生じることが少なからず予想されることです。

ステークホルダー資本主義を理想的な形で運営していくためには、金融市場参加者や企業の知恵が必要です。こうした問題を克服して、はじめて健全で持続可能な資本主義経済が実現するのです。

COLUMN

ステークホルダー資本主義に向けた提言

多様な背景を持った企業がそれぞれの事情に鑑み、ステークホルダー間のバランスに配慮しながら経営することは簡単ではありません。そして、エージェンシー問題の存在も無視できません。そこで二つの方策を提案します。

第一に、**経営指標をROE偏重から包括的なステークホルダー利益を勘案したものに転換すること**です。私は、「**GSH**（Gross Stakeholder Happiness：**総ステークホルダー幸福度**）」という指標を考案し、株主や債権者などの金融ステークホルダー、従業員や顧客などの事業ステークホルダー、コミュニティや環境などの社会環境ステークホルダーの満足度を定量化するモデルを提案しています。指標化にあたっては、各ステークホルダーの経営的な重要度に応じたウエイト付けを行います。GSHの絶対値そのものに意味があるわけではありませんが、その改善率に意味を持たせています。

この点についての詳細な定式化は、**巻末の「数学的補足コーナー」**をご覧ください。

第二としては、**株主ポートフォリオに基づく株主形成**です。企業が投資家にアピールして投資してもらうのが一般的ですが、私の提案は企業が理想的な株主の形成を目指すものです。これは、一律に評価されるESGスコアではなく、経営理念に照らして最適なESGを設定したうえで長期的な戦略を示して、これを是とする投資家のみに安定的な株主になってもらうというものです。

短期的には企業価値向上の停滞を甘受しながらも、持続可能性を確保するための長期的な価値創出を目指すことに重点を置きます。株主還元を短期的に求める投資家には株式を売却してもらい、理念を共有する株主とともに協働する経営体制を築くことを目指します。

この方策の最大のメリットは、エージェンシー問題を低コストで解消できることです。ストックオプションのような経営者報酬を通じたエージェンシー問題の抑制は一つの合理的解ではありますが、同時に経営者が短期的な株価上昇のために長期的な持続可能性を犠牲とする危険性もはらんでいます。これに対して、株主ポートフォリオに基づく株主形成は、経営者の理想を共有化する投資家の参加により、弊害の少ない形でエージェンシー問題を解消することが可能となるでしょう。

金融市場と企業が同一の価値観で社会の持続可能性を創出することが、次世代の資本主義のあり方ではないかと、私は考えます。

COLUMN ステークホルダー資本主義に向けた提言

〈GSHの指標化について〉

各ステークホルダーの効用を高める指標を選択したうえで、それぞれの総和を、「**GSH**（Gross Stakeholder Happiness：**総ステークホルダー幸福度**）」として経営指標化する提案です。

私は、株主や債権者などの金融ステークホルダー、従業員や顧客などの事業ステークホルダー、コミュニティや環境などの社会環境ステークホルダーの満足度を指標化して、重要度に応じたウエイト付けを行ったうえでの総和を極大化させることが、企業として新しい社会的秩序の中で望ましい経営規範になると考えました。

GSHの絶対値そのものに意味があるわけではありませんが、その成長率にこそ意味があると思います。

以下、簡単に定式化の事例を示します。

① 絶対数量の策定

S_t（t 期の株主満足度）$=S$（時価総額$_t$、配当利回り$_t$、株価変動率$_t$）

C_t（t 期の顧客満足度）$=C$（リテンション率$_t$、新規顧客増加率$_t$、クレーム数$_t$）

E_t（t 期の従業員満足度）$=E$（モデル年収$_t$、離職率・平均在職期間$_t$）

R_t（t 期の社会満足度）$=R$（CO_2 排出量$_t$、地域貢献支出額高$_t$）

$\therefore GSH_t$（t 期の総ステークホルダー満足度）$=w_S S_t + w_C C_t + w_E E_t + w_R R_t$

② 経営目標（絶対数量の改善度）の策定 $\left(\frac{\Delta X}{X}\text{は変化率}\right)$

$$\frac{\Delta S}{S}=\frac{S_t - S_{t-1}}{S_{t-1}},\quad \frac{\Delta C}{C}=\frac{C_t - C_{t-1}}{C_{t-1}},\quad \frac{\Delta E}{E}=\frac{E_t - E_{t-1}}{E_{t-1}},\quad \frac{\Delta R}{R}=\frac{R_t - R_{t-1}}{R_{t-1}}$$

$$\therefore \frac{\Delta GSH_t}{GSH_{t-1}}=\frac{w_S \Delta S + w_C \Delta C + w_E \Delta E + w_R \Delta R}{GSH_{t-1}}$$

上記の例では１年間における変化率を取っていますが、５～10年程度の時間軸での目標変化率として設定、毎年レビューする方法も有益だと考えています。

〈WACC10%でNPVを算定〉

・$NPV = -800 + \frac{200}{(1+10\%)} + \frac{150}{(1+10\%)^2} + \frac{300}{(1+10\%)^3} + \frac{550}{(1+10\%)^4} = 97.1$億円

∴NPVは97.1億円となるので、このプロジェクトは進めるべきという判断ができます。

〈WACC20%でNPVを算定〉

・$NPV = -800 + \frac{200}{(1+20\%)} + \frac{150}{(1+20\%)^2} + \frac{300}{(1+20\%)^3} + \frac{550}{(1+20\%)^4} = -75.3$億円

∴NPVはマイナス75.3億円です。このプロジェクトは取り下げるべきでしょう。

3　プロジェクト判断の方法　その2　〜IRR法

◇$CF_0 + \frac{CF_1}{(1+r)} + \frac{CF_2}{(1+r)^2} + \frac{CF_3}{(1+r)^3} + \cdots + \frac{CF_n}{(1+r)^n} = CF_0 + \sum_1^n \frac{CF_i}{(1+r)^i} = 0$

〈キャッシュフロー〉

当初（現時点）：－800億円

１年目：収入250億円－追加費用50億円　＝200億円

２年目：収入250億円－追加費用100億円＝150億円

３年目：収入330億円－追加費用30億円　＝300億円

４年目：収入600億円－追加費用50億円　＝550億円

〈IRRの算定〉

◇$800 = \frac{200}{1+r} + \frac{150}{(1+r)^2} + \frac{300}{(1+r)^3} + \frac{550}{(1+r)^4}$

∴$r = 14.95\%$

〈評価〉

WACC＝10％であれば、IRRが14.95％のプロジェクトは実行のゴーサインを出してもよいでしょう。しかし、WACCが20％であれば、取り下げるべきでしょう。結論は、NPV法と同じです。

◇企業価値の計算

∴企業価値＝EV＋金融資産時価＝500億円＋50億円＝550億円

◆総合評価

株式市場が評価した株主資本価値が200億円で、負債を加えた価値合計が450億円となります。

フリーキャッシュフロー成長率の予想（２％）などの評価が正しい場合には、株式市場はこの会社を100億円程度過小評価していることになります。

第15章　企業戦略におけるプロジェクト評価

２　プロジェクト判断の方法　その１　～NPV法

$$◇NPV = -CF_0 + \frac{CF_1}{(1+r)} + \frac{CF_2}{(1+r)^2} + \frac{CF_3}{(1+r)^3} + \cdots + \frac{CF_n}{(1+r)^n}$$

$$= -CF_0 + \sum_1^n \frac{CF_i}{(1+r)^i}$$

本文よりも詳細な事例をこちらで扱います。

〈前提〉

・当初投資額＝800億円、プロジェクト期間＝４年、

・追加費用＝50億円（１年後）、100億円（２年後）、30億円（３年後）、
50億円（４年後）

・収入見込＝250億円（１年後）、250億円（２年後）、330億円（３年後）、
600億円（４年後）

・WACC＝10％と20％の２ケースを想定

〈キャッシュフロー〉

当初（現時点）：－800億円

１年目：収入250億円－追加費用50億円　＝200億円

２年目：収入250億円－追加費用100億円＝150億円

３年目：収入330億円－追加費用30億円　＝300億円

４年目：収入600億円－追加費用50億円　＝550億円

FCF増加率２％

② WACC計算のためのデータ

負債時価　250億円

株価　200円

発行済み株式総数　１億株

リスクフリーレート(r_f)　２％

マーケットリターン(r_m)　６％

ベータ(β)　1.5

③ その他のデータ

金融資産時価　50億円

〈フリーキャッシュフローの計算〉

◇**FCFの計算**

FCF＝経常利益－金融収支＋減価償却費－設備投資－税金

＝50億円－(15億円－10億円)＋10億円－25億円－50億円×30％

＝15億円

◇**WACCの計算**

負債コスト$r_D = 10 \div 250 = 4\%$

株主資本コスト$r_E = r_f + \beta(r_m - r_f) = 2\% + 1.5 \times (6\% - 2\%) = 8\%$

株式時価総額E＝株価×発行済み株式総数＝200円×１億株＝200億円

$$\mathrm{WACC} = \frac{(1-t)r_D D + r_E E}{D+E} = \frac{(1-30\%) \times 4\% \times 250 + 8\% \times 200}{250+200} = 5\%$$

◇**EVの計算**

$$EV = \sum FCF = \frac{15}{1+5\%} + \frac{(1+2\%)15}{(1+5\%)^2} + \cdots + \frac{(1+2\%)^{n-1}15}{(1+5\%)^n} + \cdots$$

$$= \sum_1^{\infty} \frac{(1+2\%)^{n-1}15}{(1+5\%)^n} = \frac{15}{5\% - 2\%} = 500$$

したがって、構造的には現時点の本源的価値を現在価値ベースで算定したものです。

この数式を暗記する必要はありません。重要なのは、モデルの構造的意味を理解することと、オプション価値が行使期間$(T-t)$やボラティリティσなどの影響を受ける点を確認することです。

PART 3

第14章　企業価値の探究

2　企業価値と事業価値

■ 貸借対照表の左から評価する企業価値

WACCの求め方は、次のとおりです。

$$\Diamond \text{WACC}=\frac{(1-t)r_D D+r_E E}{D+E}$$

t＝税率、D＝負債、E＝資本(株式時価総額)、r_D＝負債コスト、r_E＝資本コスト

負債のコストは税金の支払いから控除されるので、税率を差し引いて計算されます。負債コストは銀行借入や社債発行などのコストを加重平均して求めます。株主資本コストは、PART 2の株式資本コストを用います。

■ 企業価値の計算例

本文よりも詳細な事例をこちらで扱います。

X会社のデータは、次のとおりです。

〈X社の基礎データ〉

① フリーキャッシュフローに用いるデータ

経常利益　50億円

経常利益中の受取利息15億円、支払利息10億円、減価償却費10億円

特別損益　なし

税率　30%

機械購入費用（毎年）25億円

確率論的に予想する「幾何ブラウン運動」を活用したモデルが、1973年にフィッシャー・ブラックとマイロン・ショールズにより発表された「**ブラック・ショールズ・モデル**」です。

株価等の金融商品は、平均μ、標準偏差σの確率過程（時間とともに変化する確率変数の動き）に従うと仮定されます。t時点における株価Sの変化は、微分方程式で次のように表されます（Bは同時に市場に存在する債券の価格）。

$$dS_t = \mu S_t dt + \sigma S_t dB_t$$

これを伊藤の公式（Ito's Lemma）で書き換えると、

$$d\log S_t = \left(\mu - \frac{\sigma^2}{2}\right)dt + \sigma dB_t$$ となります。

これをもとに、残存期間$T-t$で正規分布に従う確率変数Sから導かれたのが有名な次のモデルです。

$$C = S_t N(d_1) - Ke^{-r(T-t)}N(d_2)$$

ただし、$d_1 = \dfrac{\left\{\log\left(\dfrac{S_t}{K}\right) + \left(r + \dfrac{\sigma^2}{2}\right)(T-t)\right\}}{\sigma\sqrt{T-t}}$、$d_2 = \dfrac{\left\{\log\left(\dfrac{S_t}{K}\right) + \left(r - \dfrac{\sigma^2}{2}\right)(T-t)\right\}}{\sigma\sqrt{T-t}}$

$N(\cdot)$は正規分布の確率密度関数ですので、$N(d)$は次の関数となります。

$$N(d) = \frac{1}{\sqrt{2\pi}}\int_{-\infty}^{d} e^{-\frac{x}{2}}dx$$

モデルが高度に数学的なので、理解は難しいのですが、構造は至って簡単です。

モデルの前半部分の$S_t N(d_1)$の確率密度関数を除けば、t時点の株価S_tです。

後半の$Ke^{-r(T-t)}N(d_2)$についても、同様に確率密度関数を除くと、$Ke^{-r(T-t)}$です。

$e^{-r(T-t)}$の$T-t$はオプションの残存期間でネイピア数$e^{-r(T-t)}$は行使期間の満期時点の行使価格Kを連続複利で割り引いた現在価値です。

テマティック・リスクは株式市場全体のリスクのため、削減はできません。

■ リスクとリターンの便利な指標

リスクとリターンの関係から投資などの効率性を測る便利な指標として、「**シャープ・レシオ**」があります。個別株式iのシャープ・レシオは次の算式で求められます。この指標が高いほど、リスクに対するパフォーマンスが良好だと言えます。

◇シャープ・レシオ　$S_i=\dfrac{r_i-r_f}{\sigma_i}$

第11章　投資を支援する金融技術

3　オプション取引

■ コールオプションのしくみ

オプション・プレミアムをゼロ、行使価格をK、株価をSとして、オプション価値Cとコールオプション売り手の損益を考えます。

コールオプションの価値は、「行使価格と株価の差」か「０」のいずれか大きいほうです。

◇$C=\mathrm{Max}(S-K,0)$　⇒$S\leqq K$なら$C=0$、$S>K$なら$C=S-K$

■ プットオプションのしくみ

オプション・プレミアムをゼロ、行使価格をK、株価をSとして、オプション価値Pとコールオプション売り手の損益を考えます。

プットオプションの価値は、「株価と行使価格の差」か「０」のいずれか大きいほうです。

◇$P=\mathrm{Max}(K-S,0)$　⇒$S\geqq K$なら$P=0$、$S<K$なら$P=K-S$

■ オプションの価格形成

オプション価値のうち時間的価値の算出は難しく、将来の不確実性の価値をいかに評価するか、つまり原資産価格がどういった確率過程をたどるかがポイントです。

オプション価値の評価を行う場合に、物理学でよく用いられ、煙の粒子の動きを

4　CAPM（Capital Asset Pricing Model）　～資本資産価格モデル

■ CAPMの基本

CAPMは、株式市場の期待収益率と安全資産のリスクフリーレートとの関係から、個別株式の資本コストを導くモデルです。株式iの株式資本コストを$E(r_i)$、株式市場全体の期待リターンを$E(r_m)$、リスクフリーレートをr_f、ベータをβ_iとします。また、株式iの標準偏差をσ_i、株式市場全体の標準偏差をσ_m、株式iと株式市場の共分散をσ_{im}、株式iと株式市場の相関係数をρ_{im}とします。

◇$E(r_i) = r_f + \beta_i (E(r_m) - r_f)$

◇$\beta_i = \dfrac{\sigma_{im}}{\sigma_m{}^2} = \rho_{im}\dfrac{\sigma_i}{\sigma_m}$

■ 証券市場線

SMLは、縦軸に期待収益率（株式資本コスト）あるいは超過収益率（リスクフリーレートを上回る期待収益率）、横軸にベータを取ったグラフです。

◇$E(r_i) - r_f = \beta_i (E(r_m) - r_f)$

$E(r_m) - r_f$は所与なので、たとえば４％をマーケット・リスクプレミアムとすると、β_iに対応した個別株式の超過収益率の期待値$E(r_i) = 4\% \beta_i$がグラフに反映されます。

補足説明　リスクの分解

リスクは、株式市場に関連したリスクであるシステマティック・リスク（Systematic Risk）と、個別株式固有のリスクであるノンシステマティック・リスク、あるいは固有リスク（イディオシンクラティック・リスク：Idiosyncratic Risk）に分解されます。

個別株式の分散は、次の算式で表すことができます。$\sigma_i{}^2$は個別株式の収益率の分散、$\sigma_m{}^2$はマーケットリターンの分散、$\sigma_{\varepsilon i}{}^2$は逆算で求める残差です。

◇$\sigma_i{}^2 = \beta_i{}^2 \sigma_m{}^2 + \sigma_{\varepsilon i}{}^2$

最初の項がシステマティック・リスクで、２番目の項が固有リスクです。固有リスクは、多くの資産によるポートフォリオを構築することで削減できますが、シス

〈分散化効果例〉

○**晴天続きのケース**⇒ビール会社の株価　10%上昇、雨傘会社の株価　５%下落

●**雨天続きのケース**⇒ビール会社の株価　３%下落、雨傘会社の株価　12%上昇

晴天続きと雨天続きの確率をそれぞれ50%、μをそれぞれの期待収益率とします。

① ビール株のみの投資：

$$\mu_{Beer}=50\%\times10\%+50\%\times(-3\%)=3.5\%$$

$$\sigma_{Beer}{}^2=50\%\times(10\%-3.5\%)^2+50\%\times(-3\%-3.5\%)^2=6.5\%^2$$

$$\Rightarrow\quad \sigma_{Beer}=6.5\%$$

② 傘株のみの投資：

$$\mu_{Umbrella}=50\%\times(-5\%)+50\%\times12\%=3.5\%$$

$$\sigma_{Umbrella}{}^2=50\%\times(-5\%-3.5\%)^2+50\%\times(12\%-3.5\%)^2=8.5\%^2$$

$$\Rightarrow\quad \sigma_{Umbrella}=8.5\%$$

③ ビール株と傘株に半々投資：

$$\mu_{Portfolio}=50\%\times\frac{1}{2}\times(10\%-5\%)+50\%\times\frac{1}{2}\times(-3\%+12\%)=3.5\%$$

$$\sigma_{Portfolio}{}^2=50\%\times\left\{\frac{1}{2}\times5\%-3.5\%\right\}^2+50\%\times\left(\frac{1}{2}\times9\%-3.5\%\right)^2=1\%^2$$

$$\Rightarrow\quad \sigma_{Portfolio}=1\%$$

ビール会社株のみの投資、雨傘会社株のみの投資、両者の組み合わせの投資は、いずれも期待収益率μは3.5%です。また、標準偏差が、ビール株のみでは6.5%、傘株のみでは8.5%、両者の組み合わせではわずか１%です。

ちなみに相関係数ρは共分散が（-6.5%）$\times8.5\%$、それぞれの標準偏差が6.5%と8.5%なので、

$\rho_{Portfolio}=\sigma_{Beer,\,Umprella}/\sigma_{Beer}\sigma_{Umbrella}=-1$です。

このように、性格の異なる株式を複数保有することにより、期待収益率を同等に維持しながら全体のリスクを減らせることが確認できました。

$$\sigma^2 = w_X^2 \sigma_X^2 + w_Y^2 \sigma_Y^2 + 2 w_x w_Y \rho_{XY} \sigma_X \sigma_Y = \frac{1}{4}\sigma_X^2 + \frac{1}{4}\sigma_Y^2 - \frac{1}{2}\sigma_X \sigma_Y = \left(\frac{1}{2}\sigma_X - \frac{1}{2}\sigma_Y\right)^2$$

$$\rightarrow \therefore \sigma = \frac{1}{2}\sigma_X - \frac{1}{2}\sigma_Y$$

標準偏差σは資産X、Yの標準偏差の差の1/2となるため、リスクは最も小さくできます。

相関係数ρがゼロのときは、上記の標準偏差加重平均よりもだけ2つの標準偏差の積の分だけリスクが削減できます。

さらに相関係数ρが−1のときは、2つの資産の割合$(a, (1-a))$を工夫するだけでリスク（標準偏差）をゼロにすることができます。

$$\sigma^2 = a^2 \sigma_X^2 + (1-a)^2 \sigma_Y^2 - 2a(1-a)\sigma_X \sigma_Y = \{a\sigma_X - (1-a)\sigma_Y\}^2$$

$$\therefore \sigma = a\sigma_X - (1-a)\sigma_Y$$

σをゼロにするには$a\sigma_X - (1-a)\sigma_Y = 0$を解けばよいので、$a = \dfrac{\sigma_Y}{\sigma_X + \sigma_Y}$で$\sigma = 0$となります（巻末図表1参照）。

巻末図表1　二つの資産（X、Y）の相関係数（ρ）によるポートフォリオの標準偏差のグラフ（aはXの比重）

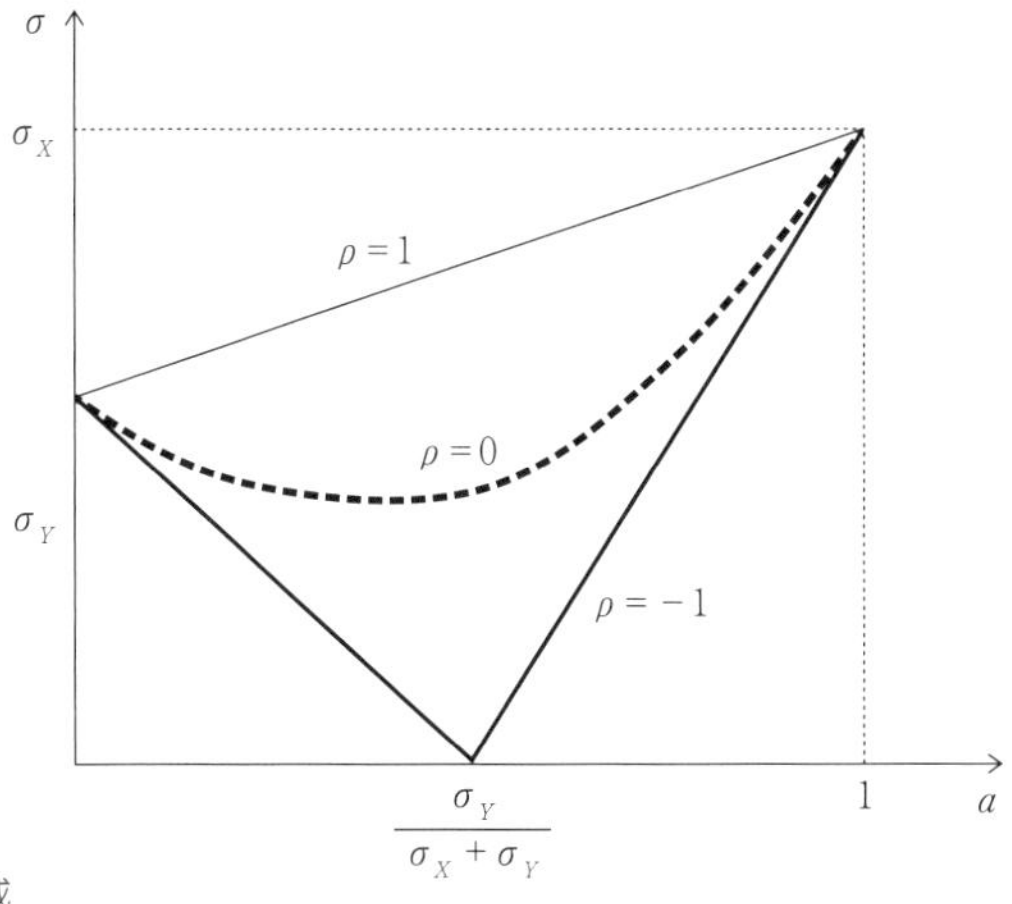

出所：筆者作成

$$◇ポートフォリオ期待収益率E(r) = w_1E(r_1) + w_2E(r_2) + \cdots + w_nE(r_n)$$
$$= w_1\mu_1 + w_2\mu_2 + \cdots + w_n\mu_n$$

■ ポートフォリオ・リスク

まず、簡単に資産X、Yから構成されるポートフォリオを想定します。構成比はw_X, w_Y（ただし、$w_X + w_Y = 1$）、期待収益率はμ_X, μ_Y、標準偏差σ_X, σ_Yとします。ポートフォリオの分散σ^2は次の公式で表されます。

◇ポートフォリオの分散$\sigma^2 = w_X{}^2\sigma_X{}^2 + w_Y{}^2\sigma_Y{}^2 + 2w_xw_Y\sigma_{XY}$（$\sigma_{XY}$はXとYの共分散）

なお、XとYの相関係数を$\rho_{XY} = \dfrac{\sigma_{XY}}{\sigma_X\sigma_Y}$で表すため、次のように表すこともできます。

$\sigma_2 = w_X{}^2\sigma_X{}^2 + w_Y{}^2\sigma_Y{}^2 + 2w_xw_Y\rho_{XY}\sigma_X\sigma_Y$

相関係数ρは$-1 \leqq \rho \leqq 1$の範囲にあります。

$\rho = 1$のときは完全に収益率の動きが連動し、$\rho = -1$のときは正反対に動き、$\rho = 0$のときは無関係に動くことを示しています。

相関係数ρが−1、0、1のときにおける、それぞれのポートフォリオのリスク（分散）の様子を考えてみましょう。二つの資産XとYの配分は半々と仮定します。

① $\rho = 0$のとき

$$\sigma^2 = w_X{}^2\sigma_X{}^2 + w_Y{}^2\sigma_Y{}^2 + 2w_xw_Y\rho_{XY}\sigma_X\sigma_Y = \frac{1}{4}\sigma_X{}^2 + \frac{1}{4}\sigma_Y{}^2 = \left(\frac{1}{2}\sigma_X + \frac{1}{2}\sigma_Y\right)^2 - \frac{1}{2}\sigma_X\sigma_Y$$

したがって、二つの資産の平均的分散より$\dfrac{1}{2}\sigma_X\sigma_Y$だけ小さくなります。

② $\rho = 1$のとき

$$\sigma^2 = w_X{}^2\sigma_X{}^2 + w_Y{}^2\sigma_Y{}^2 + 2w_xw_Y\rho_{XY}\sigma_X\sigma_Y = \frac{1}{4}\sigma_X{}^2 + \frac{1}{4}\sigma_Y{}^2 + \frac{1}{2}\sigma_X\sigma_Y = \left(\frac{1}{2}\sigma_X + \frac{1}{2}\sigma_Y\right)^2$$

$$\rightarrow \therefore \sigma = \frac{1}{2}\sigma_X + \frac{1}{2}\sigma_Y$$

標準偏差σは資産X、Yの標準偏差平均となり、リスク削減効果はありません。

③ $\rho = -1$のとき

$$\Delta P=\frac{dP}{dr}\Delta r+\frac{1}{2}\frac{d^2P}{dx^2}\Delta r^2+\frac{1}{6}\frac{d^3P}{dx^3}\Delta r^3\cdots\fallingdotseq\frac{dP}{dr}\Delta r+\frac{1}{2}\frac{d^2P}{dx^2}\Delta r^2$$

この一項目の$\frac{dP}{dr}$がデュレーション部分であり、$\frac{d^2P}{dx^2}$がコンベクシティです。

つまり、債券価格を市場金利で2回微分した、2次導関数です。ややこしいですが、1回微分して修正デュレーション、2回微分してコンベクシティと覚えておけば、わかりやすいと思います。

第10章　ポートフォリオ理論

1　金融におけるリスクとリターンの考え方

■ リスクとは？

データのばらつきを表す統計量を「**散布度**」と言いますが、この振れ幅を示す統計量が、**範囲**、**平均偏差**、**標準偏差**、**分散**、**変動係数**などです。それらの中でも、標準偏差（と、その自乗の分散）は重要です。

- **範囲**：最大値と最小値の差
- **平均偏差**：平均値と各データの差の絶対値の平均$=\frac{1}{n}\sum_1^n|x_i-\mu|$
- **標準偏差σ**：分散の平方根　$\sigma=\sqrt{\sigma^2}$
- **分散σ^2**：標本分散$\sigma^2=\sum_1^n(x_i-\mu)^2/n$
- **変動係数**：標準偏差を平均で割ってばらつきの程度を示したもの$=\sigma/\mu$

2　ポートフォリオとリスク、リターン

■ ポートフォリオ・リターン

ポートフォリオの期待収益率は、複数の資産の期待収益率の加重平均となります。n個の資産から構成されるポートフォリオの期待リターンを$E(r)$とすると、次のようになります。

個々の資産の収益率は$r_1, r_2, r_3\cdots, r_n$で、その期待収益率は$E(r_1)=\mu_1, \cdots, E(r_n)=\mu_n$で表されるとします。また、各資産の構成比は$w_1, w_2\cdots, w_n$（総和は1）とします。

この結果は、デュレーションの式とそっくりですね！

$$D=\frac{\left(1\times\frac{c}{1+r}+2\times\frac{c}{(1+r)^2}+\cdots+n\times\frac{100+c}{(1+r)^n}\right)}{P}$$

$$\frac{dP}{dr}=-\left\{1\times\frac{c}{(1+r)^2}+2\times\frac{c}{(1+r)^3}+\cdots+n\times\frac{100+c}{(1+r)^{n+1}}\right\}$$

デュレーションを$(1+r)$で割って符号をマイナスにすると、

$$-\frac{D}{1+r}=-\frac{\left\{1\times\frac{c}{(1+r)^2}+2\times\frac{c}{(1+r)^3}+\cdots+n\times\frac{100+c}{(1+r)^{n+1}}\right\}}{P}$$

$$=\frac{\frac{dP}{dr}}{P}=\frac{dP/P}{dr}$$

となります。

$\frac{dP}{dr}$は金利が上昇したときの債券価格の**変化**ですが、$\frac{dP/P}{dr}$は金利上昇したときの債券価格の**変化率**です。

デュレーションDを$(1+r)$で割った$\frac{D}{1+r}$を「**修正デュレーション**」と言います。

この修正デュレーションこそが、債券のリスクを考えるうえで、非常に便利なのです。

なぜなら、**修正デュレーションにマイナスの符号をつけたものが金利上昇に対する債券価格の変化率**だからです。

(3) コンベクシティ

実務的には、債券価格の変化とデュレーションの関係は線形ではありません。つまり、比例的ではないのです。同じデュレーションの債券でも、キャッシュフローの分布によって価格変動のリスクが異なるのです。これを補完するものが「**コンベクシティ**（Convexity：凸性）」という概念です。

市場金利が変化した場合の債券価格の変化は、テイラー展開により、

〈利率c、額面100、価格*P*、期間*n*年で市場金利*r*〉

$$D=\frac{\left(1\times\frac{c}{1+r}+2\times\frac{c}{(1+r)^2}+\cdots+n\times\frac{100+c}{(1+r)^n}\right)}{P}=\sum_1^n\frac{ic}{(1+r)^i}+n\times\frac{100}{(1+r)^n}$$

デュレーションの分母は、本来であればキャッシュフローの現在価値の合計となりますが、債券キャッシュフローの現在価値が債券価格なので、上記の計算では直接Pを用いています。

(2) 債券価格変動とデュレーション

市場金利が変化した場合の債券価格への影響について、微分を使って考えてみます。微分は、微細な変化の影響を導くのに便利です。

債券価格Pが金利rの微細な変化にどう影響されるかを考えます。

〈利率c、額面100、価格P、期間*n*年で市場金利*r*〉

$$D=\frac{\left(1\times\frac{c}{1+r}+2\times\frac{c}{(1+r)^2}+\cdots+n\times\frac{100+c}{(1+r)^n}\right)}{P}=\sum_1^n\frac{ic}{(1+r)^i}+n\times\frac{100}{(1+r)^n}$$

債券価格$P=\frac{c}{1+r}+\frac{c}{(1+r)^2}+\cdots+\frac{100+c}{(1+r)^n}=c(1+r)^{-1}+c(1+r)^{-2}+\cdots+c(1+r)^{-n}$

後半の式は微分しやすく表示を変えただけです$\left(\frac{1}{x}=x^{-1}\text{と書けます}\right)$。またcは定数なので、$P$を$r$で微分します。

$$\frac{dP}{dr}=-c(1+r)^{-2}-2c(1+r)^{-3}+\cdots-n(c+100)(1+r)^{-n-1}$$

$$=-\left\{1\times\frac{c}{(1+r)^2}+2\times\frac{c}{(1+r)^3}+\cdots+n\times\frac{100+c}{(1+r)^{n+1}}\right\}$$

これが、市場金利rが1単位上昇した場合の債券価格Pの変化です。全体の符号がマイナスなので、市場金利が上がると債券価格が下がるという、これまでの説明と整合的です。

したがって、次の関係式が成り立つはずです。

$$V_n=(1+r_1)\cdots(1+r_{n-1})(1+r_n)100$$
$$=(1+y_n)^n100、つまり(1+r_1)\cdots(1+r_{n-1})(1+r_n)=(1+y_n)^n$$

そうなると、次の関係式が成り立つことになります。

1年物金利　$1+y_1=1+r_1$
2年物金利　$(1+y_2)^2=(1+r_1)(1+r_2)$
⋮
n年物金利　$(1+y_n)^n=(1+r_1)(1+r_2)\cdots(1+r_n)$

③ 短期金利予想とイールドカーブ

市場が金利の継続的な低下を予想したとします。そうなると、$r_1>r_2>\cdots r_{n-1}>r_n$となります。

$(1+r_1)>(1+r_2)$なので、$(1+y_2)^2=(1+r_1)(1+r_2)<(1+r_1)^2$になり、

$(1+y_2)^2<(1+r_1)^2$ということは、$y_2<r_1$であるため、$y_1=r_1$から$y_2<y_1$となるはずです。

つまり、長い期間の金利y_2は、より短い期間の金利y_1より低くなるのです。これを各期間に当てはめていくと、$y_1>y_2>y_3\cdots>y_n$となることが確認できます。つまり、期間が長いほど低金利となる逆イールドです。

4　債券のリスク

(1) デュレーション

デュレーション(D)の算定について、簡単な例示の後に、一般化をします。

〈期間3年、利率5％、発行価格＝額面＝100、市場金利5％〉

$$D=\left(1年\times\frac{5}{1.05}+2年\times\frac{5}{1.05^2}+3年\times\frac{105}{1.05^3}\right)\div\left(\frac{5}{1.05}+\frac{5}{1.05^2}+\frac{105}{1.05^3}\right)$$

$$=\frac{285.94}{100}=2.85(年)$$

【3％のケース】債券価格＝キャッシュフローの現在価値P

$$=\frac{100\times5\%}{1+3\%}+\frac{100\times5\%}{(1+3\%)^2}+\frac{100\times5\%+100}{(1+3\%)^3}=105.6$$

市場金利が10％の場合は債券価格が87.5に下落、3％の場合は債券価格が105.6に上昇するのが理解できたと思います。毎年5％の利率がもたらすキャッシュフローは変わらないので、計算上変わるのは分母の割引率だけです。

この関係を一般化します。額面F、利率c、期間n年、市場価格Pとします。

◇$P=\frac{Fc}{1+r}+\frac{Fc}{(1+r)^2}+\cdots+\frac{Fc+F}{(1+r)^n}$、$F=100$であれば、

$$P=\frac{100c}{1+r}+\frac{100c}{(1+r)^2}+\cdots+\frac{100c+100}{(1+r)^n}$$

債券価格をパーセンテージで表現するため、両辺を額面(100)で割ってみます。

◇$\frac{P}{100}=\frac{c}{1+r}+\frac{c}{(1+r)^2}+\cdots+\frac{1+c}{(1+r)^n}$

(2) 金利の期間構造と純粋期待理論

① 純粋期待仮説

短期金利を1年物の国債金利とし、1年物の金利が、今後どうなるかについて市場が期待するn年後の1年物金利水準をr_n、現在のn年物の長期金利の水準をy_nとして考えます。

100円を1年物国債で運用すると1年後$(1+r_1)100$となり、これを再び1年物国債で運用すると、$(1+r_1)(1+r_2)100$となって戻ってきます。これをn年後まで繰り返すと、n年後に戻ってくる投資額V_nは、$V_n=(1+r_1)\cdots(1+r_{n-1})(1+r_n)100$となります。

一方、長期国債に投資するとn年後の投資は$V_n=(1+y_n)^n100$となって戻ってきます。

投資家は短期国債の乗り換えを続ける投資方法と、長期国債に投資して保有を続ける方法の二つを選択できます。どちらかの投資がより有利であれば、どちらかの選択肢に資金が偏ってしまうため、究極的にはいずれの選択を行っても同等の運用が可能となるところで落ち着くはずです。これを「**裁定条件**」と呼びます。

左辺を簡単にすると、

$$\frac{1+r-(1+g)}{1+g}S_n=\frac{r-g}{1+g}S_n=\frac{D}{1+g}-\frac{(1+g)^{n-1}D}{(1+r)^n}$$

両辺に$(1+g)$を乗じると、

$$(r-g)S_n=D-\frac{(1+g)^nD}{(1+r)^n}$$

式を変形して、S_nについて解くと、

$$S_n=\frac{D}{r-g}-\frac{(1+g)^n}{(1+r)^n}\times\frac{D}{r-g}$$

nを無限大にすると、次の式が成立します。

$$\lim_{n\to\infty}S_n=\lim_{n\to\infty}\frac{D}{r-g}-\lim_{n\to\infty}\frac{(1+g)^n}{(1+r)^n}\times\frac{D}{r-g}$$

ここで、$\lim_{n\to\infty}\frac{(1+g)^n}{(1+r)^n}$は$g>r$であれば発散してしまうが、$g<r$であれば0となります。

したがって、割引率が配当成長率を上回る前提での理論価値Pは、

$P=\frac{D}{r-g}$ となるのです。

第9章　債券

2　債券の価格形成

(1) 債券価格の計算

① 計算の基礎

債券の価値は、将来のキャッシュフローの現在価値と考えることができます。

額面100円の国債があると仮定します。また、利率5％、満期まで残存期間3年と仮定します。現在、新規で発行される国債3年債の利回りが10%と3％の場合を考えてみましょう。

債券のキャッシュフローは1年目5（100×5%）、2年目5、3年目105です。

【10%のケース】債券価格＝キャッシュフローの現在価値P

$$=\frac{100\times5\%}{1+10\%}+\frac{100\times5\%}{(1+10\%)^2}+\frac{100\times5\%+100}{(1+10\%)^3}\fallingdotseq87.5$$

ーの現在価値であり、株価理論値とします。

$$P=S_n=\frac{D}{1+r}+\frac{D}{(1+r)^2}+\cdots+\frac{D}{(1+r)^n} \quad \sim\text{(a)}$$

この両辺に$(1+r)$を乗じると、

$$(1+r)S_n=D+\frac{D}{1+r}+\cdots+\frac{D}{(1+r)^{n-1}} \quad \sim\text{(b)}$$

(b)から(a)を引くと、

$$(1+r)S_n-S_n=rS_n=D-\frac{D}{(1+r)^n}$$

式を変形して、S_nについて解くと、

$$S_n=\frac{D}{r}-\frac{D}{r(1+r)^n}$$

nを無限大にすると、$(1+r)$が無限大になるので第２項がゼロになるため、

$$\lim_{n\to\infty}S_n=\frac{D}{r}$$

したがって、配当割引モデルに基づく株価の理論価値Pは、

$P=\dfrac{D}{r}$　となります。

つまり、配当割引モデルに基づく株価の理論価値Pは、一定額の配当を資本コストで割ったものになるのです。

② 一定増加率の配当

次に、一定の増加率gで永久に配当が増加する場合の理論価値を求めましょう。

$$P=S_n=\frac{D}{1+r}+\frac{(1+g)D}{(1+r)^2}+\cdots+\frac{(1+g)^{n-1}D}{(1+r)^n} \quad \sim\text{(a)}$$

この両辺に$\dfrac{1+r}{1+g}$を乗じると、

$$\frac{1+r}{1+g}S_n=\frac{D}{1+g}+\frac{D}{1+r}+\cdots+\frac{(1+g)^{n-2}D}{(1+r)^{n-1}} \quad \sim\text{(b)}$$

(b)から(a)を引くと、

$$\frac{1+r}{1+g}S_n-S_n=\frac{D}{1+g}-\frac{(1+g)^{n-1}D}{(1+r)^n}$$

益率)」です。考え方は、将来のキャッシュフローの現在価値と、当初支払う金額が釣り合うのがIRRということです。これは単純に「投資額＝将来キャッシュフローの現在価値」の方程式を解けばOKです。

◇利回り(*IRR*)をrとした方程式：$800=\frac{200}{1+r}+\frac{150}{(1+r)^2}+\frac{300}{(1+r)^3}+\frac{550}{(1+r)^4}$

スプレッドシートか財務計算機を使うと、$r=14.95\%$と計算してくれます。

つまり、この投資の利回りは14.95％です。改めて預金金利と比べてみましょう。10％の預金金利であれば14.95％の投資が有利です。20％であれば、預金のほうが有利です。結論は、NPVで調べたものと同じです。

最後に*NPV*と*IRR*の一般式を示しておきます。

$$◇NPV=-CF_0+\frac{CF_1}{(1+r)}+\frac{CF_2}{(1+r)^2}+\frac{CF_3}{(1+r)^3}+\cdots+\frac{CF_n}{(1+r)^n}=-CF_0+\sum_1^n\frac{CF_i}{(1+r)^i}$$

$$◇CF_0=\frac{CF_1}{(1+r)}+\frac{CF_2}{(1+r)^2}+\frac{CF_3}{(1+r)^3}+\cdots+\frac{CF_n}{(1+r)^n}=\sum_1^n\frac{CF_i}{(1+r)^i}\quad (r\text{が}IRR)$$

※ $NPV=0$の式を解いたものが*IRR*です。

⑵ 配当割引モデル

株価の形成を考えるにあたり、最も基本的で、かつ重要な手法が「**配当割引モデル**（**DDM**：Dividend Discount Model)」です。株式投資の狙いを配当の受け取りと考えた場合のモデルです。

株式投資の目的としては、配当だけではなく、株価の値上がり益もあります。このモデルは、配当のみに着目しているため、非常に原始的に感じられるかもしれません。しかし、この配当部分を利益に置き換えると、より株価形成を語るうえで有用性の高いDCF法による分析が可能となります。

株式は債券とは異なり満期がないため、配当を将来にわたって受け取ることの価値の評価は永久となります。

① 一定配当

配当水準が毎年Dで一定の場合、毎年受け取るキャッシュフローは一定となります。永久に配当Dをもらい続けることの価値を計算しましょう。なお、現在価値を計算するときの割引率rは資本コストとなります。Pを永久に続く配当キャッシュフロのとおりです。

$$PV=\frac{CF_1}{(1+r)}+\frac{CF_2}{(1+r)^2}+\frac{CF_3}{(1+r)^3}+\cdots+\frac{CF_n}{(1+r)^n}=\sum_1^n\frac{CF_i}{(1+r)^i}$$

③ NPVという考え方

今日800万円払うと、１年後に200万円、２年後に150万円、３年後に300万円、４年後に550万円受け取れる投資の勧誘を受けたとします。この投資を行うべきか考えてみましょう。

１年後から４年後までの受取額の合計は1,200万円で、おいしい話に聞こえますが、現在の金利水準が10％あるいは20％であればどうでしょうか？

こうした判断を行うときに便利なツールが、「**NPV**（Net Present Value：**正味現在価値**）」です。

現在価値により将来のキャッシュフローを現在の価値に引き直す方法を学びましたが、これを一歩先に進めて応用したのがNPVです。**当初支払う金額を現時点の支払いとしてマイナスのキャッシュフローとして認識する**点がミソです。

【預金金利10％の場合】

$$NPV=-800+\frac{200}{(1+10\%)}+\frac{150}{(1+10\%)^2}+\frac{300}{(1+10\%)^3}+\frac{550}{(1+10\%)^4}=97.1$$

【預金金利20％の場合】

$$NPV=-800+\frac{200}{(1+20\%)}+\frac{150}{(1+20\%)^2}+\frac{300}{(1+20\%)^3}+\frac{550}{(1+20\%)^4}=-75.3$$

預金金利10％で預金した場合と今回の投資を比べると、NPVは97.1という結果が出ています。これは、「預金するより現在の価値で97万１千円お得です」ということです。一方、預金金利20％の場合はNPVが－75.3という結果が出ています。つまり、「預金より75万３千円損です」ということです。この場合は、「預金したほうがいい」ということです。

この10％とか20％という金利は「**割引率**」とも呼ばれます。

④ IRR（内部収益率）

複利計算でこの利回りを導いたものが、「**IRR**（Internal Rate of Return：**内部収**

したがって、利益成長が恒常的に期待できない場合は、次の関係式が成り立つのです。

$$◇PBR=\frac{ROE}{r}=\frac{ROE}{資本コスト}$$

5　株式の価格形成

(1) 現在価値と将来価値

① いまと3年後の1,000円は価値が違う

手元に1,000円あります。これを3年後の1,000円と比較しましょう。もし、1,000円を年利1％の預金にすれば3年後に1,030円、年利10％なら1,331円になります。

1,000円を金利10％で複利運用→1年後　1,000×(1+10％)=1,100
→2年後　1,000×(1+10％)×(1+10％)=1,210
→3年後　1,000×(1+10％)×(1+10％)
×(1+10％)=1,331

つまり、同じ1,000円でも今日の1,000円と明日の1,000円は微妙に価値が違います。金利が高くなったり、期間が長くなったりすれば、その差は拡大します。

いまの価値を「**現在価値**（**PV**：Present Value)」、将来のある時点の価値を「**将来価値**（**FV**：Future Value)」と言います。

② 現在価値と将来価値の関係

現在価値=PV、将来価値=FV、金利=r%、n年後を前提とすると、

$FV=PV\times(1+r)^n$

この式をPVについて解くと、将来価値(FV)から現在価値(PV)が求められます。

$PV=\frac{FV}{(1+r)^n}$、ここで出てくる$\frac{FV}{(1+r)^n}$を「**現在価値割引係数**」と言います。

〈例題〉

◇1年後1,100円、2年後121円、3年後13,310円を受け取る権利の現在価値(PV)を求めましょう。金利は10％とします。

$$PV=\frac{1,100}{(1+10\%)}+\frac{121}{(1+10\%)^2}+\frac{13,310}{(1+10\%)^3}=1,000+100+10,000=11,100$$

◇n年後のキャッシュフローをCF_nとして、金利r％のときの現在価値(PV)は次

・アメリカの運用結果（円）：$1\times(1+r_{\$})\times f_{¥/\$}$　～1ドルをドル金利で運用して、その結果を円に転換

$1\times e_{¥/\$}\times(1+r_{¥})=1\times(1+r_{\$})\times f_{¥/\$}$、これを変形すると、

$\frac{f_{¥/\$}}{e_{¥/\$}}=\frac{(1+r_{¥})}{(1+r_{\$})}$、為替レートの変化率を$\Delta e_{¥/\$}$とすると、

$\Delta e_{¥/\$}=\frac{(1+r_{¥})}{(1+r_{\$})}$、これを簡略化するため近似式にすると、

$\Delta e_{¥/\$}=r_{¥}-r_{\$}$　と本文で紹介した金利平価の式になります。

PART 2

第8章　株式

4　株価の指標

■ PERとPBRの関係

PERとPBRの指標の関係を整理しましょう。

株価P、EPS、BPSを用いて公式に入れます。この関係を論ずるうえで重要な財務指標はROE（株主資本利益率あるいは純資産利益率、Return On Equities）です。ROEは純資産に対する利益率を示す指標であり、投資家が最重要視する指標です。

$$\mathrm{PER}=\frac{P}{EPS}$$

$$\mathrm{PBR}=\frac{P}{BPS}$$

$$\mathrm{ROE}=\frac{EPS}{BPS}$$

$$\mathrm{PBR}=\frac{P}{BPS}=\frac{EPS}{BPS}\times\frac{P}{EPS}=\mathrm{ROE}\times\mathrm{PER}$$

次節で説明するDCF法による株価理論値は$P=\frac{EPS}{r-g}$となる一方、利益成長率がゼロだと、$P=\frac{EPS}{r}$となります。これを変形すると、$r=\frac{EPS}{P}$となるので、PERの逆数であることがわかります。

$$=P\lim_{k\to\infty}\left(1+\frac{1}{\frac{k}{r}}\right)^{\frac{k}{r}\times rn}=Pe^{rn}$$

複雑な計算に見えますが、変換を丁寧に見ていくと、あまり負担なく簡単な式に変えられます。

この計算を「**連続複利**」計算と言います。なぜ連続複利という、ややこしい計算をしたかと言うと、ネイピア数が数学的に便利だからです。e^xは何回微分してもe^xのままで、e^{ax}をxについて微分すると、ae^{ax}と簡単です。

第7章　国際金融と為替レート

3　為替レート決定理論

■ 購買力平価説

アメリカと日本でモノの価値が等しくなるように為替レートが決定するモデルなので、次のような形になります。

・日本の物価水準$P_{¥}$、アメリカの物価水準$P_{\$}$、円ドル為替レート$e_{¥/\$}$（円/ドル）

$$e_{¥/\$}=\frac{P_{¥}}{P_{\$}}$$

しかし、すべての物価の水準を数値化するのは難しいので、通常、物価上昇率（インフレ率）を使って表します。

・日本のインフレ率$\Delta p_{¥}$、アメリカのインフレ率$\Delta p_{¥}$、円ドル為替レート変化率$\Delta e_{¥/\$}$

$$\Delta e_{¥/\$}=\Delta p_{¥}-\Delta p_{\$}$$

■ 金利平価説

二つの通貨間の資産（預金や債券）がもたらす収益率が一致するというモデルですので、次のような形になります。

・日本の金利$r_{¥}$、アメリカの金利$r_{\$}$、現在の円ドル為替レート$e_{¥/\$}$（円/ドル）、1年後の為替レート$f_{¥/\$}$、1ドルを日本とアメリカで運用する結果を同じと考えましょう。

・日本の運用結果（円）：$1\times e_{¥/\$}\times(1+r_{¥})$　～1ドルを円に転換して、円金利で運用

$$M=(1-r)D+(1-r)^2D+\cdots=\lim_{n\to\infty}(1-r)D\frac{1-(1-r)^n}{1-(1-r)}=(1-r)D\frac{1}{r}=\frac{1-r}{r}D$$

∴最初の預金の$\frac{1-r}{r}$倍の貨幣供給が実現します。

※法定準備率が１％程度なので、$\frac{1-1\%}{1\%}D=99D$。信用乗数は99倍（図表28の計算結果に一致します）

第６章　金利のすべて

2　金利に関する基礎知識

① 複利計算

元本をP、金利をrとした場合のn年後の元本と利息の合計X（「元利金」と言います）の関係は$X=(1+r)^nP$です。

② 複雑な複利計算

この部分は複雑なので、数学が不得意な人は読み飛ばしてください。

元本P、金利r、n年後の元利金Xとして、さらに１年間にk回利息が付くとします（kが２ならば、年２回ということで半年複利、４であれば３か月ごとに利息が付くので３か月複利です。また、１回あたりの利率は$\frac{r}{k}$となります。年１回の計算ではn乗だったのが、年k回になるとkn乗になることに注意してください。

$$X=P\times\left(1+\frac{r}{k}\right)^{kn}$$

kが無限大になったらどうなるでしょう？　ここで、高校の数学の授業で習った「ネイピア数」eが登場します。その公式は$\lim_{k\to\infty}\left(1+\frac{1}{k}\right)^k=e$です。$e$は2.71828…で無理数です。なお、ネイピア数は自然対数の底《てい》です。

$$X=\lim_{k\to\infty}P\times\left(1+\frac{r}{k}\right)^{kn}=\lim_{k\to\infty}P\times\left(1+\frac{1}{\frac{k}{r}}\right)^{\frac{k}{r}\times rn}$$

貸出として世間に放たれる金額は、初項がB、公比が$\frac{1-r}{1+c}$の無限等比数列となり、総和が貨幣供給量です。

$$M=B+\frac{1-r}{1+c}B+\frac{(1-r)^2}{(1+c)^2}B+\cdots=\sum_{i=1}^{\infty}\frac{(1-r)^{i-1}}{(1+c)^{i-1}}B$$

ここからの解き方は、２通りあります。

パターン１：収束する前提で公式を活用$\left(\because 0<\frac{1-r}{1+c}<1\right)$

$$M=\sum_{i=1}^{\infty}\frac{(1-r)^{i-1}}{(1+c)^{i-1}}B=\lim_{n\to\infty}B\times\frac{1-\left(\frac{1-r}{1+c}\right)^n}{1-\frac{1-r}{1+c}}=\frac{B}{1-\frac{1-r}{1+c}}=\frac{B}{\frac{1+c}{1+c}-\frac{1-r}{1+c}}$$

$$=\frac{B}{\frac{c+r}{1+c}}=\frac{c+1}{c+r}B$$

$$\therefore\frac{M}{B}=\frac{c+1}{c+r}$$

パターン２：簡易な解法

ａ式）　$M=B+\frac{1-r}{1+c}B+\frac{(1-r)^2}{(1+c)^2}B+\cdots$

両辺に$\frac{1-r}{1+c}$を掛けると、

ｂ式）　$\frac{1-r}{1+c}M=\frac{1-r}{1+c}B+\frac{(1-r)^2}{(1+c)^2}B+\cdots$

ａ式）－ｂ式）$\left(1-\frac{1-r}{1+c}\right)M=B,\quad\therefore\frac{M}{B}=\frac{1}{\left(1-\frac{1-r}{1+c}\right)}=\frac{1}{\frac{c+r}{1+c}}=\frac{c+1}{c+r}$

③ 現金保有がゼロですべて預金となる場合、$C=0$となるので、Mは次のような形となります。

$$\frac{M}{P}=L(i,Y)=L_1(Y)+L_2(i)$$

第4章　銀行

2　信用創造の出来が経済を左右する

■ 信用乗数

定義：日銀の当初貨幣供給＝マネタリーベースB

＝流通現金C＋準備預金（日銀当座預金）R

貨幣供給量＝マネーストックM＝流通現金C＋預金D

現金預金比率$c=\frac{C}{D}$、預金準備率$r=\frac{R}{D}$

信用乗数とは、最初の預金（本源的預金）の何倍の通貨が供給されるかの倍率なので、

信用乗数$m=\frac{M}{B}$となる。MとBに上記定義を当てはめると、

$$m=\frac{M}{B}=\frac{C+D}{C+R}\text{、これを変形すると、}m=\frac{M}{B}=\frac{C+D}{C+R}=\frac{\frac{C}{D}+\frac{D}{D}}{\frac{C}{D}+\frac{R}{D}}=\frac{c+1}{c+r}$$

※ 無限等比級数を用いた算定方法

① 等比数列が無限に続くことを無限等比数列、その総和を級数と言います。預金のうち一定比率が貸出に回され、貸し出されたお金が再び預金となり、その一定割合がさらに貸出に活用されるサイクルが無限に繰り返されます。そこで、預金と貸出が紡ぎ出す貨幣供給は、無限等比級数として考えられます。

② 最初の供給量がB、このうち預金に戻ってくるのは$\frac{B}{1+c}$、日銀当座預金に留め置く部分は、預金準備率rのため$r\frac{B}{1+c}$、貸出は$\frac{1-r}{1+c}B$。このうち預金に戻るのは$\frac{1-r}{(1+c)^2}B$。これが貸出$\frac{(1-r)^2}{(1+c)^2}B$となり、無限に繰り返されます。

数学的補足コーナー

PART 1

第1章　お金の基本

3　貨幣の需要と供給

■ 貨幣の需要

(1) 貨幣需要の定式化

① 三つの異なる動機に基づく貨幣需要について、式で表します。
取引動機と予備的動機に基づく貨幣需要をL_1、投機的動機に基づく貨幣需要をL_2とします。

前者は所得に影響され、後者は金利に影響されるので、それぞれ所得(Y)と金利(i)の関数で表せます。

$L_1=L_1(Y)$、$L_2=L_2(i)$

貨幣需要の総額は、次のような式にまとめられます。

$L=L(i,Y)=L_1(Y)+L_2(i)$

② 関数の特徴は、L_1は所得(Y)が増加するほど増加し、L_2は金利(i)が上昇するほど減少するため、それぞれの関数の傾きである微分係数は、次の関係式が成立します。
$\frac{\partial L}{\partial Y}>0$、$\frac{\partial L}{\partial i}<0$

③ また、上記の貨幣需要は物価の水準を無視しているので実質貨幣需要となるため、物価水準をPとして、名目貨幣需要は$P \cdot L$または$P \cdot L(i,Y)$と表されます。

■ 貨幣の供給

(2) 貨幣市場の均衡

① 貨幣供給量をM(名目)とすると、貨幣の需要と供給が一致する均衡条件は次の式で表現できます。

マ行

ヤ行

ラ行

タ行

ナ行

ハ行

サ行

索　引

野崎浩成（のざき　ひろなり）

東洋大学国際学部グローバル・イノベーション学科教授。1986年慶應義塾大学経済学部卒。1991年エール大学経営大学院修了。博士（政策研究、千葉商科大学）。

埼玉銀行、HSBC、シティグループ証券マネジングディレクター、千葉商科大学大学院客員教授、京都文教大学総合社会学部教授などを経て現職。米国CFA協会認定証券アナリスト、日本証券アナリスト協会検定会員。2010年日経アナリストランキング総合1位（全産業）、日経アナリストランキング１位（銀行部門、2005年から2015年まで11年連続）、インスティテューショナル・インベスター誌１位（銀行部門、2013年まで10年連続）。2015年および2020年金融審議会専門委員。2023年新しい資本主義実現会議資産運用立国分科会委員。

著書に『超一流アナリストの技法』（日本実業出版社）、『消える地銀 生き残る地銀』『銀行』『バーゼルⅢは日本の金融機関をどう変えるか（共著）』（以上、日本経済新聞出版）などがある。

教養《きょうよう》としての「金融《きんゆう》＆ファイナンス」大全《たいぜん》

2022年３月１日　初 版 発 行
2023年12月１日　第６刷発行

著　者　野崎浩成
発行者　杉本淳一

発行所　株式会社日本実業出版社　東京都新宿区市谷本村町３−29 〒162−0845

編集部　☎03−3268−5651
営業部　☎03−3268−5161　振　替　00170−1−25349
https://www.njg.co.jp/

印 刷／堀内印刷　　製 本／若林製本

ISBN 978−4−534−05906−2　Printed in JAPAN